Architektur und Design bei Prestel

Chicago Architektur 1872-1922

Die Entstehung der kosmopolitischen Architektur des 20. Jahrhunderts. Herausgegeben von John Zukowsky. 480 Seiten mit 585 Abbildungen, davon 54 Farb- und 42 Duplextafeln. 22,5 x 30 cm. ISBN 3-7913-0820-3. Leinen DM 128,– Englische Ausgabe: ISBN 3-7913-0837-8. DM 134,–

» Die Chicagoer Schule ist nur ein Teil dieses hervorragenden Buches. Es geht auch um die Architektur aus örtlicher Tradition und ihre Auseinandersetzung mit Europa, das Ganze in prachtvollen Zeichnungen und einem fast überbordenden Text. « *Baumeister*

New York Architektur 1970-1990

Herausgegeben von Heinrich Klotz in Zusammenarbeit mit Luminita Sabau. 336 Seiten mit 708 Abbildungen, davon 271 in Farbe. 22 x 32 cm. ISBN 3-7913-0923-4. Leinen DM 118,– Englische Ausgabe: ISBN 3-7913-0989-7. DM 148,–

» Hier wird der bisher fundierteste Überblick über ein interessantes Kapitel der aktuellen Architektur gegeben. «

Wolkenkratzer Art Journal

» Das Buch bietet ein genaues und übersichtliches Bild dieser Epoche der New Yorker Architektur. « *Süddeutsche Zeitung*

Boston Architecture 1975-1990

Von Naomi Miller und Keith Morgan. Englische Originalausgabe. 248 Seiten mit 327 Abbildungen, davon 107 in Farbe. 23 x 30 cm. ISBN 3-7913-1097-6. Leinen DM 128,–

» Eine Huldigung an den Genius dieser amerikanischen Stadt. Baugeschichtlich gesehen ist Boston eine der wenigen Städte, in denen die Geschichte eine orientierende und kontrollierende Rolle spielt. « *Bauwelt*

» 110 Objekte aus 66 Architekturbüros, mit Übersichtsplänen, Verzeichnissen, Zeichnungen und Photos sind hier ansprechend dargestellt. « *Detail*

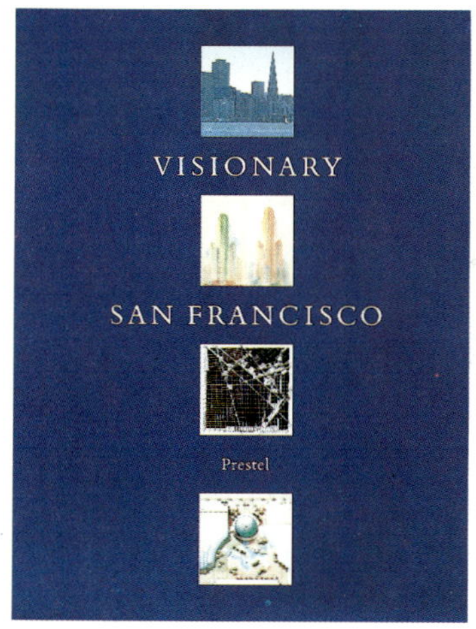

Visionary San Francisco

Herausgegeben von Paolo Polledri. Englische Originalausgabe. 180 Seiten mit 123 Abbildungen, davon 53 in Farbe. 22,5 x 30 cm. ISBN 3-7913-1060-7. Leinen DM 98,–

» Der Band zeigt, was Architekten an Veränderungen für diese Stadt vorgeschlagen haben. Anders als das schrille Los Angeles ist San Francisco ruhiger, oft europäischer, nicht so exaltiert.
Dazu viele, oft hinreißend schöne Aufnahmen von der Stadt. Daß bei dieser Stadterneuerung manches Liebenswerte der Stadt verlorenging, zeigt das Buch auch, aber ohne Wehleiden. « *Baumeister*

Das Berliner Mietshaus

Von Johann Friedrich Geist und Klaus Kürvers. Jeweils 21 x 30 cm.

Band I: 1740-1862
544 Seiten mit über 400 einfarbigen Abbildungen. ISBN 3-7913-0524-7. Paperback DM 118,–. ISBN 3-7913-0581-6. Gebunden DM 148,–

Band II: 1862-1945
584 Seiten mit 755 einfarbigen Abbildungen. ISBN 3-7913-0690-1. Leinen DM 148,–

Band III: 1945-1989
624 Seiten mit 820 z. T. zweifarbigen Abb. ISBN 3-7913-0719-3. Paperback DM 118,–. ISBN 3-7913-0707-X. Leinen DM 148,–

Museumsarchitektur in Frankfurt 1980-1990

Herausgegeben von Vittorio Magnago Lampugnani. 200 Seiten mit 333 Abbildungen, davon 49 in Farbe. 23 x 30 cm. ISBN 3-7913-1101-8. Leinen DM 98,–
Englische Ausgabe: ISBN 3-7913-1096-8. DM 118,–

» Die Dokumentation stellt ein wichtiges Kapitel des Städtebaus und der Architekturgeschichte des vergangenen Jahrzehnts zur Diskussion. « *FAZ*

» Dieser Band behandelt ein vergleichsweise engumgrenztes Thema gründlich und stellt dessen exemplarischen Charakter heraus. « *Baumeister*

Deutsches Design 1950-1990

Designed in Germany. Herausgegeben von Michael Erlhoff, Rat für Formgebung. 280 Seiten mit 859 Abb., davon 76 in Farbe. 24x30 cm. ISBN 3-7913-1079-8. Leinen DM 118,–
Englische Ausgabe: Designed in Germany. ISBN 3-7913-1067-4. DM 128,–

»Der erste Rückblick von den Anfängen der Ulmer Hochschule bis zu den Tendenzen der 90er Jahre.« *Schöner Wohnen*

»Der Band bietet neben einer Darstellung der Design-Objekte einen kurzen Abriß über die Geschichte des deutschen Designs seit 1949.« *Häuser*

Design heute

Maßstäbe: Formgebung zwischen Industrie und Kunst-Stück. Herausgegeben von Volker Fischer. 328 Seiten mit 759 Abb., davon 308 in Farbe. 22,5 x 30 cm. ISBN 3-7913-0854-8. Leinen DM 118,–
Englische Ausgabe: Design Now. ISBN 3-7913-0922-6. DM 130,–

»Das lohnende Buch ist eine vollständige Design-Bestandsaufnahme. Es zeigt Entwicklungen, Richtungen und die Menschen, die Design machen.« *Schöner Wohnen*

»Ein gutes Buch, das auch auf die Problematik des Designers in der Zukunft eingeht.« *art*

Raymond Loewy

Pionier des Amerikanischen Industriedesigns. Herausgegeben von Angela Schönberger. 264 Seiten mit 322 Abbildungen, davon 31 in Farbe. 23 x 30 cm. ISBN 3-7913-1048-8. Leinen DM 98,–
Englische Ausgabe: ISBN 3-7913-1066-6. DM 128,–

»Raymond Loewy, der mit Abstand komplexesten Designer-Persönlichkeit des zu Ende gehenden Jahrhunderts, ist dieser Band gewidmet. Die Übersicht dokumentiert Höhepunkte der Karriere Loewys, der in den Vereinigten Staaten vom Gelegenheitsmodezeichner zu einer legendären Figur des Industrial Design aufstieg.« *FAZ*

Industrial Design Unikate Serienerzeugnisse

Kunst, die sich nützlich macht. Die Neue Sammlung. Von Hans Wichmann. 524 Seiten mit 1177 Abbildungen, davon 131 in Farbe. 22,5 x 30 cm. ISBN 3-7913-0684-7. Leinen DM 168,–

»Eindrucksvoll katalogisiert dieser Prachtband die Designer-Höchstleistungen vom klassischen Kunstgewerbe bis hin zum Werkzeug.« *Spiegel*

»Dies ist ein gewichtiger bilderreicher Band, der sicher zu einem verläßlichen Nachschlagewerk avancieren wird.« *Baumeister*

Prestel-Verlag · Mandlstraße 26 · 8000 München 40
Preisstand August 1991. Preisänderungen vorbehalten.

Mitglied der Arbeitsgemeinschaft Baufachverlage ABV

Bestellcoupon

Hiermit bestelle ich aus dem Prestel-Verlag über die Buchhandlung:

______ Ex. ______________________
______ Ex. ______________________
______ Ex. ______________________
______ Ex. ______________________
______ Ex. ______________________

Name ______________________
Straße ______________________
PLZ/Ort ______________________
Datum/Unterschrift ______________________

120 Pera 991

Neuerscheinung 1991

Von der Urhütte zum Wolkenkratzer

Geschichte der gebauten Umwelt. Von Heinrich Klotz. Ca. 280 Seiten mit ca. 240 einfarbigen Abbildungen. 16,5 x 23,5 cm. ISBN 3-7913-1165-4. Paperb. ca. DM 58,–

Heinrich Klotz ist es gelungen, knapp, prägnant und einleuchtend die faszinierende Geschichte unserer gebauten Umwelt nachzuzeichnen. Architekturgeschichte öffnet sich hier erstmals auch historischen und archäologischen Forschungsergebnissen und wird somit zu einer anschaulichen und spannenden Kulturgeschichte des Menschen und seiner Bauwerke.

Neuerscheinung 1991

Architektur im AufBruch

Dekonstruktivistische und postmoderne Tendenzen in der Architektur. Herausgegeben von Peter Noever für das Österreichische Museum für angewandte Kunst. Ca. 160 Seiten mit über 100 einfarbigen Abbildungen. 16,5 x 23,5 cm. ISBN 3-7913-1116-6. Paperback ca. DM 48,–
Englische Ausgabe: Architecture in Transition. ISBN 3-7913-1136-0. Paperback ca. DM 48,–

Ideen und Arbeiten der internationalen Architekten-Avantgarde: neun exponierte Vertreter der Postmoderne und des Dekonstruktivismus stellen sich in Text und Werk vor.

Neuerscheinung 1991

Neue Städte aus Ruinen

Deutscher Städtebau der Nachkriegszeit. Herausgegeben von K. von Beyme, W. Durth, N. Gutschow, W. Nerdinger und T. Topfstedt. Ca. 360 Seiten mit ca. 300 einfarbigen Abbildungen. 16,5 x 23,5 cm. ISBN 3-7913-1164-6. Paperback ca. DM 58,–

Eine mit Photos und Plänen reich illustrierte, vergleichende Untersuchung städtebaulicher Entwicklungen der Nachkriegszeit am Beispiel von achtzehn ost- und westdeutschen Städten.
Eine Studie von aktueller Brisanz im Hinblick auf die anfallenden Stadtsanierungen in den neuen Bundesländern.

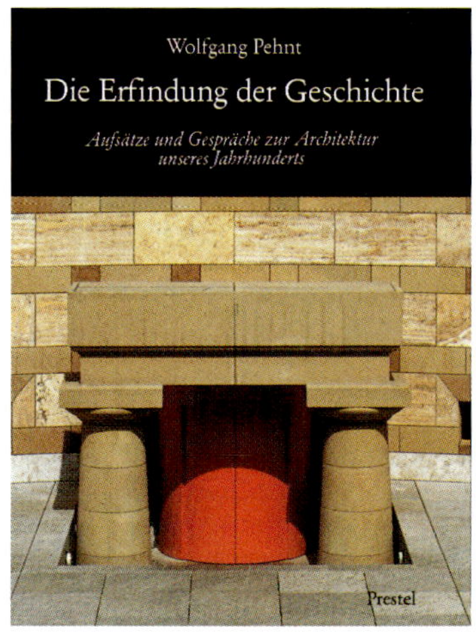

Die Erfindung der Geschichte

Aufsätze und Gespräche zur Architektur unseres Jahrhunderts. Von Wolfgang Pehnt. 256 Seiten mit 200 einfarbigen Abbildungen. 16,5 x 23,5 cm. ISBN 3-7913-0839-4. Paperback DM 44,–

»Pehnt hat als Architekturkritiker eine Haltung, sogar eine Position und erlaubt sich sie konsequent zu verfechten. Klassische Bildung, gründliche Sachlichkeit und Kontrolle der Gedanken sind die Instrumente, mit denen er für die architektonische Moderne eintritt. Ein Buch fast mit Handbuchniveau der gegenwärtigen Architektur.« *Süddt. Zeitung*

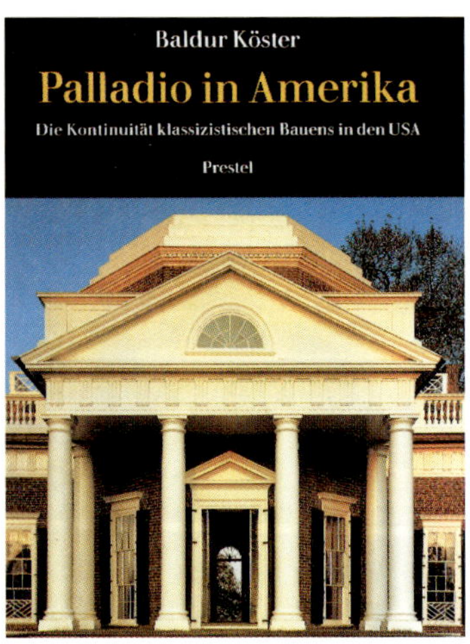

Palladio in Amerika

Die Kontinuität klassizistischen Bauens in den USA. Von Baldur Köster. 176 Seiten mit 175 einfarbigen Abbildungen. 16,5 x 23,5 cm. ISBN 3-7913-1057-7. Paperback DM 39,80

»In Zeiten schnellen Stilwandels oder einer Aneinanderreihung von Stilbrüchen ist die Kontinuität klassizistischen Bauens in den USA tatsächlich verblüffend. Mit zahlreichen Beispielen und vielen Abbildungen belegt der Autor seine These, daß sich seit Beginn der kurzen Geschichte Amerikas bis heute offenbar eine Grundhaltung nicht wesentlich gewandelt hat. Ein solides Handbuch.« *Bauwelt*

Neuerscheinung 1991

Das Werktor

Herausgegeben von Uwe Drepper. Ca. 144 Seiten mit ca. 180 einfarbigen Abbildungen. 16,5 x 23,5 cm. ISBN 3-7913-1180-8. Paperback ca. DM 44,–

Das Werktor, Eingang zu großen Werksanlagen, wird erstmals architekturgeschichtlich sowie unter sozial- und kulturgeschichtlichen Perspektiven behandelt. Neben die Untersuchung des Bautyps und seiner Vorläufer treten u. a. Essays über die Funktion des Werktors. Außer detaillierter Feldforschung in zwei ausgesuchten Betrieben wird auch die Darstellung des Werktors im Film untersucht.

Mughal Architecture

Von Ebba Koch. Englische Originalausgabe. 160 Seiten mit 185 Abbildungen, davon 21 in Farbe. 16,5 x 23,5 cm. ISBN 3-7913-1070-4. Paperback DM 39,80

Die Architektur, die unter der Herrschaft der Großmoghuln in Indien (1526-1858) entstand, ist mit die erfindungsreichste im Einflußbereich des Islam. Die Autorin gibt einen knappen, reich bebilderten Überblick über die Entwicklungsgeschichte der Moghularchitektur und die verschiedenen Einflüsse. Die glanzvolle Blüte der islamischen Baukunst ist hier erstmals fundiert und in ihrer ganzen Bandbreite dargestellt.

Italian Villas and Gardens

A corso di disegno. Von Paul van der Ree, Gerrit Smienk und Clemens Steenbergen. Englische Originalausgabe. Ca. 304 Seiten mit ca. 50 Abb. und ca. 200 Plänen. 16,5 x 23,5 cm. ISBN 3-7913-1181-6. Paperback DM 48,–

Italienische Villen der Renaissance und ihre Gärten, darunter so berühmte wie die Villa d'Este in Tivoli, die ihnen zu Grunde liegenden Überlegungen, ihre Beziehungen zur umliegenden Landschaft sind Gegenstand dieser Untersuchung. Ein unerläßliches Hilfsmittel für an Architektur der italienischen Villen und Gärten Interessierte.

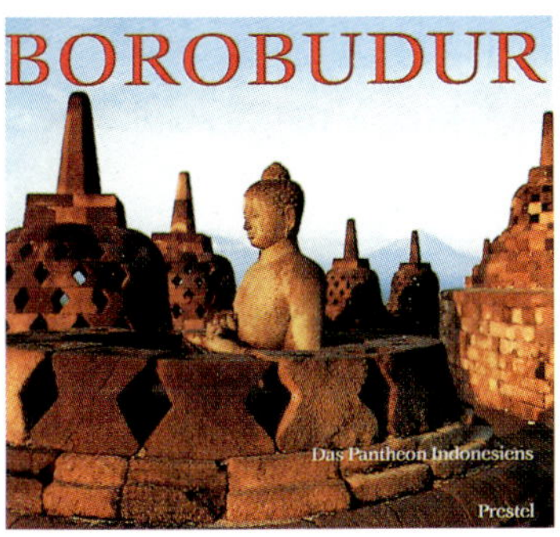

Neuerscheinung 1991

Borobudur

Das Pantheon Indonesiens. Von John Miksic. Photos von Marcello und Anita Tranchini. 160 Seiten mit 100 Farbtafeln und zahlreichen alten Stichen, Karten und Plänen. 27 x 25 cm. ISBN 3-7913-1174-3. Leinen ca. DM 68,–

Ein Juwel unter den Bauwerken des Buddhismus, ist Borobudur der unerreichte Höhepunkt der Architekturgeschichte Indonesiens. Die um 800 n. Chr. entstandene Anlage ist eine Schöpfung von monumentalen Proportionen. Erstmals seit der Restaurierung ist der Bau und sein bildhauerischer Schmuck in brillanten Photos erfaßt und kenntnisreich gedeutet.

Das Glashaus

Ein Bautypus des 19. Jahrhunderts. Von Georg Kohlmaier und Barna von Sartory. 756 Seiten mit 745 Abbildungen und einem Katalog von 124 Glas-Eisenbauten. 19 x 24 cm. ISBN 3-7913-0506-9. Leinen DM 248,–

»Ein umfassendes und detailliertes Standardwerk, das den schönsten, fragilsten Ableger der Architektur des 19. Jahrhunderts bis in alle Verwurzelungen und Verzweigungen verfolgt.
Ein umfassender Phototeil ergänzt diese gründliche Untersuchung, die Geschichte und Nachschlagewerk zugleich ist.« *Die Zeit*

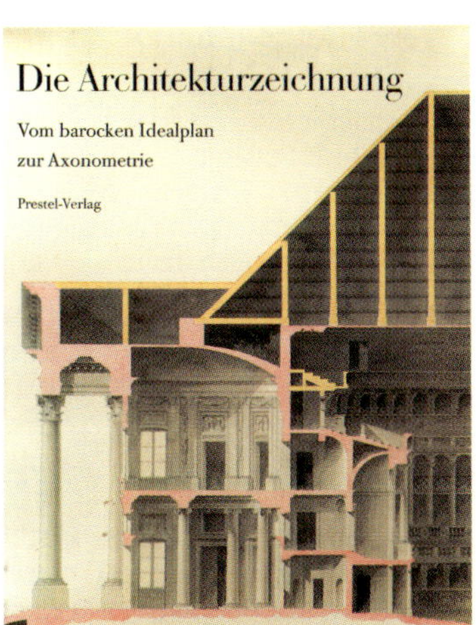

Die Architekturzeichnung

Vom barocken Idealplan zur Axonometrie. Herausgegeben von Winfried Nerdinger. 212 Seiten mit 95 Farbtafeln, 45 zweifarbigen Tafeln und 19 einfarbigen Abbildungen. 22,5 x 28 cm. ISBN 3-7913-0721-5. Bütten DM 98,–

»Der ausgezeichnet kommentierende, fast luxuriös illustrierte Katalog der wohl bedeutendsten westdeutschen Zeichnungssammlung.« *Die Zeit*

»Das Buch ist als Standardwerk zu bezeichnen, weil mit ihm erstmals ein umfassender Abriß der deutschen Architekturzeichnung vorliegt.« *Bauwelt*

Europäische Architektur

Von den Anfängen bis zur Gegenwart. Von Nikolaus Pevsner. 550 Seiten mit 326 Abbildungen. 13 x 19,7 cm. ISBN 3-7913-0137-3. Paperback DM 49,80

Der Fahrstuhl

Die Geschichte der vertikalen Eroberung. Von Jeannot Simmen und Uwe Drepper. 256 Seiten mit 288 Abbildungen. 19,5 x 28 cm. ISBN 3-7913-0692-8. Leinen DM 118,–

Revision der Moderne

Postmoderne Architektur 1960-1980. Herausgegeben von Heinrich Klotz. 360 Seiten mit 616 Abbildungen, davon 222 in Farbe, und 4 Ausklapptafeln. 22 x 28 cm. ISBN 3-7913-0664-2. Leinen DM 128,–

Vision der Moderne

Das Prinzip Konstruktion. Herausgegeben von Heinrich Klotz. 488 Seiten mit 806 Abbildungen, davon 238 in Farbe. 22 x 30 cm. ISBN 3-7913-0755-X. Leinen DM 128,–

Lexikon der Weltarchitektur

Von Nikolaus Pevsner, Hugh Honour und John Fleming. Umfassend erweiterte und neugestaltete Ausgabe 1987. 760 Seiten mit 3088 Abbildungen und 2760 Stichworten. 19 x 26,5 cm. ISBN 3-7913-0652-9. Leinen DM 148,–

» Man sollte dieses Nachschlagewerk besser als ›Bilderwerk der Weltarchitektur‹ ansprechen, denn immerhin über 3000 Abbildungen bringen dem Leser Gebautes und Gezeichnetes aus mehreren Jahrtausenden nahe. Mit zahlreichen Facetten wird eindrucksvoll illustriert, was ›Weltarchitektur‹ ist. « *Die Zeit*

» Das ›Lexikon der Weltarchitektur‹ bleibt ein konkurrenzloses Angebot. « *Bauwelt*

846 Architekten – von Alvar Aalto bis Friedrich Zwirner
76 Stilbegriffe – die wichtigsten Epochen und Stile
51 Länderartikel – die Architekturgeschichte wichtiger Länder, auch untergegangener Hochkulturen
811 architektonische Fachausdrücke – die Terminologie zum Verständnis und zur Beschreibung von Bauwerken, ihrem Aufbau, ihrer Gestaltung und Außengliederung
116 Gebäudetypen – die Beschreibung der wichtigsten Typen in ihrer Entwicklung

Passagen

Ein Bautyp des 19. Jahrhunderts. Von Johann Friedrich Geist. 560 Seiten mit 265 Abbildungen auf 216 Tafeln und einem Katalog von 298 Passagen. 19 x 24 cm. ISBN 3-7913-0487-9. Paperback DM 98,–

» Geists Passagen-Buch ist eines der besten, die in den letzten Jahren über Themen der Architektur erschienen sind. Man wird es den Standardwerken zurechnen müssen. « *Die Zeit*

» Ein Standardwerk mit einem nahezu vollständigen Katalog aller jemals gebauten Passagen. Für Architekturhistoriker unverzichtbar, für Leser ein Vergnügen. « *Frankfurter Rundschau*

Peter Behrens

Umbautes Licht. Das Verwaltungsgebäude der Hoechst AG. Herausgegeben von Bernhard Buderath. 192 Seiten mit 216 Abbildungen, davon 40 in Farbe. 23 x 29 cm. ISBN 3-7913-1059-3. Leinen DM 86,–

» Wer sich die Frage stellt, ob denn ein Verwaltungsbau ausreichend Stoff bieten könne, der sollte sich getrost hier überzeugen lasssen. Allein der Bau mit seinem an gotische Kathedralen erinnernden Kuppelbau ist schon für sich ein Meisterwerk. Die Erläuterung des Gebäudes durch die Pläne und Skizzen erleichtert außerordentlich, die Gestaltung des Baus zu durchdringen. « *FAZ*

Castel del Monte

Gestalt und Symbol der Architektur Friedrichs II. Von Heinz Götze. 3., stark erweiterte Auflage 1991. Ca. 200 Seiten mit ca. 260 Abbildungen, davon ca. 30 in Farbe, und ca. 60 Plänen. 22 x 28 cm. ISBN 3-7913-1130-1. Leinen DM 98,–

» Die in Süditalien gelegene Burg Castel del Monte ist einzigartig. Hier wird sie neu interpretiert und einleuchtend mit Bildern und Zeichnungen gedeutet. « *Neue Zürcher Zeitung*

» Der Leser wird von dieser Monographie viel profitieren. Sie zeugt von langer und intensiver Bemühung um ihren einzigartigen Gegenstand. « *Bauwelt*

HPP Außenräume und Innenhöfe

Herausgegeben von HPP Hentrich-Petschnigg & Partner, Architekten. Bearbeitet von Hans-B. Adams. 120 Seiten mit 153 Abbildungen, davon 111 in Farbe. 30 x 30 cm. ISBN 3-7913-1115-8. Leinen DM 98,–

» 30 Beispiele von gelungener Außenraum- und Innenhofgestaltung sind in diesem Buch versammelt. « *Pan*

» Exemplarisch wird die Bedeutung von Außenraumgestaltungen gezeigt: ein konstruktiver Beitrag zur Wiedergewinnung der weitgehend verlorenen Urbanität unserer Städte. « *Deutsche Bauzeitung*

Antonio Sant'Elia

Gezeichnete Architektur

Deutsches Architektur-Museum
Frankfurt am Main

Antonio Sant'Elia

Gezeichnete Architektur

Herausgegeben von
Vittorio Magnago Lampugnani

Mit Beiträgen von
Luciano Caramel, Vittorio Magnago Lampugnani, Alberto Longatti, Marco De Michelis und Iain Boyd Whyte

Prestel-Verlag

Dieses Buch erschien zur Ausstellung ›Antonio Sant'Elia. Gezeichnete Architektur 1906-1916‹ im Deutschen Architektur-Museum, Frankfurt am Main (7.2.-17.5.1992)

Die italienische Ausgabe erschien unter dem Titel ›Antonio Sant'Elia, l'architettura disegnata‹ zur gleichnamigen Ausstellung im Museo d'Arte Moderna di Ca' Pesaro, Venedig (7.9.-17.11.1991)

Herausgegeben von Vittorio Magnago Lampugnani
im Auftrag des Dezernats für Kultur und Freizeit
Amt für Wissenschaft und Kunst der Stadt Frankfurt am Main
Deutsches Architektur-Museum

Umschlag: Antonio Sant'Elia, Industriegebäude (1913), Musei Civici, Como (Kat. 126: Ausschnitt)
Frontispiz: Antonio Sant'Elia, um 1906 (zeitgenössische Photographie)

Übersetzungen: Gina Beitscher (Werkverzeichnis), Christiane Court (Whyte), Claudia Bostelmann und Anton Ebner (Caramel), Torsten Enge (De Michelis), Barbara Lechler (Longatti)

Photonachweis siehe S. 233

CIP-Titelaufnahme der Deutschen Bibliothek:

Antonio Sant'Elia: Gezeichnete Architektur; [zur Ausstellung ›Antonio Sant'Elia. Gezeichnete Architektur 1906-1916‹ im Deutschen Architektur-Museum, Frankfurt am Main (7.2.-17.5.1992)] / hrsg. von Vittorio Magnago Lampugnani. Mit Beiträgen von Luciano Caramel ... – München: Prestel, 1992

Gestaltung: Heinz Ross, München
Satz: OK Satz GmbH, Gröbenzell
Reproduktionen: Zincografia Serenissima, Venedig, und Karl Dörfel GmbH, München
Papier: BVS* matt, 150g/qm, holzfrei, gestrichen, der Papierfabrik Scheufelen GmbH + Co. KG, Lenningen
Druck: Karl Wenschow Franzis-Druck GmbH, München
Bindung: R. Oldenbourg GmbH, Heimstetten bei München

Printed in Germany

ISBN 3-7913-1193-X

Eine Ausstellung des Deutschen Architektur-Museums, Frankfurt am Main, in Zusammenarbeit mit Comune di Como, Assessorato alla Cultura und Fondazione Ratti

Deutsches Architektur-Museum
Frankfurt am Main

Ausstellung: Vittorio Magnago Lampugnani, Annette Becker
Assistenz: Ulrich Maximilian Schumann
Öffentlichkeitsarbeit: Anna Meseure
Graphik: Robert Wilk
Verwaltung: Erika Leps, Christine Stötzel
Sekretariat: Margot Quabius, Inge Klietz
Rahmung: Valerian Wolenik
Ausstellungsaufbau: Heinz Jacobs, Enrico Hirsekorn, Pietro Paolo Brunino

Wir danken Monica da Cortà Fumei vom Assessorato alla Cultura des Comune di Venezia für ihre Unterstützung bei der Organisation der Ausstellung.

Wissenschaftlicher Beirat

Luciano Caramel, Marco De Michelis, Alberto Longatti, Giandomenico Romanelli

Comitato Antonio Sant'Elia

Präsident: Franco Panzeri
Vizepräsident: Agostino Guardamagna
Bruno Saba, Emanuele Milani Capialbi, Maria Ambrosoli, Pierpaolo Nahmias

Das Comitato wurde 1989 vom Comune di Como und der Fondazione Antonio Ratti gegründet.

Comune di Como
Assessorato alla Cultura

Assessor: Adriano Sampiero
Leiter der Musei Civici: Lanfredo Castelletti
Comitato Sant'Elia: Franco Panzeri
Organisationssekretariat: Licia Viganò

Wir danken Annamaria Cetti
Präsidentin der Kulturkommission

FONDAZIONE ANTONIO RATTI
Präsident: Antonio Ratti
Vizepräsident: Luigi Santa Maria
Rat: Giorgio Ratti, Agostino Guardamagna, Oreste Severgnini, Federico Carlo Windisch-Graetz, Luigi Caccia Dominioni, Dony Ratti
Revisoren: Alberto Moro Visconti, Candido Manzoni
Generalsekretär: Emanuele Milani Capialbi

Inhalt

Antonio Sant'Elia, um 1908

Antonio Sant'Elia: Eine Einführung

Vittorio Magnago Lampugnani

I

Im Rahmen der philosophischen Strömung des Empirismus kam im 19. Jahrhundert der Positivismus auf. Der Begriff wurde zum ersten Mal im Umkreis von Claude-Henri de Rouvroy Graf von Saint-Simon verwendet, als Begründer des Positivismus gilt jedoch Auguste Comte, der im ›Cours de philosophie positive‹ (1830-1842) auch dessen Definition als dritten und höchsten der »trois états« der Wissenschaft lieferte: jenen, in welchem die Phänomene in ihrer unmittelbaren Wirklichkeit erforscht und nach ihren empirischen Aspekten und Zusammenhängen geordnet werden, ohne außerhalb der Erfahrung gelegene Prinzipien vorauszusetzen. Insofern ist der Positivismus eine Philosophie, die mit ihrer Reflexion die Ebene der experimentellen Wissenschaften nicht überschreiten zu können meint und lediglich deren letzte Synthese bildet.

Der Positivismus breitete sich mit außerordentlicher Vielgestaltigkeit in ganz Europa aus. Um die Jahrhundertwende widersetzten sich in Deutschland neokantianische, in England und Italien idealistische und in Frankreich vitalistische Tendenzen der positivistischen Geisteshaltung, um deren materialistische Einengung zu überwinden. Doch zwischen den beiden Weltkriegen entstand innerhalb des Wiener Kreises, der Berliner Schule und der Warschauer Schule der Neopositivismus, der die Metaphysik mit noch größerer Radikalität als der Positivismus des 19. Jahrhunderts verwarf, den reinen Empirismus auf den gesamten Wissensbereich ausweitete, auf die korrigierende Fähigkeit der Logik für die kritische Verarbeitung der empirisch gewonnenen Daten zurückgriff und somit die Aufgabe der Philosophie auf eine klärende Funktion der Ergebnisse der Wissenschaften reduzierte.

In der Architekturtheorie des späten 19. Jahrhunderts schlug sich der Positivismus vornehmlich bei den Vertretern der Neogotik nieder, die sie in erster Linie evolutionistisch erklärten: als ein durch »natürliche Selektion« optimiertes technisches Prinzip. Diese Position findet sich nicht zufällig vor allem in Frankreich und England, den beiden Bastionen positivistischen Denkens: zunächst bei Eugène-Emmanuel Viollet-le-Duc, der vornehmlich in den 1863 und 1872 erschienenen zwei Bänden der ›Entretiens sur l'architecture‹ immer wieder auf die technischen Vorteile der gotischen Skelettbauweise hinweist und auch schon ihre Verwandtschaft mit den Eisenskelettkonstruktionen aufzeigt[1]; dann sehr dezidiert bei Auguste Choisy, der in seiner ›Histoire de l'architecture‹ von 1899 den rigiden technischen Determinismus der historischen Entwicklung des Bauens in dem Satz zusammenfaßt: »La question posée, la solution était indiquée«[2]; schließlich bei Thomas Graham Jackson, der die Tradition des englischen rationalistischen Gotizismus 1906 in dem Buch ›Reason in Architecture‹ zu einem späten Höhepunkt führte und die bestimmende Funktion der Technik mit der gleichen simplifizierenden Apodiktik wie Choisy festlegte.[3] Daneben entstanden auch in den anderen europäischen Ländern positivistisch ausgerichtete Architekturtheorien: ihre ideologische und zeitliche Bandbreite reicht von Gottfried Sempers ›Der Stil in den technischen und tektonischen Künsten‹, das 1861-1863 erschien, vom dialektischen Materialismus von Marx und Engels nicht unbeeinflußt ist[4] und offensichtlich entscheidende Anregungen von der zoologischen Typologie Georges Cuviers bezieht, bis hin zu

1 Dieser Hinweis findet sich im zweiten Band, in welchem überhaupt die erwähnte Thematik behandelt wird.

2 Zitiert nach: R. Banham, *Theory and Design in the First Machine Age*, London 1960; 2. Ausgabe: Cambridge, Mass. 1980, S. 26

3 Vgl. R. Banham (Anm. 2) S. 24

4 Es handelt sich um eine Vermutung, die sich beim Lesen des Textes erhärtet. Karl Marx hatte bereits 1844 zusammen mit A. Ruge die *Deutsch-Französischen Jahrbücher* publiziert, in welchen seine Einführung zur ›Kritik des hegelschen Staatsrechts‹ (1841-1843) erschienen war: der erste Versuch, die Wurzeln des Rechts sowie der allgemeinen Entwicklung der Menschheit in die materiellen Existenzbedingungen zu legen; 1847 erschien ›Misère de la philosophie‹, 1859 ›Zur Kritik der politischen Ökonomie‹. Friedrich Engels hatte, ebenfalls 1844 und ebenfalls in den *Deutsch-Französischen Jahrbüchern*, aber von Marx unabhängig, ›Die Umrisse zu einer Kritik der Nationalökonomie‹ veröffentlicht, welche die grundsätzlichen Thesen des Historischen Materialismus in nuce enthalten.

Sigfried Giedions ›Bauen in Frankreich; Eisen, Eisenbeton‹ – ein Buch, in dem ausgerechnet der ehemalige Schüler von Heinrich Wölfflin ästhetische, philosophische und künstlerische Determinanten zugunsten einer nahezu rein technisch-evolutionistischen Sicht des »modernen Stils« ausklammerte.[5]

Bis in die ersten Jahre des 20. Jahrhunderts hinein wurde die Technik, die in großartigen Bauwerken wie Joseph Paxtons Londoner Kristallpalast von 1851 oder Ferdinand Duterts und Victor Contamins Pariser Galerie des Machines von 1889 ihre ästhetische Selbstdarstellung großartig gefeiert hatte, in der positivistisch beeinflußten Architekturtheorie mehr oder weniger als Auftrieb einer kontinuierlichen, wenn auch in sich sprunghaften geschichtlichen Evolution des Bauens dargestellt. 1914 änderte sich die Sicht mit einem Schlag: auf einmal war die Technik kein Antrieb mehr, sondern eine Bombe; und sie stieß keine Evolution mehr an, sondern entzündete eine Revolution. Der Mann, der solcherlei nicht ohne die angemessene theatralische Inszenierung und das notwendige Pathos verkündete, war Antonio Sant'Elia; es soufflierte ziemlich unverhohlen Filippo Tommaso Marinetti, und hinter dem Vorhang stand sprungbereit die futuristische Bewegung.

II

Antonio Sant'Elia, 1888 in Como geboren, erwarb 1906 an der dortigen technischen Bauschule sein Diplom als ›perito edile‹ (Baumeister). 1907 zog er nach Mailand um, wo er zunächst als Polier und dann als technischer Zeichner in der Stadtverwaltung arbeitete. Zwischen 1909 und 1910 studierte er an der Accademia di Brera; 1912 erhielt er ein Diplom als ›professore in disegno architettonico‹ (Lehrer für Architekturzeichnung) von der Accademia di Belle Arti in Bologna. Währenddessen arbeitete er in verschiedenen Mailänder Architekturbüros, unter anderen in jenem von Arrigo Cantoni.

Als Architekt debütierte Sant'Elia, der stark von den italienischen Liberty-Architekten Raimondo D'Aronco und Giuseppe Sommaruga sowie von der Wiener Schule Otto Wagners beeinflußt wurde, bereits 1911 mit einer kleinen Jugendstil-Villa für den Industriellen Romeo Longatti, die er in Brunate bei Como baute (Kat. 33). Im darauffolgenden Jahr nahm er mit einem exotisch-eklektizistischen Entwurf, den er zusammen mit Italo Paternoster verfaßte, ohne Erfolg am internationalen Wettbewerb für den Friedhof von Monza teil (Kat. 45-54). In dieser Zeit entwickelte sich auch sein eigenständiger Stil, und zwar, analog zu Adolf Loos nahezu zwanzig Jahre zuvor, unter dem Eindruck der nordamerikanischen Hochhausmetropolen. Während es jedoch Loos vergönnt gewesen war, in die Vereinigten Staaten von Amerika zu reisen und sich an Ort und Stelle ein Bild ihrer Architekturen zu machen, mußte Sant'Elia mit deren verbrämten und überhöhten Abbildungen vorlieb nehmen, die inzwischen in den italienischen Zeitschriften kursierten; und während der Österreicher vor allem von den realistischen und vernunftbestimmten Aspekten ihrer architektonischen Kultur gefesselt gewesen war, begeisterte sich der junge Italiener mehr für deren romantische Seite.

1913 begann Sant'Elia mit seinem großen Projekt der *Città Nuova*. Es entstanden formensprachlich reduzierte, perspektivisch gezeichnete oder skizzierte Visionen einer utopischen Zukunftsmetropole: terrassierte Wolkenkratzer mit nach oben hin freigelegtem Innengerüst und vom Baukörper losgelösten Aufzugsschächten; grandiose Verkehrsadern, deren Fahrbahnen einander auf verschiedenen Ebenen kreuzen; schlanke Brücken aus Stahl oder Beton, die Schächte, Wohnblöcke und Trassen miteinander verbinden; kühne, monumentale, schräg abgestützte Baukörper als abstrakte Formstudien ohne klare Funktionsbestimmung. Einige der

5 Giedion hat diese einseitige Sicht in seinem Buch *Space, Time and Architecture. The Growth of a New Tradition*, Cambridge, Mass. 1941, mit Generosität korrigiert.

A. Sant'Elia, Elektrizitätswerk (1914). Sammlung Paride Accetti, Mailand (Kat. 263)

graphisch virtuosen, von expresssionistischen Momenten keineswegs freien Zeichnungen, die in den Details immer noch den Einfluß der Wagnerschule verraten, wurden im März 1914 in der ›Mostra dell'Associazione degli Architetti Lombardi‹ ausgestellt, die der Verein lombardischer Architekten in Mailand organisierte. Wenige Monate später wurde, ebenfalls in Mailand, eine größere Auswahl von Zeichnungen in der ersten Ausstellung der Gruppe ›Nuove Tendenze‹ gezeigt, einer jungen Vereinigung, der neben Sant'Elia auch Mario Chiattone und Marcello Nizzoli angehörten. Im Katalog wurde ein temperamentvoller Aufruf abgedruckt, der die Vergangenheit negierte, die moderne Welt der Technik verherrlichte, eine neue, revolutionäre Architektur proklamierte und von Sant'Elia unterzeichnet war.

Zeichnungen und Aufruf erregten großes Aufsehen, unter anderem bei Filippo Tommaso Marinetti, dem Kopf der damals fünfjährigen Bewegung des Futurismus; kurze Zeit darauf wurde Sant'Elia nicht ohne Zögern für die aktivistische Künstlergruppe gewonnen, und Marinetti redigierte aus dem Aufruf das in der Zeitschrift ›Lacerba‹ veröffentlichte Manifest *L'architettura futurista* – hauptsächlich duch die Einfügung des Attributs »futuristisch« an jeder möglichen Stelle des Textes.

Sant'Elia war nicht Zeit gegeben, lange über sein Verhältnis zu Marinetti nachzudenken: beim Kriegseintritt Italiens 1915 kam er an die Front und fand ein Jahr später bei einem Angriff den Tod. Er hinterließ nahezu 400 Zeichnungen von gewaltiger visionärer Kraft. Davon wurde nichts unmittelbar verwirklicht, außer wenigen Bauten aus der Liberty-Periode und dem Gefallenen-Denkmal in Como, das Enrico Prampolini nach einer Skizze von Sant'Elia entwarf und Attilio und Giuseppe Terragni 1933 realisierten. Doch trugen Sant'Elias radikale und nicht zuletzt deswegen in ihrer Zeit weitgehend isolierte Vorstellungen entscheidend dazu bei, dem architektonischen Rationalismus den Weg zu ebnen. In Italien bereiteten Sant'Elias Arbeiten den Boden für jene Mischung von Klassizität und Rationalität vor, die auf der einen Seite zum Novecento Italiano führte und auf der anderen zum ›mediterranen‹ Rationalismus.

III

Die Ambivalenz der Folgen gründete in jener des Anlasses. Sowohl der ursprüngliche Katalogtext als auch das *Manifest* waren heftige Aufrufe, jegliche akademische und klassische Tradition, ja die Tradition tout court fallenzulassen und nur »durch geniale Einfälle und mit Hilfe wissenschaftlicher und technischer Erfahrung«[6] eine völlig neue Architektur zu entwickeln, die sich sämtliche Vorzüge der Technik aneignen und allein aus diesen ihre Gestalt erhalten sollte. Was Choisy, fest in seiner akademischen Tradition verwurzelt, nur hinter vorgehaltener Hand anzudeuten vermochte, rief plötzlich der sechsundzwanzigjährige Sant'Elia (stets hinter ihm der achtunddreißigjährige Marinetti) laut und deutlich aus und forderte die entsprechenden Konsequenzen: eine Architektur, die »neue Formen, neue Linien, eine neue Harmonie der Profile und des Volumens«[7] schafft, den »Geschmack am Leichten und Praktischen, am Vergänglichen und Raschen«[8] befriedigt, das Haus als »eine riesige Maschine«[9] auffaßt, das »Monumentale«, »Dekorative« abschafft, »die schwere Wölbung des Bogens und die Wucht des Marmors«[10] verwirft, auf »Berechnung, verwegene Kühnheit und Einfachheit«[11] gründet, dabei immer noch »Kunst – das heißt Synthese und Ausdruck«[12] bleibt und schließlich »die schönste Expression, die vollkommenste Synthese, die wirkungsvollste künstlerische Integration« der »modernen mechanischen Welt«[13] ist.

Die Forderungen sind keineswegs frei von schroffem Widerspruch, und ihre Befolgung sollte nicht nur Sant'Elia Schwierigkeiten bereiten (der mit seiner gewaltigen architektonischen Apotheose der *Città Nuova* unbekümmert die verbale Begeisterung für nichtmonumentale Bauten und rasch vergängliche Materialien Lügen straft[14]), sondern einer ganzen Architektengeneration. Die futuristische Architekturtheorie beeinflußte die gesamte Moderne des 20. Jahrhunderts; und die gesamte Moderne des 20. Jahrhunderts schwankte zwischen Rationalität und Irrationalität, Objektivität und Subjektivität, Sachlichkeit und Pathos. Vor allem aber schwankte sie zwischen der symbolischen und der wörtlichen Widerspiegelung der Welt der Technik, zwischen ihrer abstrakten Interpretation und ihrer Übernahme à la lettre. Während die ersten Widersprüche innerhalb der jedem Stil und jeder künstlerischen Bewegung immanenten Dialektik aufgefangen wurden, führte der

6 A. Sant'Elia, *Manifesto dell'Architettura Futurista*, zitiert nach: U. Conrads, *Programme und Manifeste zur Architektur des 20. Jahrhunderts*, Gütersloh/Berlin/München 1964. 2. Auflage: 1971, S. 33

7 A. Sant'Elia (Anm. 6), S. 31

8 A. Sant'Elia (Anm. 6), S. 32

9 A. Sant'Elia (Anm. 6), S. 32

10 A. Sant'Elia (Anm. 6), S. 32

11 A. Sant'Elia (Anm. 6), S. 34

12 A. Sant'Elia (Anm. 6), S. 34

13 A. Sant'Elia (Anm. 6), S. 34. Übersetzung vom Verfasser leicht überarbeitet.

14 Vornehmlich die letzte Forderung im *Manifesto* nach »ständige(r) Erneuerung der baulichen Umwelt« stammt von Marinetti (der eine wichtige Rolle bei der Redaktion des *Manifesto dell'Architettura Futurista* spielte), und nicht von Sant'Elia. Vgl. C. Carrà, *La mia vita*, Mailand 1943. Neuauflage: Mailand 1981, S. 101.

letzte rasch zu einer tiefen Spaltung, die sich in den Abweichungen zwischen Programmatik und Realität der ›neuen Architektur‹ der zwanziger Jahre exemplarisch offenbarte.

Bereits der zentrale Anspruch, Bauten nach den neuesten technischen Errungenschaften zu konzipieren, wurde nicht erfüllt. Die Pamphlete waren mit Fortschrittsglauben und Technikbegeisterung übervoll: Schiffe, Dampflokomotiven und Automobile tauchten allenthalben als Modelle für Architektur auf; die Ingenieure wurden nicht nur von Marinetti, sondern auch von Adolf Loos und von Le Corbusier (der sie als »gesund und männlich, aktiv und nützlich, moralisch und glücklich«[15] charakterisierte) als eine neue Gattung von »edlen Wilden« gepriesen; indessen blieben die Häuser technologisch hoffnungslos altmodisch. Alle sahen vorgefertigt aus und waren es (mit ganz wenigen Ausnahmen) überhaupt nicht; die schicken weißen Wände waren ganz und gar konventionell gebaut, oft bloß aus Putz und Rabitz zusammengeschustert; außer einigen epidermischen Attributen meist nautischer Provenienz waren sämtliche Installationen antiquiert und unpraktisch. Ludwig Mies van der Rohes zauberhafter Pavillon für die Weltausstellung in Barcelona 1929 ist in diesem Zusammenhang emblematisch: statt ein futuristisch leichtes, aus kurzlebigen Materialien zusammengeklebtes oder aus demontablen Elementen zusammengeschraubtes Haus aufzustellen, wie es auch in der Logik der besonderen Aufgabe gewesen wäre, baute der ehemalige Mitarbeiter von Peter Behrens auf einem an Karl Friedrich Schinkel erinnernden, schweren Travertinsockel eine ebenso luxuriöse wie technisch uninteressante Komposition von verchromten Stahlstützen, Onyx- und Glasscheiben sowie einer travertinverkleideten Wand unter einem flachen Stahlbetondach. Würde man seine Qualität am Grad seiner konstruktiven Innovation messen, stünde der Barcelona-Pavillon nicht in einer einzigen Architekturgeschichte – und das trifft für die meisten großen Werke der Architekturavantgarde der zwanziger Jahre zu. Es sind keine wirklich technischen Objekte, sondern ästhetische Metaphern einer Technologie, die sie romantisch verklären und künstlerisch sublimieren.

Dabei hüten sie sich freilich, bei allem Neuerungsdrang, vor dem abrupten Bruch mit der Vergangenheit. Implizit oder explizit geben sie die Tradition nie auf. Es nützt nichts, wenn Walter Gropius im Bauhaus die Geschichte als Lehrfach abschafft oder wenn die Gruppe um ›De Stijl‹ sie in ihrer ersten Phase ignoriert. Tatsächlich tragen so gut wie alle Meister der Moderne im Tiefsten ihres Herzens eine mehr oder minder verkappte Liebe zur Klassik: angefangen mit Sant'Elia, dem trotz der ausgesprochenen Verachtung für alle klassische Architektur ausgerechnet im ersten Satz des *Manifests* herausrutscht, es habe »seit dem 18. Jahrhundert... keine Architektur mehr«[16] gegeben, eine unwillkürliche Hommage per negativum an den Klassizismus, weil immerhin impliziert wird, jener *sei* noch Architektur gewesen; weiter mit Loos, der in seinen Schriften und Bauten immer wieder auf die »großartige« Dorik zurückkommt; mit Le Corbusier, der für seine Fassaden komplizierte, auf dem goldenen Schnitt basierende Proportionsüberlegungen anstellt und das Parthenon zärtlich als »machine à émouvoir« tituliert; mit Mies van der Rohe, der seine tiefe Verehrung für Schinkel nie und seine Vorliebe für die Symmetrie selten verleugnen wird. Die Futuristen waren die ersten, die klar erkannt hatten, daß eine wirklich technologische Baukunst mit klassischen Prinzipien unvereinbar ist; aber auch die ersten, die dieser Erkenntnis zuwiderhandelten. In der Folgezeit sollte sich die Moderne stärker an der Klassik orientieren und immer mehr vom reinen technologischen Abbild entfernen.

15 »Les ingénieurs sont sains et virils, actifs et utiles, moraux et joyeux. Les architectes sont désenchantés et inoccupés, hâbleurs ou moroses. C'est qu'ils n'auront bientôt plus rien à faire. *Nous n'avons plus d'argent* pour échafauder des souvenirs historiques. Nous avons besoin de nous laver. Les ingénieurs y pourvoient et ils bâtiront.« Le Corbusier-Saugnier, *Vers une Architecture*, Paris o. J. (1923), S. 6.

16 A. Sant'Elia (Anm. 6), S. 30

A. Sant'Elia, Fassade eines Gebäudes, 1911. Musei Civici, Como (Kat. 41)

Zwischen *Città Reale* und »*Città Nuova*«

Luciano Caramel

Ein wesentlicher Ausgangspunkt für die Beschäftigung mit Sant'Elia ergibt sich aus der grundsätzlichen Beurteilung seiner bedeutendsten Arbeiten, den Entwürfen der *Città Nuova* (Neue Stadt), denen der aus Como stammende Architekt seinen Ruf als einer der ersten Protagonisten der modernen Architektur verdankt. Diese Wertung ist keinesfalls unumstritten und wird auch heute noch heftig diskutiert. Da Sant'Elia seine Projekte ausschließlich zeichnerisch umsetzte, sie weder konstruktiv verwirklichte, noch mit genauen Angaben hinsichtlich ihrer baulichen Eignung versah, sah sich eine Anzahl von Kritikern dazu veranlaßt, die Bedeutung dieser Entwürfe in zum Teil radikaler Weise einzuschränken: so interpretierte sie etwa Ragghianti als zukunftsorientierte Szenographien und bezeichnete Sant'Elia als »den Bibbiena des 20. Jahrhunderts«[1]; De Seta hingegen reduzierte ihre Bedeutung auf einen poetischen Wert, »weitaus präziser und fruchtbarer als Planzeichnungen«, »städtische Szenerien ohne Maßstabsangabe und ohne Präzisierung technischer Aspekte, so daß im wahrsten Sinne des Wortes von einem Entwurf gesprochen werden kann«[2]. Die zuletzt angeführte Position erinnert an eine vor sechzig Jahren von Argan formulierte These, auch wenn dessen Terminologie aufgrund neo-idealistischer Einflüsse eine völlig andere war. Für Argan war Sant'Elia in erster Linie Theoretiker und nur als solcher ein wirklicher, organisch konsequenter Wegbereiter, gemäß einer lediglich inneren Logik der Vorstellung.[3] »Es ist augenscheinlich«, schreibt Argan, »wie sich das Fehlen eines Bildprogramms – ausgeschlossen durch die nämliche Theorieeingrenzung, die den Künstler direkt mit dem Ausdruck als universellem Wert verbindet – in einer rein ideologisch ausgerichteten Architekturinterpretation widerspiegelt. Die Zeichnungen Sant'Elias führen zu keinem Schluß, auch wenn sie vorwegnehmen oder wohl gerade weil sie vorwegnehmen: seine ideologische Architekturkonzeption führte ihn zwangsläufig zur Verwechslung von Vorstellung und Darstellung; der monumentale Charakter seiner Architektur überschritt diese individuelle Vorstellung und wurde so anachronistisch, aus seiner Sicht antikünstlerisch, da er damit der Ausgangsvorstellung nicht mehr entsprach. Es waren also nicht nur äußere Umstände, welche Sant'Elia an der Realisierung des Kunstwerks hinderten, sondern die nämliche Vollkommenheit der dialektischen Struktur seiner Theorie.« »Gerade weil die technischen Belange nicht festgelegt sind, sondern aufgrund eines generellen Bedürfnisses nach Geschichtlichkeit idealisiert werden, bleibt die Konzeption eine Konzeption im Leeren; poetisches Wirken und nicht Poesie, Streben nach Kunst und nicht Kunst, Architekturideologie und -psychologie und nicht Architektur.«[4]

In sämtlichen Studien zur Architektur des Jahrhunderts finden sich derartige Zweifel, wobei man Sant'Elia generell einen geringen Platz einräumt und allein schon dadurch seinen konkreten architektonischen Wert in Frage stellt. Zevi beschränkt sich in seinen Ausführungen auf Sant'Elias Beziehung zum Futurismus auf der Basis des *Manifestes* und kommt so ebenfalls zu dem Schluß: »Bis auf die romantische Imagination blieb nichts im Bereich der Architektur: die virtuell positiven Elemente seiner Formulierungen entbehrten jeglicher Vertiefung, seine szenographischen Zeichnungen, welche nicht einmal mit jenen phantasievollen Planimetrien versehen waren, deren Notwendigkeit sogar die zügellosesten Expressionisten erkannten, blieben leere Botschaften.«[5]

1 C. L. Ragghianti, ›Sant'Elia, Il Bibbiena del Duemila‹, in *La critica d'arte*, X, Nr. 56, 1963, S. 1-22
2 C. De Seta, *Architetti italiani del Novecento*, Rom/Bari 1987, S. 9, 31
3 G. C. Argan, ›Il pensiero critico di Sant'Elia‹, in *L'Arte*, XXXIII, V, September 1930; erneut veröffentlicht in AA. VV., *Dopo Sant'Elia*, Mailand, S. 45-50 und in G. C. Argan, *Progetto e destino*, Mailand 1965, S. 203-11
4 G. C. Argan 1965 (Anm. 3), S. 209
5 B. Zevi, *Storia dell'architettura moderna*, Ausg. 1955, S. 224-25

A. Sant'Elia, Studie für eine Villa, Gesamtansicht (1908). (Kat. 6)

A. Sant'Elia, Studie für eine Villa, Eine Wand des Speisezimmers (1908). (Kat. 7)

A. Sant'Elia, Architektonisches Projekt, 1910 (Kat. 28)

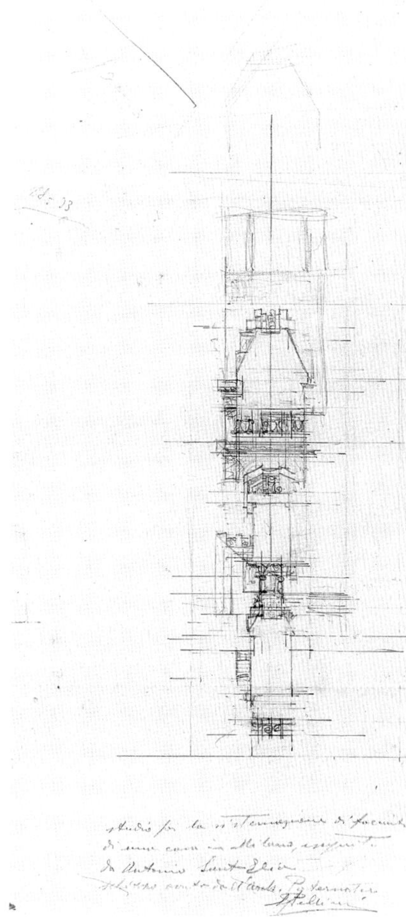

A. Sant'Elia, Studie zur Gestaltung der Fassade eines Hauses in Mailand (um 1911?). Sammlung Pellini, Mailand (Kat. 42)

Benevolo handelt ihn auf weniger als einer Seite ab, die Zitate aus dem *Manifest* eingeschlossen; Tafuri und Dal Co lassen es bei fünf Zeilen bewenden.[6] An dieser eher negativen Einstellung änderte sich auch nichts, als man die mitteleuropäischen Wurzeln Sant'Elias und den Einfluß durch die Wagnerschule (und Wagner selbst) und die Secession (mit anfänglicher Neigung zum Eklektizismus) berücksichtigte.

Die Studien Tagliaventis, Banhams, Tentoris und anderer[7] sowie auch die Ausstellung des Gesamtwerks von Sant'Elia 1962 in Como[8] – die eine Erweiterung der üblichen, begrenzten Bezugssysteme ermöglichte – befreiten den Architekten endlich aus der einseitigen Verbindung zum Futurismus. In der Folge gestand man ihm ein weniger konventionelles und schematisches Wissen zu, auch in Bezug auf die reifen Lösungen bei der *Città Nuova*, die sehr wohl mit vorangegangenen Arbeiten in Verbindung stehen. Die ›Offenbarung‹ seiner Zugehörigkeit zu jenem Klima, im *Manifest* vehement verdammt, hat indes die Anerkennung der innovativen Leistungen des Künstlers meist verschleiert, der es riskiert hat, einer der vielen Nachahmer des Jugendstils zu werden (in einigen Fällen aufgrund seiner kritiklosen, akribischen Philologie).

Zu den Ergebnissen der erneuten Beschäftigung mit Sant'Elia zählt in jedem Fall die Akzentuierung seiner keineswegs inkonsistenten, sondern vielmehr reichhaltigen und insbesondere kontinuierlichen professionellen Tätigkeit (bedeutsam hierfür war primär der Katalog der oben erwähnten Ausstellung in Como, den der in den letzten Jahren erschienene Gesamtkatalog hinsichtlich der fehlenden Illustrationen der ersten Publikationen ergänzte)[9]: sie entwickelte sich parallel zu jener ›freien Arbeit‹, die in den Skizzen, Zeichnungen und den Entwürfen zur *Città Nuova* zum Ausdruck kam und verschiedene Register in sich vereinigte (eben nicht nach einem Zuvor und Danach organisiert) und die zum Zweck des Sinnverständnisses analysiert werden muß, auch hinsichtlich der Beurteilung jener außerhalb dieser Praxis entstandenen Blätter, die direkt auf die Notwendigkeiten der realen Stadt reagierten.

Diese technische Orientierung entsprach darüber hinaus dem beruflichen Werdegang Sant'Elias an den Fachschulen in Cantù und schließlich in Como an der Scuola d'arti e mestieri ›G. Castellini‹ (Kunst- und Handwerksschule ›G. Castellini‹) im Fachbereich Öffentliche, hydraulische und verkehrstechnische Bauvorhaben, wo er 1906 sein Diplom als Baumeister erhielt.

Sofort nach Beendigung seiner Ausbildung wird Sant'Elia berufen, an den Abschlußarbeiten am Villoresi-Kanal mitzuwirken. Er erhält schließlich eine Anstel-

6 L. Benevolo, *Storia dell'architettura moderna*, Bari 1960, II, S. 495-96; M. Tafuri/F. Dal Co, *Architettura contemporanea*, Mailand 1976, S. 121

7 I. Tagliaventi, ›Sant'Elia e l'architettura futurista‹, in *Ingegneri, architetti, costruttori*, Oktober, S. 233-37, November, S. 255-61, Dezember, S. 284-87, Bologna 1954; R. Banham, ›Sant'Elia‹, in *The Architectural Review*, London 1955, S. 295-311; F. Tentori, ›Le origini liberty di Antonio Sant'Elia‹, in *L'Architettura, Cronache e Storia*, Rom, Juli-August 1955, S. 206-15. Autoren, die sich in der Folge erneut mit der Erforschung der Beziehung Sant'Elias zur Secession und zum Jugendstil beschäftigt haben: R. Bossaglia, *Il Liberty in Italia*,

Mailand 1968, und ›Antonio Sant'Elia‹, in *Mostra del Liberty Italiano*, Mailand 1972-73; C. Cresti, ›Sulle origini del gap architettonico‹, in *Necropoli*, Florenz, I, 1969, S. 13-26, und ›Intorno a due disegni quasi sconosciuti di Antonio Sant'Elia‹, in *Necropoli*, IV, 1972, S. 45-50; M. Nicoletti, *L'architettura liberty in Italia*, Rom/Bari 1978, V. Fontana, *Il nuovo paesaggio dell'Italia giolittiana*, Rom/Bari 1981; E. Godoli, *Guide all'Architettura moderna – Il Futurismo*, Rom/Bari 1983

8 Zusammengestellt von L. Caramel und A. Longatti in der Villa Comunale dell'Olmo. Die Ausstellung zeigte 288 Arbeiten, insbesondere die frühen Werke sind nicht im zweiten Band der *Archivi del Futurismo* (hrsg. von M. Drudi Gambillo und T. Fiori) abgebildet. Sie finden sich im Katalog dieser Ausstellung des Jahres 1962.

9 L. Caramel/A. Longatti, *Antonio Sant'Elia. L'opera completa – The Complete Works*, Mailand 1987; amerikanische Ausgabe New York 1988. Der Katalog wurde in der Ausgabe von 1988 durch neue Beiträge erweitert.

A. Sant'Elia, Neuer Hauptbahnhof von Mailand, Seitenfassade (zeitgenössische Photographie des Plans), 1912. Musei Civici, Como (Kat. 57)

lung als Zeichner im technischen Büro der Verwaltung der lombardischen Hauptstadt, deren bedrohliche Expansionsprobleme er direkt miterlebt. (Im Jahre 1909 immatrikulierte er sich an der Mailänder Accademia di Brera und im Jahre 1912 bestand er das Abschlußexamen für Architekturzeichnung an der Kunstakademie von Bologna.) Zur selben Zeit führte er eigene Projekte aus und bot sie Fachzeitschriften wie etwa ›La Casa‹ in Mailand an, die im Januar 1909 seinen Entwurf einer *Villa* mit den dazugehörigen Abbildungen der Gesamtansicht, einer Wand des Speisezimmers und des Erdgeschoßgrundrisses veröffentlichte (Kat. 6-8), oder der Turiner Zeitschrift ›L'Artista Moderno‹, die im darauffolgenden Jahr zwei architektonische Entwürfe (Kat. 27-28) vorstellte. Noch im Jahr 1910 nimmt Sant'Elia an einem Wettbewerb der Kooperative Milanino (gegründet zur Realisierung einer Gartenstadt am Stadtrand) für ein *Villino moderno* (moderne kleine Villa) mit einem Entwurf teil, der sogar veröffentlicht wird (Kat. 29-32). Im Jahre 1912 baut er eine Villa in den Bergen über Como (*Villa Elisi* in der Ortschaft Le Colme di San Maurizio bei Brunate: Kat. 33).

Es gilt ferner zu bedenken, daß der junge Baumeister sich um verschiedenste Bauobjekte gekümmert hat, was zumindest in einem Fall durch die unveröffentlichte *Studie zur Gestaltung einer Fassade*, entstanden 1911, belegt ist (Kat. 42). Dazu zählt wohl auch die ausgeführte Zeichnung einer *Fassade eines Gebäudes* (Kat. 41; Abb. S. 12) aus dem Jahre 1911 sowie einige diesbezügliche Dekorationsskizzen (Kat. 35-41). Vielleicht noch im selben Jahr, zweifelsohne im folgenden, entwirft Sant'Elia zusammen mit Italo Paternoster einen Vorschlag für den neuen *Friedhof von Monza* (Kat. 45-49). Er wird bei dem 1912 von der Stadtverwaltung dafür ausgeschriebenen Wettbewerb ohne Erfolg vorgestellt. Trotz des von der Jury vorgebrachten Vorwurfs der Ungenauigkeit und der technischen Untauglichkeit handelt es sich dabei um eine präzise und wohldurchdachte Arbeit. Sant'Elia und sein Partner begnügen sich nicht damit, das szenographische, monumentale Hauptgebäude zu entwerfen, sondern sehen mögliche Varianten vor, studieren

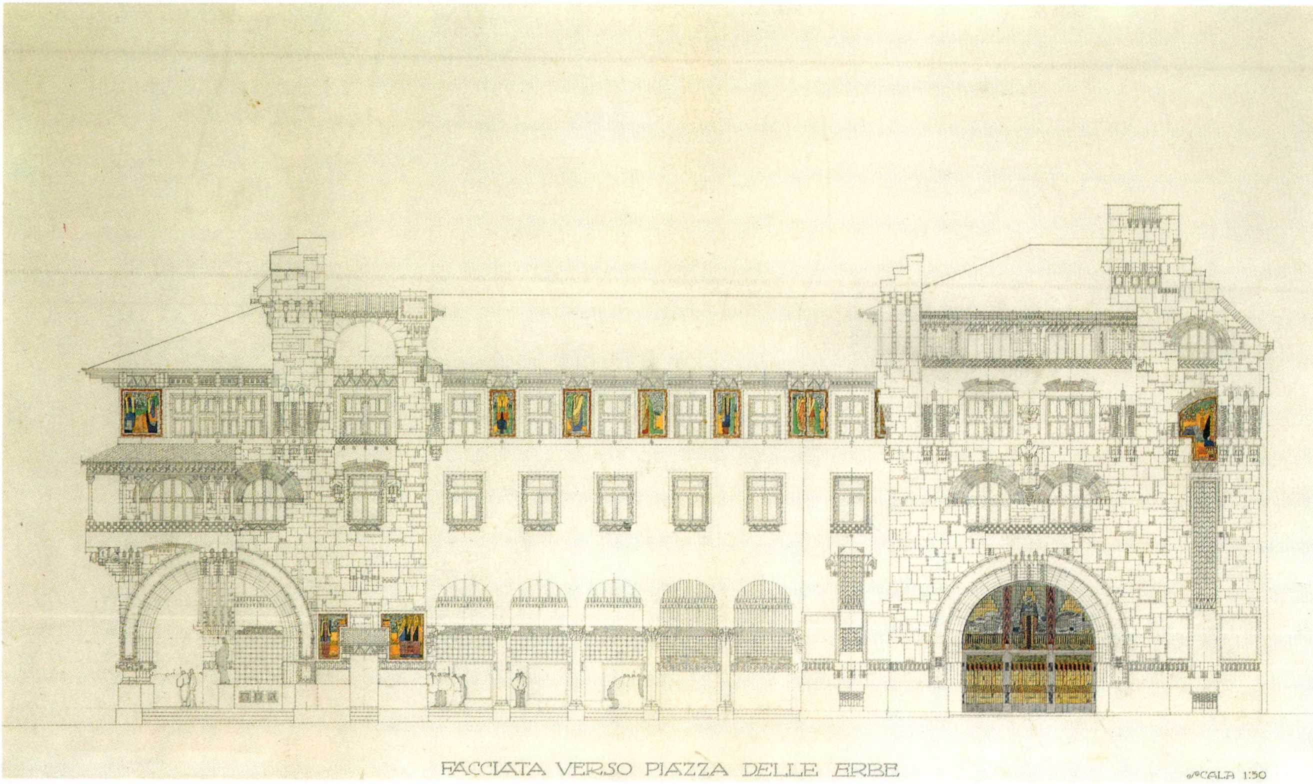

A. Sant'Elia, Neuer Sitz der Sparkasse von Verona, Fassade zur Piazza delle Erbe, 1913-1914. Musei Civici, Como (Kat. 158)

Urnenhallen, den Einäscherungsofen und andere Nutzgebäude, die auf dem weitläufigen Lageplan des Komplexes verteilt sind, indem sie von allem Pläne, Aufrisse und Querschnitte anfertigen. Es fehlt auch nicht an diversen Skizzen einzelner Details und innerer Strukturen (Kat. 50-53), welche das ungebrochene Interesse Sant'Elias belegen, der sich 1912 – er erhält sein Diplom in Bologna, das ihn zur Ausübung seines Berufes befähigt – immer noch im Mailänder Architekturbüro Arrigo Cantonis mit den Entwürfen für die Zweitauflage des Wettbewerbs um den neuen *Mailänder Hauptbahnhof* beschäftigt, der eben in diesem Jahr ausgeschrieben wird (Kat. 55-59; Abb. S. 15). An diesem Wettbewerb nimmt auch Cantoni selbst teil, der zusammen mit seinem Kollegen Violi allerdings einen eigenen Vorschlag einreicht. Sant'Elia (der nun in der Lage ist, seinen Beruf offiziell auszuüben, und sich auch gleich einen Stempel zulegt, auf dem sein Beruf und seine Geschäftsadresse angegeben sind) nimmt in Zusammenarbeit mit dem Architekturbüro Cantoni ebenfalls am internationalen Wettbewerb für den *neuen Sitz der Sparkasse von Verona* an der Piazza delle Erbe teil (an der ersten Ausschreibung im Juni 1913 und an der zweiten im April 1914; Kat. 157-169): wohlgemerkt in jenen Monaten, in denen er auch an den Entwürfen zur *Città Nouva* arbeitete.

Die Skizzen zu einem weiteren Gebäude (Kat. 170, 171), auf das sich andere Blätter beziehen (Kat. 172-181 und möglicherweise 182-189), sind auf dem Papier des Architekturbüros Cantoni ausgeführt. Diese Zeichnungen stehen alle in Beziehung zu seiner professionellen Tätigkeit, wie ferner der in den Jahren 1913-14 angefertigte Entwurf zum *Projekt für den neuen Sitz der Società dei Commessi in Como* (ähnlich dem Projekt D'Aroncos für die *Banca Cooperativa Cattolica* in Udine aus dem Jahre 1907), wovon eine perspektivische Ansicht und ein Grundriß erhalten sind (Kat. 223), der 1914 entstandene Entwurf eines *Kiosks mit männlicher Figur* (Kat. 244; wahrscheinlich eine Auftragsarbeit, die Sant'Elia in Zusammenarbeit mit dem Architekturbüro Boni angefertigt hat), die Studien zu den *Grabmalen* für den Vater *Luigi Sant'Elia* und *Gerardo Caprotti* (Kat. 191-222) und vor allem die Entwürfe anläßlich des Wettbewerbs um die neue *Pfarrkirche von Salsomaggiore*

R. D'Aronco, Perspektivische Ansicht der Banca Cooperativa Cattolica von Udine, 1907. Civici Musei e Gallerie di Storia e Arte, Udine

A. Sant'Elia, Studie für das Grabmal Caprotti auf dem Friedhof von Monza, 1914. Musei Civici, Como (Kat. 208)

A. Sant'Elia, Neuer Sitz der Società dei Commessi in Como, Perspektivische Ansicht und Grundriß, 1914. Musei Civici, Como (Kat. 223)

(Kat. 237-241). Noch um das Jahr 1914 entstehen weitere Studien und Skizzen, zum Teil mit Plänen versehen (Kat. 224-236), für Gebäude, die auf Auftragsarbeiten oder zumindest auf einen realen Verwendungszweck hindeuten (ausgenommen eventuell Kat. 231). Zwischen 1914 und 1915 erhält der Architekt von der Stadtverwaltung von Como den Auftrag für eine *Ansicht des Schulgebäudes im Stadtteil Vigano* (Kat. 365), in der Folge nicht realisiert, und für *Außendekoration und Umzäunung des Schulgebäudes in der Via Brambilla in Como* (Kat. 366-367). Noch im Jahre 1915 entwirft Sant'Elia Graffito-Dekorationen für die Fassade eines Hauses in Como (Kat. 368, 369). Und selbst kurz vor seinem Tode entsteht unter außergewöhnlichen Umständen – an der Front – eine Arbeit: der Entwurf für den *Friedhof der Brigade von Arezzo*, auf dem Sant'Elia im selben Jahr begraben werden sollte (Kat. 370; Abb. S. 53).

Wie man sieht, ist die Anzahl der Arbeiten keineswegs gering, die nicht der ›Freien Arbeit‹, dem phantasievollen Entwerfen, wofür Sant'Elia gemeinhin ausschließlich bekannt ist, zuzuordnen sind. Gewiß handelt es sich dabei nicht um bedeutende Arbeiten. Eine diesbezügliche Ausnahme bilden allerdings die Zeichnungen, die Sant'Elia im Auftrag anderer Architekten anfertigte, wie der Entwurf für den *Mailänder Hauptbahnhof* und den neuen *Sitz der Sparkasse von Verona* sowie jene, wenn auch von geringerer Bedeutung, die er für die Wettbewerbe zum *Friedhof von Monza* und die *Pfarrkirche von Salsomaggiore* eigenverantwortlich realisierte. Es darf nicht vergessen werden, daß er im Jahre 1908 erst zwanzig Jahre alt ist, als er den in ›La Casa‹ veröffentlichten Entwurf einer Villa zeichnet und daß er noch nicht einmal 28 Jahre alt ist, als er im Oktober des Jahres 1916 im Krieg fällt. So sind die angeführten Werke der Ausdruck erster beruflicher Erfahrungen eines noch jungen Menschen.

Diese Aspekte sind bei einer genaueren Untersuchung des Gesamtwerks von Sant'Elia in Betracht zu ziehen. Auch seinen freiesten Kreationen haftet, zumindest dem Anschein nach, ein direkter Projektcharakter an, der nicht von vorneherein unter dem Gesichtspunkt einer abstrakten Uminterpretation der realen konstruktiven, technischen und ökonomischen Gegebenheiten gesehen werden kann. Der Architekt ist sich dieser Gegebenheiten sicherlich bewußt, auch wenn er ihnen kaum Beachtung schenkt oder oft auch in Widerspruch zu ihnen steht. Die Gründe und Motive hierfür gilt es zu erhellen, und bereits im erwähnten Gesamtkatalog wird dieses Problem berücksichtigt und insbesondere von Crispolti[10] akzentuiert, wenn er behauptet: »Um die Bedeutung und die programmatische Klarheit der futuristischen Arbeiten von Sant'Elia angemessen beurteilen zu können, ist es erforderlich, sich das Nebeneinander zweier Arbeitsebenen bewußtzumachen, auf denen er sich als Architekt tatsächlich bewegte«: ein Bereich ist »streng professionell, er betrifft ausgearbeitete Projekte oder konkrete Realisierungen«, »ein greifbarer, sagen wir realistischer Bereich, der eine gegebene Auftragssituation widerspiegelt«; diese Arbeitsebene verläßt Sant'Elia offensichtlich ganz bewußt bei bestimmten Problemstellungen, etwa bei den Elektrizitätswerken, Industriegebäuden und ähnlichem im Jahre 1913 sowie in den Entwürfen für die *Città Nuova* zwischen 1913 und 1914. Auf der anderen Seite kommt aber auch in den Skizzen und Plänen zur *Città Nuova* jene realistischere Formensprache zum Ausdruck, jedoch in neuartiger Synthese und Essenzialität und bezugnehmend auf verschiedene Typologien. Eine Formensprache, die Sant'Elia im Laufe seiner kurzen Praxis in den konkret abgeschlossenen und nicht vollendeten Arbeiten bis 1912 entwickelt hat (oder den nur scheinbar nicht vollendeten: mehr als ein Entwurf aus den frühen Jahren könnte in der Tat durch praktische Erwägungen motiviert sein, wie beispielsweise Kat. 11-14).

Portoghesi hat dies genauestens aufgezeigt, indem er »eine Reihe von Paradigmen und kompositorischen, sich wiederholenden Arbeitsschritten [isolierte], die

10 L. Caramel/A. Longatti, 1987 (Anm. 9), S. 9, 48; E. Crispolti, ›Sant'Elia Antonio‹, in *Dizionario del Futurismo*, Katalog der Ausstellung *Futurismo & Futurismi*, Palazzo Grassi, Venedig 1986, Mailand 1986, S. 571

11 P. Portoghesi, ›Il linguaggio di Sant'Elia‹, in *Controspazio*, III, Nr. 4-5, Bari, April/Mai 1971, zu *Futurismo architettura*, L. Patetta/V. Vercelloni (Hrsg.), S. 27-30

12 Ebenda, S. 30

13 Ebenda

14 Vgl. *L'idea del lago: un paesaggio ridefinito, 1861-1914*, Ausstellungskatalog, L. Caramel/L. Patetta (Hrsg.), Como, Villa Olmo 1984, Mailand 1984, S. 22-29

15 Ebenda, passim.

L. Conconi/L. Perrone, Villa Pisani Dossi, 1897-1910, Como-Cardina

in ihrer Gesamtheit die signifikanten Aspekte einer Zeichnung ausmachen und sie auf eine einheitliche Syntax zurückführen«[11]. Es handelt sich dabei um »gestufte Blöcke«, »abgeschrägte Architekturformen«, »bipolare Strukturen«, Themen der »Rahmung«, der »Pyramide«, des »Strebepfeilers«, der »aktiven Bewegung«, die insbesondere in den reifsten Ergebnissen wie den Entwürfen zur *Città Nuova* unabdingbar mit jenen Quellen verbunden sind, aus denen Sant'Elia schöpfte[12] und die er konsequent weiterentwickelte.

»Die offensichtlichen Spuren der Wagnerschule, Garniers, van de Veldes, Wrights und auch Gaetano Morettis, D'Aroncos und Sommarugas scheinen in das Innere einer originalen Vision einzugehen, welche die von anderen übernommenen kompositorischen Schemata zu Instrumenten einer konsequenten, zutiefst dialektischen Methode werden läßt«; soweit Portoghesi[13], der bei seiner Argumentation immer den reifen Sant'Elia vor Augen hat, also den Architekten der Bahnhofsgebäude, der terrassierten Häuser, der Großbauten mit Außenaufzügen, der Brücken, der sich überlagernden Straßensysteme, der städtischen Zentren, in denen Wohnhäuser und öffentliche Einrichtungen derart miteinander verbunden sind, daß sie einen sinnvollen, kontinuierlichen Kommunikationsprozeß gewährleisten. Zu diesem Verfahren von Übernahme und Umgestaltung gelangt der Architekt schrittweise, wobei er an seinen Wurzeln festhält, sie weiterentwickelt und dadurch lebendig erhält.

So gesehen ist es von wesentlicher Bedeutung, den ganzen Sant'Elia zu berücksichtigen, was hier versucht wird (jedoch unter Berücksichtigung der unvermeidbaren Werkverluste durch verlorengegangene und im Werkkatalog des Architekten nicht belegte Arbeiten). Dabei soll nicht in ungerechtfertigter, artifizieller Weise zwischen einem ›angewandten‹ und einem ›puristischen‹ Sant'Elia unterschieden werden, da dies sicherlich einen Verrat an seinem Gesamtwerk darstellen würde. Die Anfänge des jungen Baumeisters lassen sich zwischen Eklektizismus, Wagnerismus und Secessionismus festmachen und waren geprägt vom geistigen Klima in der Lombardei, wo noch das Echo der großen Volt-Ausstellung von 1899 widerhallte, deren verschiedene Pavillons dem Eklektizismus, den insistierenden Revivalismen und dem Jugendstil verpflichtet waren. Die Nähe zum Jugendstil kommt beispielsweise auch im offiziellen Ausstellungsplakat von Adolf Hohenstein zum Ausdruck.[14] In Como und seiner Umgebung, dem See, Brunate und dem Val d'Intelvi, begegnete man einer eifrigen Bautätigkeit, die mit dem ökonomischen Aufschwung korrespondierte, der vor allem durch die Textil- und Färbereiindustrie angeregt wurde, aber auch durch die neuen Entwicklungen auf dem Tourismus-Sektor beeinflußt war. Diese bewirkten eine Verdichtung der Infrastrukturen (Eisenbahnnetz Mailand-Nord, Seilbahnen) und eine wirkliche Neudefinition der Landschaft, was natürlich vor allem auf die wachsende Anzahl neuer Bauten zurückzuführen war.[15] Unter den interessanteren Bauwerken, die Sant'Elia sicherlich bekannt waren, ragen primär eklektizistisch geprägte Monumentalbauten hervor; so die *Villa Pisani Dossi* von Luigi Conconi und Luigi Perrone (1897-1910) oder auch die Konstruktionen des Architekten Federico Frigerio, das Hotel Plinius (1897-99, gebaut vom Ingenieur Giuseppe Salvioni; Frigerio übernahm sowohl die Außen- als auch die Innendekorationen), die Villa Pirrotta in Brunate (begonnen 1902, für die Dekorationsarbeiten wurde der Bildhauer Pogliaghi herangezogen) oder das Teatro Politeama (1910), dessen Sichtbetondecke aus Stahlbeton gefertigt wurde, und schließlich der Sitz der Società bancaria in Como (erbaut zwischen 1908 und 1911, 1912 in der Zeitschrift ›Edilizia moderna‹ veröffentlicht), den Sant'Elia bei seinem bereits erwähnten Projekt für die Handelsgesellschaft berücksichtigt zu haben scheint. Daneben finden sich Gebäude in Analogie zum Jugendstil und zur Secession wie die *Villa Bernasconi* in Cernobbio, die von Alfredo Cam-

A. Campanini, Villa Bernasconi, um 1906, Cernobbio (Como)

panini vor 1906 erbaut wurde und mit einer Reihe anderer, auch industrieller Bauten in Verbindung steht; das *Sudhaus der Brauerei Poretti* in der Nähe von Induno Olona, ein interessantes Beispiel für die Industriearchitektur von Alfred und Richard Bihl; sowie in der Nähe von Varese, in Campo dei Fiori, die Ferienanlagen von Sommaruga, das *Grand Hotel Tre Croci*, die *Standseilbahn-Station* und das Restaurant, zwischen 1907 und 1912 erbaut (Abb. S. 31).

Eine derartige Mischung aus verschiedenen Komponenten, gepaart mit dem Rückgriff auf im Grunde noch eklektizistische Methodologien mit klassischer, neocinquecentesker und neobarocker Färbung, welche die Mailänder Sempione-Ausstellung des Jahres 1906 prägten (die wohl auch Sant'Elia gesehen haben dürfte) und die im städtischen oder ländlichen Kontext weit verbreitet waren, charakterisieren die Anfänge des Comer Architekten. Er zeichnet konventionelle, ›stilgerechte‹ Architekturdetails, die offensichtlich auf akademische Studien zurückgehen (Kat. 1-5), und macht gleichzeitig deutlich, daß ihm die Art-Nouveau-Tendenzen geläufig sind, wie die Innenraumgestaltungen des Wohnhauses zeigen, die Anfang des Jahres 1909 in der Zeitschrift ›La Casa‹ veröffentlicht werden. Es handelt sich hierbei allerdings in der Hauptsache um offensichtliche Abwandlungen obiger Muster unter entgegengesetztem Vorzeichen, die am ausgehenden Jugendstil orientiert, in der Sprache eines durch Zeitschriften und offizielle Bauvorgaben weit verbreiteten Geschmacks gehalten sind, wie er die neuen Stadtviertel und Mittelstands-Wohngebiete kennzeichnet. Die Struktur der Konstruktion entspricht hingegen weitaus weniger diesen Vorstellungen. Die asymmetrische Verteilung der von wenigen Öffnungen durchbrochenen und von hellen Wandflächen umgebenen Räume erinnert in gewisser Hinsicht an das *Haus des Dichters* von Giuseppe Torres, das das Magazin ›L'Architettura italiana‹ 1907 veröffentlichte. Auch Torres zeigt sich trotz gewisser Anklänge an die Eleganz des Jugendstils vom Geist des Eklektizismus äußerst stark beeinflußt.

Kraftvoller sind einige andere Zeichnungen Sant'Elias, die sich aufgrund eines allgemeinen Rückgriffs auf analoge Lösungen (Kat. 10-12) auf dieselbe Zeit datieren lassen und die noch mehr als die kleine Villa in der Sphäre des Eklektizismus stehen. Die klare Gliederung der Gesamtkomposition scheint gefährdet durch den beharrlichen Rückgriff auf Malerisches im Bereich der Dekorationen und der Bauglieder selbst, die von der Typologie her klassisch, bezüglich der Maße aber zutiefst antiklassisch sind. Die pittoresken Elemente nehmen in einigen Fällen symbolisch-evokative Wertigkeit an (besonders in der Studie Kat. 10, von nahezu Böcklinschem Geschmack), während der Duktus dieser Zeichnungen entschlossen und spröde ist und nichts mit dem geschmeidigen, florealen Linearismus gemein hat. Zwei dieser Bilder (Kat. 10, 11) zeigen die Architekturen umgebende, auffällige Räume, die mit ungeordneten, nervösen Federstrichen angefüllt sind und den Eindruck von Unruhe vermitteln, die der vorherrschenden Harmonie und dem Streben nach einer allseitigen Verbreitung des Schönen im Art Nouveau völlig fremd ist. Dieser Wandel ist überall gegenwärtig: selbst in Wien, wo die beunruhigenden Sterne der Maler Schiele und Kokoschka aufgehen und wo bald auch Klimt den magisch-entrückten Zauber seiner Bilder brechen wird. Seine Bildvorstellung kennzeichnet bereits eine derart expressive Erregung, daß sich der Maler gezwungen sah, das undurchdringliche Gold der Bildhintergründe in vollendeten Werken wie *Der Tod und das Leben* zu durchbrechen und zu ersetzen. Wie Bossaglia in seinem Buch ›Il Liberty in Italia‹ bemerkt hat, steht auch Sant'Elia in seinen ersten Arbeiten »in einem wenngleich rhetorischen, so doch unzweifelhaft dramatischen Diskurs« mit den »Projekten Annibale Rigottis, den Friedhöfen von Mantua und Bergamo von Ernesto Pirovano bis hin zum Entwurf für den *Mailänder Hauptbahnhof* von Ulisse Stacchini und den gewagtesten Versuchen Sommarugas«[16].

A. und R. Bihl, Fassade des Sudhauses der Brauerei Poretti, 1907, Induno Olona

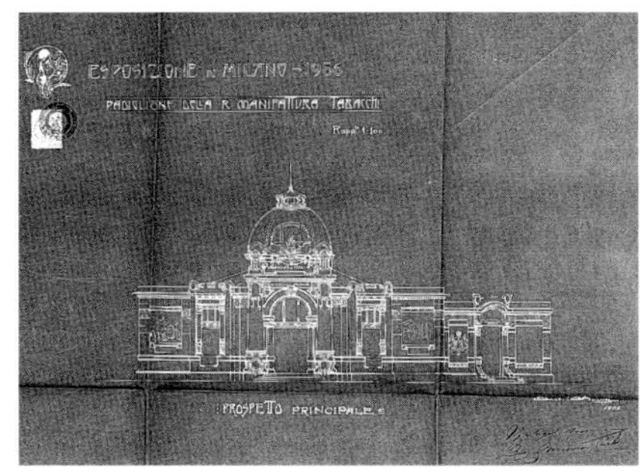

L. Broggi, Sempione-Ausstellung in Mailand, Ansicht des Pavillons der Tabak-Manufaktur, 1906, Biblioteca Trivulziana, Mailand

G. Torres, Haus des Dichters, Gesamtansicht (1906-1907), Sammlung Giulia Torres, Venedig

16 R. Bossaglia 1968 (Anm. 7) S. 129

A. Sant'Elia, Studie für eine Villa (1908-1909), Musei Civici, Como (Kat. 10)

Gerade im Hinblick auf die frühen Arbeiten Sant'Elias erklärt sich somit, weshalb er sich nach den bitteren Anfängen bevorzugt den hypertrophen und kalten Entwicklungen des Spätsecessionismus zuwandte. Eine entscheidende Rolle spielte dabei die unbefangene Aufnahme des Dialogs mit der zugleich alten und neuen Lehre Otto Wagners und den zwischen Monumentalismus und formaler Erneuerung angesiedelten Entwicklungen seiner Schule. Und es erklärt die expressionistischen Akzente, die auch in Österreich und Deutschland aufblühen und die bei Sant'Elia und vielen anderen italienischen Künstlern vom Ende des ersten Jahrzehnts bis in die fünfziger Jahre zu finden sind. All dies in einem Klima, das auch aufgrund zeitgeschichtlicher Gegebenheiten nicht von florealer Ausgelassenheit

U. Stacchini, Entwurf für den neuen Hauptbahnhof von Mailand, Variante. Archiv der Staatseisenbahn, Mailand

O. Wagner, Projekt für den Neubau der Akademie der Bildenden Künste, 1898. Akademie der Bildenden Künste, Wien

A. Bastl, Entwurf für die wissenschaftliche Gesellschaft des Okkultismus in Paris, 1902. Aus *Wagnerschule 1902*

J. Plečnik, Skizze, 1899

charakterisiert ist, die jedoch – unfruchtbar, schematisiert, zur Manier verkommen – weiterhin das äußere Erscheinungsbild und die Innendekorationen zahlreicher architektonischer Projekte bestimmt, die darauf abzielen, die Bedürfnisse der kleinbürgerlichen Auftraggeber und, im Bereich der Wirtschaft, die Notwendigkeiten breiter Bevölkerungsschichten zufriedenzustellen. Die frühe Entwicklung Sant'Elias hingegen verläuft in Bahnen, welche die Lehren der Amsterdamer Schule, insbesondere diejenigen Berlages oder, über Sommaruga, die des Engländers Webb aktualisieren, und die ihn konträr dazu, vielleicht erneut auf dem Umweg über Sommaruga, zur Wiederentdeckung der konstruktiven Logik eines Boito führen. Es sind in jedem Fall hauptsächlich Wagner und besonders dessen Schüler, die Sant'Elia bei der Ausführung einer Serie von Zeichnungen berücksichtigt, die fernab professioneller Fragestellungen in den Jahren 1909 und 1910 entstehen (Kat. 15-25).

Wagners Einfluß gelangte über zahlreiche Publikationen indirekt nach Italien und aufgrund der traditionellen kulturellen Verbindungen insbesondere in den lombardisch-venetischen Raum: so auch ein Jahrbuch der Wagnerschule – das einzig gesicherte unter vielen, die der Baumeister-Student besessen oder zumindest eingesehen haben dürfte –, das dem Bildhauer Gerolamo Fontana, einem Kommilitonen Sant'Elias an der Brera, gehörte.[17] Architekten wie Dorfmeister, Kammerer, Michler, Seiz, Bastl, Mayr, Deininger, Schönthal und Plečnik bedeuteten für Sant'Elia eine wertvolle Alternative sowohl im Hinblick auf die analytischen, blutleeren, akademischen Exerzitien, als auch im Hinblick auf die mißbrauchte Deklination der herrschenden Koine-Jugend, wobei bereits die Variation kreative Möglichkeiten eröffnete.

Es ist anzunehmen, daß die exzentrischen Maßverhältnisse dieser Projekte, ihr ›antikes‹ Gepräge und die sie trotz allem umgebende Aura des Außergewöhnlichen faszinierend auf Sant'Elia wirkten. Er war sich zweifelsohne der Lösungen noch nicht bewußt, die den Anforderungen der Industriestadt gerecht werden könnten. Entmutigt durch die ihm auferlegten Einschränkungen, war er doch erfüllt von der Hoffnung auf etwas, von dem er auch weiterhin keine genaue Vorstellung hatte, abgesehen davon, daß er wußte, was er nicht wollte. Es war wohl insbesondere der freie und klare Rückgriff auf spezielle perspektivische Schnitte, die in diesem Umfeld und bei Wagner selbst sehr verbreitet waren, die ihn dazu führten, Gebäude, die sich in Entwürfen lediglich in ihrer bildhaften Qualität darstellten, auf Monumentalität und Dynamik hin auszurichten.

17 Vgl. L. Caramel, ›Antonio Sant'Elia e l'architettura del suo tempo‹, in *Antonio Sant'Elia. Catalogo della mostra permanente*, L. Caramel/A. Longatti (Hrsg.), Villa Comunale dell'Olmo, Como 1962, S. 20. Das 1903 in Wien veröffentlichte Jahrbuch trägt den Titel *Die Wagnerschule 1902*. Es enthält hundert Reproduktionen von Zeichnungen verschiedener Künstler. Fontana, Begleiter, Freund und Landsmann Sant'Elias erinnerte sich, daß dieser das Buch mit Interesse studiert hatte. Er tadelte im übrigen die enge Nähe einiger seiner Skizzen jener Jahre zu den Entwürfen, die in dem Jahrbuch abgebildet waren, was auch im oben erwähnten Katalog bei der Gegenüberstellung zweier Arbeiten Sant'Elias mit Arbeiten O. Schönthals (S. 23) und A. Bastls (S. 27) zum Ausdruck kommt. Eine andere Arbeit, die *Skizze für ein Monumentalgebäude* von E. Hoppe, steht Sant'Elia in der graphischen Anlage ziemlich nahe.

A. Sant'Elia, Monumentalgebäude (1909). Musei Civici, Como (Kat. 20)

J. M. Olbrich, Theater-Werkstatt für die Künstlerkolonie in Darmstadt, 1899. Staatliche Museen Preußischer Kulturbesitz, Berlin, Kunstbibliothek

Dies gelingt ihm durch technische Hilfsmittel, die er teilweise geradezu emphatisch einsetzt, wobei er auch zur Farbe greift, an die er sich etwas später bei seiner Arbeit an der *Città Nuova* erneut erinnern wird. Dabei handelt es sich keineswegs nur um Lösungen, die den Gesamtkomplex und damit die Methode der Darstellung auf dem Papier betreffen. Schon in jenen Jahren hat Sant'Elia strukturelle Komponenten im Auge, die für seine Sprache typisch werden sollten – beeinflußt sicherlich durch lombardische und italienische Beispiele: vor allem Sommarugas *Villa* (1907) und das *Grabmal Faccanoni* (1907-08) in Sarnico, das *Elektrizitätswerk* in Trezzo d'Adda von Moretti (1906; Abb. S. 24), aber auch das *Grabmal Crespi* in Crespi d'Adda (1897-1906) und darüber hinaus die Bauten Stacchinis, Pirovanos,

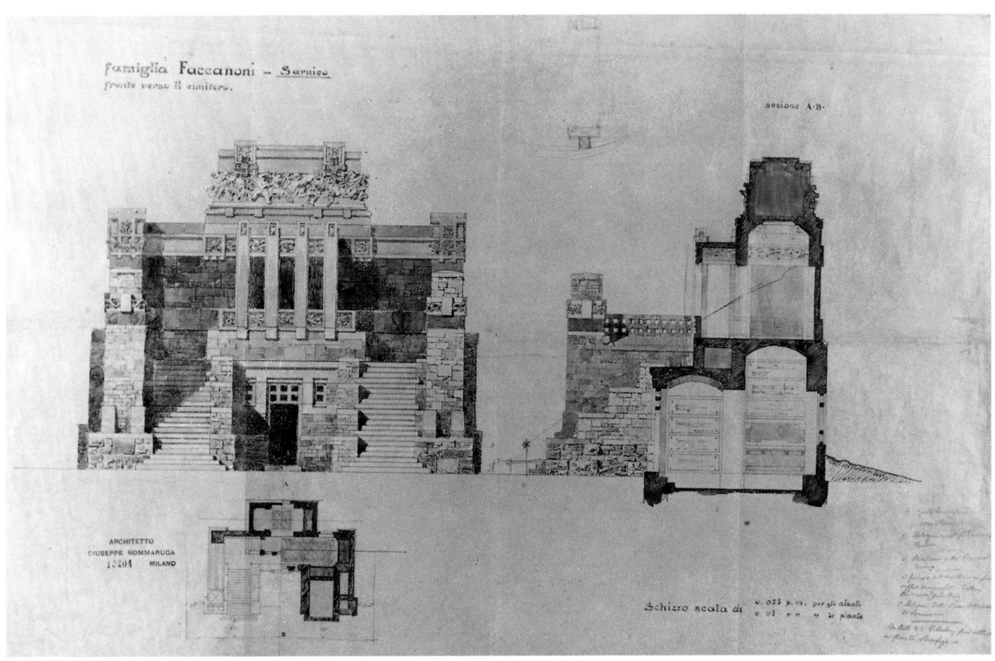

G. Sommaruga, Grabmal Faccanoni, Grundriß, Ansicht und Schnitt, 1906. Technisches Büro der Gemeinde Sarnico (Bergamo)

G. Moretti, Perspektivzeichnung des Elektrizitätswerks von Trezzo d'Adda (1906)

G. Moretti, Elektrizitätswerk ›Esterle‹ von Resega sull'Adda (1914)

Rigottis, der Triestiner Schüler Wagners, denen sich bald darauf Arata anschloß, vor allem im Fall der *Casa Berri-Meregalli* in der Via Vivaio in Mailand (1913); doch könnte sich Sant'Elia bereits für dessen *Casa Felisari* interessiert haben, die 1910 in der Via Boscovich, ebenfalls in Mailand, erbaut wurde.

Die grundlegenden Kompositionselemente wurden bereits im Portoghesi-Zitat vorgestellt. Portoghesi nahm kürzlich die Aussagen seiner früheren Abhandlung[18] wieder auf, bekräftigte jedoch die kompositorischen Fähigkeiten Sant'Elias und den architektonischen Gehalt der Zeichnungen. Dabei wandte er sich gegen die so erfolgreichen, einschränkenden Interpretationen, die Sant'Elias Werk lediglich auf den Bereich des Bildhaften festlegten, auf den Bereich der bildenden Kunst oder lediglich der Szenographie beschränkten. Portoghesi verweist erneut auf die durchgängigen Topoi im Werk Sant'Elias, um auch im Hinblick auf seine Spätwerke zu zeigen, »daß die Imagination Sant'Elias, wie aus dem *Manifest* hervorgeht, vom Inneren der Architektur, vom Inneren der Stadt ausgeht, um eine Außenstruktur zu formen, die dem Druck standhält, den das Innere auf das Äußere ausübt«. »Die schrägen Linien dienen Sant'Elia folglich zur Manifestation der Zentrifugalkraft des Innenraums, der so lediglich suggeriert wird, jedoch außerordentliche Konkretheit erlangt, sobald man sich auf seine Art der Darstellung einläßt.« Eine analoge Bedeutung kommt den Strebepfeilern, den Treppen und allen anderen Elementen zu, die von Sant'Elia unter dynamischen Gesichtspunkten verwendet werden.

G. U. Arata, Casa Berri-Meregalli, Detail der Fassade (1910-1912). Biblioteca Trivulziana, Mailand

In diesem Zusammenhang ist, wie Portoghesi überzeugend vertritt, ein »Auferstehen von Archetypen« zu konstatieren, ein Befreiungsprozeß traditioneller Formen – wie eben Strebepfeiler oder Bogen – von jeglichem dekorativen Beiwerk, ein Rückgriff auf archetypische Konstruktionsformen: Haus, Tempel, Burg, Turm, Brücke. Wenn Sant'Elia »nach neuen Typologien sucht, ein Schöpfer von Typologien sein will, so bedient er sich dennoch jener Elemente, die auch archetypische Wurzeln haben«. »Indem er mit der Vergangenheit reinen Tisch machte«, hat Sant'Elia »die Erinnerung nicht ausgelöscht«, er hat »im Gegenteil zur Klärung der Vergangenheit beigetragen«, schließt der Wissenschaftler und betont damit einen wesentlichen Aspekt der Vorgehensweise des Comasken, durch die er sich von den Rationalisten unterscheidet, mit denen er hinsichtlich ihrer reifen Standpunkte nichts gemein hat.

Die Verankerung der Formen in der Vergangenheit war schon im Jahre 1966 von Argan[19] betont worden, der sich die Frage stellte, was ihren Schöpfer beschäftigte, nachdem er in den zukunftsorientierten Zeichnungen Sant'Elias, selbst in jenen der *Città Nuova*, seltsame mittelalterliche Züge bemerkt hatte. Um sofort die Antwort darauf zu geben – daß für Sant'Elia »nicht so sehr der Traum der Stadt von Morgen zählte, sondern der Versuch, vorherzusehen, welche Entwicklung die Städte der Vergangenheit, die historischen Städte in der Zukunft nehmen würden«. Gemäß einer »Konservierung in der Transformation«, »erkennbar in vielen Details dieser Zeichnungen, in ihren Beziehungen zu gewissen Formen der phantastischen

G. U. Arata, Ansicht einer Villa: Schloß-Villa am Meer (1913). Sammlung Nicola Montaretto Marullo, Piacenza

A. Sant'Elia, Monumentalgebäude (1909).
Museo Civico, Cremona (Kat. 17)

A. Sant'Elia, Monumentalgebäude (1909).
Musei Civici, Como (Kat. 21)

18 Vgl. Anm. 11. Dieser Beitrag wurde bei einer Veranstaltung anläßlich des 100. Geburtstages von Sant'Elia am 15. April 1988 in der Stadtbibliothek von Como referiert und ist bislang unveröffentlicht. Die folgenden Zitate wurden der unpaginierten Schreibmaschinenabschrift entnommen, die vom Autor noch nicht durchgesehen wurde. Um den Sinn der Aussagen nicht zu verändern, legte man großen Wert auf die wörtliche Übernahme des vom Autor Gesagten.

19 G. C. Argan, ›Antonio Sant'Elia‹, Vortrag im Sitzungssaal des Palazzo Cernezzi in Como im Jahre 1966. 1988 in kleiner Auflage als Broschüre der Stadtverwaltung von Como anläßlich des 100. Todestages des Architekten publiziert. Die von mir im Auftrag des Autors durchgesehene gedruckte Ausgabe des Textes ist unpaginiert.

A. Sant'Elia,
Monumentalgebäude,
Studie, 1912.
Musei Civici, Como
(Kat. 75)

Architektur, die vor allem mit gotischen Architekturformen aus dem zivilen und militärischen Bereich (Türmchen, Türme, festungsgleiche Höfe, Zugbrücken, Hängebrücken etc.)[20] korrespondieren, verwirklicht sich der Versuch, auf eine alte Vorstellung von Europa zu reagieren, um zu sehen, wie dieses Bild sich ändern kann, ohne dabei völlig zerstört zu werden«. »Im Grunde ist das Vorhaben Sant'Elias hypothetischer und utopischer Natur, ein Ding der Unmöglichkeit: ein Verfahren zur Modernisierung der Tradition zu entwickeln, der er selbst angehörte.« Dabei kreist sein Bewußtsein um »eine Vergangenheit, die Gegenwart werden und sich in die Zukunft projizieren möchte,« behauptet Argan. Ein anregendes Urteil, wenn auch, wie es scheint, zu entschieden, doch in jedem Fall nicht ohne Berechtigung, vor allem hinsichtlich der expliziten Bezugnahme Sant'Elias zur Tradition, etwa im Rückgriff auf die Wagnerschule, darüber hinaus im geschickten Wiederaufgreifen archetypischer Formen und im Weiterführen der Kriterien von Symmetrie und Proportion, die seine Zeichnungen kontinuierlich prägen und sich folglich in die Tradition – diesmal der Renaissance und des Barock – einfügen.

Jedoch gilt es vor allem, den Eindruck der Determiniertheit, der aus derartigen Argumentationen aufscheint und der keinen Freiraum für die Unruhe und Spannung zuläßt, die den Blättern Sant'Elias Dynamik verleihen, allein im Positiven zu korrigieren. Im Gegensatz zu Argan wurde diese Spannung von Portoghesi gut erkannt, der von einer »tiefen, dramatischen Färbung«[21] spricht. Sie sei die Konsequenz des »schizophrenen« Zustands, in dem sich der Künstler während der Arbeit wiederfand (für Portoghesi »der einzige Weg, zumindest im Italien jener Jahre, gleichzeitig an der Kultur und am Leben teilhaben zu können«) und den er »in einem geradezu düsteren und zutiefst dramatischen Klima« auslebte. Dieser Aspekt veranlaßte den Kritiker zum Vergleich mit Schiele, der wie Sant'Elia »einige Elemente der Wiener Secession übernommen habe, es jedoch verstand, deren Zerbrechlichkeit und Zugehörigkeit zu einer Welt sichtbar zu machen, die im Begriff war, unterzugehen«.

Der österreichische Maler, schreibt Portoghesi, »hat jene dramatische Situation, zugleich der Erbe und der ironische Entmystifizierer der Bilder Klimts und der Secession zu sein, zutiefst erfahren.« Sant'Elia steht ihm nahe – »nicht durch analoge Themen, durch Bilder mit eingefallenen und leidenden Gesichtern oder Körpern, sondern durch architektonische Gebilde, die ihren Charakter in theatralischem und szenischem Sinn zur Schau stellen, Bewegungen evozieren, die sich vollziehen könnten oder im Kopf des Künstlers im Moment der Vollendung vollzogen haben: eine Materie, die unter seinen Händen erzittert, die in einem Klima der Klarheit – manchmal geradezu kristalliner Klarheit – dargestellt wird, aber immer von einer Art Schauder durchzogen ist: diese Stadt ist verlassen. Sie ist konzipiert für das moderne Leben, jedoch nicht als süßlich-hedonistisches Bild, sondern als Versuch der Durchdringung seiner Dramatik, seiner Unentwirrbarkeit« (man siehe hierzu allerdings die ins Groteske verzerrten und gewaltsam, expressionistisch deformierten, oft in Gold und Grün gehaltenen Skizzen für die Fassadendekoration eines Mailänder Gebäudes [Kat. 35-41] und für ein *Friedhofsgebäude* [Kat. 43; Abb. S. 51]; die an Klimt und Franz von Stuck erinnernden Elemente erfahren dort eine radikale Umformung)[22].

In der Tat wird das Repertoire Wagners und der Secession von Sant'Elia in den Zeichnungen, die er nicht im Auftrag anfertigt, zu dunkel drohenden Visionen verzerrt, in gewissem Sinn als Alternative zu jenen, die einer direkten Auftragssituation entsprechen, doch sind sie bei genauer Betrachtung letztendlich alle durch eine einheitliche Stimmung miteinander verbunden – zumindest ab 1911, dem Jahr der kaum beachteten Entwürfe für ein *Friedhofsgebäude* (Kat. 43) und die *Fassade eines Gebäudes* (Kat. 41). Das letztgenannte Beispiel verweist im übrigen unter dem

20 Etwas später im selben Vortrag insistiert Argan auf dem eindrucksvollen Hinweis: »Möglicherweise hatte Sant'Elia bei der Konzeption seiner Städte als mechanische Organismen die gewaltsam zerstörerischen Forderungen des Futurismus vor Augen oder er durchlitt sie, jung wie er war: Zerstörung der Museen, Zerstörung der historischen Stadtzentren, Zerstörung Venedigs. Sicherlich stellt die Stadt Sant'Elias eine Antithese zu Venedig dar. Allerdings würde ich nicht sagen, daß sie auch eine Antithese zu anderen mittelalterlichen Städten ist: man kann durchaus sagen, daß in bestimmten steil abfallenden Mauern, architektonischen Streben, Vorbauten mit Türmchen, Bogenläufen über freien Räumen Erfahrungen mittelalterlichen Städtebaus wiederkehren, wie sie ein Italiener ohne Anstrengung in Städten wie Perugia, Siena oder Gubbio machen kann.«

21 Anläßlich der Veranstaltung von 1988 (Anm. 18)

G. Sommaruga, Palazzo Castiglioni, Fassadendetail (1900-1903). Biblioteca Trivulziana, Mailand

A. Sant'Elia, Dekorationsstudie, 1911. Musei Civici, Como (Kat. 35)

überladenen Dekorationsapparat auf die spröde Gliederung des *Palazzo Castiglioni* (1900-03) von Sommaruga, hinsichtlich der Halbkreisfenster des obersten Stockwerks vielleicht auf das *Hotel Corso* (1902-05) von Angelo Cattaneo (ein Lehrer Sant'Elias an der Brera) und Giacomo Santamaria.

Auch in diesen ›angewandten‹, in anderer Weise determinierten Arbeiten, in denen erneut die grundlegenden eklektizistischen Verfahren vorherrschen und die auch Elemente des Jugendstils miteinbeziehen, ist jene Veränderung des Tons offensichtlich, jene Distanznahme zum Liniensystem, die nicht als Flucht vor der professionellen Routine, vor dem Handwerk zu werten ist. Dies wird besonders deutlich in den Studien für den *neuen Friedhof von Monza*, 1911-12 (Kat. 45-50), wo der Künstler auf verschiedenste Stilelemente zurückgreift, wobei ein exotischer Grundton dominiert, der phantasievoll auf die Tempel des Fernen Ostens Bezug nimmt, daneben aber auch an Moretti erinnert. Die monumentale Redundanz entspricht dem profanen Symbolismus der vom aufstrebenden Bürgertum so sehr geschätzten zeitgenössischen Friedhofsarchitektur, welche die klaren, funktionalen, neoklassischen Einfriedungen (wie sie Sant'Elia in seiner Stadt vorfand) durch überladene, aber dennoch trauervolle, episch-feierliche Konstruktionen ersetzt hatte. Jedoch erscheint die Fülle der konstruktiven Teile und der glänzenden Dekorationen in einigen Fällen wie erstarrt, in der graphisch entkräfteten Zweidimensionalität wie erloschen (Kat. 47, 48), etwa durch die Zypressen in eine an Böcklin erinnernde Aura eingeschlossen. Während die perspektivische Ansicht des Eingangsgebäudes, von der einzig das Original erhalten ist (Kat. 45), den Betrachter in eine unwirtliche Szenerie versetzt – nicht nur wegen des bleiern schweren Himmels dichter Wolken, der durch die arabeske Zeichnung nichts an Bedrohlichkeit einbüßt, sondern auch durch die elegant gezeichneten, an Klimt erinnernden transpa-

22 Vgl. L. Caramel/A. Longatti 1987 (Anm. 9), S. 11. Dort werden die Bezüge Sant'Elias zum Werk Klimts herausgestellt, mit dem er anläßlich der Biennale von Venedig im Jahre 1911 direkt in Berührung kam, und zum Werk von Stucks, auf das er vermutlich von seinem Freund Romolo Romani aufmerksam gemacht wurde und das er 1909 in Venedig kennengelernt haben könnte

A. Sant'Elia, Neuer Friedhof von Monza, Perspektivische Ansicht, 1911-1912. Musei Civici, Como (Kat. 45)

A. Sant'Elia, Neuer Hauptbahnhof von Mailand, Detail, 1912. Musei Civici, Como (Kat. 56)

A. Sant'Elia, Studie für ein großes Gebäude (Hangar oder Markthalle), 1913. Musei Civici, Como (Kat. 135)

A. Sant'Elia, Gebäudestudie (1913), Musei Civici, Como (Kat. 98)

renten Bäume, welche die Fremdheit des Orts markieren –, so akzentuiert die irreale, diffuse Zeichnung den visionären, traumhaften, fast alptraumhaften Charakter der Gesamtkomposition.

Selbst in den technisch genauesten Arbeiten Sant'Elias, wie etwa den Entwürfen für den Wettbewerb um den *neuen Mailänder Hauptbahnhof*, zudem für das renommierte Architekturbüro Cantoni ausgeführt, finden sich Spuren der Unduldsamkeit des jungen Zeichners gegenüber jeglichen Einschränkungen, wie sie etwa die häufigen Wagnerschen Zitate in der Komposition, in den Materialbezügen und Dekorationen formulieren könnten. Sant'Elia indes entwickelt aus den Modellanklängen durchaus eigenständige Wendungen. Dies zeigt sich etwa an der Eingangsgalerie sowie deren Anbindung an die Hauptstrukturen und die vorgelagerte Halle (Kat. 56), ersichtlich unter anderem auch an den im nachhinein der technisch

A. Sant'Elia, Industriegebäude (1913), Musei Civici, Como (Kat. 126)

tadellosen Zeichnung überlagerten Bleistift-Schraffuren im oberen Bildteil über dem Bahnhofsgebäude und am rechten Gebäuderand.[23]

Obgleich isoliert und nicht in einen bestimmten städtischen Kontext eingebunden, weist dieses Projekt bereits auf jene Problemstellungen hin, welche die sozusagen ›privaten‹ Arbeiten Sant'Elias, die nach struktureller und funktionaler Organisation differenzierten Gebäudeentwürfe des darauffolgenden Jahres, behandeln sollten. Es sind dies Entwürfe für Elektrizitätswerke, Fabrikanlagen für verschiedene und nicht immer klar identifizierbare Nutzungen, Leuchttürme, Brücken, Bahnhöfe, Flugzeughallen, aber auch Galerien, Märkte, Theater (Kat. 82-148). Bezeichnenderweise noch keine Wohnhäuser: immer noch interessiert ihn primär die produktive Seite der Metropole. Dabei bewegt sich Sant'Elia in Analogie zur industriellen Entwicklung eines Zentrums wie Mailand, dessen Anwachsen er täglich miterlebt. Er ist dabei nicht nur als Zuschauer oder Nutznießer in diese Prozesse eingespannt, sondern, wiewohl in untergeordneter, eingeschränkter Funktion, als Techniker, als Spezialist in Fragen konstruktiver Art gefordert. In diesem Kontext war etwa die Elektrizität kein Mythos, kein Ideal, kein Symbol der Moderne oder ähnliches, sondern eine offensichtliche, erfahrbare Realität, welche die Verwandlung des Stadtlebens im Kleinen wie im Großen bedingte. Oder die Fabriken, die im Klima der verspäteten nationalen Wirtschaft den endgültigen Siegeszug der Industrie zu Beginn des Jahrhunderts markierten; ferner die urbanen Infrastrukturen, die aufgrund der wachsenden Einwohnerzahlen entstehenden neuen Wohnviertel, deren Konzeption schon bald auch zu Sant'Elias Aufgabenbereichen zählen sollte.

Aufgrund dieser Aspekte ist sein Interesse für die Arbeiten eines Garnier zu verstehen, dessen Einfluß einige von Sant'Elias Zeichnungen dieser neuen Schaffensperiode zu motivieren scheint (vgl. den Beitrag von Marco De Michelis, S. 69-79). In dieser Phase dürfte sich auch Sant'Elias Annäherung an die Futuristen konsolidiert haben, die im Beitritt zur Bewegung und in der Unterzeichnung des futuristischen *Manifests* gipfeln sollte. Die Verbindungen Sant'Elias zum Futurismus, die für ihn nicht exklusiv geltend gemacht werden dürfen, wie dies durch die Kritik insbesondere wegen der diesbezüglichen Äußerungen Marinettis und seiner Gruppe[24] in unkritischer Weise konstatiert wurde, beginnen nicht erst urplötzlich im Jahre 1914. Die besonders von den theoretischen und praktischen – gemalten – For-

23 Wie zur Legitimierung wenig begründeter Interpretationen geschehen, so etwa im dennoch suggestiven Ansatz von V. Fontana 1981 (Anm. 7), S. 104, nach dem in diesem Entwurf: »für Sant'Elia das Eisen das Schwarz einer großen, bedrohlichen und nächtlichen Maschinerie darstellt.« Wäre es indes nicht auch möglich, daß der Architekt mit diesen Strichen lediglich die Skizzen, die aus dem Grund des Entwurfs aufscheinen, unkenntlich machen wollte?

24 Marinetti und seine Leute vereinnahmten Sant'Elia, umgaben ihn mit einem unkritischen Mythos, indem sie ihn aus dem kulturellen Umfeld, in dem er sich gebildet und entwickelt hatte, lösten und ihn, auch mit ausdrücklichen politischen Anklängen, zur idealen Inkarnation des heroischen und schöpferischen Italieners erhoben. Sie führten die originellsten architektonischen Schöpfungen der Zeit auf seinen Einfluß zurück. Das hat dem Künstler natürlich geschadet und ist einer der Gründe für die zahlreichen Kritiken und das Unverständnis seinen Werken gegenüber, insbesondere nach dem Zweiten Weltkrieg. Daraus resultiert ferner die ungerechtfertigte Gleichsetzung, in erster Linie aufgrund chronologischer Motive, mit der Architektur des späten Futurismus. Der Argwohn gegen diese verschiedenen Situationen hat sich tatsächlich bei mehr als einem Wissenschaftler auch auf das Werk Sant'Elias übertragen.

mulierungen Boccionis, aber auch von Carrà und Russolo – mit denen Sant'Elia Kontakt hielt – sowie von Balla ausgehenden Impulse sind wohl dafür verantwortlich, daß sich der Architekt im Jahre 1913 neuen Interessen und Problemen zuwendet. Die Grundtendenz der Bewegung, die Interpretation des urbanen Raums als dynamisches Kräfte- und Kommunikationsfeld, war auch für Sant'Elia von Anfang an von eminenter Bedeutung. Neben der realen, wachsenden Stadt, in der er lebt, existiert die »sich erhebende Stadt« Boccionis (Abb. S. 45) und der Futuristen, neben der Modernität, die den Architekten immer mehr in ihren Bann schlägt, existieren die aktivistisch-vitalistischen Ideale Marinettis. Wiewohl mit beherrschter Emotionalität, so tendiert auch Sant'Elia in Analogie zum Futurismus zur Simultaneität als »plastischem Ausdruck eines neuen Absolutums: der Geschwindigkeit; eines neuen, beeindruckenden Spektakels: des modernen Lebens«, wie es von Boccioni postuliert wird, der im selben Text von »reißenden Strudeln der Modernität mit ihren Massen, ihren Automobilen, ihren Telegraphen, ihren schmucklosen Arbeitersiedlungen, ihrem Lärm, ihrem Kreischen«, von der »modernen Lebensauffassung, basierend auf der Geschwindigkeit und Gleichzeitigkeit der Erfahrung und der Kommunikationen«[25] spricht.

In Relation zu den aufrührerischen Diskussionen der Futuristen zu diesem Thema sind die Darstellungen der *Città Nuova* zu sehen, die auch die theoretischen Erörterungen Sant'Elias beeinflussen, welche ebenfalls auf der futuristischen Ideologie basieren.[26] Sie werden im Katalog der Ausstellung ›Nuove Tendenze‹ im Mai 1914 erstmals publiziert und sogleich mit geringen Zusätzen ins *Manifest der futuristischen Architektur* übernommen.[27] Die Annäherung Sant'Elia-Marinetti ist somit in gewisser Weise zu erwarten. Dadurch erfahren die keineswegs unwesentlichen Verbindungslinien zwischen den an sich ungleichen Protagonisten und ihren speziellen Beiträgen ihre Formalisierung, ihre offizielle Bestätigung. Vor dem Hintergrund dieser Aspekte ist auch die kontrastierende Grundhaltung der programmatischen Erklärungen von Sant'Elia und denen des Entwurfs zum Architekturmanifest Boccionis zu sehen, an dem dieser ebenfalls in den ersten Monaten des Jahres 1914 arbeitet und das erst seit einigen Jahren der Öffentlichkeit zugänglich ist.[28] Beide Autoren bewegen sich auf derselben Wellenlänge, auch wenn Boccioni

25 Vgl. U. Boccioni, *Pittura scultura futuriste – Dinamismo plastico*, Mailand 1914; jetzt auch in U. Boccioni, *Gli scritti editi e inediti*, Z. Birolli (Hrsg.), Mailand 1972, S. 175-76

26 Vgl. M. Calvesi, ›Il futurista Sant'Elia‹, in *la Casa*, Nr. 6, Rom 1959; *Antonio Sant'Elia* 1962 (Anm. 17); L. Caramel/A. Longatti 1987 (Anm. 9), S. 61-67

27 Bekannterweise ist das *Manifest* nichts anderes als die etwas erweiterte Neuauflage des ersten Textes ohne grundlegende Veränderungen gegenüber der Schrift für die ›Nuove Tendenze‹. Die zeigt verstärkt die Zufälligkeit und Irrelevanz der Zustimmung Sant'Elias zur Zugehörigkeit zur Bewegung Marinettis. Die Einleitung zum *Manifest* und somit auch einige andere Passagen werden nicht Sant'Elia zugeschrieben, der übrigens die Originalquelle auch nicht direkt anführt. Vgl. L. Caramel/A. Longatti 1987 (Anm. 9), S. 61-67 und zuvor: A. Longatti ›Antonio Sant'Elia tra decadentismo e futurismo‹, in *Antonio Sant'Elia* 1962 (Anm. 17), S. 37-64. Die ›Wiederentdeckung‹ des Katalogtextes der Ausstellung ›Nuove Tendenze‹ vgl. G. Bernasconi, ›Il messaggio di Antonio Sant'Elia del 20 maggio 1914‹, in *Rivista tecnica della Svizzera italiana*, Lugano, Juli 1956,

A. Sant'Elia, Studie für den neuen Bahnhof von Mailand, 1914. Sammlung Monti, Mailand (Kat. 279)

S. 145-52 führt zu einer extrem polemischen und nicht immer ausgewogenen erneuten Untersuchung des *Manifests* und der Verbindungen von Sant'Elia zu den Futuristen. Bruno Zevi zum Beispiel meldet sich diesbezüglich in *L'Espresso*, Rom, 2. September 1956 mit dem Artikel ›Sant'Elia non era futurista‹ zu Wort und greift die Argumente in den folgenden Monaten erneut auf, zunächst in *L'Espresso* (›I disegni smentiscono il Manifesto futurista‹, Rom, 28. Oktober 1956) und dann in *L'Architettura. Cronache e Storia* (›Poetica di Sant'Elia e ideologia futurista. Il messaggio di Antonio Sant'Elia e il Manifesto dell'Architettura futurista‹, Rom, November 1956, S. 476-77).

28 U. Boccioni, *Altri inediti e apparati critici*, Mailand 1972, S. 36-40

als Maler, Sant'Elia als Architekt argumentiert und jener daher logischerweise in den spezifischen Fachaspekten größere Genauigkeit und Konkretheit an den Tag legt. Die zum Teil sehr engen Analogien zwischen den Texten sind also keineswegs zufällig oder unabhängig von einem eventuellen direkten oder indirekten Ideenaustausch zwischen den beiden Künstlern zu sehen, da Sant'Elia die Werke – und die theoretischen Erklärungen – seines Kollegen kennen mußte. Es ist anzunehmen, daß der Architekt die Thesen Boccionis gelesen hat (der das *Manifest* von Sant'Elia nicht zitiert, weshalb Boccionis Text wohl unmittelbar zuvor niedergeschrieben worden war). Doch beeinflußt diese Hypothese nicht den Kernpunkt des Problems, die beiden eignende Sensibilität und Kultur, das gemeinsame Interesse bezüglich ein und derselben Thematik und die daraus resultierende Verflechtung reziproker Beiträge. Diese Thesen betreffen indes nicht die eigentlichen architektonischen Arbeiten wie die Entwürfe zur *Città Nuova* und die vorhergehenden noch im Jahre 1913 entstandenen Projekte, in denen sich Sant'Elia – in den freien, nichtprofessionellen Arbeiten – vom Ornamentismus und vom Eklektizismus, den redegewandten wagnerisch-secessionistischen Reminiszenzen befreien kann und so zu einer neuen Essentialität gelangt. Dabei soll nicht übersehen werden, daß er im Bereich dieser kulturellen Bezüge schon zuvor, insbesondere hinsichtlich der Ausdrucksmittel, zu eigenen Lösungen gelangt war, die indes jetzt nicht nur neue Entwicklungen erfahren, sondern auch zu typologisch determinierten und ausgefeilteren Realisierungen geführt werden, deren Endstadium jedoch weiterhin durch das Blatt, die bildhafte Zeichnung, gegeben ist.

Hier stellt sich erneut das eingangs formulierte Problem, wie derartige Resultate zu bewerten sind, die zwar einerseits nicht auf den Bereich der abstrakten Kreativität einzugrenzen sind, nicht losgelöst von den Notwendigkeiten und den Problemstellungen der neuen industriellen und urbanen Zivilisation zu sehen sind, andererseits aber auch nicht in der konstruktiven Konkretisierung ihre Erfüllung finden. Wir kennen das Projekt der *Città Nuova*, zu deren Hypothese Sant'Elia nun gereift ist, lediglich aus Entwürfen. Sie sind zweifelsohne komplexer und ausgearbeiteter als die vorangehenden Zeichnungen und Skizzen und weisen gesuchtere architektonische Referenzen auf, wenngleich sie sich in den meisten Fällen an den gewohnten Horizonten orientieren: an Sommarugas Erstlingswerk des Jahres 1908, dem *Grand Hotel Tre Croci* in Campo dei Fiori bei Varese und an Wagners Wiener Stadtarchitekturen am Ende des 19. und in den ersten Jahren des 20. Jahrhunderts

G. Sommaruga, Grand Hotel Tre Croci, 1908, Campo dei Fiori (Varese). Aus U. Monneret/D. Villard, *L'architettura di Giuseppe Sommaruga*, Mailand 1908

G. Sommaruga, Standseilbahn-Bergstation in Campo dei Fiori, 1910. Archivio Storico Civico, Varese

(die Untergrundbahn mit den durch die örtlichen Gegebenheiten und den Donaukanal bedingten unterschiedlichen Gleisführungen.[29] Es finden sich auch Anklänge an die amerikanische Großstadt, die durch zwei futuristische Illustrationen der Stadt New York angeregt wurden, die im Februar und August 1913 in der Zeitschrift ›L'Illustrazione italiana‹[30] veröffentlicht worden waren (vgl. auch den Beitrag von Marco De Michelis, S. 79). Von Bedeutung sind möglicherweise auch die *Etudes sur les transformations de Paris* (1903-09) von Eugène Hénard und die ebenfalls von ihm stammenden Untersuchungen zur differenzierten urbanen Verkehrsführung sowie darüber hinaus die geschoßweise zurückgestuften Gebäude von Henri Sauvage.

Die Entwürfe zur *Città Nuova* entstehen im wesentlichen auf gewohnte Weise; Sant'Elia geht nicht vom Grundriß, sondern von der perspektivischen Vertikalprojektion aus, welche die Grundlage für die Projektionen der verschiedenen Ansichten darstellt. Aufgrund dieser Vorgehensweise existieren keine Grundrisse und nur in den seltensten Fällen Schnitte.

Dies ist der Grund dafür, daß die Kritik ihr Augenmerk verstärkt auf die architektonische Konsistenz der Santelianischen Entwürfe gelegt hat. Sie wird im Hinblick auf verschiedene Aspekte bewertet, die der Besonderheit einer derartigen Planungsarbeit sowohl unter Berücksichtigung der persönlichen Situation des Künstlers als auch der Situation der Architektur allgemein sowie der damaligen wirtschaftlichen Lage Italiens und auch einer Großstadt wie Mailand Rechnung tragen. Sant'Elia war über die gängigen architektonischen Praktiken gut informiert, und – wie wir wissen – bekannte er sich zu ihnen. Doch in diesem Fall ging es um etwas völlig anderes: eben darum, die Unzulänglichkeit dieser Praktiken angesichts der neuen urbanen Notwendigkeiten darzustellen. Im Bewußtsein der Nicht-Realisierbarkeit dieser Projekte mußte ein völlig neuer Weg eingeschlagen werden, welcher folglich der Konkretisierung auf einer anderen Ebene bedurfte, der Ebene des Bildes, die von denen kritisiert wurde, die in Sant'Elia lediglich einen Szenographen und Utopisten sahen.

Sant'Elia war zweifelsohne ein Utopist, doch hat Crispolti zurecht daran erinnert, daß dies »die Konkretheit« des schöpferischen Entwurfs keineswegs ausschließt«[31] und daß diese Arbeiten mit eigenen Maßstäben zu beurteilen seien. Man kann sie sicherlich nicht, wie vielfach geschehen, mit denen des Rationalismus messen, da sie absolut ungenügend sind. In Analogie zum Fehlen definierter Innenräume sprach man Sant'Elias Projekten jegliche Gültigkeit auch im urbanen Kontext ab. Er geht in der Tat nicht systematisch, nicht analytisch vor, die Definition der Stadt in ihrer Gesamtheit interessiert ihn nicht. Er schlägt vielmehr Lösungen für einzelne Gebäude oder Gebäudekomplexe vor, welche die Stadt voraussetzen. Wie Godoli[32] präzisiert hat, »betrifft die Intention Sant'Elias nicht den Bereich der Urbanistik, sondern den der Architektur im Maßstab der Stadt.« Ihm liegt nichts an einer Gesamtkonzeption, sondern an einem Komplex von Zeichnungen, an »Fragmenten einer Stadt, die in ihrem formativen Prozeß dargestellt wird«, obgleich »nicht endgültig festgelegt«, weshalb es notwendig ist, »die Gesamtheit aller Skizzen zu berücksichtigen und sie als Episoden eines virtuell einheitlichen Diskurses anzusehen«, wie Manfredi Nicoletti formuliert.[33]

Die Beurteilung der Pläne ist ebenfalls äußerst problematisch, insbesondere aufgrund des Rückgriffs auf nicht homologe Modelle. Nach Portoghesi[34] ist es eben »ein Fehler, zu behaupten, daß in der Stadt Sant'Elias die Innenräume undefiniert bleiben, da er gerade den Raum der Stadt mit außergewöhnlicher, an Juvarra erinnernder graphischer Qualität dargestellt hat.«

Überdies, »wenn sich unter den erhaltenen Zeichnungen Sant'Elias nur wenige Planskizzen finden, so ist dies sicherlich nicht darauf zurückzuführen, daß er nicht

O. Wagner, Perspektivische Ansicht der Ferdinandsbrücke in Wien, 1906. Museen der Stadt Wien

Der zukünftige Verkehr und die Wolkenkratzer in New York. Aus *L'Illustrazione italiana*, 31. August 1913

A. Sant'Elia, Terrassiertes Haus mit Außenaufzügen, 1914. Musei Civici, Como (Kat. 295)

fähig gewesen wäre, einen Stadtplan zu zeichnen. Im Gegenteil gelingt ihm der Stadtplan, ohne ihn explizit zu zeichnen, indem er seinen Architekturen häufig eine derart transparente und sinnvolle Raumgliederung verleiht, daß es auch dem wenig geübten Auge möglich ist, die ungezeichnete planimetrische Struktur zu rekonstruieren,« so weiterhin Portoghesi.[35] Der Autor bezieht sich dabei auf eine These von Pier Luigi Nervi, der in vielen Zeichnungen Sant'Elias »eine außergewöhnliche Fähigkeit« konstatierte, »die richtigen Maßverhältnisse der Strukturen zu erahnen, die innere Materialbeschaffenheit so zu bewerten, daß es ihm ohne großartige Berechnungen, ohne spezielle analytische Untersuchungen möglich war, den dargestellten Strukturen die passenden Bauglieder zuzuordnen«[36].

Insbesondere im Fall der Bahnhöfe, der terrassierten Gebäude, aber auch in den Entwürfen, die echte urbane Kerne vorstellen, wie etwa in *Wohnblock mit Außenaufzügen, Galerie, überdachter Passage, über drei Verkehrsebenen (Straßen-*

29 Ausführlicher in L. Caramel/A. Longatti 1987 (Anm. 9), S. 47-50
30 Vgl. *L'Illustrazione italiana*, 23. Februar und 31. August 1913. Vgl. den Beitrag von Marco De Michelis, S. 78, Anm. 32 und 33
31 E. Crispolti, *Ricostruzione futurista dell'universo*, Katalog der Ausstellung in der Mole Antonelliana, Turin 1980, S. 63
32 E. Godoli 1983 (Anm. 7), S. 121-22
33 M. Nicoletti 1978 (Anm. 7), S. 375
34 P. Portoghesi 1971 (Anm. 11), S. 30
35 Ebenda
36 Ebenda

A. Sant'Elia, Elektrizitätswerk (1914). Sammlung Paride Accetti, Mailand (Kat. 260)

A. Sant'Elia, *Città Nuova*: Wohnblock mit Außenaufzügen, Galerie, überdachter Passage, über drei Verkehrsebenen (Straßenbahn, Autostraße, Laufsteg), mit Leucht- und Funktürmen, 1914. Musei Civici, Como (Kat. 328)

bahn, Autostraße, Laufsteg), mit Leucht- und Funktürmen (Kat. 328) und in den Zeichnungen zur *Città Nuova*, die bezüglich der monumentalen Grundkonzeption die Wagnerschen Wurzeln auch hier nicht verleugnen, findet sich ein konsequentes Gleichgewicht zwischen Bild und Funktion, was über die utopistische Spannung hinaus zur Bewertung dieser Arbeiten Sant'Elias als echte und eigentliche Projektlösungen berechtigt. Auch in anderen Fällen, etwa in den Entwürfen zu Elektrizitätswerken (beispielsweise Kat. 260), überwiegen funktionale Aspekte. Doch vermögen diese nicht, das andernorts Offenkundige in den Hintergrund zu drängen. Auch die Fragen, was der Architekt gemacht hätte, wenn er nicht schon so bald aus dem Leben gerissen worden wäre, können die generelle Wertung nicht beeinträchtigen: ahistorische und überaus akademische Fragestellungen, die nicht einmal eine hypothetische Antwort zulassen, wenn man von der begrenzten Aktivität seines letzten Lebensjahres ausgeht. Seine Kreativität mußte sich unter den dramatischen Bedingungen des Krieges entfalten.

A. Sant'Elia, Studie mit männlicher Figur, 1915. Musei Civici, Como (Kat. 363)

Der ›Visionär einer Vision aus Eisen‹

Alberto Longatti

Hinter den marmornen Kolossen der *Città Nuova* liegt die unruhige mailändische Nacht. »Diese Zeichnungen von Sant'Elia wecken in mir ferne Erinnerungen, vor ihnen erlebe ich erneut die heftige Erregung, die mich in jener Nacht im Jahre 1913 ergriff, als er sie mir zum ersten Mal zeigte: in seinem Zimmer, vollgestopft mit umfangreichem Studienmaterial. Diesen Raum konnte man kaum als das Büro eines Architekten bezeichnen, sondern vielmehr als die Kammer eines Studenten. Bücher, kleine Bilder, Rahmen verschiedener Größe tauchten aus dem Halbdunkel hervor und bildeten eine malerische und eindringliche Harmonie. An einer Seitenwand stand ein Sofa, das dem jungen Künstler als Bett diente...« so Carlo Carrà 1930, als er die Entwürfe Sant'Elias in der Galerie Pesaro bewunderte, über seinen Besuch in der Wohnung des Architekten in der Via San Raffaele 3 in Mailand.[1]

Diese Wohnung, zwei Schritte von der Galleria Vittorio Emanuele entfernt, war die angenehmste Unterkunft, die der junge Sant'Elia dank der verständnisvollen Freundschaft des Malers Carlo Prada bis dahin in der lombardischen Metropole gefunden hatte – nach einer langen Wallfahrt durch bescheidene Zimmer in Untermiete, die er mit anderen Bewohnern teilte. Man verfügte zwar nur über spärliche finanzielle Mittel, hegte aber große Hoffnungen auf beruflichen Erfolg: wie der Trevisaner Bildhauer Giovanni Possamai, mit dem Sant'Elia einige Zeit ein Zimmer am Corso Garibaldi bewohnte, das »man nur betreten konnte, wenn man ein Streichholz anzündete«[2].

Aber der leidenschaftliche Erfinder neuer urbaner Formen träumte von Licht, sehr viel Licht, während er in schlaflosen Nächten fieberhaft Linien um Linien zeichnete. »Sehr oft, wenn ich mich vor der Tür seines Ateliers von ihm verabschieden wollte, lud er mich ein hinaufzugehen, um mir die Zeichnungen zu zeigen, jene wunderbaren Zeichnungen, die er in der nächtlichen Stille (seinen Tag verbrachte er damit, seinen Lebensunterhalt zu verdienen) mit zähem Eifer vollendete«, erinnert sich Luigi Russolo.[3] Und während die letzten Trambahnen durch die Straßen ratterten, entstanden auf dem Papier – zuerst auf Zetteln – »kleine Skizzen, die er sofort zerriß, um nur diejenigen aufzubewahren, die er ausgewählt hatte, um sie weiterzuentwickeln« (Russolo), schließlich wuchs auf Blättern mittlerer Größe das vielteilig zusammengesetzte und zergliederte Bild einer Megalopolis, in der alles durch Elektrizität bewegt wird: der elektrische Strom treibt die Aufzüge entlang der Häuser an, die Fahrzeuge auf Schienen in den Straßen, die Fußgänger auf den Laufbändern. Ein Gewirr aus Fäden, die zu zittern scheinen, mit dem Bleistift in kühnen Flugbahnen in den Himmel gezeichnet, breitet sich über die riesigen Bauten, die auf mehreren Ebenen verlaufenden Straßen, über die Brücken und Türme, die aus diesem Wald von Mietskasernen vor allem zu dem Zweck emporragen, ihnen einen Schub in die Höhe zu geben, eine Leichtigkeit, der die wuchtigen Formen widersprechen.

Zu dieser grandiosen Vision eines von Menschen angefüllten Komplexes – Menschen, die allerdings nur als flüchtig gezeichnete Schatten erscheinen, einfache Pünktchen, die in dem Dschungel aus Beton, Eisen und Glas umherziehen – war Sant'Elia nach einigen Monaten intensiver schöpferischer Arbeit gelangt, in denen er sich mehr und mehr der Aufgabe einer vollständigen Neugestaltung der Stadt näherte.

1 C. Carrà, ›L'esposizione futurista alla galleria Pesaro‹, in *L'Ambrosiano*, Mailand, 22. Oktober 1930
2 Dies berichtet Cesare Bertorelli, ein Mitbewohner Sant'Elias in der Via San Vicenzo 8, Mailand, in einem Brief vom 27. Juni 1934 an die Schwester des Architekten. Bertorelli beschriftete verschiedene Zeichnungen Sant'Elias, so einige seiner Entwürfe für den Mailänder Hauptbahnhof im Rahmen des Projekts des Architekturbüros Cantoni (Briefwechsel im Archiv der Erben Sant'Elias).
3 ›Un ricordo di Luigi Russolo‹, in *La Martinella*, Mailand, Oktober 1958, S. 536

Das, was uns von seinem Werk geblieben ist, reicht aus, um das Kompositionsverfahren nachzuverfolgen. Zuerst sind die Grundelemente zu definieren: Gerüste, Strebepfeiler, Bögen, abgestufte Blöcke, Türme, die wiederkehrende Form der Pyramide, die ebenfalls wiederholten Dreiecke. Diese Elemente sind seriell verbunden, wobei sie sich von einer räumlichen Inszenierung befreien, die anderer Herkunft und gemäß den Bedürfnissen einer zwar expandierenden, allerdings noch an traditionelle Muster gebundenen Gesellschaft gestaltet ist. Die dünnen Pfeiler und die schlanken ineinandergeschobenen Formen des jungen Architekten aus Como folgen einem anderen Prinzip der Raumgestaltung, jenem, das zu neuen Baumaterialien greift, um diese für einen flexibleren Gebrauch auszubilden, sie an Funktionen einer beginnenden Industriegesellschaft anzupassen, um technische Apparaturen in ihrer vollen Entwicklungsphase einzubeziehen. Schon bald, 1913, im Verlauf nur eines Jahres, den Daten jener Zeichnungen zufolge, die der futuristische Dichter Escodamé auf der Gedächtnisausstellung 1930 treffend »architektonische Dynamismen« nennen wird (Kat. 78-85), legen die nackten Stützen unsichtbarer Bauwerke eine Hülle an, die Schale so vieler Teile der modernen Stadt: Sie verwandeln sich in die Skelette von Wohnbauten, Bahnhöfen, Hangars, Elektrizitätswerken, Brücken, Theatern. Rasch skizziert, auf losen Blättern, wie die zerlegbaren Teile eines gewaltigen Modellbaukastens, sind die urbanen Fragmente, obwohl nicht aus einem geschlossenen Projekt hervorgegangen, dennoch durch eine überzeugende Folgerichtigkeit verknüpft. Daß es sich um Figurationen handelt, die ein einheitliches Ganzes bilden, als ob ihr Schöpfer eine nach der anderen entdeckt und sie zu einem idealen Katalog zusammengestellt hätte, das beweisen die Blätter, auf denen mehrere Studien sinnvoll angeordnet sind (Kat. 144, 145).

T. Garnier, Der Schlachthof von La Mouche, 1913-14. Musée des Beaux-Arts, Lyon

Solche architektonischen ›Rüstungen‹ sind nicht nur auf einen Gegenstand bezogen, sondern fassen verschiedene Themen zusammen. Und so sind es Prüfungskriterien für einzelne Bauaufgaben, mit denen sich Sant'Elia im März 1914, auf der Ausstellung der Lombardischen Architekten, zum ersten Mal der Öffentlichkeit vorstellt: nicht mit Stadtansichten, in diesem Fall, sondern mit einer differenzierten Erkundung in perspektivischer Darstellung möglicher architektonischer Eingriffe, die auch in den Dimensionen weitgehend verbindlich sind, wie im Fall eines riesigen Wohnblocks, eingekapselt in ein Gerüst aus Metall, das vielleicht bereits für die Seile der Außenaufzüge bestimmt ist (Kat. 310). Diese Forderung nach typologischen Studien bezieht sich ausdrücklich auf eine bestehende Realität, die verändert werden soll. Wird ein Bahnhof wie unter einem Vergrößerungsglas untersucht, wird daraus ein riesiger, mit Türmen bekrönter Wallfahrtsort des großstädtischen Verkehrs. Die Beschriftung der Zeichnung weist darauf hin, daß es sich nicht um irgendeine Konstruktion an einem unbestimmten Ort handelt, sondern um den neuen Bahnhof von Mailand (Kat. 279; Abb. S. 30).

Zwei Monate später öffnet die Ausstellung ›Nuove Tendenze‹ (Neue Tendenzen) die Türen zu einem noch ehrgeizigeren Projekt. Es sind nur zwei Monate vergangen, und schon sieht man nicht mehr ein Mailand, das umgestaltet werden soll, sondern eine vollständige neue Stadt, die *Città Nuova*, die »von Grund auf erschaffen werden muß«, wie die theoretischen Äußerungen im Vorwort des Katalogs darlegen. Das Gewirr der Häuser und Straßen, der Aufzüge und Trambahnlinien, Brücken und Rolltreppen ist nicht so detailliert beschrieben wie später auf dem Flugblatt des *Manifests der futuristischen Architektur*, nur die »Einzelaspekte« oder »Skizzen« der Phantasiestadt werden aufgeführt. Die Idee ist zu diesem Zeitpunkt noch in einem Stadium der Entwicklung.

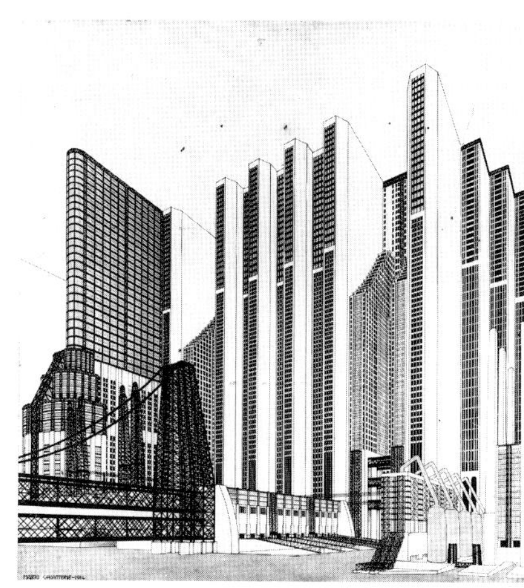

M. Chiattone, Bauten einer modernen Großstadt, 1914. Universität Pisa, Graphische Sammlung des Instituts für Kunstgeschichte

Die Ausarbeitung der *Città Nuova*, die die vorausgegangenen Zeichnungen im Skizzenbuch verwendet und in einem größeren Maßstab umsetzt, ist das abschließende Ergebnis einer Synthese. Diese interpretiert mitten in einer Krise der Verän-

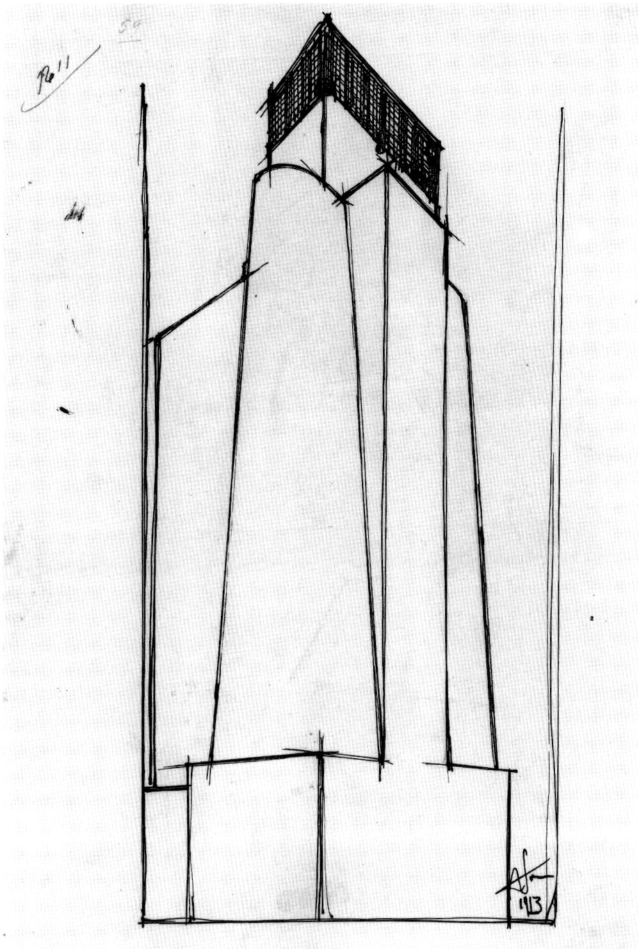

A. Sant'Elia, Leuchtturm, 1913.
Musei Civici, Como (Kat. 84)

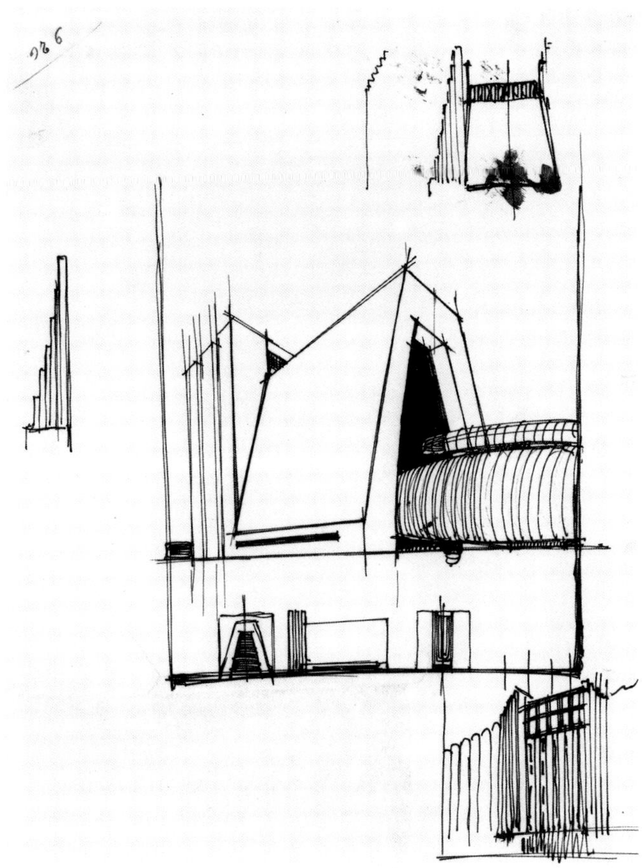

A. Sant'Elia, Architektonische Elemente, 1913.
Musei Civici, Como (Kat. 79)

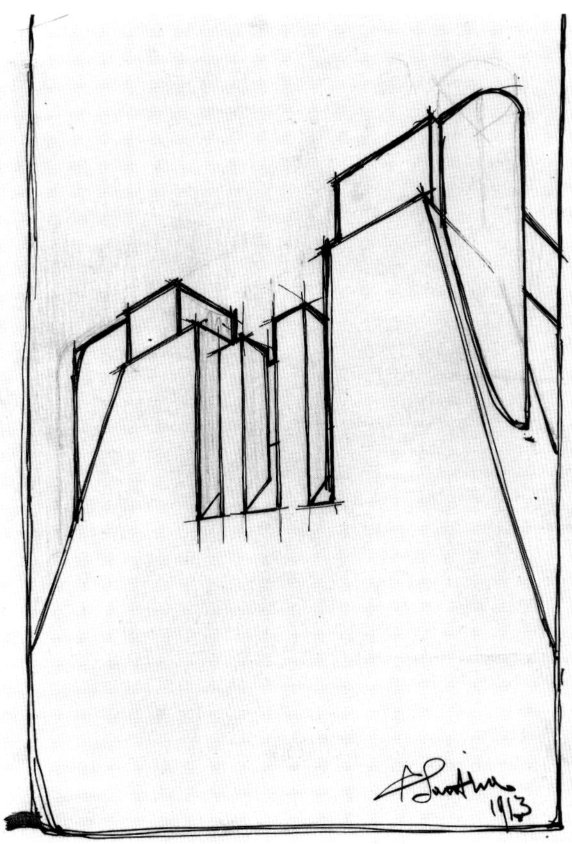

A. Sant'Elia, Studien für einen Hangar (1913).
Musei Civici, Como (Kat. 134)

derung die großstädtische Realität neu: also Mailand, das den Rahmen des mittelmäßigen Beruto-Plans sprengt, das die Eisenbahnlinien ausbaut und die Kutschen durch Straßenbahnen ersetzt[4], und die durch die fortgeschrittene Technologie (Elektrizitätswerke, Bewässerungs- und Transportkanäle, Industrieansiedlungen) veränderte lombardische Landschaft. Und sie filtert diese Beobachtungen durch einen fundierten Vergleich mit dem, was in den großen europäischen Zentren im Zuge der Raumplanung geschah.

Die Stadt Sant'Elias scheint, zumindest hinsichtlich der Infrastruktur und der Funktionalität der Ansiedlungen, Tony Garniers *Cité industrielle* und das Paris der Zukunft nach dem Entwurf Eugène Hénards[5] zu berücksichtigen – mit Straßen auf mehreren Ebenen und Leuchttürmen. Sie zeigt dabei auch den Einfluß der New Yorker Wolkenkratzer und reflektiert gewiß die *Großstadt* Wien Otto Wagners[6]. Sant'Elias unerschöpfliche Fähigkeit der Aneignung sammelt all das, was in einem Moment des Übergangs geschieht. Wenn es ihm nicht möglich ist, Originalpläne zu studieren, greift er zu Fachpublikationen, auch zu ausländischen Schriften, die in Mailand, besonders an der Accademia di Brera, nicht fehlen, und verfolgt zugleich die zeitweise wirksame Verbreitung durch italienische Zeitschriften wie ›Vita d'arte‹ oder ›Emporium‹.

Dennoch ist die *Città Nuova* keine hybride Mixtur aus Erfahrungen, die in verschiedenen Zusammenhängen gesammelt wurden und zu unterschiedlichen Ausdrucksformen führten, sondern das Ergebnis einer persönlichen Wahl. Um sein Ziel zu verwirklichen, nutzte Sant'Elia, wenn ihm eigene genaue Kenntnisse fehlten, Apparaturen, die zum Teil auch von anderen angewendet oder entworfen wurden.

Das Kraftwerk ›Grosotto‹. Maschinenhalle: im oberen Teil Austritt der 70 000 Volt-Leitungen nach Mailand. 1908. Valtellina

Das Kraftwerk ›Grosotto‹. Der Staudamm an der Adda. 1908. Valtellina

A. Sant'Elia, Studie für ein Elektrizitätswerk (1913). Musei Civici, Como (Kat. 107)

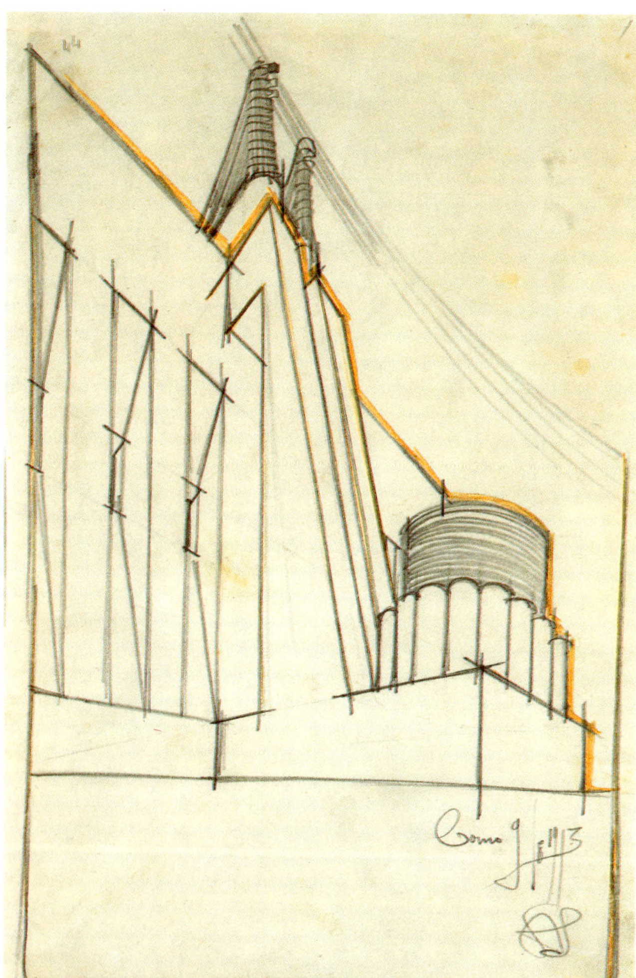

A. Sant'Elia, Studie für ein Elektrizitätswerk (1913). Musei Civici, Como (Kat. 110)

Das Kraftwerk ›Grosotto‹, Gesamtansicht. Mailand, 1908, Valtellina

4 A. Rossi, ›I piani regolatori della città di Milano‹, in *La pianificazione territoriale urbanistica nell'area milanese*, hg. von G. De Carlo, Padua 1966, S. 50 ff.
5 E. Hénard, *Alle origini dell'urbanistica: la costruzione della metropoli*, hg. von D. Calabi und M. Folin, Padua 1972
6 O. Wagner, *Die Großstadt: Eine Studie über diese*, Wien 1911

Ein überzeugendes Beispiel für dieses Vorgehen sind seine Elektrizitätswerke: in den Zeichnungen sind die Versorgungseinrichtungen (Druckleitungen, Turbinen) von realen und funktionierenden Anlagen inspiriert – wie dem Kraftwerk Grosotto in Valtellina (1908), das halb Mailand mit Energie belieferte –, die Gestaltung der Hauptgebäude ist jedoch nur vage. Gerade dort werden die Formen der technischen Vorrichtungen emphatisch gesteigert, um den Mangel an Wissen zu verbergen. Und dennoch gewinnt diese unbestimmte Typologie mit ihrer schroffen Vereinfachung spezieller Maschinen den Wert eines unverdeckten Zeichens: die Bedeutung des Objektes selbst, und nicht eine bauliche Maskierung, wie sie allgemein bei Wohnhäusern üblich ist.

Entsprechende Anleihen lassen sich in den Studien für Flugzeughallen, Lagerhallen und Passagen finden, die nun nicht mehr aus Backstein, sondern große transparente Konstruktionen aus Eisen und Glas sind, und in den Entwürfen für

T. Garnier, Die Cité industrielle: der Damm aus der Vogelperspektive, 30. November 1917. Musée des Beaux-Arts, Lyon

Bahnhöfe, wo die Züge mit Straßenbahnen, Zahnradaufzügen und Flugzeugen gekoppelt sind. Es scheint, als habe Sant'Elia das Auto in seine Utopie nicht aufnehmen wollen: auch das ein ihm eigenes Prinzip, ebenso wie seine Aufzüge, die überall eingefügt sind, auch in der Nähe von Brücken, um den Fußgängern das Überqueren zu erleichtern. Die so angelegten Brücken, Lifts und Plattformen für Flugzeuge, die so schmal sind, daß sie Landebahnen für Hubschrauber zu sein scheinen, die mit Schornsteinen (auch das ein typisches Merkmal) reich bestückten Fabriken, die Streben und Stützpfeiler aus Stahlbeton stellen laut *Manifest der futuristischen Architektur* »neue Formen, neue Linien, eine neue Harmonie der Profile und des Volumens« dar; und dies seien eben notwendige Voraussetzungen einer Architektur, die ihre Daseinsberechtigung allein in den besonderen Bedingungen des modernen Lebens hat.

Die Programmschrift Sant'Elias, die bereits in der im Mai 1914 für die Ausstellung ›Neue Tendenzen‹ veröffentlichten Fassung die politische und organisatorische Systematik futuristischer Schriften aufweist (wie Glauco Viazzi deutlich herausgearbeitet hat)[7], ist eine überzeugende theoretische Zusammenfassung dessen, was der Architekt aus Como auf dem Papier entwarf: Sie liefert die Begründungen, erklärt die Ziele, die Möglichkeiten und Grenzen, wobei sie die Ideen aus Wortwendungen herauslöst, die ungeeignet sind, sie vollständig auszudrücken.

Allerdings ist aufgrund der philologischen Untersuchungen der letzten Jahre bekannt, daß die Schrift zwar von Sant'Elia diktiert[8], aber nicht alleine verfaßt wurde. Mindestens drei Autoren waren daran beteiligt: am Vorwort von schneidender, sarkastischer Polemik (wahrscheinlich Mario Bugelli zuzuschreiben), am Mittelteil in verhaltenerem Ton mit blumigen Koketterien (in der Art Ugo Nebbias, der in der Tat zugab, dem befreundeten Architekten bei der Abfassung geholfen zu haben)[9], und am Schluß von unverkennbar futuristischer Propaganda (Decio Cinti zu verdanken, der auch manchen literarischen Überfluß aus den Sätzen entfernte).

Der fehlende Zusammenhang des ausgeprägt literarischen Textes mit der Sprache von Zeichnungen, die mit architektonischen Mitteln – Ansichten und Schnitten – arbeitet, hat dazu geführt, beide Teile als zwei getrennte, wenn auch nicht entgegengesetzte Momente der Poetik Sant'Elias zu lesen. Die schwülstige Rhetorik des Mittelteils des *Manifests*, auch in der Fassung für die ›Neuen Tendenzen‹, und mehr noch der harte, verächtliche, verneinende Geist der Einleitung, die so nur im *Manifest* erscheint, hatten sogar den ersten scharfsinnigen, kompetenten und begeisterten Entdecker des Genies Sant'Elia, Giulio Ulisse Arata, zu einem zornigen Verriß veranlaßt. Zu Recht bezeichnete er das Pamphlet als »zusammenhanglos und verworren«.[10] Arata, klug, geistreich und von profunder humanistischer Bildung, ertrug die arrogante Ablehnung der Vergangenheit nicht (»Seit dem 18. Jahrhundert gibt es keine Architektur mehr« ... »man muß notgedrungen von vorne anfangen«), obgleich er sich mit dem Willen einverstanden erklärte, »die Pseudoarchitektur zu bekämpfen, den ganzen überladenen, feierlichen Klassizismus, den Wiederaufbau und den Nachbau von Monumenten«, auch auf die Gefahr hin, sich selbst zu verleugnen, seine eleganten Zitate und die raffinierten barockisierenden Formen seiner eklektizistischen Konstruktionen. Er protestierte gegen die Behauptung, die Architekten hätten es verhindern müssen, »sich von den Regeln Vitruvs verdummen zu lassen« und forderte dagegen, »den obersten Ingenieur im Gefolge Julius Caesars« besser zu studieren wegen dessen »wissenschaftlich-rationaler« Kenntnis »der Baumaterialien«. Dies sollte gerade im Namen der »in den Elementen der allerneusten mechanischen Welt enthaltenen Inspiration« erfolgen, die das *Manifest* propagiert.[11]

Indes sind die Schmähworte gegen Vitruv und die im *Manifest* formulierte Ablehnung der »Regeln Vignolas und Sansovinos« Ausdruck der besonderen Geistes-

7 Das Schema lautet wie folgt: a) Analyse der Situation, b) Änderungsvorschlag, c) Angabe der Ziele, die vorrangig zu erreichen bzw. zu verwirklichen sind. Siehe G. Viazzi, ›Il futurismo come organizzazione‹, in *Es*, Nr. 5, 1976, S. 57-60

8 Um jeden Zweifel diesbezüglich auszuschließen, sei L. Dudreville, ›Ai margini di una polemica – Sant'Elia futurista‹, in *Corriere della provincia*, Como, 12. August 1957 zitiert: »Das Material der Schrift wurde nicht von Sant'Elia zusammengestellt (der noch sehr jung war, zwar hochtalentiert und aufgeschlossen, aber keine große literarische Kenntnis besaß und außerdem viel zu faul und völlig ungeeignet für derlei Dinge war), noch weiß man genau, wer der Verfasser war. Ich selbst könnte das nicht mit Sicherheit sagen, denn wenn es auch für alle gewiß ist, daß nicht Sant'Elia der Autor war, so schreiben einige den Text Bugelli zu, andere Nebbia. In jedem Fall scheint mir die Frage müßig, da die Ideen jener ›Botschaft‹ ohne jeden Zweifel die Ideen Sant'Elias waren, die wir alle sehr gut kannten.« Außerdem gibt es die späte Aussage Marinettis, der in einem Brief an Gio Paolo vom 7. März 1944 indirekt auf die Vorbehalte Carràs hinsichtlich der Zuschreibung des *Manifests* antwortet: »Das weltbekannte *Manifest der futuristischen Architektur* ist vollständig/gänzlich von Sant'Elia geschrieben worden« (siehe L. Caramel, A. Longatti, *Antonio Sant'Elia, L'opera completa*, Mailand 1989, S. 351).

G. U. Arata, Skizzen, 1908-13, Sammlung Nicola Montaretto Marullo, Piacenza

A. Sant'Elia, Città Nuova: Terrassiertes Haus mit Aufzügen über vier Straßenebenen, 1914. Sammlung Paride Accetti, Mailand (Kat. 327)

haltung eines jungen Mannes, der frei äußern will, was er zur Erneuerung der Lebensweise für nötig hält, und sich gezwungen sieht, auf die Schulbank zurückzukehren, um auf die antiken Modelle zurückzugreifen. Die »Regeln Vignolas und Sansovinos« dienen seiner Ansicht nach nur dazu, »mit irgendeinem Heftchen über deutsche Architektur in der Hand die Gestalt jahrhundertealter Dummheit wieder auf unsere Städte aufzudrücken«. Wenn es ihm aber gelingt, etwas zu entwerfen, verleitet ihn die herrschende Mode dazu, »die neue Schönheit des Betons und Eisens mit karnevalesken Schmuckinkrustationen zu entwürdigen, die … aus dem alten Ägypten stammen, indischer oder byzantinischer Herkunft sind und sich jenem unglaublich blühenden Blödsinn und Unvermögen verdanken, das den Namen Neoklassizismus trägt«.[12]

9 U. Nebbia, ›Nuove Tendenze‹, in *L'Ambrosiano*, Mailand, 24. Mai 1934
10 G. U. Arata, ›L'architettura futurista‹, in *Pagine d'Arte*, Mailand, Nr. 14, 30. August 1914
11 Arata 1914 (Anm. 10)
12 Ebenda

A. Sant'Elia, Città Nuova, Nebenstraße für Fußgänger, mit Aufzügen in der Mitte, 1914. Sammlung Paride Accetti, Mailand (Kat. 315)

A. Sant'Elia, Selbstportrait (1911). Sammlung Gianna Giamminola Sant'Elia, Oltrona/Como (Kat. 34)

Die ganze Lehrzeit Sant'Elias ist in dieser Absage enthalten – die kurze Zeit, die er in der Brera verbrachte, dem »Zwangsaufenthalt der Intelligenz«, die Arbeit unter anderen Architekten, bei denen er »Totengedenkstätten« oder »Kathedralen, Paläste, Gemeindehäuser« zeichnen, Dekorationen entwerfen mußte und dabei »von Photographien aus China, Persien und Japan kopierte«, um vielleicht einen Preis bei irgendeinem Wettbewerb wie etwa für den Friedhof von Monza 1912 zu gewinnen.

So entwirft das *Manifest* nicht nur das prophetische Bild einer Stadt der Zukunft, »schnell, beweglich, dynamisch in allen ihren Teilen«, und von Häusern, »gigantischen Maschinen ähnlich«, sondern formuliert die radikalen Prinzipien der Erneuerung. Es fordert ein »heilsames Ausdünnen« der bestehenden Ballungszentren – propagiert den Willen, niederzureißen, um dann neuaufzubauen nach Kriterien, die, weit entfernt von den schlichten »Problemen des guten Geschmacks«, an »großen Massengruppierungen, einer umfassenden Ordnung der Baupläne« orientiert sind.

»Sprengen wir alles in die Luft« – das ist der Schlachtruf eines Veränderungsfiebers, eines brennenden Strebens nach dem Neuen, vorangetrieben durch zwingende und enttäuschende Erfahrungen. »Aufruhr, Tumult« ist ein Bild, das mehrfach im *Manifest* auftaucht: Die wiedererbaute Stadt ähnelt einer »gewaltigen Baustelle im Aufruhr«, das Haus aus Beton, Eisen und Glas »soll sich erheben über

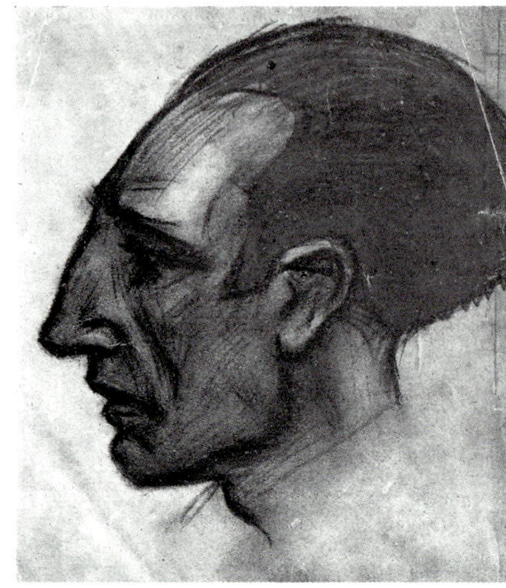

L. Dudreville, Portrait A. Sant'Elias, veröffentlicht in *Gli Avvenimenti*, Mailand

U. Boccioni, Die Stadt erhebt sich, 1910–11. The Metropolitan Museum of Modern Art, Simon Guggenheim Fund, New York

dem Rand eines dröhnenden Abgrunds«, das Verlangen nach dem Neuen wird »unser Aufruhr« genannt.

Nichts Aufrührerisches hat hingegen Boccionis Entwurf eines Manifests, das nie veröffentlicht wurde und sich zufällig unter den Papieren Marinettis fand.[13] Der Maler bedient sich seiner Experimente im visuellen Medium, um die Perspektiven einer einbeziehenden, verwickelnden und sich entwickelnden, »evolutiven« Architektur ins Licht zu stellen, die schön ist, insofern sie auf die »Bedürfnisse des Lebens« antwortet – einer Architektur als »Umwelt, die sich in jeder Hinsicht entwickelt«. In seiner theoretischen Erörterung, die er, wie man versucht hat zu beweisen[14], nicht zufällig zur selben Zeit schrieb, als Sant'Elia an seinem Text für die ›Neuen Tendenzen‹ und am *Manifest* arbeitete, ist der Ort, an dem sich die Stadt verzweigt, jener, den Sant'Elias Entwürfe der *Città Nuova* darstellen: »von den hellen Untergeschossen der großen Lagerhallen, den verschiedenen Ebenen der U-Bahnschächte bis zur gigantischen Höhe der amerikanischen Wolkenkratzer« dehnt sie sich aus »in die Höhe und in die Tiefe«, wächst empor in einer »Spirale der Kräfte«.

Die Schlüsselbegriffe dieser Abhandlung sind also »Umwelt« und »Spirale«, die zweimal wiederholt werden: Begriffe, die typisch sind für Boccionis Poetik, die »den Betrachter«, in diesem Fall den Bewohner der Stadt, »in das Zentrum der Gefühle« setzt, so wie in der Malerei in das Zentrum des Bildes. Die Anweisung aber, »die Materialien des schnellen Bauens schlechthin (Eisen, Holz, Backstein, Stahlbeton)« zu bevorzugen und »ihre charakteristischen Eigenschaften dabei zu erhalten«, reflektiert die Ideen Sant'Elias, wie die Entscheidung, »Landhaus und bürgerliches Wohnhaus« zu ersetzen »durch große Mietskasernen in ihrer Nacktheit und mit ihrem einfachen Dekorationsraster schwarz-weiß, leer-gefüllt« – abgesehen von den farbigen gemalten Zutaten – da diese »der Realität« der Moderne »sehr viel näher« sind. Ebenso spiegeln die Konzeption einer »strengen leichten beweglichen« Architektur, und schließlich die Neubestimmung des Designs von überraschender Weitsicht (»es wird eine Zeit kommen, in der die Flugmaschinen nicht mehr den Vogel und den Fisch nachahmen, um sich immer mehr den Formen zu nähern, welche die Notwendigkeit von Stabilität und Geschwindigkeit fordert«) die Vorstellungen Sant'Elias. Boccionis Vision geht allerdings noch darüber hinaus, wenn er »die Zerstörung der alten und unnützen Symmetrie« voraussetzt, um »die

13 Vergleiche den Text im Anhang
14 L. Caramel, A. Longatti 1989 (Anm. 8)

Autonomie der Bauteile eines Gebäudes« zu erreichen – Hausfassaden, die »absteigen, aufsteigen, sich zerlegen lassen, zurücktreten oder hervorragen sollen, entsprechend der Macht der Notwendigkeit der jeweiligen Räume, die sie bilden« – und wenn er erklärt, daß es »das Äußere ist, das der Architekt dem Inneren opfern muß, so wie in der Malerei und der Bildhauerei«.

Hier faßt der Künstler Überlegungen und Erfahrungen zusammen, die von weit her kommen – die Frucht sowohl von Gesprächen, eines Vertiefens und Überprüfens der Idee als auch von Arbeitsergebnissen –, und paßt sie der Situation an:

A. Sant'Elia, Monumentalgebäude mit Kuppel und Freitreppe (1909-1910). Sammlung Banca Popolare di Lecco, Como (Kat. 24)

A. Sant'Elia, Bahnhof und Flughafen (1914). Musei Civici, Como (Kat. 291)

A. Sant'Elia, Monumentalgebäude, 1909. Musei Civici, Como (Kat. 15)

er schreibt darüber mit einer Ausdrucksfähigkeit, die nicht mehr der Vermittlung eines anderen bedarf. Jedoch scheint seine klare, reflektierte und präzise Darlegung einem ideologischen Programm verpflichtet – eine Auflistung von Prinzipien zu dem Zweck, auch die Architektur in die futuristische Bewegung einzubinden. Da wird eine revolutionäre Absicht dargelegt, kühl wie ein Urteilsspruch, als wäre die Revolution teilweise schon geschehen, und als handelte es sich nur noch darum, daraus die richtigen Konsequenzen für die Zukunft zu ziehen.

Es fehlt jedoch die Leidenschaft, der »Tumult«, das Ungestüm, mit dem Sant'Elia gleichsam einen Friedhof alter, einbalsamierter Monumente umstürzt, um den Weg zu den »großen Hotelbauten, Bahnhöfen, unendlichen Straßen, gewaltigen Häfen, Markthallen, hellen Passagen, geraden Achsen« zu öffnen: das gigantische Panorama der *Città Nuova* mit gesucht präzisen Umrissen auf jenen Zeichnungen, welche die Ausstellung ›Neue Tendenzen‹ zeigte, mit größerem Schwung auf den vorbereitenden Studien, auf Notizzetteln, raschen Skizzen, einfach hingeworfen.

A. Sant'Elia, Gebäudestudien (Fabriken, Bahnhöfe, Elektrizitätswerke), 1913. Sammlung Paride Accetti, Mailand (Kat. 145)

Die unruhige Glut dieses »großen, schlanken« Mannes »mit flammend rotem Haar und dem Profil eines Falken«[15] – »eine Erscheinung zwischen Patagonier und Indianerhäuptling«[16] – »dessen üppiger roter Schopf«, wenn er mit tiefer und rauher Stimme sprach, »überraschende Formen annahm«, während »die Augen seltsam funkelten«[17], bezwang Marinetti auf Anhieb. Desgleichen begeisterten ihn seine Energie sprühenden Zeichnungen mit deren »Ansteigung Kühnheit Reichtum der Einfälle Polychromie Asymmetrie Schrägstellung bei harmonischem Gebrauch aller Baumaterialien«[18].

15 P. Buzzi, ›Antonio Sant'Elia‹, in *Giornale di Genova*, 17. September 1930, abgedruckt in *Futurismo scritti carteggi testimonianze*, Biblioteca comunale, Mailand 1983
16 L. Dudreville, *Memorie*, unveröffentlicht, aber auszugsweise in begrenzter Auflage gedruckt für die Ausstellung *Nuove Tendenze – L'Altro futurismo*, Pavillon Zeitgenössischer Kunst, Mailand 1980
17 G. U. Arata, ›I morti per la patria: A. Sant'Elia‹, in *Pagine d'Arte*, Mailand, November 1916, S. 139-140
18 Aus Marinettis Brief an Gio Paolo 1944 (Anm. 8), teilweise wiedergegeben in L. Caramel, A. Longatti 1989 (Anm. 8)
19 G. U. Arata in *Costruzioni e progetti*, Mailand 1942, S. XVII-XIX
20 V. Marchi, ›Sant'Elia architetto futurista‹, in *L'Impero*, Rom, November 1937

M. Chiattone, Bahnhof, 1914. Universität Pisa, Graphische Sammlung des Instituts für Kunstgeschichte

S. Gambini, Entwurf für einen Ausstellungspavillon, 1914. Sammlung Elena Gambini, Busto Arsizio/Varese

Im poetischen Feuer der Erinnerung, durch das immer auch die große Zuneigung durchscheint, die der junge Architekt in ihm geweckt hatte, mischt Marinetti unabsichtlich die Asymmetrie, die Boccioni in jener unveröffentlichten Schrift entworfen hatte – Marinetti mußte sie schon gekannt und in seine Sammlung futuristischer Texte aufgenommen haben –, mit der symmetrischen Raumgestaltung Sant'Elias: den Doppeltürmen der Wagnerschule, den mächtigen Vorbauten, ins Unendliche vervielfacht, aber rhythmisiert durch vertikale Glaswände »wie Klärungen zwischen den Bauelementen«[19]. Zwar spricht das Gedächtnis des betagten und kranken Führers des Futurismus dreißig Jahre nach der Begegnung mit dem jungen Sant'Elia treffend von »Ansteigung, Kühnheit, Schrägstellung«, die das *Manifest* wie Ausrufe durchsetzen und das ins Auge springende Charakteristikum der stromgeladenen, pulsierenden *Città Nuova* bilden, dennoch hat seine amerikanische Art, die totale Modernität zu bejahen, etwas Anachronistisches.

M. Chiattone, Kathedrale VI, 1914. Universität Pisa, Graphische Sammlung des Instituts für Kunstgeschichte

Virgilio Marchi schrieb 1937 über Sant'Elias terrassierte Hochhäuser, daß sie »die Straßen von New York« verbessert hätten, wenn sie an Stelle der »durch unsere barocken Spielereien europäisierten Wolkenkratzer«[20] entstanden wären. Doch in Kenntnis der Mühe, die den kühnen Entwicklungen der *Città Nuova* vorausging, wirkt die riesige, weitausgebreitete Inszenierung hoher Wohnhäuser mit Außenaufzügen, die »sich an den Fassaden hochwinden sollen wie Schlangen aus Eisen und Glas«, der Brücken, die sich mit den Straßen und Fußgängerübergängen kreuzen, der Türmchen mit aufgesetzten Laternen, der gewaltigen, manchmal wie Attrappen erscheinenden Strebepfeiler bisweilen museal – typisch für den Eklektizismus: die Gebäude mit Freitreppen sehen aus wie Schlösser, die Laufstege wie Zugbrücken, die Schornsteine und Schlote wie Türme, die Kaskaden der Röhren der Kraftwerke wie schwindelerregende Treppen, oder spielen zumindest darauf an. So vermitteln sie eine Zweideutigkeit des Gebrauchs, die nicht zuletzt Sant'Elias Vision so faszinierend macht. Von diesem Schillern der Bedeutung sind einzelne Elemente des großstädtischen Mosaiks jedoch ausgenommen, so die Kathedralen, die stets wie die emporragenden Pfeifen einer Riesenorgel dargestellt sind, von Engelstatuen bekrönt, die Trompeten halten oder die Arme zu einem Kreis schließen.

Die Kathedralen werden von dem Prozeß der geschichtlichen Entwicklung kaum erfaßt. Sie sind Produkte einer Vergangenheit, die den Angriffen der Kultur des Vergänglichen und Schnellen widersteht. Alles Übrige, die verschiedenen Elemente der »emporsteigenden Stadt«, ist die fortgeschrittene Projektion jener monumentalen Stilisierungen, die Sant'Elia als Student an der Brera hinter sich gelassen hat – wie einen Kondensstreifen, der dazu bestimmt ist, sich aufzulösen, aber noch halb in der Luft zu sehen ist. Schon damals, in den Architekturen aus Papier nach den wiederkehrenden Mustern des Jugendstils, finden sich die Motive, welche die Strukturen der *Città Nuova* leiten: von der Schrägstellung der Linearperspektive, die die dynamische Wirkung steigert, bis zu den Strebepfeilern, zur Pyramide, dem Gerüst, das auch stufenweise (als ein Faltgerüst) vervielfältigt wird, den abgestuften Blöcken, den zweipoligen Elementen.

A. Sant'Elia, Dekorationsstudie, 1911. Musei Civici, Como (Kat. 40)

Überdies farbig gestaltet, ließen sich noch ohne genaue Bestimmung jene Monumente, die dekorative exotische, besonders ägyptische und indische Formen im Sinne einer angewandten und veränderten Archäologie absichtlich als Kitsch einsetzen (Sphingen über den Eingängen der Kultgebäude oder Pharaonenfiguren mit herabhängenden Beinen an den Fassaden der Museumspaläste), als Illustrationen von Märchen bezeichnen, welche die vom Jugendstil durchdrungene Vorstellungswelt junger Architekten jener Zeit beeindruckten; so zu sehen bei Silvio Gambini aus Busto Arsizio. Aber auch in diesen Phantasielandschaften aus ›Tausend und einer Nacht‹ läßt der beharrliche Gebrauch von Verbindungen, von Gelenken – überall, auch an den offensichtlich ungeeignetsten Punkten angelegte Treppenläufe und Brücken, die Zugang zu unwegsamen Orten gestatten – das Bedürfnis ahnen, weite Teile bewohnten Gebiets in die Planung einzubeziehen und sich nicht auf ein isoliertes Gebäude zu beschränken. Gerade dies ist die Eigenschaft, die Sant'Elia zumindest in den Entwürfen reiner Festarchitektur von Mario Chiattone unterscheidet, mit dem er in der Planungsphase der Ausstellung ›Neue Tendenzen‹ zusammenarbeitete: Dort, wo Chiattones sorgsam ausgeführte Tempel, Konzertpavillons, Türme, Modehäuser und Thermalbäder wie Symbole einer anonymen Kultur zwischen Vergangenheit und Zukunft erscheinen, unbewegliche und feierliche Versteinerungen in der Wüste, verweisen auch die ungezwungensten und hastigsten Studien Sant'Elias zwischen 1909 und 1912 (also noch vor den Arbeiten seines Gefährten in Mailand), obgleich ohne direkte Konfrontation mit der Realität entstanden, immer auf ein Bezugsgeflecht, das sie zu Momenten eines umfassenderen Siedlungsprojekts macht.

Die Überwindung dieser einleitenden, vorbereitenden Phase stilistischer Variationen zu einer Architektur, die mehr als Ausdrucksmittel dient denn dem Hauptziel, für den Menschen zu bauen, läßt sich übrigens ausreichend anhand weniger erhaltener Zeichnungen aus dem Œuvre Sant'Elias belegen. Die Studien für Landhäuser oder Einfamilienhäuser bilden ein nur schmales Bündel. Es gibt keine Hinweise auf einen Zusammenhang mit den Plänen einer Gartenstadt oder etwa von Wohnvierteln aus Häusern mittlerer Größe, die jeweils von Grün umgeben sind – abgesehen von der Teilnahme am Wettbewerb *Die moderne kleine Villa* in Milanino, einem ehrgeizigen Projekt als Protest gegen die intensive Verstädterung, die durch die Zeit auf die richtigen Maße zurückgeführt wird.[21] Selbst noch in den nach dem Wunsch seiner Auftraggeber, wahrscheinlich anderer Architekten, ausgeführten Ornamenten für Paläste oder Wohnhäuser offenbart sich Sant'Elias Unduldsamkeit gegenüber der »Grabmalsarchitektur«: auf der Fassade eines Gebäudes von beträchtlichen Ausmaßen (Kat. 41; Abb. S. 12) bringt der junge Architekt eine Dekoration an, die keineswegs gefällig ist. Die durch Schleifen in der Art des

21 C. Santi, ›Milanino, la garden city italiana‹, in *Comunità*, Nr. 77, 1960, S. 72-82

A. Sant'Elia, Studie für ein Friedhofsgebäude mit Kuppel, 1911. Sammlung Pellini, Mailand (Kat. 43)

Jugendstils verschlungenen Figuren sind ›übersteigert‹: riesige grinsende Masken, Schlangen, weibliche Körper mit aufgeblähten Bäuchen – ein monströses Gewirr toter Leiber. Vornehmheit und Luxus haben das abstoßende Aussehen eines Leichenschauhauses. Der Idealentwurf aber, in dem Sant'Elia seinen ganzen Erfindungsreichtum ausspielen will, ist offensichtlich ein anderer. Während seiner Arbeit in Architekturbüros fügt er sein zeichnerisches Talent den vorgeschriebenen Mustern, allerdings mit einer gewissen persönlichen Freiheit. So wird sein im Auftrag des Büros Cantoni entworfener gewaltiger Käfig aus Eisen und Glas im Stile Wagners beim Wettbewerb um den neuen Bahnhof von Mailand (Kat. 55) nicht

A. Sant'Elia, Terrassiertes Haus mit Außenaufzügen, 1914. Musei Civici, Como (Kat. 303)

A. Sant'Elia. Detail des Entwurfs für den Friedhof der Brigade ›Arezzo‹, 1916. Illustrationen aus einer zeitgenössischen Zeitung (Kat. 370)

präsentiert, vermutlich weil er im Hinblick auf die üblichen Regeln, denen die Jury einer öffentlichen Ausschreibung unterworfen ist, als zu kühn gilt.

Wenn er in den vier Wänden seines Studierzimmers oder in der komfortableren Wohnung seines Freundes Chiattone seinem Traum von einer Wiedergeburt der Stadt eine konkrete Gestalt gibt, sind es die Bedürfnisse der Masse, an die er denkt, nicht das Wohlbefinden des begüterten Bürgers. Obgleich die *Città Nuova* nicht wirklich in der Peripherie Mailands errichtet werden kann – wenn auch in den Jahren vor dem Ersten Weltkrieg mehr als einer dort das Entstehen »eines geometrisch angelegten Viertels der Industrie, Dienstleistungen, Beamten- und Arbeiterwohnungen voraussagte, eines Viertels, ... das sich bis San Giovanni ausdehnt ... mit einer komplexen Infrastruktur um eine zentrale Achse, dem riesigen Rückgrat des neuen Viertels, mehrspurig, überkreuzt von Unter- und Überführungen ...«[22] –, ist die *Città Nuova* doch der Versuch, eine Vielzahl von Problemen zu lösen, die durch die Ballung von Bevölkerung auf engem Raum entstehen. Wohl ist dieser Versuch noch bruchstückhaft und offen, utopisch in seiner Komplexität, aber doch prophetisch hinsichtlich der Verbindung von Wohnen und Verkehr. In der *Città Nuova* wird besonders der Durchschnittsbürger, der wie alle das Recht auf die Annehmlichkeiten des modernen Lebens hat, berücksichtigt, indem die Beschwerlichkeit, lange Strecken in einer begrenzten Zeit überwinden und die Tage in direktem Kontakt mit einer Masse von Menschen verbringen zu müssen, auf ein Minimum reduziert wird.

Die Terrassen der Hochhäuser sollen jedem, sobald er seine Wohnung nach dem Aufstieg in den Außenlifts erreicht hat, das Vergnügen einer relativ unabhängigen Lage gewähren. Entsprechend wird den öffentlichen Dienstleistungen höchste Bedeutung gegeben, den Transportlinien, den Fußgängerübergängen, den Infrastrukturen des Verkehrs ebenso wie denen der Begegnung, der Arbeit und der Freizeit.

Die großzügige kollektivistische und egalitäre Anlage der *Città Nuova* mit ihren ausdrücklich revolutionären Prinzipien, wie sie das *Manifest* verkündet, ist der überzeugendste Ausweis für Sant'Elias Eintritt in die sozialistische Partei, während sich sein Festhalten am Futurismus mit rein kulturellen Gründen und der Rücksicht auf seine Karriere erklären läßt. Die flammende Propaganda Marinettis und seiner Freunde für eine militärische Intervention mußte den jungen Mann aus Como, der nie das Wort für die Verfechter eines Kriegseintritts ergriff, nie an den spektakulären Demonstrationen der Futuristen teilnahm[23], in große Verlegenheit bringen. Marinetti sagte 1931 nicht die Wahrheit, als er ihn einen »Ex-Sozialisten [nannte], der sich vom Interventionismus weg, hin zu den humanitären pazifistischen internationalistischen Theorien gewandt hat«.[24]

Er war kein »Ex-Sozialist«, jener Sant'Elia, der im Juli 1914 – seinem entscheidenden Jahr – für die Sozialisten in den Gemeinderat von Como gewählt wurde, den soeben erhaltenen Parteiausweis in der Tasche. Weder zeigt er sich als schwacher Neuling, als er an den Sitzungen des Gemeinderates teilnimmt, um gegen die Beschlüsse der klerikal-gemäßigten Verwaltung zu stimmen, noch, als er mit Zustimmung des Vorsitzenden seiner Fraktion, Rechtsanwalt Noseda, Aufträge der Stadt annimmt. Selbst bei der Durchführung beruflicher Aufgaben rückt er nicht von seinen sozialpolitischen Grundsätzen ab, etwa wenn er sich der Ausgestaltung oder Planung eines öffentlichen Gebäudes von vorrangiger Bedeutung wie der Grund- und Mittelschulen (Kat. 365-367) widmet. Konsequent verfolgt er seine Ideen, auch wenn er den Auftrag für den Sitz eines Berufsverbandes unterschreibt – eine ziemlich lästige Aufgabe, aber mit der Aussicht auf finanziellen Ertrag, da zuvor vereinbart wurde, ihm eine Etage zur Weitervermietung zu überlassen (Kat. 223; Abb. S. 17). Trotz einiger verstreuter Skizzen mit einer Vielzahl von Stufenbauten und über mehreren Ebenen geführten Straßen, mit wenigen Strichen ge-

22 M. Grandi, A. Pracchi, *Milano, guida all'architettura moderna*, Bologna 1980, S. 99
23 Siehe zum Beispiel die Aussagen L. Dudrevilles und M. Rampertis, wiedergegeben in L. Caramel, A. Longatti 1989 (Anm. 8)
24 F. T. Marinetti, ›Il genio di Sant'Elia‹, in Fillia, *La nuova architettura*, Turin 1931, S. 15-17

A. Bucci, Portrait Sant'Elias, 1915.
Musei Civici, Como

zeichnet, als seien sie nur Geschenke für Freunde, scheint es jedoch, als habe Sant'Elia den mächtigen Organismus der *Città Nuova* in den Monaten zwischen 1914 und 1915 zurückgestellt, während er selbst bescheidene Aufträge bevorzugte, wie die Ausstattung von Häusern oder den Entwurf kleiner Grabstätten.

Jener Sant'Elia aber, der, um seine Vision von der Stadt zu verbreiten, andere Möglichkeiten des Erfolgs vernachlässigt – wenn er etwa zum Wettbewerb für die Kirche von Salsomaggiore nur einige Zeichnungen einreicht ohne Pläne, wie es die Ausschreibung fordert –, und der in Wirklichkeit mehr durch die Veröffentlichung des *Manifests* als durch seine Entwürfe die ersehnte Bekanntheit erreicht, macht keine weiteren Fortschritte.

Vielleicht ist es der Wunsch, sich beruflich auf dem Feld der praktischen Arbeit glaubwürdig zu machen, vielleicht aber auch die sozialistische Kampfbereitschaft,

Piatti, Marinetti, Funi und Sant'Elia (von links nach rechts) im Hof der Kaserne von Gallarate. Angehörige des lombardischen Bataillons der Freiwilligen Radfahrer, dritte Kompanie, achte Abteilung, 1915. Musei Civici, Como

warum er bei Ausbruch der Feindseligkeiten, als sich seine Beziehungen zu den Futuristen lockern, weniger motiviert ist, seine Erkundung der Zukunft weiterzuverfolgen. Italiens Eintritt in den Krieg und Sant'Elias Aufbruch an die Front als einer der ersten entkräften jeden Widerspruch, lösen jede Zweideutigkeit auf. In einer der merkwürdigsten Arbeiten, einer mit gewohnter Eile gezeichneten Studie von 1915, zeigt sich der Architekt selbst in der Uniform der Freiwilligen Radfahrer vor einem Gebäude, das eine Grabkapelle zu sein scheint (Kat. 363; Abb. S. 36). Das unheilvolle Zeichen, wenn es denn so ist, findet jedoch keine unmittelbare Bestätigung in dem ungestümen, kühnen, überschwenglichen Verhalten des jungen Mannes, der, wie man erzählt, noch im Schützengraben seine Phantasiestadt mit Worten und Gebärden beschrieb, ausschmückte und genauer bestimmte. Der »Aufruhr« hat sich also nicht beruhigt, nicht einmal im Angesicht des Todes, als er seinem Schicksal entgegenging, das ihn zunächst auf den von ihm selbst im Auftrag des Kommandeurs seiner Brigade entworfenen Soldatenfriedhof (Kat. 370; Abb. S. 53) brachte.[25]

Jener »Konstrukteur zyklopischer Gebäude«, der »Visionär einer Vision aus Eisen«, wie ihn Margherita Sarfatti voller Bewunderung nannte, hatte diese Vision für immer mit sich genommen, als er, von einem Geschoß tödlich an der Stirn getroffen, fiel – »auf den knappen Boden, die Arme ausgebreitet«[26].

25 1921 wurde sein Leichnam auf den Friedhof von Como überführt.
26 M. Sarfatti, ›Ad Antonio Sant'Elia‹, in *Il Mondo*, Mailand, 28. Oktober 1916

O. Wagner, Wettbewerb für das Kaiser Franz-Josef Stadtmuseum, 1901. Museen der Stadt Wien

Ein Wagnerschüler in absentia

Iain Boyd Whyte

Bereits zu Lebzeiten Antonio Sant'Elias entdeckte man eine Verbindung zwischen seinen Entwürfen und möglichen Wiener Vorbildern. Im Jahre 1962 verweist Luciano Caramel auf die besonderen Bezüge zur Wagnerschule[1], die auch der erste Geschichtsschreiber der Wagnerschule, Otto Antonia Graf, bestätigt, als er 1969 schreibt: »Sant'Elia [muß] ein echter Wagnerschüler genannt werden, wenn er auch nie die Schule besucht hat«.[2] Damit wird die Route Mailand-Wien zur obligatorischen Pilgerfahrt aller Sant'Elia-Forscher. Anstatt nun diese Schritte erneut nachzuvollziehen und die stilistischen Anleihen Sant'Elias bei Wiener Vorbildern aufzuzeigen, könnte es sich als interessanter erweisen, die Gleichung umzukehren und zuerst die Wesensverwandtschaft der Wagnerschule mit Italien zu betrachten. Die wechselseitige transalpine Anziehungskraft erläutert nicht nur die Arbeiten der Schüler Otto Wagners in Wien, sondern auch das Werk Sant'Elias.

Die Wagnerschule entstand im Jahre 1894, als die Akademie für bildende Künste in Wien Otto Wagner zum Professor an der Spezialklasse für Klassische Architektur ernannte. Die Akademie, die als Nachfolger für Karl von Hasenauer »einen auf dem Boden der Antike stehenden überzeugten Vertreter der klassischen Renaissance«[3] suchte, war der Ansicht, Wagner entspreche dieser Beschreibung. Ein kurzer Blick auf den von Wagner 1880 konzipierten Idealentwurf für ›Artibus‹ scheint diese Ansicht zu bestätigen. Den großartigen Vorbildern des italienischen Barock verpflichtet, wird das ›Artibus‹-Projekt von einer dominanten Achse gegliedert, die sich als Kaskade einen Abhang hinunterzieht und auf eine riesige, überkuppelte Kirche mit starken Anklängen an Fischer von Erlachs Wiener Karlskirche trifft, ehe sie von zwei Reihen monumentaler, mit Kuppeln, giebelbekrönten Eingängen und Ehrenhöfen prunkender Bauten gesäumt wird. Mit dieser geglückten Verschmelzung von Bramantes Cortile del Belvedere in Rom (1503-13) und Gottfried Sempers Entwurf für die Wiener Hofburg (1872-81) verdeutlichte Wagner nicht nur seine eigene Herkunft, sondern legte gleichzeitig ein Vorbild für die Phantasieentwürfe vor, die die Studenten der Wagnerschule in ihrem dritten und letzten Studienjahr anfertigen mußten. Wagner umriß sein didaktisches Programm in einer Antrittsvorlesung, in der er seinen Examenskandidaten »die Lösung einer Aufgabe [empfahl], welche im Leben wohl nie an Sie herantreten wird, deren Durchbildung aber dazu beitragen wird, den göttlichen Funken der Phantasie, der in Ihnen glimmen soll, zur leuchtenden Flamme anzufachen«.[4] Die ungehinderte Phantasie der Studenten fand einen natürlichen Verbündeten in den barocken Planungstechniken, die Wagner beim ›Artibus‹-Projekt so erfolgreich angewandt hatte; die unter Wagners Anleitung entstandenen Diplomarbeiten weichen nur selten von diesem allgemein üblichen Programm ab. So ähnelt in der Tat die Anlage von Josef Hoffmanns 1895 entstandenem Entwurf eines ›Forum Orbis – Insula Pacis‹ auf verblüffende Weise derjenigen von Rudolf Weiss' Projekt für eine ›Königliche Residenz in Sirmione‹ von 1913, obgleich die eine Arbeit am Anfang, die andere am Ende von Wagners Lehrtätigkeit entstand. Hinsichtlich ihrer Dekorationsformen veranschaulichen die beiden Entwürfe jedoch gut die Entwicklung der Wagnerschule vom vollentwickelten Historismus des 19. Jahrhunderts zu einem äußerst modernen Kryptoklassizismus, dessen vereinfachte Formen eher auf Eisenbeton als auf Mauerwerkbau schließen lassen. Die entscheidende Wende bei dieser Entwick-

1 L. Caramel, ›Antonio Sant'Elia e l'architettura del suo tempo‹, in L. Caramel und A. Longatti, *Antonio Sant'Elia*, Como 1962

2 O. A. Graf, *Die vergessene Wagnerschule*, Wien 1969, S. 27

3 W. Wagner, *Die Geschichte der Akademie der bildenden Künste in Wien*, Wien 1967, S. 252

4 O. Wagner, Antrittsvorlesung an der Akademie der bildenden Künste, Wien, in: M. Pozzetto, *Die Schule Otto Wagners 1894-1912*, Wien/München 1980, S. 145

lung zur monumentalen Vereinfachung scheint um die Jahrhundertwende eingetreten zu sein, wie sich an den Arbeiten der im Herbst 1898 zur Wagnerschule zugelassenen Studenten ablesen läßt. Es war eben diese Generation, die in der Folge durch Glück, Zufall oder Absicht die Aufmerksamkeit und Bewunderung Sant'Elias erregen sollte.

Als die vielleicht repräsentativsten Vertreter dieser Studentengeneration sind Emil Hoppe, Marcel Kammerer und Otto Schönthal anzusehen. Alle drei wurden als Studenten mit Preisen ausgezeichnet und blieben als Assistenten weiter in Otto Wagners Atelier, wo sie an der Postsparkasse und an der Kirche am Steinhof mitarbeiteten; schließlich eröffneten sie gemeinsam in Wien ein Architekturbüro, das zwischen 1909 und 1915 sehr erfolgreich war.[5] Die von Hoppe und Kammerer in ihrem dritten Studienjahr an der Akademie konzipierten Phantasieprojekte sollten beide den Zusammenkünften gekrönter Häupter dienen. Hoppe entwarf einen Palast, der am südlichen Ende des Parks von Schönbrunn entstehen sollte und zur Unterbringung königlicher Gäste gedacht war, während Kammerer »einen proviso-

5 Für eine ausführliche Darstellung siehe: I. B. Whyte, *Emil Hoppe, Marcel Kammerer, Otto Schönthal. Drei Architekten aus der Meisterschule Otto Wagners* (aus dem Englischen von Christiane Court), Berlin 1989

6 O. Schönthal, ›Friedhofskirche‹, in *Wagnerschule 1901*, Wien 1902, S. 15

M. Kammerer, Entwurf für einen provisorischen Bahnhof für eine Monarchenzusammenkunft anläßlich großer Manöver, 1901. Aus *Wagnerschule 1901*

O. Schönthal, Projekt für eine Friedhofskirche, 1901. Aus *Wagnerschule 1901*

rischen Bahnhof für eine Monarchenzusammenkunft anläßlich großer Manöver« konzipierte. Dieser Entwurf ist von besonderem Interesse, da er sich aus einer Folge zeltartiger Bauten zusammensetzt, die auf einer im rechten Winkel zur Eisenbahntrasse verlaufenden Achse angeordnet sind. Nach dem Verlassen des Zuges sollten die gekrönten Staatsoberhäupter eine Folge von Zelten verschiedener Größe sowie einen achteckigen Speisesaal durchschreiten, ehe sie eine Reihe von parallel zur Eisenbahnlinie verlaufenden Loggien erreichten, von denen aus sie die Militärparade verfolgen konnten. Die Tatsache, daß eine derart temporäre Anlage an der Wagnerschule als Diplomarbeit akzeptiert wurde, bestätigt Wagners Bindung an Gottfried Sempers Architektursystematik, die ihre Wurzeln im Festpavillon hat. Als technisches Bindeglied zwischen der Scheinwelt der königlichen Zelte und der realen Außenwelt fungierte eine Bahnlinie. Ähnlich Wagners Stationen der Wiener Stadtbahn bietet diese architektonische Intervention einen Ruhepunkt, optischen Mittelpunkt und eine symbolische Klärung in einer rastlosen, chaotischen Welt.

Im Gegensatz dazu ließ Schönthal mit seiner Diplomarbeit für eine Kirche auf dem Wiener Zentralfriedhof irdische Belange hinter sich. In Wagners Œuvre stellt der kirchliche Zentralbau ein stets wiederkehrendes Thema dar, das auch in den Arbeiten seiner Studenten immer wieder auftaucht. Am Ende der unvermeidlichen Achse stehend, bezieht Schönthals Kirche ihre belebende Energie aus dem Dialog mit natürlichen Formen. Schönthal selbst beschreibt die Anlage mit folgenden Worten: »Über die Grabesstille hin rauschen mächtige Cypressen – ein Hauch des Lebens. Bewegter werden die Steinformen, Farben zeichnen die Flächen und aus ihnen heraus tritt – weit überragend – das Heiligthum.«[6] Schönthal schuf mit der vergoldeten Kuppel der Rundkirche, die an Olbrichs Secessionsgebäude erinnert, und den architektonische Formen annehmenden, gestutzten Zypressen eine archetypische Anordnung von Sanktuarium, Kuppel und Pylonen, die im Laufe des nächsten Jahrzehnts in Entwürfen der Wagnerschule immer wieder vorkommen sollte.

M. Kammerer, Studie für eine Villa in einem römischen Garten, 1902. Aus *Der Architekt*

Im Jahre 1902 brachen die mit Preisen der Wagnerschule ausgezeichneten Architekten Hoppe, Kammerer und Schönthal sämtlich nach Italien auf. Die Ergebnisse dieser Reisen – eine Mischung aus freien topographischen Skizzen, Projekten für bestimmte Bautypen und Architekturphantasien – wurden im Jahrbuch der Wagnerschule für 1902 und in der ebenfalls in Wien erscheinenden Zeitschrift ›Der Architekt‹, zu der die Wagnerschule enge Verbindungen unterhielt, veröffentlicht. Von diesen Reisen existieren nur bruchstückhafte Aufzeichnungen; Hoppes Reiseweg läßt sich jedoch anhand der auf den Zeichnungen dargestellten Orte, darunter Taormina, Rom, Venedig und Luzern, nachvollziehen. Auf seinem Weg nach Vene-

M. Kammerer, Studie für ein Grabmal für Arnold Böcklin, 1902. Aus *Wagnerschule 1902*

E. Hoppe, Studie, 1902. Aus *Wagnerschule 1902*

dig machte er in Ravenna halt, um das Grabmal des Theoderich (530 n. Chr.) zu besichtigen. Das von einer flachen Kuppel bekrönte Grabmal gehörte zu den Lieblingsbauten der Wagnerschule; es taucht bereits in früheren Veröffentlichungen der Schule auf und wird später mehrmals in Phantasiezeichnungen Hoppes und Kammerers aufgegriffen, am augenfälligsten in dem Blatt *Studie für eine Villa in einem römischen Garten*, das Kammerer 1902 in der Zeitschrift ›Der Architekt‹ publizierte. Hauptziel dieser Reisen war Rom, und als Träger des Rompreises stand Schönthal freie Unterkunft im Palazzo Venezia, der österreichisch-ungarischen Botschaft, zu. Wie sich an den Zeichnungen ablesen läßt, fühlten sich die jungen Architekten gleichermaßen von den antiken Ruinen wie von den großartigen Paradebauten des Barock angezogen. Beide wurden jedoch nicht mit der Detailgenauigkeit des Geschichtsforschers studiert, sondern dienten eher als Katalysator für große Gefühle und raumgreifende künstlerische Gesten. Kammerer bemerkt in einem kurzen, im Jahrbuch 1902 der Wagnerschule veröffentlichten Aufsatz: »Mit offenen Augen in der Welt herumgehen, sich alle Dinge genau betrachten, die Natur richtig sehen lernen, . . . so Böcklins Weise. Er war ein Maler, ein Künstler; wir wollen auch Künstler, Architekten werden.«[7] Diese Vorstellung vom Architekten als Künstler, der mehr mit der atmosphärischen Wirkung und emotionalen Kraft gebauter Form als mit den technischen Aspekten des Bauens befaßt ist, läßt sich sehr deutlich anhand der von Hoppe, Kammerer und Schönthal im Jahrbuch 1902 veröffentlichten Zeichnungen nachvollziehen. Sie lassen sich im wesentlichen in drei Gruppen einteilen. Die erste umfaßt eine kleine Zahl topographischer Zeichnungen, darunter beispielsweise Hoppes Skizze von Taormina. Die Bäume in dieser Zeichnung verweisen bereits auf die zweite Gruppe, eine Folge stimmungsvoller Blätter, auf denen von düsteren Zypressen gerahmte Architekturfragmente im Dämmerlicht zu sehen sind. Während die allgemeine Anregung hierzu von den Gartenanlagen der Villa d'Este oder der Villa Borghese ausgegangen sein muß, stammt die spezifische Sichtweise von Böcklin, für den Kammerer nach dessen Tod im Jahre 1901 sogar ein Grabmal entwarf. In den Zeichnungen der zweiten Gruppe – so auch in der Grabmalsskizze – beschäftigen sich die drei Wagnerschüler mit der emotionalen Wirkung von Kubus, schmuckloser Fläche, Stufe und Sockel. Aus diesen auf monumentalen Maßstab vergrößerten Elementen wiederum setzt sich das Vokabular der

E. Hoppe, Skizze, 1902. Aus *Wagnerschule 1902*

E. Hoppe, Studie, 1902. Aus *Wagnerschule 1902*. (vgl. Kat. 15; Abb. S. 47)

E. Hoppe, Skizze, 1902. Aus *Wagnerschule 1902*. (vgl. Kat. 97)

dritten Gruppe von Zeichnungen zusammen, den Architekturphantasien. Vignolas Treppe am Palazzo Farnese in Caprarola oder Francesco de Sanctis Treppe vor der Trinità dei Monti klingen zwar als mögliche Quellen durchaus an, die Wiener Studenten aber übernahmen die Plastizität und sinnliche Spannung der Vorbilder aus Renaissance und Barock, befreiten sie von sämtlichen funktionalen und ortsspezifischen Zwängen und gelangten zu kraftvollen plastischen Aussagen, die Kammerers Vision vom Künstler-Architekten untermauern. Es handelt sich um eine von Emotionen und Einfühlungsvermögen, nicht von Nützlichkeitsdenken und Berechnung geprägte Architektur. Bauformen, Maßstab und Standorte lassen auf moderne Bautechniken und auf die Verwendung von Stahl und Beton schließen, die Gestaltung jedoch wird entschlossen von künstlerischer Intuition und der Reaktion des Architekten auf die spezifischen Anforderungen der modernen Zeit beherrscht. Diese Rangordnung befindet sich in völliger Übereinstimmung mit den Regeln, die Wagner in seinem 1896 erschienenen und bei seinen Studenten als Brevier geltenden Buch ›Moderne Architektur‹ niedergelegt hatte.[8]

Da Sant'Elia niemals die geheiligte Pforte der Akademie am Wiener Schillerplatz durchschritten hat, kam sein Kontakt mit Wagner und der Wagnerschule ausschließlich durch Veröffentlichungen sowie durch das Vorbild von Landsleuten zustande, die selbst im Ausland gewesen waren. Eine in dieser Hinsicht höchst einflußreiche Person war Camillo Boito, der zeitweilige Herausgeber der Zeitschrift ›L'arte italiana decorativa e industriale‹, die den zeitgenössischen Entwicklungen in England, Deutschland und Österreich beträchtliche Aufmerksamkeit widmete. Zu Boitos Studenten, der als Professor an der Accademia di Brera in Mailand lehrte, zählten Luigi Conconi, Gaetano Moretti und Giuseppe Sommaruga, dessen Palazzo Castiglione am Corso Venezia in Mailand (1901-04) deutlich den Einfluß von Wagners Wohnhausarchitektur widerspiegelt. Auf diese Abhängigkeit wurde damals von einem deutschen Kritiker hingewiesen, der über den Palazzo Castiglione schrieb: »Hier hat der Architekt seiner Phantasie völlig die Zügel schießen lassen, sei es, daß er selbst nach eigenem Ausdruck seiner Kunst suchte, sei es, daß er sich von den Bestrebungen Wagners hatte beeinflussen lassen.«[9] Obgleich es von ›Moderne Architektur‹ vor dem Ersten Weltkrieg keine Übersetzung gab, waren Wagners Theorien und Bauten Gegenstand mehrerer in italienischer Sprache abgefaßter Aufsätze, die im Laufe des ersten Jahrzehnts dieses Jahrhunderts veröffentlicht wurden. Ein frühes Beispiel ist P. Rem-Piccis 1902 erschienenes Buch ›L'architettura e l'arte dell'avvenire‹, das eine beträchtliche Kenntnis vom Werk Wagners und seiner Schüler offenbart.

Ein weiterer aufschlußreicher Bericht von Wagners Modernismus, dessen Schlußfolgerungen fast proto-futuristisch anmuten, erschien 1910 in der in Bergamo herausgegebenen Zeitschrift ›Emporium‹. Dem Autor Leone Planiscig zufolge hatte die Architektur im Rom des 16. Jahrhunderts einen Höhepunkt erreicht und war seitdem ständig im Niedergang begriffen, um im 19. Jahrhundert, als man die Schönheit der Funktionalität opferte, an einen Tiefpunkt zu kommen: »So hat das 19. Jahrhundert, das Jahrhundert der Entdeckungen, des Fortschritts, des humanitären Bewußtseins, eine der größten Hilfen des Lebens in uns zerstört: die Freude am Schönen.«[10] Die Trennung zwischen Architekten und Ingenieuren war hierfür bezeichnend. Das Beispiel Wagners bot jedoch Hoffnung auf eine Lösung, und Planiscig zitiert mehrere kurze Auszüge aus ›Moderne Architektur‹ als Hinweise auf eine Zukunft, in der das Zusammenspiel zwischen künstlerischem Wollen und technischem Können den Werken Berninis und Borrominis vergleichbare Ergebnisse zeitigen würde. Interessanterweise vertritt Hoppe genau diese Ansicht auf einem 1905 entworfenen Titelblatt für ›Der Architekt‹, auf dem Wagners Kirche St. Leopold am Steinhof direkt über der römischen Peterskirche angeordnet ist.

7 M. Kammerer, Text ohne Titel, in *Wagnerschule 1902*, Wien 1903, S. 74
8 O. Wagner, *Moderne Architektur*, Wien 1896, 1898, 1902, 4. erweiterte Auflage: *Die Baukunst unserer Zeit*, Wien 1914
9 D. Joseph, *Geschichte der Architektur Italiens*, Leipzig 1907, S. 486
10 L. Planiscig, ›Problemi d'architettura moderna: Otto Wagner‹, in *Emporium*, 32, Nr. 188 (August 1910), S. 104

Planiscigs Aufsatz war mit Beispielen von Wagners jüngsten Arbeiten – den Stationen der Wiener Stadtbahn, den Häusern an der Wienzeile, der Kirche am Steinhof und der Postsparkasse – bestens illustriert.

Obgleich Planiscigs Aufsatz erst 1910 publiziert wurde, lassen sich Spuren möglicher Wiener Einflüsse bereits früher in Zeichnungen Sant'Elias finden. Im Januar 1909 veröffentlicht die Zeitschrift ›La Casa‹ die Zeichnung einer Villa von Sant'Elia (Kat. 6), auf der die Eingangstür von zwei eigentümlich überdimensionierten Pfeilern flankiert wird, die direkt von Wagners Postsparkasse übernommen sein könnten. Auch die Zeichnung der Kaminecke (Kat. 7) scheint unmittelbar von vergleichbaren Entwürfen abzustammen, die um die Jahrhundertwende in der Wiener Zeitschrift ›Das Interieur‹ abgedruckt waren, dem Forum der Gefechte zwischen der englischen Arts-and-Crafts-Bewegung und den Überbleibseln des späten Jugendstils der Wiener Secession. Die Zeichnung eines Speise- und Rauchzimmers von Kammerer ist ein typisches Beispiel dieses Genres. Derartige Querverbindungen können trotz ihrer optischen Überzeugungskraft nur als Spekulationen angesehen werden. Erst als sich Sant'Elia im Herbst des Jahres 1909 an der Accademia di Brera in Mailand einschreibt, werden die Berührungspunkte mit Wiener Vorbildern greifbar.

Mit Boito als Direktor der Schule und Gaetano Moretti als Leiter der Architekturabteilung folgte die Accademia di Brera den in Europa herrschenden Hauptströmungen zeitgenössischer Architekturauffassung. Zu Sant'Elias Freunden und Zeitgenossen zählten der Bildhauer Gerolamo Fontana sowie die Maler Mario Chiattone und Carlo Carrà. Während man Carrà für denjenigen hält, der die Verbindung zu den Futuristen herstellte, denen in großem Maße Sant'Elias späterer Ruhm zu verdanken ist, spielen Fontana und Chiattone für die Kontakte nach Wien eine bedeutende Rolle. Fontana besaß eine Ausgabe des Jahrbuchs ›Wagnerschule 1902‹, das Sant'Elia später selbst erwarb[11]; Chiattone verfügte über die beiden 1905

M. Kammerer, Interieur für ein Speise- und Rauchzimmer, um 1899/1900. Aus *Das Interieur*. (vgl. Kat. 7; Abb. S. 14)

E. Hoppe, Studie, 1902. Aus *Wagnerschule 1902*. (vgl. Kat. 10; Abb. S. 21)

O. Schönthal, Studie, 1902. Aus *Wagnerschule 1902*. (vgl. Kat. 20; Abb. S. 23)

unter dem Titel ›Wagnerschule 1902-03 und 1903-04‹[12] in Leipzig veröffentlichten Halbbände. Chiattone schrieb später: »Es war tatsächlich sehr naheliegend für uns, daß wir uns von der Wagnerschule lösten, aus der wir hervorgegangen waren; aber nicht, um damit unsere Ursprünge geringzuschätzen, sondern um darüber hinaus zu gehen. Wir wollten im Vergleich zu der von Wien verbreiteten eine neue Architektur schaffen, weil wir dachten, man müsse der neuen, sich schnell entwickelnden Technik, die freie und neue Visionen erweckte, Rechnung tragen, allerdings dachten wir an eine positive, realisierbare Architektur.«[13] Der unmittelbare Einfluß auf Sant'Elias Werk wird in der auf 1908-09 datierten *Studie für eine Villa* (Kat. 10) deutlich, die zwei von Hoppe in Rom angefertigte und in der ›Wagnerschule 1902‹ veröffentlichte Zeichnungen paraphrasiert. Sant'Elia war nicht nur von den an Böcklin erinnernden Ruinen in diesem Band fasziniert, sondern auch von den niedrigen Blickpunkten, aufragenden Kuben, kraftvollen Diagonalen und den von Hoppe und Schönthal favorisierten endlos ansteigenden Treppen. Ein Vergleich der Abbildungen in der ›Wagnerschule 1902‹ mit Sant'Elias auf 1909 datierten Zeichnungen läßt die Vorbilder unschwer erkennen (Kat. 15-21; Abb. S. 64). Auch eine Reihe von drei Kuppelbauten aus derselben Zeit (Kat. 23-25) kann auf Vorlagen aus der Wagnerschule zurückgeführt werden, und zwar entweder auf Schönthals Diplomprojekt oder Alois Bastls Entwurf für einen Palast okkulter Wissenschaften, ebenfalls aus der ›Wagnerschule 1902‹.

Obgleich Sant'Elia nie die Reise nach Wien unternahm, kam Wien doch gelegentlich nach Italien. Im Sommer 1910 besuchten Sant'Elia und Fontana gemeinsam die Biennale in Venedig, wo sie Klimts Einzelausstellung sahen. Seine flachen, abstrahierten Jugendstilmuster mit ihren byzantinischen und orientalischen Anklängen trafen bei Sant'Elia und Fontana auf spontane Begeisterung: Sie ersannen daraufhin einen an Klimt angelehnten Schmuck für den Giebel der *Villa Elisi* (Kat. 33), ein kleines, 1912 nach Entwürfen Sant'Elias in den Hügeln über Como erbautes Landhaus. Die inhaltsreiche Mischung aus spätem Jugendstil, Orientalismus und österreichischer ›Dekadenz‹ hatte entscheidenden Einfluß auf die Entstehung des Libertystils in Italien[14]. Auf der Weltausstellung in Rom im Jahre 1911 bot sich Sant'Elia weitere Gelegenheit zum Kennenlernen deutscher und österreichi-

11 J. P. Schmidt-Thomsen, *Floreale und futuristische Architektur: Das Werk von Antonio Sant'Elia*, Diss., TU Berlin 1967, S. 122-23, und L. Caramel (Anm. 1), S. 27

12 E. Godoli, *Il Futurismo*, Rom/Bari 1983, S. 12

13 E. Godoli (Anm. 12), S. 12

14 Siehe: R. Bossaglia, ›Finale klimtiano‹, in *Il Liberty in Italia*, Mailand 1968, S. 144 ff.

O. Wagner, Postsparkasse, Wien, 1903-06, 1910-12. (vgl. Kat. 7; Abb. S. 14)

A. Sant'Elia, Monumentalgebäude, 1909. Musei Civici, Como (Kat. 16)

E. Hoppe, Skizze, 1902. Aus *Wagnerschule 1902*. (vgl. Kat. 16)

scher Quellen. Er reiste mit einer Gruppe von Studienfreunden, darunter die Architekten Luigi Pallini und Romeo Moretti, nach Rom. Im österreichischen Pavillon der Kunstausstellung müssen sie Klimts Porträt der Margaret Stonborough-Wittgenstein und sein Gemälde *Der Kuß* gesehen haben. Ganz in der Nähe, im deutschen Pavillon, hätten sie acht Werke des Münchner Malers Franz von Stuck betrachten können, darunter *Orest und die Erinnyen*, heute in der Galleria Nazionale d'Arte Moderna in Rom, sowie das im dazugehörigen Ausstellungskatalog abgebildete *Inferno*.

Wie Luciano Caramel bereits bemerkte[15], tauchen die muskulösen, in stiller Verzweiflung erlahmten Figuren aus Stucks *Inferno* wieder in den Skizzen auf, die Sant'Elia im Zusammenhang mit dem 1912 ausgeschriebenen Wettbewerb für den Fassadenschmuck des Mailänder Hauptbahnhofs zeichnete (Kat. 60, 61). Sant'Elia war von dem Architekten Arrigo Cantoni beauftragt worden, Zeichnungen für die zweite Phase des Bahnhofswettbewerbs anzufertigen, und schuf eine Reihe von Blättern, die starke Anklänge an Otto Wagners Wiener Stadtbahn aufweisen (Kat. 55-59). Wie mehrere Kommentatoren erwähnen, könnte es sich bei dem offenen Kuppeltambour um eine Übernahme von Wagners dritter Fassung des Kaiser Franz-Josef Stadtmuseums (1907) handeln, seinem unrealisierten Meisterwerk.

Der Orientalismus, der in einem Großteil der um die Jahrhundertwende entstandenen Arbeiten der Wiener Avantgarde latent vorhanden ist, kommt in einem weiteren Wettbewerbsprojekt zur Entfaltung, an dem sich Sant'Elia beteiligte: bei dem 1911-12 ausgeschriebenen Wettbewerb ging es um den Entwurf eines neuen Friedhofs für Monza (Kat. 45-54). Der von Sant'Elia und Italo Paternoster eingereichte Entwurf orientiert sich sehr weitgehend an Wiener Quellen. Eine frühere

15 L. Caramel (Anm. 1), S. 17
16 L. Planiscig (Anm. 10), S. 114)
17 G. U. Arata, ›La Prima Mostra di Architettura promossa dall'Associazione degli architetti lombardi‹, in *Vita d'Arte*, 7, Nr. 75, (März 1914), S. 70-71
18 O. Wagner, *Moderne Architektur* (Anm. 8), S. 136

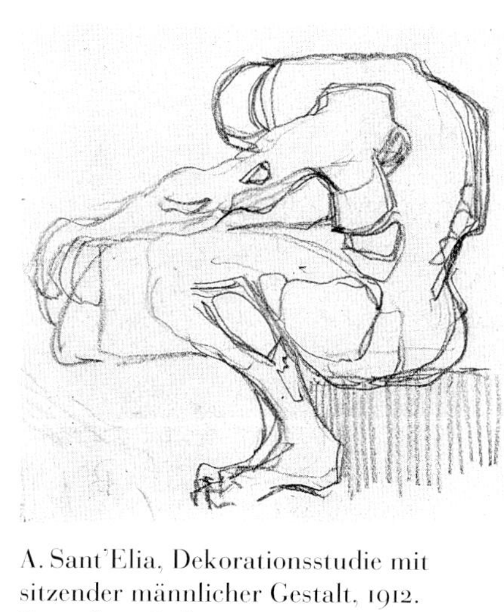

A. Sant'Elia, Dekorationsstudie mit sitzender männlicher Gestalt, 1912. Sammlung Pellini, Mailand (Kat. 60)

O. Wagner, Kirche St. Leopold am Steinhof, Wien, 1902-04. Innenraum. (vgl. Kat. 45, 46)

E. J. Margold, Projekt für ein Urnenhaus auf dem Zentralfriedhof, Wien, 1908. Aus *Der Architekt*. (vgl. Kat. 45, 46)

E. Hoppe, Skizze, 1902. Aus *Wagnerschule 1902*. (vgl. Kat. 10; Abb. S. 21)

Studie von Sant'Elia (Kat. 43; Abb. S. 51) zeigt eine überkuppelte Kapelle, sehr ähnlich den Vorbildern der Wagnerschule, mit Klimtscher Dekoration und zusammensinkenden, gedrückten Figuren, die wiederum von Stuck übernommen sind. Die endgültige Fassung mit der gestuften Anordnung lehnt sich stark an Wagners Kirche St. Leopold am Steinhof an, und die beiden das Portal flankierenden Pylonen erinnern an den dortigen Altar (Kat. 45, 46). Planiscigs Bemerkungen zur Kirche am Steinhof sprechen von Wagners orientalisch anmutendem Interieur, eine Tendenz, die sich im Entwurf für Monza noch verstärkt: »Alles ist licht, transparent, beinahe immateriell. Es scheint, als träume man ein orientalisches Märchen. Aber jedes Detail ist neu, original.«[16]

Die Zeichnung eines 1908 in ›Der Architekt‹ abgebildeten, für den Wiener Zentralfriedhof gedachten Urnenhauses von Emmanuel Josef Margold mag eine weitere Wiener Quelle gewesen sein. Margold, ein ehemaliger Schüler Hoffmanns an der Wiener Kunstgewerbeschule, spielte im architektonischen Leben der Stadt nur eine untergeordnete Rolle. Die Mischung aus schlichter Geometrie und Kryptoklassizismus, die seinen Urnenhausentwurf kennzeichnet, steht in Geist und Form den Pavillons sehr nahe, die Otto Schönthal in Zusammenarbeit mit Hoffmann für die 1908 in Wien veranstaltete Kunstschau entworfen hatte; die Kombination von seitlichen Treppen, die von ansteigenden Kuben flankiert werden, ist auch in Sant'Elias Entwurf für den Friedhof von Monza zu sehen. Wenngleich dieser Zusammenhang etwas dürftig erscheint, verdient er doch Aufmerksamkeit, da Margolds Name in der ersten kritischen Beurteilung von Sant'Elias Werk genannt wird. Den Anlaß bildete ›La Prima Mostra di Architettura promossa dall'Associazione degli architetti lombardi‹, die im März 1914 in Mailand stattfand. Bei der Betrachtung von Sant'Elias Zeichnungen bemerkte der Architekt und Kunstkritiker Giulio Ulisse Arata scharfen Blickes »die ein wenig kühlen Formen eines Margold« und den Einfluß »der österreichischen Wagnerschule«[17]. Der Wiener Einfluß auf den Entwurf für Monza wurde zweifellos durch näherliegende Quellen ergänzt, am augenfälligsten durch das 1907 in Sarnico errichtete Faccanoni-Mausoleum von Sommaruga.

Wie der Zusammenhang mit Margold bestätigt, wurde Sant'Elia auf der Ausstellung des Jahres 1911 in Rom nicht nur mit der transalpinen ›Dekadenz‹ eines Klimt und eines von Stuck konfrontiert, sondern lernte auch das neue Gesicht der Wiener Moderne in Gestalt der kantigen Linearität und des reduzierten Neoklassizismus von Josef Hoffmanns österreichischem Pavillon kennen. Sant'Elia hätte bei einem Besuch der Schau der Gesellschaft österreichischer Architekten im Palazzo delle Belle Arti, die in einem von Hoppe, Kammerer und Schönthal gestalteten Interieur gezeigt wurde, eine ganz ähnliche Formensprache vorgefunden. In den abschließenden Bemerkungen von ›Moderne Architektur‹ hatte Wagner nachdrücklich betont, »daß die tragende und stützende Linie, die tafelförmige Durchbildung der Fläche, die große Einfachheit der Konzeption und ein energisches Vortreten von Konstruktion und Material bei der künftigen neuerstehenden Kunstform stark dominieren werden«.[18] Diese Maxime wurde in der von Hoppe, Kammerer und Schönthal entworfenen Innenarchitektur der römischen Ausstellung in beispielhafter Form verwirklicht; sie unterteilten den Raum in eine Folge planer, rechtwinkliger Flächen und schufen so ein Raster, in das die verschiedenen Ausstellungsstücke eingeordnet wurden, zu denen auch ein Modell von Wagners Kirche am Steinhof sowie Koloman Mosers Entwürfe für die Fenster dieser Kirche zählten. Darüber hinaus zeigte man neun Zeichnungen von Wagner, zwölf von Josef Hoffmann und zehn des Gemeinschaftsbüros von Hoppe/Kammerer/Schönthal, darunter eine Zeichnung Hoppes für ein Grabmal in Mauer bei Wien, das er im Jahre 1907 entworfen hatte. Es ist schwer vorstellbar, daß Sant'Elia dieses Bild nicht vor

J. Hoffmann, Österreichischer Pavillon auf der Weltausstellung in Rom, 1911, perspektivische Zeichnung

E. Hoppe, Entwurf für ein Grabmal in Mauer bei Wien, 1907. (vgl. Kat. 198-212)

Augen hatte, als er 1914 an seinem Entwurf für das Caprotti-Grabmal in Monza arbeitete (Kat. 197-222).

Der Autor von Sant'Elias Biographie im 1986 erschienenen Katalog ›Futurismo e Futurismi‹ äußert die Ansicht, Sant'Elia habe in den Jahren 1913 und 1914 auf zwei verschiedenen Ebenen gearbeitet. Auf der professionellen Ebene folgte er »dem allgemein anerkannten Vorbild der Secessionskultur und dem lombardischen Jugendstil«, während er sich in seinen phantastischen Entwürfen für die *Città Nuova*, ungehindert von jeglichen äußeren Einflüssen in »völliger Freiheit der Phantasie« bewegte.[19] Immer aber war Wagner präsent, als Verfechter der ›Großstadt‹ und einer auf die Anforderungen des Augenblicks stets reagierenden urbanen Architektur. So schrieb er im Jahre 1911: »Die Art zu leben, wie es unsere Zeit erheischt, wird noch viele Dinge zeitigen, von denen wir heute kaum eine Vorstellung haben, so beispielsweise das fahrbare Haus ... und vieles andere.«[20] Einerseits ganz auf diese unstete Zukunft eingestellt, war Wagner doch bestrebt, den beständigen Wechsel zu koordinieren, zu lenken und ihm eine Form zu geben, die den von den Meistern der italienischen Renaissance und des Barock formulierten Regeln entsprach. In ›Moderne Architektur‹ faßt er seinen Standpunkt zusammen und fordert:

A. Sant'Elia, Studie zum Grabmal Caprotti auf dem Friedhof von Monza, 1914. Sammlung Anna und Gianfranca Sant'Elia, Mailand (Kat. 207)

A. Sant'Elia, Studie zum Grabmal Caprotti auf dem Friedhof von Monza, 1914. Sammlung Anna und Gianfranca Sant'Elia, Mailand (Kat. 210)

A. Sant'Elia, Perspektivische Studie zum Grabmal Caprotti auf dem Friedhof von Monza, 1914. Archiv Donzelli Marmi, Monza (Kat. 200)

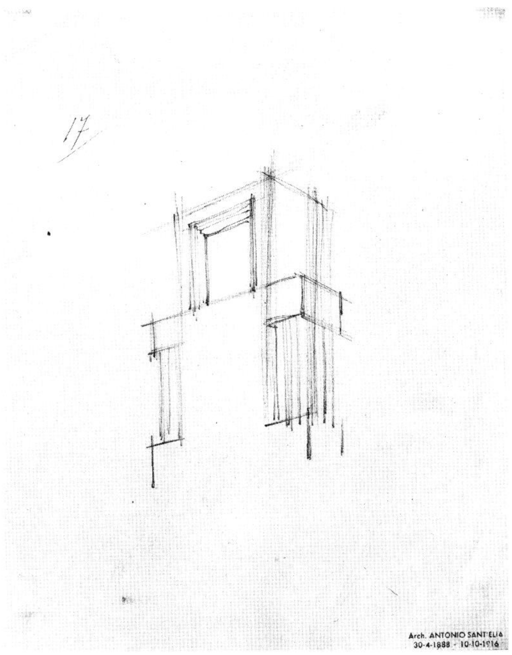

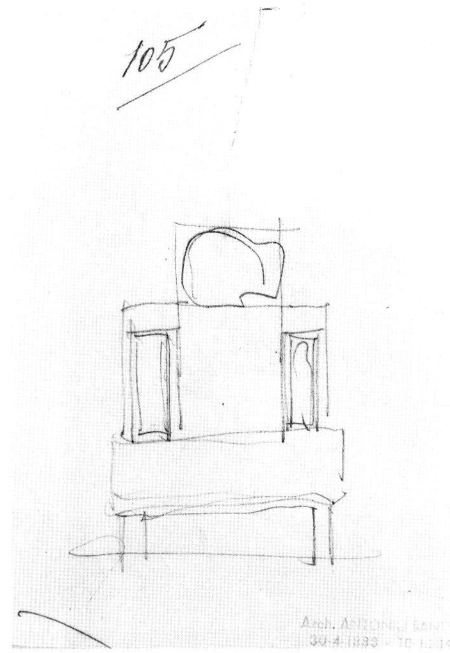

A. Sant'Elia, Studie zum Grabmal Caprotti auf dem Friedhof von Monza, 1914. Sammlung Anna und Gianfranca Sant'Elia, Mailand (Kat. 204)

A. Sant'Elia, Studie zum Grabmal Caprotti auf dem Friedhof von Monza, 1914. Musei Civici, Como (Kat. 205)

»Stete Berücksichtigung des horizontalen und vertikalen Sehwinkels des Beschauers bei jeder Art von Disposition.
Gruppierung einzelner Bauwerke zu einer Gesamtwirkung (Silhouette des Bauwerkes, der Gruppe, der Platzwand etc.).
Wirkung des Sonnenlichtes und der atmosphärischen Niederschläge (Lage gegen die Weltgegenden).
Ausnützung des Terrains und des landschaftlichen Hintergrundes.
Annahme neuer und richtige Verwertung bestehender Veduten und Durchblicke, sowohl im Freien als im Raume.
Stete Rücksichtnahme bei Projektierung einer Straße auf das Endbild.
Richtig betonter und gut situierter Augenruhepunkt.
(...)
Klare, sofort leicht faßliche Charakteristik des Werkes.
Vollste Zweckerfüllung jedes Werkes.
Leichte Orientierung in jedem Bauwerke.«[21]

Es sind genau diese Prämissen, die – beherrscht von den Geboten einer analysierenden Perspektive – sowohl in den phantastischen Entwürfen der Wagnerschule als auch in Sant'Elias großartigen Visionen für die *Città Nuova* Anwendung finden. Ist es zu weit hergeholt, in der *Città Nuova* den späten, in einem Wiener Brennglas eingefangenen Abglanz des italienischen Barock zu sehen?

19 ›Sant'Elia‹, in *Futurismo e Futurismi*, Ausstellungskatalog, Venedig 1986, S. 563
20 O. Wagner, *Die Großstadt: Eine Studie über diese*, Wien 1911, S. 22
21 O. Wagner, *Moderne Architektur* (Anm. 8), S. 54–56

A. Mathews, Moderne Stadt, (ohne Datum), Santa Barbara Museum of Art, Santa Barbara, Geschenk von Harold Wagner

Das Europa des Sant'Elia

Marco De Michelis

Das erste dokumentierte Projekt von Antonio Sant'Elia – die Studie zu einer Villa, veröffentlicht im Januar 1909 – geht auf das Jahr 1908 zurück. Die Entwürfe der *Città Nuova* werden im März des Jahres 1914 in Mailand ausgestellt. Zwei Jahre später wird der gerade erst achtundzwanzigjährige Sant'Elia im Krieg tödlich verletzt. Die gesamte Entwicklung der Architektur Sant'Elias nimmt also nicht mehr als ein knappes Jahrzehnt ein. Ein Jahrzehnt allerdings, das sich von der Gründung des Deutschen Werkbundes im Jahr 1907 bis zu den vehementen Debatten über das Schicksal des Kunstprodukts in einer Welt industrieller Zivilisation der deutschen Architekten in Köln 1914 erstreckt.

Fast zur selben Zeit endeten die langen und eindrucksstarken Wanderjahre Le Corbusiers, die ihn durch Italien, Deutschland, und zuletzt entlang der Küsten des Mittelmeeres bis zum Vorderen Orient geführt hatten.

Dieses Jahrzehnt, das so abrupt durch den Ausbruch des Ersten Weltkrieges unterbrochen wurde, hatte die vielleicht intensivste Periode zur Herausbildung einer Idee der Moderne in der Architektur bedeutet. Mit außergewöhnlicher Schärfe hatten sich innerhalb kurzer Zeit die grundlegendsten Themenkomplexe gekreuzt: die Frage nach sozialen Reformen mit einer maschinenorientierten Zivilisation und einer Metropolisierung der Städte; das Dilemma der Bestimmung der geistigen Arbeit, gekoppelt an das weiterhin unbesänftigte Streben, die traditionellen Grenzen zwischen den verschiedenen künstlerischen Disziplinen niederzureißen im Namen jenes totalen Kunstwerkes, das die Epoche der Moderne charakterisieren sollte.

Der Standpunkt, von dem aus der junge Sant'Elia diesem ganzen Geschehen zuschauen konnte, war der der italienischen Provinz. Gewiß ein etwas peripherer Standpunkt, doch war er sehr viel besser informiert, als man gemeinhin annimmt. Von dort aus mögen Europa und Amerika weit entfernt erschienen sein; dennoch waren sie in ihren grundlegenden Strukturen durchaus sichtbar. In den Ausgaben von ›Critica sociale‹, ›La Nuova Antologia‹ oder ›La riforma sociale‹[1] fanden die Diskussionen der neuen Gesundheits- und Wohnungspolitik ebenso ihren Platz wie die ersten Versuche des Kooperationswesens, die Beispiele sozial eingestellter Unternehmer oder die ersten Gartenstädte in England. Camillo Boito hatte bereits seit 1880 auf die neuen Aufgaben der italienischen Architektur in den großen urbanen Infrastrukturen: den Bahnhöfen, Märkten oder Schlachthöfen, hingewiesen.[2] Die amerikanischen Hochhäuser von Burnham und Root und von Sullivan hatten in der Ausgabe des ›Emporium‹ vom Mai 1895 großes Aufsehen erregt. Etwa zwanzig Jahre später fanden sie in den Projekten von Achille Manfredini ein erstes Echo, der einen ›Wolkenkratzer‹ mit dreizehn Stockwerken für die Piazza di S. Giovanni in Conca in Mailand entworfen hatte.[3] Von Frankreich aus hatten sich auch in Italien die Konstruktionstechniken mit Eisenbeton ausgebreitet, worauf in den Jahren 1901 bis 1904 Giuseppe Sommaruga zurückgriff, um mit dem System ›Hennebique‹ die Zwischendecken des Palazzo Castiglione in Mailand zu realisieren.

In der Zwischenzeit trafen aus dem Zentrum Europas die Lektionen neuer Malerei eines Böcklin oder Franz von Stuck, von Gustav Klimt und der Wiener Secession in Italien ein. 1902 stellte ein kleines, in Rom herausgegebenes Buch zum ersten Mal ausführlich das architektonische Werk Otto Wagners und seiner Schule dar.[4] Dem Triumph des ›Liberty‹, des ›dolce stil novo‹, der bei der Weltausstellung

1 Vgl. G. Favretti, *La Casa e la sinistra in Italia (1888-1923)*, Examensarbeit, Istituto Universitario di Architettura, Venedig 1982
2 C. Boito, *Architettura del Medio Evo in Italia*, Mailand 1880, S. IX
3 Vgl. J. P. Schmidt-Thomsen, *Floreale und futuristische Architektur. Das Werk von Sant'Elia*, Dissertation, Technische Universität Berlin 1967, S. 15-16
4 P. Rem-Picci, *L'architettura e l'arte dell'avvenire*, Rom 1902; L. Planiscig, ›Otto Wagner‹, in *Emporium*, Februar 1910

in Turin 1902 gefeiert wurde, war eine breitgefächerte Debatte über den nationalen Stil der italienischen Architektur nach der 1870 endlich erreichten politischen Vereinigung des Landes vorausgegangen. Boito hatte, nicht anders als Ruskin in England und Viollet-le-Duc in Frankreich, in den Grundzügen des gotischen Stils die Fundamente eines »stile italiano« gesehen, der sich auf ganz natürliche Weise aus der Vergangenheit der Nation entwickeln mußte und der sich zu eben diesem Zeitpunkt von seinem »archäologischen Charakter« befreien würde, um »ganz und gar modern zu werden«[5]: eine »Sprache, die in Worten und Sätzen überfließt, mit freier Syntax, reich an Bildern und doch präzise, poetisch und wissenschaftlich zugleich, die sich wie keine andere für die Darstellung der gewagtesten und verschiedenartigsten Konzepte eignet«[6].

Dieses ›Liberty‹, das für Boito nicht mehr als eine in erster Linie »ornamentale« Stilepisode gewesen war, unfähig, die Zentralität der »schönen Beispiele der vergangenen Jahrhunderte«[7] in die Diskussion um den architektonischen Organismus einzubringen, sollte auch in Italien sehr bald die entscheidende Frage nach der Beziehung von Modernität und Geschichte aufwerfen und damit einen explizit fortschrittlichen, »antinationalen«[8] Charakter annehmen. »Der Sozialismus der Schönheit«[9], der von der Turiner Weltausstellung verkündet wurde, nahm damit jene supranationalen und europäischen Formen an, die Olbrich in Darmstadt und Mackintosh in Glasgow bereits umgesetzt hatten.

Die ersten Werke Sant'Elias sind, obwohl einige Jahre später, noch immer Zeugnisse dieser wechselfälligen Witterungen. Das wird nicht allein aus der Villa von 1908 (Kat. 6-8) deutlich, oder dem »Villino moderno« für »Milanino« (Kat. 29-32), die beide die zentrale Stellung der Frage nach der Architektur des Hauses Anfang des 20. Jahrhunderts bestätigen, sondern findet seinen Grund vor allem im Hervortreten des europäischen Charakters dieser Frage. Die gemeinsame Abstammung

A. Pompe, Nachtansicht eines Phantasiehauses, 1905. Sammlung Archives d'Architecture Moderne, Brüssel

H. Billing, Architekturphantasie in Felsenlandschaft, 1903. Architekturmuseum, Technische Universität, München

J. M. Olbrich, Habich-Haus in Darmstadt, 1900. Staatliche Museen Preußischer Kulturbesitz, Berlin, Kunstbibliothek

von den englischen Experimenten – man denke nur an die überaus englische Kaminecke im Eßzimmer der Villa von 1908 (Kat. 7) –, die schuldige Reverenz an die Werke der österreichischen Secession und des deutschen Jugendstils, die Partizipation an den gemeinschaftlichen Reformzielen fanden ihren Angelpunkt im Einfamilienhaus und den innovativen Formen der Gartenstadt.

Derartige Einübungen in die Architektur des kleinen Hauses entsprangen weniger der Rationalität öffentlicher Planung oder funktionaler Programme, sondern lebten vielmehr von der Inspiration der einsamen und schwermütigen Atmosphäre einer Toteninsel von Böcklin – ein Einfluß, der sich für mehr als ein Jahrzehnt nicht nur auf den jungen Sant'Elia, sondern auch auf Giuseppe Torres, Tony Garnier, Antoine Pompe bis zu den Schülern der Wagnerschule erstrecken sollte.

Am Anfang des 20. Jahrhunderts – zumindest bis in die frühen zwanziger Jahre – läßt sich die Frage nach der Modernität nicht von der Neudefinition der Grenzen der Architektur als einer eigenen Disziplin trennen. Das ist keineswegs bloß von subjektivem Belang, da doch die Protagonisten der Moderne oft nur am Ende eines Entwicklungsprozesses zur Architektur gelangten, der in anderen Gebieten der Kunst begonnen hatte: Behrens, Riemerschmid und Van de Velde waren Maler, Le Corbusier hatte in einer Schule für angewandte Kunst studiert. Auf diese Weise nahmen sie ein Modell vorweg, das später Gropius im Weimarer Bauhaus zu verwirklichen trachtete. Der moderne Architekt sollte als ein Endpunkt aufgefaßt werden, der ein Lehrprogramm zu allen Wissensgebieten der Kunst durchlaufen hatte – mit Ausnahme allerdings der Lehre von Architektur.[10] Doch auch hier ist von Objektivität nicht die Rede, da am Anfang des 20. Jahrhunderts die wechselseitigen Einflüsse der verschiedenen Typen und Ausdrucksformen innerhalb der Architektur ununterbrochen fortfließen. Von grundlegender Bedeutung war der Versuch, sich das technische und konstruktive Wissen anzueignen, das traditionellerweise

5 C. Boito (Anm. 2), S. XXVII–XXVIII
6 C. Boito (Anm. 2), S. XXIX
7 *C. Boito*, ›L'»Arte Italiana« e l'ornamento floreale‹, in *L'arte italiana decorativa e industriale*, VII (1898), Nr. 1, S. 3–5. Jetzt in E. Bairati, D. Riva, *Il Liberty in Italia*, Rom/Bari 1985, S. 177–179
8 R. Bossaglia, *Il Liberty in Italia*, Mailand 1968. Vgl. auch die engagierte Untersuchung von E. da Costa Meyer, *The Retreat into the Future: The Work of Antonio Sant'Elia*, unveröffentlichtes Schreibmaschinenmanuskript, 1991. Ich bedanke mich bei Francesco Dal Co, daß ich diese Arbeit lesen durfte.
9 So schreibt G. Beltrami 1902 in *La lettura* in Bezug auf die Turiner Weltausstellung. Zitiert in M. Nicoletti, *L'architettura liberty in Italia*, Bari 1978, S. 108
10 Vgl. M. Franciscono, *Walter Gropius e la creazione del Bauhaus*, Rom 1975 (Originalausgabe Urbana/Chicago/London 1971)

den Ingenieuren gehört hatte. Darauf basierend stellte sich die Architektur die Aufgabe, eine Synthese zwischen der Welt der Menschen und der Maschinen herzustellen, Kultur und Fortschritt miteinander zu versöhnen, um so eine harmonisierende Reform der abendländischen Gesellschaft zu bewerkstelligen. Dennoch mochte die moderne Architektur zu jener Zeit nicht der Versuchung widerstehen, die Architektur als solche mit der Natur zu konfrontieren und den Traum zu realisieren, »Kunstwerke so hoch wie den Himalaya zu schaffen« – worüber Otto Kohtz bereits 1909 schrieb, weit früher also, als Bruno Taut seine ›Alpine Architektur‹ verfaßte.[11] Ebensowenig mochte die moderne Architektur auf die abstrakten Analogien mit den Ausdrucksformen der Musik verzichten, welche sich eben aus jener Unfähigkeit rechtfertigte, die Natur imitieren und reproduzieren zu können. Ziel war die Gleichstellung von Musik und Architektur.[12] Noch wollte sie den esoterischen Mysterien der Kulturen des Fernen Orients entsagen oder den laisierten Riten der neuen Großstadtgesellschaft, die in den Prunksälen der ›casa del popolo‹ zelebriert wurden.

Die Grabarchitektur schien den Architekten am Anfang des Jahrhunderts jene Freiheit von den Fesseln des Funktionalismus zu gewähren, die der für die Massen bestimmte Wohnungsbau nicht mehr bieten konnte. In der Wiener Schule von Wagner zeigte sich diese Bipolarität zwischen dem rein auf Nutzen bedachten Thema des »Mietshauses« einerseits, das den Schülern der ersten Stunde anvertraut wur-

H. Poelzig, Deich am Klingental. Perspektivzeichnung, 1910. Plansammlung der Universitätsbibliothek der Technischen Universität, Berlin

O. Kohtz, Bahnhof, Karlsruhe (?). Ansicht der Eingangshalle, 1904. Plansammlung der Universitätsbibliothek der Technischen Universität, Berlin

S. Wolkenstein, Kerkan-Palast in Berlin, 1908. Plansammlung der Universitätsbibliothek der Technischen Universität, Berlin

de, und dem eines ausgefeilten Endproduktes, frei ausgewählt und dienstbar allein dem »göttlichen Funken der Phantasie«: Sportzentren, Paläste für okkulte Wissenschaften, Kureinrichtungen, Künstlerkolonien.[13] Dieselbe Bipolarität wird in den zwanziger Jahren auch bei Bruno Taut erkennbar werden, als er sich zum Meister des ›Neuen Bauens‹ und zum Sozialreformator entwickelte. Der Ausführung der überaus schlichten Bauweise der Gartenstadt Falkenberg von 1914 stellt er die Aufforderung an die Seite: »Bauen wir zusammen an einem großartigen Bauwerk! An einem Bauwerk, das nicht allein Architektur ist, in dem alles, Malerei, Plastik, alles zusammen eine große Architektur bildet, und in dem die Architektur wieder in den andern Künsten aufgeht. Die Architektur soll hier Rahmen und Inhalt, alles zugleich sein.«[14]

Noch während des Krieges entwarf Taut sein Idealprojekt einer *Stadtkrone*, in welchem er die glitzernden geometrischen Formen des Kristallpalastes, die auf sublime Weise bar jedes praktischen Nutzens waren, mit einfachen, streng aneinandergesetzten Reihenhäuschen im Stil der Gartenstadt kombinierte.[15]

Von diesem Hintergrund her betrachtet mag es nicht überraschen, wenn bei Sant'Elia in der kurzen Blütezeit seiner künstlerischen Kreativität die eher traditionellen Verfahrensweisen von ›Stilübungen‹ abgelöst wurden, die zwischen Motiven hin- und herschwankten, die einerseits ganz bewußt der Wiener Secession entstammten, andererseits aber auch ›lokale‹ Elemente des Liberty aufgriffen, die floreal, ja sogar akademisch waren, um schließlich in den unveröffentlicht gebliebenen Visionen der Zukunftsstadt zu gipfeln. Noch verwundere man sich über die Vorliebe des jungen Architekten aus Como für die Architekturskizze und die Vogelperspektive, mit denen er sich lieber beschäftigte als mit dem sorgfältigen Studium der Baupläne und der verschiedenen Schnitte eines Baukörpers. Diese Leidenschaft für die architektonische ›Phantasiezeichnung‹ ist am Anfang des 20. Jahrhunderts keineswegs ein bloß marginales Phänomen. Sie wird von der gesamten europäischen Architekturjugend dieser Zeit geteilt. Nicht nur von den überschwenglichen Schülern Otto Wagners, sondern auch von Fritz Schumacher, der 1900 ein Heft mit zwanzig Kohlezeichnungen über Monumental- und Grabarchitektur veröffentlichte[16], bis hin zu Otto Kohtz[17], Otto Rieth, Antoine Pompe und schließlich Erich Mendelsohn. Auch für Sant'Elia eignete sich die Architekturzeichnung in besonderem Maße dazu, den gewichtigen geometrischen Formen eines Kubus, eines Krei-

11 O. Kohtz, *Gedanken über die Architektur*, Berlin, ohne Datum (aber 1909), S. 3; B. Taut, *Alpine Architektur*, Hagen 1919; vgl. M. De Michelis, ›Case del popolo, tedesche‹, in *Case del popolo, Un'architettura monumentale del moderno*, Venedig 1986, S. 138

12 T. Fischer, *Zwei Vorträge über Proportionen*, München 1934.

13 O. A. Graf, *Die vergessene Wagnerschule*, Wien 1969; M. Pozetto, *Die Schule Otto Wagners 1894-1912*, Wien/München 1980; I. Boyd Whyte, *Emil Hoppe Marcel Kammerer Otto Schönthal. Drei Architekten aus der Meisterschule Otto Wagners*, Berlin 1989

14 B. Taut, ›Eine Notwendigkeit‹, in *Der Sturm*, IV, 1914, Nr. 196-197, S. 175. Vgl. M. Franciscono (Anm. 10), S. 124-125

15 B. Taut, *Die Stadtkrone*, Jena 1919.

16 F. Schumacher, *Studien. 20 Kohlezeichnungen*, Leipzig 1900

17 O. Kohtz (Anm. 11)

ses, eines Zylinders ebenbürtig zu begegnen. Sie ermöglichte gewagte Kombinationen von architektonischen und plastischen Figuren, indem sie etwa die schlichte Verteilung der Tür- und Fensteröffnungen eines großstädtischen Mietshauses mit einer überschwenglichen Dekorationsfülle auf den Wandteilen konfrontierte.

Die Kunstgriffe der Zeichnung, wie etwa die Perspektive von unten, die die Engländer als ›worm's eye view‹ bezeichnen, der Blickpunkt eines Wurmes im Ge-

E. Mendelsohn, Skizze für einen Hochofen, 1914. Staatliche Museen Preußischer Kulturbesitz, Berlin, Kunstbibliothek

E. Mendelsohn, Skizze einer Fabrik, 1914. Staatliche Museen Preußischer Kulturbesitz, Berlin, Kunstbibliothek

E. Mendelsohn, Skizze für ein Kaufhaus, 1914. Staatliche Museen Preußischer Kulturbesitz, Berlin, Kunstbibliothek

E. Mendelsohn, Skizze eines Flughafens, (Aeroplan Werkstatt und Hangar), 1914. Staatliche Museen Preußischer Kulturbesitz, Berlin, Kunstbibliothek

E. Mendelsohn, Architekturphantasie, 1914. Staatliche Museen Preußischer Kulturbesitz, Berlin, Kunstbibliothek

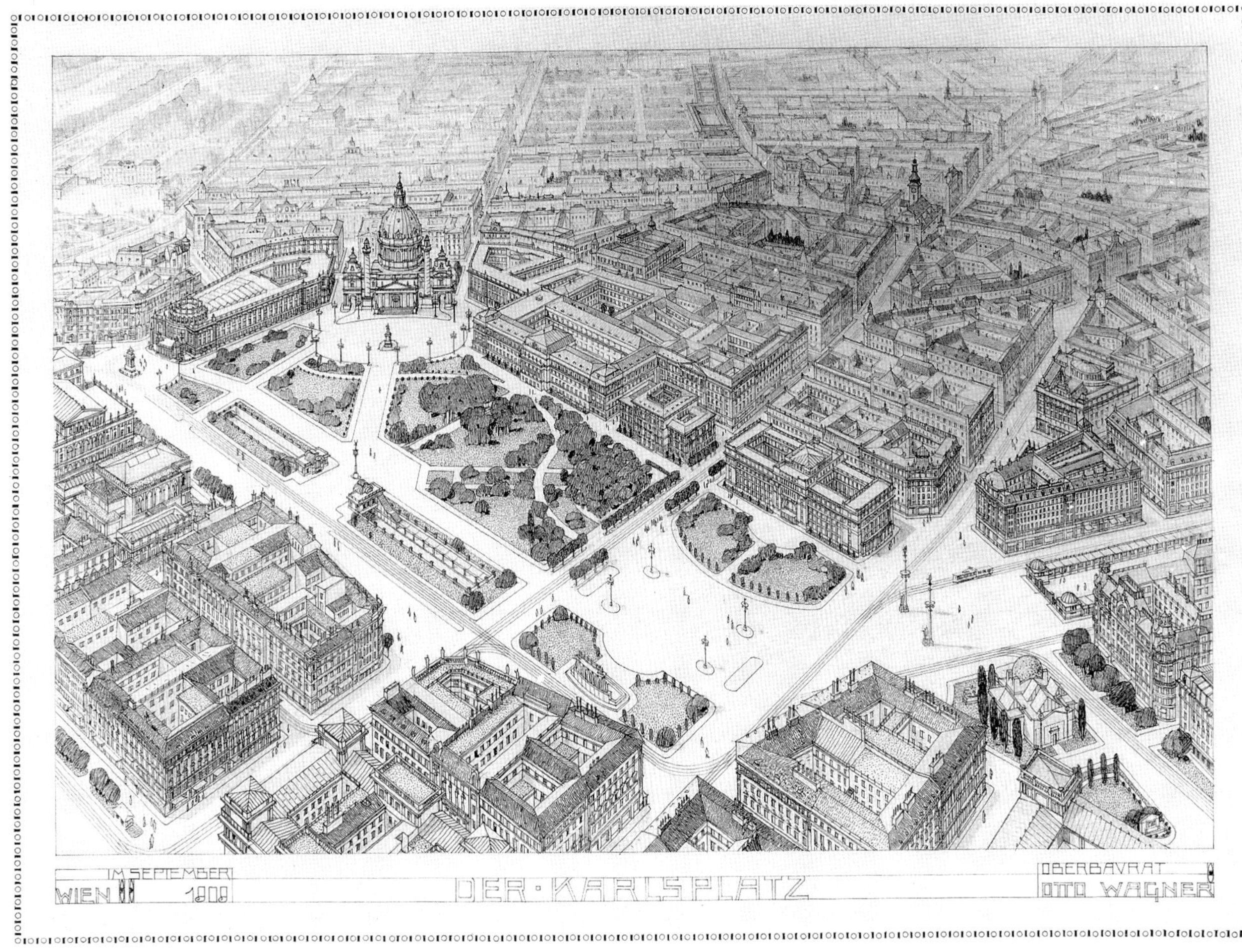

O. Wagner, Vogelperspektivzeichnung vom Karlsplatz, 1909. Museen der Stadt Wien

gensatz zu dem eines fliegenden Vogels, die starken Diagonalverkürzungen, der mit der Komposition harmonisierende Querschnitt, durch den das vertikale Bauvolumen auf vorderster Ebene akzentuiert wird, bis hin zum Überschreiten des vorgegebenen Rahmens eines Zeichenblattes, bedeuteten für Sant'Elia wesentliche Instrumente, um den Charakter eines Projektes herauszuarbeiten, die monumentalen Komponenten zu unterstreichen und vieldeutige Analogien zu Hügelketten und natürlichen Landschaften zu suggerieren.[18] Dieser fortwährende Kampf um Analyse und Konfrontation – vor allem mit dem wieder und wieder reflektierten Modell der Wagnerschule – führte Sant'Elia schließlich dazu, das Problem der geometrischen Gestalt von Architekturkörpern sozusagen isoliert zu betrachten. Auf Grund dessen fertigte er eine ganze Reihe von prophetischen Skizzen an, die der Futurist Escodamé später als »Dynamismen« bezeichnen sollte.

In diesen Arbeiten überschritt der junge Künstler aus Como in der Tat die Schwelle zu bis dahin unerreichten Gebieten architektonischer Abstraktion. Die angeschrägten Oberflächen, die zylindrischen Körper, die sich nach oben verjüngenden Prismen, die abgeschnittenen Pyramiden und Kegel, die Sant'Elia in den Werken von Otto Schönthal oder Emil Hoppe kennengelernt hatte, werden jetzt von allen unwesentlichen Sekundarformen befreit. Er entfernt alle malerischen und plastischen Verkrustungen und erreicht durch geschickte Manipulation und Montage die Neugestaltung von immer komplexer werdenden Figurenkonstellationen. Die Oberflächenstruktur besteht jetzt einzig in der Gegenüberstellung von hellen und dunkleren Mauerflächen, wobei die dunklen Flächen von dem feinen Netzwerk der tragenden Glaskörperstrukturen durchzogen werden.

Erst in einer zweiten Phase weiten sich diese anfänglichen Übungen zu den räumlichen Grundelementen von Architektur aus, denen sich die Zeitgenossen

18 Die diesbezüglichen Überlegungen E. da Costa Meyers sind sehr aufschlußreich (Anm. 8), S. 121-124

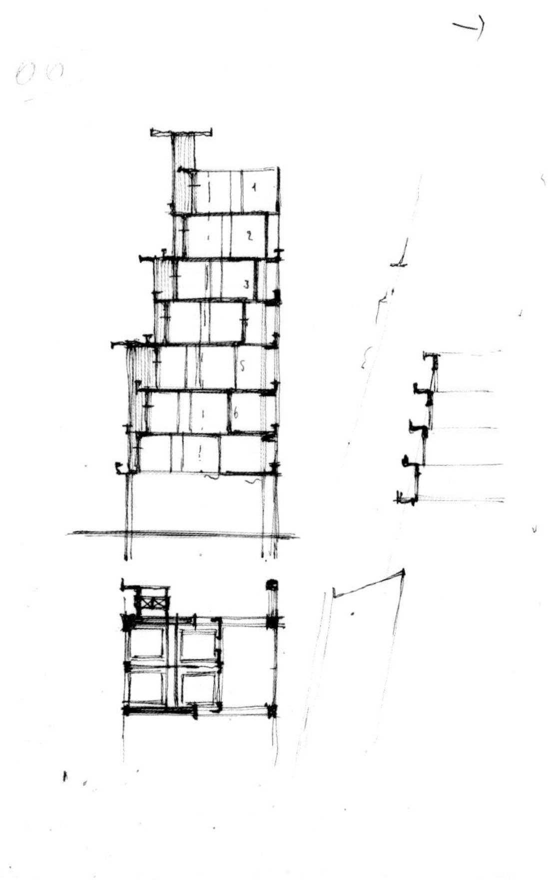

A. Sant'Elia, Schnitte eines terrassierten Hauses mit Außenaufzügen, 1914. Musei Civici, Como (Kat. 298)

H. Sauvage, C. Sarazin, Terrassiertes Haus. Varianten der Perspektivzeichnung, 1912-1913. Fonds Henri Sauvage, Archives d'Architecture du XXe siècle de l'Institut Français d'Architecture, Paris

Sant'Elias noch die ganzen zwanziger Jahre hindurch widmen sollten. Sein Ziel ist dabei, mögliche funktionale Korrespondenzen zu erstellen und zu verifizieren, Programme zu entwickeln, die dazu geeignet sind, in dunklen Höhlenbereichen geräumige Theatersäle zu beherbergen. Mit der schlanken Leichtigkeit der Dachkonstruktion aus den Materialien Glas und Eisen und der gedrungenen Monumentalität jener Baukörper, die den Fahrgästen zu dienen hatten, ergeben sich die beiden ›klassischen‹ Topoi der Bahnhofsarchitektur. Und schließlich findet denn auch das neuralgische Herzstück der industriellen Zivilisation, das Elektrizitätswerk, seinen anerkannten Platz.

Zwischen 1914 und 1915 entwarf Erich Mendelsohn – sicherlich in Unkenntnis der kurz vorher in Mailand gezeigten Ausstellung Sant'Elias ›Neue Tendenzen‹ – in Berlin seine Skizzen von Flughäfen, Bahnhöfen und Industriegebäuden.[19] Dabei wiederholte er immer wieder dieselben Manipulationen einfacher geometrischer Formen von Baukörpern, dieselben Nebeneinanderstellungen von glatten Mauerflächen und dunklen Glasvolumen. Auch er hatte jenes dynamisch abgesicherte Gleichgewicht von aneinandergereihten Einbuchtungen und sich groß aufbäumenden Pilastern gesucht, dem Sant'Elia so lange nachgeforscht hatte.

Als zwischen 1913 und 1914 Sant'Elia sich anschickt, die auf kleinen Blättern entworfenen Studien der »Dynamismen« in die komplexen Figuren der ›Zukunftsstadt‹ zu übertragen, haben die Fragen nach der Reformierung und der zukünftigen Entwicklung der modernen Stadt die Aufmerksamkeit der Architekten wie auch der Sozialreformer, Ingenieure und Schriftsteller bereits auf sich gelenkt. Wenn auch in Italien mit immer größerem Interesse die Vorschläge zur Kenntnis genommen wurden, die darauf abzielten, die Metropole und all ihre explosiven

H. Sauvage, C. Sarazin, Gebäude in der rue Vavin, Variante aus dem Entstehungsprozeß des Projekts, 1912-1913. Fonds Henri Sauvage, Archives d'Architecture du XXe siècle de l'Institut Français d'Architecture, Paris

H. Sauvage, Terrassiertes Haus mit Arbeiterwohnungen, 1909. Musée des Arts Décoratifs, Paris

Widersprüche einfach einem eigens darauf abgestimmten Reformkurs zu unterwerfen – Gartenstadt, lineare Stadt etc. –, um so dem Schicksal zu entgehen, das die Städte des 18. Jahrhunderts ereilt hatte, schien es doch noch sehr viel schwieriger zu sein, die Fundamente für ein Projekt zu finden, dessen Ziel es war, die moderne Stadt einer Zukunft entgegenzuführen, die durch eben die dynamischen und progressiven Aspekte charakterisiert sein sollte, welche noch am Anfang des 20. Jahrhunderts als die unheilbaren Elemente einer geistigen Verirrung angesehen wurden.

Tony Garnier entdeckte in dem Roman ›Arbeit‹ von Emile Zola (1901) ein hochrangig literarisches Programm für seine *Cité industrielle*: die zukünftige Stadt der Arbeit, »die Stadt der Wahrheit, der Gerechtigkeit und der Treue«, in welcher die große Fabrik und die arkadischen Wohnbereiche quasi ihren krönenden Abschluß im mächtigen Bogen des Staudamms des Elektrizitätswerks finden, jener vitalen Energiequelle, die das harmonische Funktionieren der Stadt absicherte.[20] Auch Otto Wagner entwarf 1910 eine zukünftige *Großstadt*, die beherrscht wurde vom Zeichen der Gleichförmigkeit seiner raumgreifenden Formen. Bedingt durch das unaufhaltbare Wachstum einer Metropole, wiederholten sich dieselben Formen wie an einer sich fortzeichnenden Spirale. So verlagerte sich die Flut der Ausstattung mit Dienstleistungsangeboten, Verkabelungen und gehobenen Standards der großbürgerlichen Mietwohnkultur von Stadtteil zu Stadtteil.[21]

19 S. Achenbach (Hrsg.), *Erich Mendelsohn. 1880-1953. Ideen Bauten Projekte*, Berlin 1987
20 A. Vidler, ›L'Acropole moderne‹, in *Tony Garnier 1869-1948*, Paris 1989, S. 71-79
21 O. Wagner, *Die Großstadt: Eine Studie über diese*, Wien 1911

H. C. Andersen und E. M. Hébrard, Die Weltstadt, Vogelperspektivzeichnung, 1912. Galleria Nazionale d'Arte Moderna, Rom

Es ist so gut wie erwiesen, daß Sant'Elia weder die *Cité* von Garnier noch die *Großstadt* von Wagner kannte. Sicherlich waren ihm von Otto Wagner die Entwürfe und Skizzen der Wiener Metropole und die Komplexität seines Zugangs zu den großstädtischen Problemen der Verkehrsregelung zur Kenntnis gelangt. Mit größter Wahrscheinlichkeit hatte er auch Gelegenheit gehabt, die Entwürfe der Terrassenhäuser von Henri Sauvage zu sehen. Belege dafür wären die Zeichnung eines Querschnittes, die den Entwürfen von Henri Sauvage ähnlich ist (Kat. 298; Abb. S. 76), und die Erinnerungen seines Freundes Leonardo Dudreville.[22] In derselben Weise gehören auch die Pyramidalprofile der obersten Stockwerke von amerikanischen Wolkenkratzern und die in sich kohärenten Entwurfsideen zur Umgestaltung der geschlossenen Profile traditioneller Straßenschluchten zusammen. Nicht nachweisen läßt sich hingegen, ob Sant'Elia irgendwann einmal den Entwurf von Adolf Loos für ein Kaufhaus in Alexandria[23] gesehen hat, oder die Zeichnungen Eugène Hénards für die *Strada del futuro*, in denen er auf verschiedenen Ebenen die unterschiedlichen Funktionen des Verkehrs übereinanderlagerte, beziehungsweise die *Città del futuro*, deren Himmel von einem ganzen Heer von Flugzeugen durchfurcht wird. Die Gestaltung einer Zukunft, auf die er zweifelsohne abzielte, wurde am besten durch die Realität der amerikanischen Großstädte repräsentiert. Es lag ihm dieselbe Vorstellung zugrunde, die auch die Visionen von Journalisten und Schriftstellern nährte. Sie beschrieben – wie etwa Emilio Salgari oder Jules Verne – die Zukunftsstädte als Gebilde mit enormen Straßenzügen, flankiert von zwanzig- oder sogar dreißigstöckigen Hochhäusern.[24] Aber auch die europäischen Architekten schienen schon vor Ausbruch des Weltkrieges mit einer inzwischen wachsenden Aufmerksamkeit jene Häuser zu betrachten, die, konstruiert »zwischen Himmel und Erde«[25], die amerikanischen Städte bevölkerten.

Michel de Klerk entwarf 1915 Phantasie-Wolkenkratzer, die sich im Zinnenbereich der obersten Stockwerke mit ihren zurücktretenden Stufen wie eine Fata Morgana auflösten. Zwei Jahre später, mitten im Krieg, zeichnete Jan Wils ideale Stadtansichten, die von gewaltigen Wolkenkratzern eingerahmt wurden.[26] Noch phantastischer aber war eine in der Luft schwebende Stadt, die durch die Bewegung von Propellern getragen wurde. Wenzel Hablik beschrieb sie 1908 und skizzierte sie auf einem kleinen Bild.[27]

In Berlin wurden bereits 1910 Entwürfe für Wolkenkratzer in Vorschlag gebracht, die große kommerzielle Einrichtungen beherbergen sollten.[28] Oder sie

22 J. P. Schmidt-Thomsen (Anm. 3), S. 160-161; *Henri Sauvage 1873-1932*, Brüssel 1976

23 Diese Möglichkeit wurde von E. da Costa Meyer vorgeschlagen (Anm. 8), S. 225

24 E. Salgari, *Le meraviglie del duemila*, Genua 1907. Vgl. J. P. Schmidt-Thomsen (Anm. 3), S. 97-98

25 ›Amerikanische Wolkenkratzer. Arbeiten zwischen Himmel und Erde‹, in *Bauwelt*, 1910, Nr. 44, S. 1

26 W. de Wit, *Expressionismus in Holland. Die Architektur der Amsterdamer Schule*, Stuttgart 1986

27 *Wenzel Hablik, attraverso l'espressionismo*, Florenz 1990, S. 55, 173-174

28 Vgl. *Der Schrei nach dem Turmhaus*, Berlin 1988, S. 238-241

29 R. Stommer, *Hochhaus. Der Beginn in Deutschland*, Marburg 1990, S. 19

30 *Der Schrei nach dem Turmhaus* (Anm. 28), S. 242-243

31 M. King, *King's views of New York*, New York 1908 (Reprint 1977)

32 ›La più grande stazione del mondo inaugurata a New York‹, in *L'Illustrazione italiana*, 23. Februar 1913. Vgl. J. P. Schmidt-Thomsen (Anm. 3), S. 167-168

33 ›La circolazione futura e i grattanuvole a New York‹, in *L'Illustrazione italiana*, 31. August 1913. Vgl. J. P. Schmidt-Thomsen (Anm. 3), S. 168

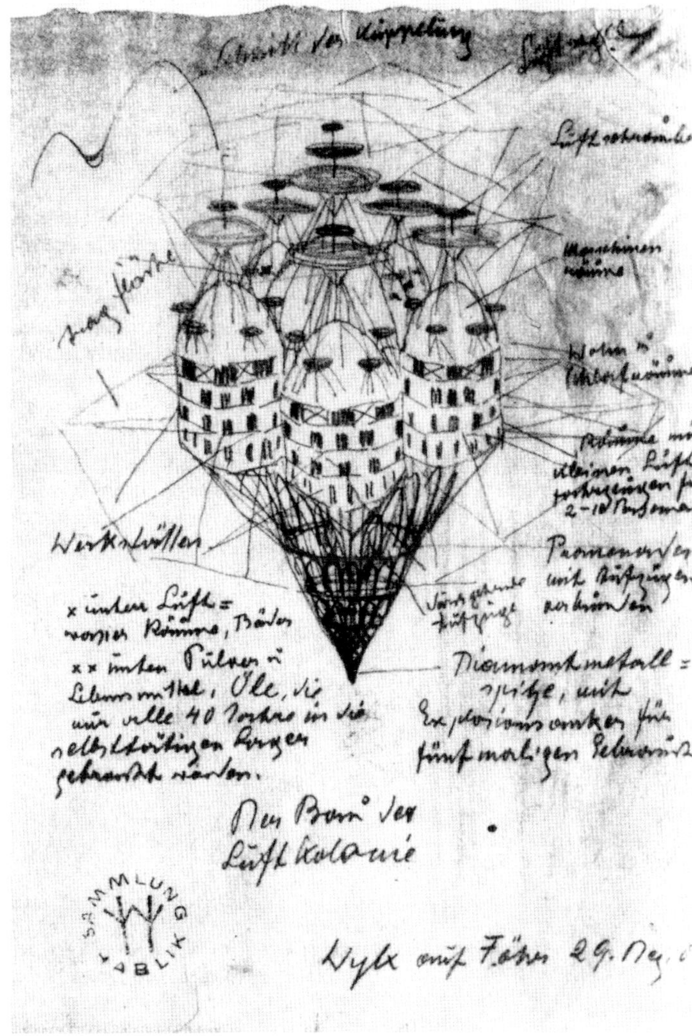

M. de Klerk, Architekturstudie ›Herfst‹, 1915. Nederlands Architectuur Instituut, Amsterdam, Archief de Klerk

W. Hablik, Die Luftkolonie, 1908. Wenzel-Hablik-Stiftung, Itzehoe

waren, so der Entwurf von Bruno Schmitz anläßlich des Wettbewerbs für »Groß-Berlin«, dazu bestimmt, den Hintergrund des Potsdamer Platzes zu markieren. Von Paul Thiersch stammte der Entwurf von 1912 für einen Wolkenkratzer auf dem Spittelmarkt.[29] K. Paul Andrae zeichnete 1913 eine große Stadtansicht für ein »besseres Berlin«: gewaltige Wolkenkratzer erheben sich an den Straßenseiten der deutschen Hauptstadt.[30] Die primäre Quelle für diesen Entwurf, der fast gleichzeitig mit den Zeichnungen von Sant'Elia entstand, ist ganz ohne Zweifel der *King's Dream of New York*, den Moses King 1908 veröffentlichte, jenes so berühmte Bild, das auf geniale Weise die allernächste Zukunft der amerikanischen Großstadt darstellte: beherrscht von Flugkörpern jeder Art, mit hohen Landungsstegen, die hoch über den darunterliegenden Straßen schwebten, und schwindelerregenden Wolkenkratzern.[31] Von eben dieser Art scheinen die wichtigsten Quellen zu sein, die auch Sant'Elias *Città Nuova* beeinflußten, wie die 1913 in ›L'Illustrazione italiana‹ veröffentlichten Abbildungen eines Längsschnitts der Grand Central Station von New York[32] oder auch Charles Lambs' ›vertikale Stadt‹ von 1908 (Abb. S. 32)[33].

Genauso wie Walter Gropius, und zwar in denselben Jahren, die Schlüsselfiguren für die moderne Industriearchitektur in den anonymen Bildern der großen amerikanischen Silos fand – er veröffentlichte sie 1913 im Jahrbuch des Deutschen Werkbundes –, wurden auch die ersten Gestaltungen der *Città futura* von der fernen Realität der amerikanischen Großstadt inspiriert. Eben deshalb blieben sie Phantasiegebilde.

Seit 1962, als die Stadt Como erstmals eine Bestandsaufnahme der von uns damals zusammengetragenen Werke Antonio Sant'Elias vornahm, erfuhren die Angaben zu den Bildern ständig Korrekturen, da unter anderem neue Dokumente bekannt wurden und ein vollständigerer Überblick über die Biographie des Architekten gewonnen werden konnte. Die aktuelle Katalogisierung umfaßt alle bekannten Arbeiten Sant'Elias, also nicht nur die ausgestellten Werke, sondern auch solche, die verlorengegangen sind oder deren Verbleib unbekannt ist. Das in unserem Katalog von 1987 veröffentlichte chronologische Verzeichnis wurde auf den neuesten Stand gebracht und hat sich deshalb an mehreren Stellen geändert. Die Hinzufügung einer beträchtlichen Anzahl von erst kürzlich wiederentdeckten Zeichnungen machte eine umfassende Neuordnung erforderlich, bei der verschiedene Daten geändert, ergänzt oder präzisiert wurden. Auch die photographische Dokumentation wurde völlig erneuert. Der bibliographische Teil konnte unter der Mitarbeit von Francesco Tedeschi fast verdoppelt werden, kann allerdings immer noch keinen Anspruch auf Vollständigkeit erheben. Dies ist übrigens auch auf das zunehmende internationale Interesse an Sant'Elia in Büchern und Zeitschriften zurückzuführen. Unvollständig bleiben auch die technischen Daten verschiedener Werke, die vor allem in den zwanziger und dreißiger Jahren in Einzel- oder Gruppenausstellungen oftmals ohne genaue Titel und Maßangaben gezeigt wurden, so daß eine Identifikation unmöglich ist. Deshalb ist die erstgenannte Ausstellung in den Werkbeschreibungen in Wirklichkeit jeweils die erste, die ausreichend dokumentiert war. Sicher sind viele Zeichnungen in früheren Retrospektiven gezeigt worden, die notgedrungen nur im allgemeinen Ausstellungsverzeichnis aufgeführt sind.

Die Maße der Zeichnungen sind in Zentimetern angegeben, wobei Höhe vor Breite steht. Sie beziehen sich auf die Größe des gesamten Blattes.

Die Numerierung und der Stempel »Arch. Antonio Sant'Elia 30-4-1888 – 10-10-1916« die sich auf vielen Zeichnungen befinden, wurden von der Familie des Architekten angebracht. Die Jahreszahlen in Klammern sind Zuschreibungen von den Autoren. Der größte Teil der katalogisierten Zeichnungen und fast alle bedeutenden Arbeiten, etwa die Hauptblätter der *Città Nuova*, werden im Museo Civico in Como aufbewahrt. Der Grundstock dieser Sammlung ist einer Schenkung der Familie zu verdanken, die in den dreißiger Jahren durch Vermittlung des Malers Manlio Rho zugunsten der Stadt erfolgte. Die anderen von uns ausgewählten Arbeiten wurden 1962-63 anläßlich der ständigen Ausstellung in der Villa Olmo in Como erworben oder gestiftet. Zu den Besitzern gehörten neben der übrigen Familie Sant'Elia vor allem die Schwester des Architekten, Giuseppina Sant'Elia Broglia, und der Bildhauer Gerolamo Fontana, ein Landsmann und Freund des Künstlers. Nach dem Zweiten Weltkrieg erwarben Carlo E. Accetti und Sant'Elias Bruder Guido einen beträchtlichen Teil der Zeichnungen. Andere Blätter, die aus dem Besitz Fontanas stammen, wurden 1984 in die Sammlung der Banca Popolare di Lecco in Como aufgenommen. In allerjüngster Zeit schließlich ist die eine oder andere bisher unbekannte Skizze auf dem Markt aufgetaucht.

Luciano Caramel und Alberto Longatti

Werkverzeichnis

Studien für Architektonische Schmuckformen (1907-1909)

1 (nicht abgebildet)
Bleistift auf Papier
22,2 x 16,3 cm
als Wasserzeichen die Inschrift »Comune di Milano« und das Wappen der Stadt Mailand
Musei Civici, Como
Das mit Wasserzeichen versehene Papier der Stadtverwaltung von Mailand, bei der Sant'Elia von 1906-1907 und 1909 als Bauzeichner beschäftigt war, läßt den Schluß zu, daß diese Zeichnung und die vier folgenden Studien (Kat. 2-5) in jenen Jahren entstanden sind.
BIBLIOGRAPHIE: Caramel/Longatti, 1962, S. 67, Abb. 2; Caramel/Longatti, 1987, S. 127, Nr. 1; Caramel/Longatti, 1988, S. 91, Nr. 1
AUSSTELLUNG: 1962, Como, *Antonio Sant'Elia*, Kat. Nr. 2

2 (nicht abgebildet)
Bleistift auf Papier
27,6 x 18 cm
als Wasserzeichen die Inschrift »Comune di Milano« und das Wappen der Stadt Mailand
Musei Civici, Como
BIBLIOGRAPHIE: Caramel/Longatti, 1962, S. 67, Abb. 1; Longatti, 1984, S. 19; Caramel/Longatti, 1987, S. 127, Nr. 2; Caramel/Longatti, 1988, S. 91, Nr. 2
AUSSTELLUNG: 1962, Como, *Antonio Sant'Elia*, Kat. Nr. 1

3
Bleistift auf Papier
32,7 x 22 cm
als Wasserzeichen die Inschrift »Comune di Milano« und das Wappen der Stadt Mailand
Etwa in der Mitte des Blattes ist noch die halbausradierte Skizze einer menschlichen Figur erkennbar.
Sammlung Banca Popolare di Lecco, Como
BIBLIOGRAPHIE: Longatti, 1984, S. 19; Negri, 1986, S. 35; Caramel/Longatti, 1987, S. 128, Nr. 3; Caramel/Longatti, 1988, S. 92, Nr. 3
AUSSTELLUNGEN: 1986, USA, Wanderausstellung, *Antonio Sant'Elia*, Kat. Nr. 2; 1989, Mailand, *Sant'Elia e l'ambiente futurista*, Kat. Nr. 4

3

Studien für ein Monumental-Gebäude (Grabmal?) (1907-1909)

4
Bleistift auf Papier
28,3 x 18 cm
Sammlung Banca Popolare di Lecco, Como
BIBLIOGRAPHIE: Longatti, 1984, S. 17; Negri, 1986, S. 37; Caramel/Longatti, 1987, S. 128, Nr. 4; Caramel/Longatti, 1988, S. 92, Nr. 4
AUSSTELLUNGEN: 1986, USA, Wanderausstellung, *Antonio Sant'Elia*, Kat. Nr. 4; 1989, Mailand, *Sant'Elia e l'ambiente futurista*, Kat. Nr. 1

4

5

5
Bleistift auf Papier
31,5 x 21,5 cm
Sammlung Banca Popolare di Lecco, Como
BIBLIOGRAPHIE: Longatti, 1984, S. 16; Negri, 1986, S. 36; Caramel/Longatti, 1987, S. 129, Nr. 5; Caramel/Longatti, 1988, S. 93, Nr. 5
AUSSTELLUNGEN: 1986, USA, Wanderausstellung, *Antonio Sant'Elia*, Kat. Nr. 3; 1989, Mailand, *Sant'Elia e l'ambiente futurista*, Kat. Nr. 2

Studien für Villen

6 (Abb. S. 14)
Gesamtansicht (1908)
am linken Rand, im unteren Teil, die Initialen »A. S.«
veröffentlicht in *La Casa*, Mailand, Januar 1909
Die Zeitschrift lobte den Entwurf (»Ehrlich, einfach, heiter…«), versah das Urteil aber mit einigen kritischen Anmerkungen: »Die Form der Eingangssäulen ist gut, vielleicht sollte man sie aber weniger wuchtig und platzraubend gestalten. Und was ist diese Vertiefung vor dem Haus? Ein Schwimmbassin? Oder handelt es sich um die Zugangstreppe zur Straßenebene?«
BIBLIOGRAPHIE: *La Casa*, Januar 1909; Cresti, 1972, S. 47; Miotto/Muret, 1976, S. 23; Nicoletti, 1978, S. 369-370; Godoli, 1983, S. 12-13; Caramel/Longatti, 1987, S. 129, Nr. 6; Caramel/Longatti, 1988, S. 93, Nr. 6

8

9

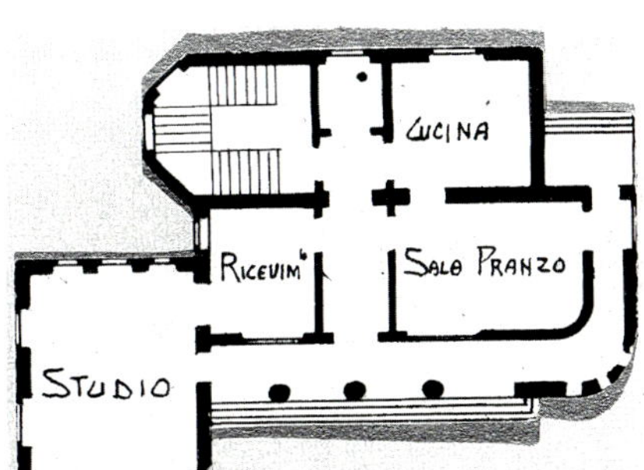

7 (Abb. S. 14)
Eine Wand des Speisezimmers (1908)
in der Mitte des Kamins, auf dem Kaminspiegel,
die Signatur »A. S.«
veröffentlicht in *La Casa*, Mailand, Januar 1909
Die zweite von Sant'Elia an die Zeitschrift übersandte Zeichnung, die folgendermaßen kommentiert wurde: »In seinem Äußeren wird der Bau vor allem durch den Marmor geprägt. Wenn demgegenüber im Inneren bei der Wandfächerung des edelsten Raums vornehme Schlichtheit vorherrschen würde, wäre dies nicht schlecht. Deshalb raten wir zu einer Mäßigung bei der Verwendung von Holz.«
BIBLIOGRAPHIE: *La Casa*, Januar 1909; Cresti, 1972, S. 49; Caramel/Longatti, 1987, S. 130, Nr. 7; Caramel/Longatti, 1988, S. 94, Nr. 7

8 (Abb. S. 83)
Grundriß des Erdgeschosses (1908)
veröffentlicht in *La Casa*, Mailand, Januar 1909
Der sehr konventionelle Plan des vorausgehenden Gebäudes (Kat. 6.7).
BIBLIOGRAPHIE: *La Casa*, Januar 1909; Cresti, 1972, S. 48; Caramel/Longatti, 1987, S. 131; Nr. 8, Caramel/Longatti, 1988, S. 95, Nr. 8

9 (Abb. S. 83)
Grundriß (1910-1912)
schwarze Tusche auf Karton
4.3 x 5.8 cm
Sammlung Anna und Gianfranca Sant'Elia, Mailand
Bezieht sich auf eine der Villenstudien, die der Architekt zwischen 1908 und 1910 ausführte.
BIBLIOGRAPHIE: Caramel/Longatti, 1987, S. 143, Nr. 32; Caramel/Longatti, 1988, S. 107, Nr. 32

10
(1908-1909)
schwarze Tusche mit Flecken von roter Tusche
auf kariertem Papier
9.9 x 9.8 cm
Musei Civici, Como
BIBLIOGRAPHIE: *Inventario dei disegni originali di Antonio Sant'Elia di proprietà del Comune di Como*, 1962, Nr. 163; Caramel/Longatti, 1987, S. 131, Nr. 9; Caramel/Longatti, 1988, S. 95, Nr. 9

11
Detail (1908-1909)
schwarze Tusche auf kariertem Papier
14.7 x 8.8 cm
Musei Civici, Como
BIBLIOGRAPHIE: *Inventario dei disegni originali di Antonio Sant'Elia di proprietà del Comune di Como*, 1962, Nr. 162; Bossaglia, 1968, S. 130; Caramel/Longatti, 1987, S. 132, Nr. 10; Caramel/Longatti, 1988, S. 96, Nr. 10

10

13 a

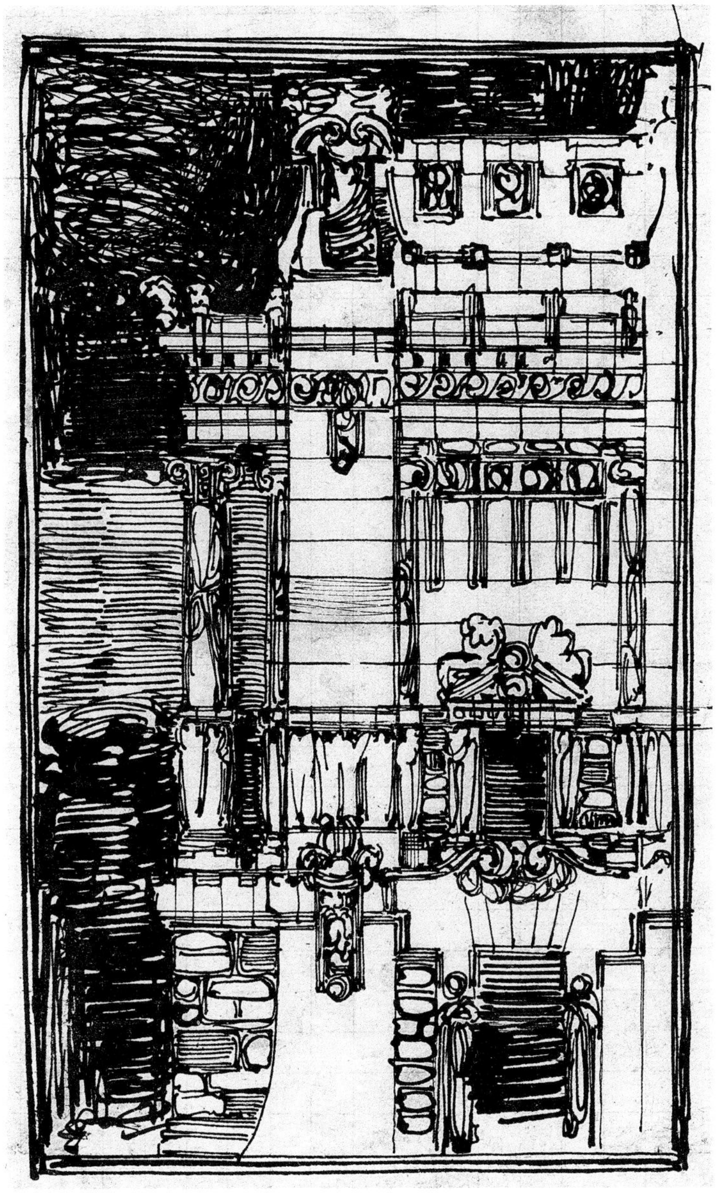
11

12 (nicht abgebildet)
Detail (1908-1909)
schwarze Tusche auf kariertem Papier
15,8 x 7,5 cm
Musei Civici, Como
BIBLIOGRAPHIE: *Inventario dei disegni originali di Antonio Sant'Elia di proprietà del Comune di Como*, 1962, Nr. 161; ›La mostra del Sant'Elia a Villa Olmo . . .‹, *Como*, 1967, S. 7; Caramel/Longatti, 1987, S. 132, Nr. 11; Caramel/Longatti, 1988, S. 96, Nr. 11

13
Monumentalgebäude (Grabkapelle?)
(1908-1909)
a) schwarze Tusche und Aquarellfarben auf Papier
11,2 x 7,5 cm
Blatt an den beiden oberen Ecken abgerundet und zweigeteilt
b) schwarze Tusche auf kariertem Papier
(nicht abgebildet)
Blatt *b* wurde so gestaltet, daß es über den unteren Teil von Blatt *a* gelegt werden kann, von dem es eine Variante darstellt. Links von diesem Fragment ist der obere Teil eines anderen Gebäudes skizziert.
Musei Civici, Como
Das karierte Papier, auf dem diese Zeichnung ausgeführt ist, scheint dasselbe zu sein wie bei Kat. 10-12 und 14. Die Büßerfiguren an den Eingangsseiten (Kat. 13) und die Inschrift des Gebäudes von Kat. 14 »Fides Caritas« deuten darauf hin, daß es sich um Grabmale handelt. Die untere Inschrift »Como Milano« (Kat. 14) dagegen wurde scheinbar nur angebracht, um auf das Vorhandensein einer Inschriftentafel innerhalb des ornamentalen Frieses hinzuweisen.
BIBLIOGRAPHIE: *Inventario dei disegni originali di Antonio Sant'Elia di proprietà del Comune di Como*, 1962, Nr. 165; ›La mostra del Sant'Elia a Villa Olmo . . .‹, *Como*, 1967, S. 7; Bossaglia, 1968, Abb. 84; Caramel/Longatti, 1987, S. 133, Nr. 12; Caramel/Longatti, 1988, S. 97, Nr. 12

14 (nicht abgebildet)
Fassade eines Friedhofsgebäudes (1908-1909)
schwarze Tusche auf kariertem Papier
15,2 x 8,8 cm
Das Blatt ist an den beiden unteren Ecken symmetrisch zugeschnitten.
Musei Civici, Como
BIBLIOGRAPHIE: *Inventario dei disegni originali di Antonio Sant'Elia di proprietà del Comune di Como*, 1962, Nr. 164; Caramel/Longatti, 1987, S. 133, Nr. 13; Caramel/Longatti, 1988, S. 97, Nr. 13

Monumentalbauten, 1909

15 (Abb. S. 47)
Bleistift auf Papier
16 x 10,7 cm
datiert oben links »21. 11. 19 . .«
Musei Civici, Como
In diesem und den folgenden Beispielen zeigt sich eine Interpretation des architektonischen Repertoires der secessionistischen Wagnerschule, wobei jedoch persönliche dynamische Akzente gesetzt werden (verschobene Perspektiven, nach oben strebende Spannung).
BIBLIOGRAPHIE: Tentori, 1955, S. 209; *Archivi del Futurismo*, Bd. II, 1962, S. 480, Nr. 190; Caramel/Longatti, 1962, S. 74, Abb. 31; Longatti, 1984, S. 71; Caramel/Longatti, S. 135, Nr. 17; Caramel/Longatti, 1988, S. 97, Nr. 17
AUSSTELLUNGEN: 1959, Rom, *Il Futurismo*, S. 80, Nr. 71; 1962, Como, *Antonio Sant'Elia*, Kat. Nr. 43

16
1909
Bleistift auf Papier
16 x 10,2 cm
rechts oben datiert »21. 11. 1909«
Musei Civici, Como
BIBLIOGRAPHIE: Tentori, 1955, S. 213; Apollonio/Mariani, 1958, S. 84-85; *Archivi del Futurismo*, Bd. II, 1962, S. 448, Nr. 28; Caramel/Longatti, 1962, S. 74, Abb. 30; Cresti, 1969, S. 16; Miotto/Muret, 1976, S. 24; Caramel/Longatti, 1987, S. 136, Nr. 18; Caramel/Longatti, 1988, S. 100, Nr. 18
AUSSTELLUNGEN: 1959, Rom, *Il Futurismo*, S. 76, Nr. 12; 1962, Como, *Antonio Sant'Elia*, Kat. Nr. 42

17 (Abb. S. 25)
(1909)
Bleistift auf Papier
17,7 x 11,9 cm
Museo Civico, Cremona
BIBLIOGRAPHIE: Caramel/Longatti, 1962, S. 76, Abb. 41; Miotto/Muret, 1976, S. 24; Godoli, 1983, S. 17; Caramel/Longatti, 1987, S. 137, Nr. 19; Caramel/Longatti, 1988, S. 101, Nr. 19
AUSSTELLUNG: 1962, Como, *Antonio Sant'Elia*, Kat. Nr. 58

18
(1909)
Bleistift auf Papier
19,1 x 13,4 cm
Musei Civici, Como
BIBLIOGRAPHIE: Tentori, 1955, S. 212; *Archivi del Futurismo*, Bd. II, 1962, S. 462, Nr. 100; Caramel/Longatti, 1962, S. 75, Abb. 39; Miotto/Muret, 1976, S. 24; Longatti, 1984, S. 71; Caramel/Longatti, 1987, S. 137, Nr. 20; Caramel/Longatti, 1988, S. 101, Nr. 20
AUSSTELLUNGEN: 1959, Rom, *Il Futurismo*, S. 81, Nr. 80; 1962, Como, *Antonio Sant'Elia*, Kat. Nr. 55

16

18

19

19
(1909)
Bleistift und Rötel auf Papier
13.4 x 13.6 cm
Musei Civici, Como
BIBLIOGRAPHIE: *Archivi del Futurismo*, Bd. II, 1962, S. 465, Nr. 112; Caramel/Longatti, 1962, S. 75; Caramel/Longatti, 1987, S. 138, Nr. 21; Caramel/Longatti, 1988, S. 102, Nr. 20
AUSSTELLUNG: 1962, Como, *Antonio Sant'Elia*, Kat. Nr. 53

20 (Abb. S. 23)
(1909)
Bleistift auf Papier
13.1 x 19 cm
Musei Civici, Como
In einem Buch über die Wagnerschule, das Sant'Elia besaß, ist ein Gebäude mit Freitreppe von Otto Schönthal abgebildet, dem diese Zeichnung Sant'Elias ähnelt (vgl. Abb. S. 63).
BIBLIOGRAPHIE: *Archivi del Futurismo*, Bd. II, 1962, S. 451, Nr. 46; Caramel/Longatti, 1962, S. 75, Abb. S. 23; Caramel/Longatti, 1987, S. 138, Nr. 22; Caramel/Longatti, 1988, S. 102, Nr. 22
AUSSTELLUNG: 1962, Como, *Antonio Sant'Elia*, Kat. Nr. 52

21 (Abb. S. 25)
(1909)
hellblaue Tusche, Bleistift und oranger Farbstift auf Papier
15.5 x 10.8 cm
Musei Civici, Como
BIBLIOGRAPHIE: Tentori, 1955, S. 209; *Archivi del Futurismo*, Bd. II, 1962, S. 462, Nr. 97; Caramel/Longatti, 1962, S. 75, Abb. 37; Veronesi, *Comunità*, 1962, S. 78; Ragghianti, 1963, S. 9; Miotto/Muret, 1976, S. 24; Godoli, 1983, S. 6; Caramel/Longatti, 1987, S. 139, Nr. 23; Caramel/Longatti, 1988, S. 103, Nr. 23
AUSSTELLUNG: 1962, Como, *Antonio Sant'Elia*, Kat. Nr. 54

22

22
Studien für eine Villa (1909?)
Bleistift auf Papier
21.7 x 23.5 cm
Musei Civici, Como
BIBLIOGRAPHIE: Mariani, 1959, S. 841; *Archivi del Futurismo*, Bd. II, 1962, S. 473, Nr. 156; Caramel/Longatti, 1962, S. 76; Caramel/Longatti, 1987, S. 134, Nr. 15; Caramel/Longatti, 1988, S. 98
AUSSTELLUNG: 1962, Como, *Antonio Sant'Elia*, Kat. Nr. 59

23
Monumentalgebäude mit Kuppel und Freitreppen (1909-1910)
Bleistift auf Papier
16,5 x 10,5 cm
Musei Civici, Como
Die Moschee wird als neues Thema eingeführt; es folgt dem orientalisch beeinflußten Zeitgeschmack mit märchenhaften Stimmungen, wobei Anklänge an die Wagnerschule jedoch noch spürbar sind.
BIBLIOGRAPHIE: Caramel/Longatti, 1962, S. 74, Abb. 32; Ragghianti, 1963, S. 9; Graf, 1969, Abb. 118; Zevi, 1971, S. 215, Nr. 424; Pehnt, 1973, S. 172; Miotto/Muret, 1976, S. 23; Godoli, 1983, S. 16; Longatti, 1984, S. 23; Caramel/Longatti, 1987, S. 139, Nr. 24; Caramel/Longatti, 1988, S. 103, Nr. 24
AUSSTELLUNG: 1962, Como, *Antonio Sant'Elia*, Kat. Nr. 45

24 (Abb. S. 46)
Monumentalgebäude mit Kuppel und Freitreppe (1909-1910)
goldene, schwarze und blaue Tusche auf Papier
15,2 x 9,5 cm
Sammlung Banca Popolare di Lecco, Como
BIBLIOGRAPHIE: Longatti, 1984, S. 22; Negri, 1986, S. 38; Caramel/Longatti, 1987, S. 140, Nr. 25; Caramel/Longatti, 1988, S. 104, Nr. 25; Ballo, 1989, S. 129, Nr. 5; Colusso, 1989
AUSSTELLUNGEN: 1986, USA, Wanderausstellung, *Antonio Sant'Elia*, Kat. Nr. 5; 1989, Mailand, *Sant'Elia e l'ambiente futurista*, Kat. Nr. 5

25 (Abb. S. 90)
Monumentalgebäude mit Kuppel (1909-1910)
schwarze Tusche, weiße und grüne Tempera, blaue Aquarellfarbe auf Papier
20,7 x 12,1 cm
oben und links läßt das eingerissene Papier den grünen Karton sehen, der als Unterlage dient; unten rechts mit schwarzer Tusche die Inschrift »Schizzo«
Musei Civici, Como
BIBLIOGRAPHIE: Caramel/Longatti, 1962, S. 68, Abb. 8; Ragghianti, 1963, S. 8; Zevi, 1971, S. 44; Longatti, 1984, S. 23; Caramel/Longatti, 1987, S. 141, Nr. 26; Caramel/Longatti, 1988, S. 105, Nr. 26
AUSSTELLUNG: 1962, Como, *Antonio Sant'Elia*, Kat. Nr. 7

23

30

31

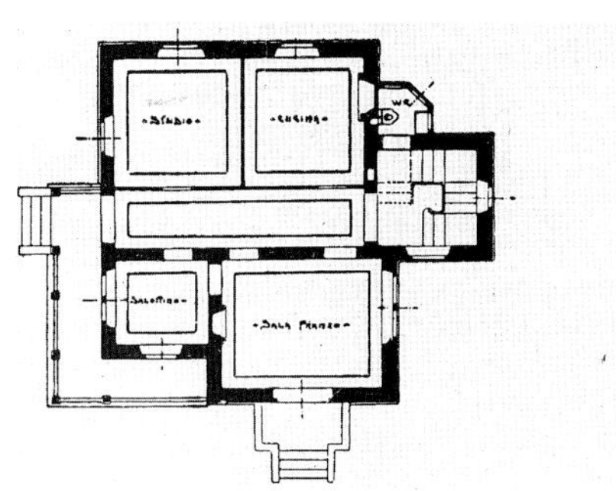
32 a

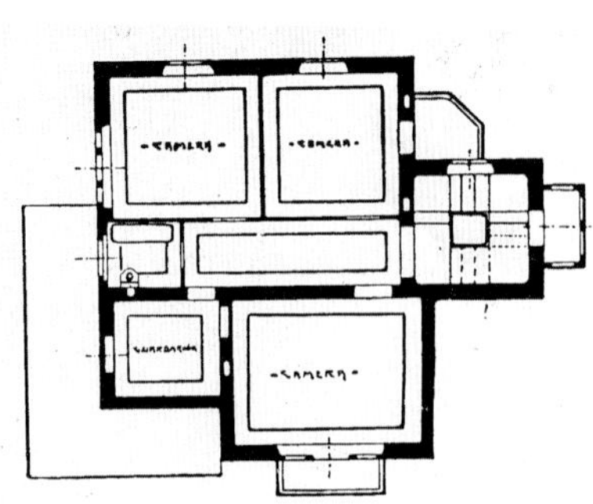
32 b

27

26 (Abb. S. 91)
Studie für eine Kuppel *(Vorderseite)*
(1909–1910)
Bleistift auf Papier
15,5 x 12,7 cm
Skizze vom Gesicht eines Mannes *(Rückseite)*
Sammlung Banca Popolare di Lecco, Como
Sehr ungenaue und summarische Skizze von der Außenansicht und dem Schnitt einer Kuppel.
BIBLIOGRAPHIE: Longatti, 1984, S. 37; Negri, 1986, S. 47; Caramel/Longatti, 1987, S. 141, Nr. 27; Caramel/Longatti, 1988, S. 105; Ballo, 1989, S. 129, Nr. 11
AUSSTELLUNGEN: 1986, USA, Wanderausstellung, *Antonio Sant'Elia*, Kat. Nr. 14; 1989, Mailand, *Sant'Elia e l'ambiente futurista*, Kat. Nr. 11

Architektonischer Entwurf, 1910

27
veröffentlicht in *L'Artista Moderno*, IX, Nr. 17, Turin, 10.September 1910, S.268, und in *L'Architetto Moderno*, Serie 1, Turin, 1912, Tafel IX
BIBLIOGRAPHIE: *L'Artista Moderno*, 1910, S. 269; *L'Architetto Moderno*, 1912, Tafel IX, Godoli, 1979, S. 309

28 (Abb. S. 14)
veröffentlicht in *L'Artista Moderno*, IX, Nr. 17, Turin, 10.September 1910, S.269, und in *L'Architetto Moderno*, Turin, 1912, Tafel IX
BIBLIOGRAPHIE: *L'Artista Moderno*, 1910, S. 269; *L'Architetto Moderno*, 1912, Tafel IX

»Villino Moderno«, 1910
(moderne kleine Villa)

29
Gesamtansicht
veröffentlicht in *Il villino moderno. Raccolta di progetti per il concorso omonimo*, Dezember 1910–Januar 1911, Tipografia degli Operai, Mailand (1911) und in *Le case popolari e le città giardino*, III, 1911, S. 55
Mit diesem secessionistisch geprägten Projekt, das mit einem Ehrendiplom ausgezeichnet wurde, nahm Sant'Elia am Wettbewerb für »eine moderne kleine Villa« teil, der 1908 von der ›Cooperativa Milanino‹ ausgeschrieben wurde. Sie hatte vor, eine Gartenstadt in der Gegend zwischen Cusano Milanino und Cinisello Balsamo (Mailand) zu errichten.
BIBLIOGRAPHIE: *Le case popolari e le città giardino*, 1911, S. 55; Tentori, 1955, S. 266; Banham, 1956, S. 343; Maltese, 1960, S.297–298, Abb.164; Caramel/Longatti, 1962, S. 68, Abb. 10; *Corriere della Provincia*, September 1962, S. 5; Cresti, 1969, S. 17; De Seta, 1972, S. 82, Tafel XXXII; Pehnt, 1973, S. 169, Nr. 420; Portoghesi, 1982, S. 222; Godoli, 1983, S. 13–14; Caramel/Longatti, 1987, S. 141, Nr. 28; Caramel/Longatti, 1988, S. 105, Nr. 28

29

25

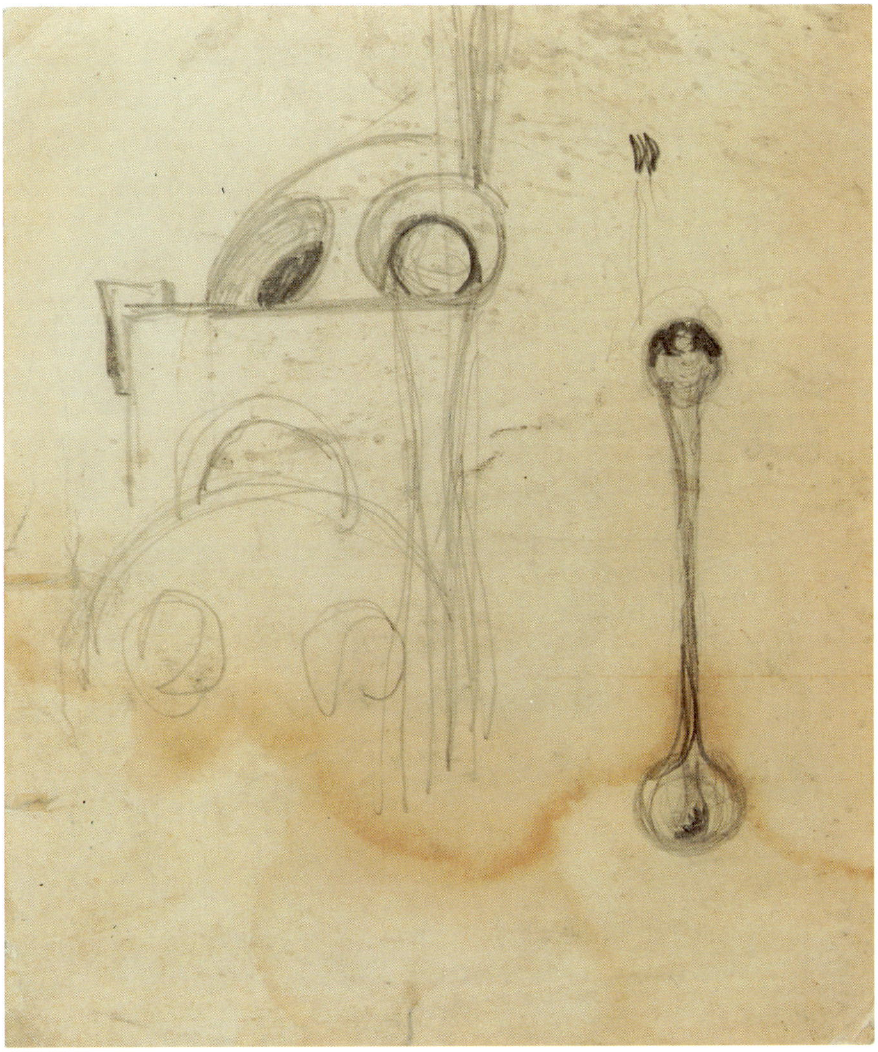

26

30 (Abb. S. 88)
Seitenfassade
veröffentlicht in *Il villino moderno. Raccolta di progetti per il concorso omonimo*, Dezember 1910 - Januar 1911. Tipografia degli Operai, Mailand (1911) und in *Le case populari e le città giardino* III, 1911, S. 56
BIBLIOGRAPHIE: *Le case popolari e le città giardino*, III, 1911, S. 56; Tentori, 1955, S. 206; Caramel/Longatti, 1962, S. 68, Abb. 9; Cresti, 1969, S. 17; De Seta, 1981, S. 37; Portoghesi, 1982, S. 222; Bairati/Riva, 1985, S. 28 - 29; Caramel/Longatti, 1987, S. 142, Nr. 29; Caramel/Longatti, 1988, S. 106, Nr. 29

31 (Abb. S. 88)
Seitenfassade
veröffentlicht in *Il villino moderno. Raccolta di progetti per il concorso omonimo*, Dezember 1910 - Januar 1911. Tipografia degli Operai, Mailand (1911) und in *Le case popolari e le città giardino*, III, 1911, S. 56
BIBLIOGRAPHIE: *Le case popolari e le città giardino*, III, 1911, S. 56; Tentori, 1955, S. 206; Caramel/Longatti, 1962, S. 68, Abb. 11; Cresti, 1969, S. 17; De Seta, 1972, S. 83, Tafel XXXV; De Seta, 1981, S. 37; Portoghesi, 1982, S. 222; Caramel/Longatti, 1987, S. 142, Nr. 30; Caramel/Longatti, 1988, S. 106

32 (Abb. S. 88)
Grundriß
veröffentlicht in *Il villino moderno. Raccolta di progetti per il concorso omonimo*, Dezember 1910 - Januar 1911. Tipografia degli Operai, Mailand (1911) und in *Le case popolari e le città giardino*, III, 1911, S. 56
Wie alle Grundrisse Sant'Elias ist auch dieser sehr traditionell angelegt und entspricht nicht der besser ausgearbeiteten Außengestaltung.
BIBLIOGRAPHIE: *Le case popolari e le città giardino*, III, 1911, S. 55; Tentori, 1955, S. 206; Caramel/Longatti, 1962, S. 68; Cresti, 1969, S. 17; De Seta, 1972, S. 82, Tafel XXXIII; Portoghesi, 1982, S. 222; Caramel/Longatti, 1987, S. 143, Nr. 31; Caramel/Longatti, 1988, S. 107, Nr. 31; Gavinelli, 1988, S. 55

33
Villa Elisi, 1912

a) Westansicht (Photographie von 1960)
b) Ostansicht (Photographie von 1960)
c) Giebel (Photographie von 1960; nicht abgebildet)
d) Gesamtansicht (Ansichtskarte von 1913-1914)
Die ländliche Version der für den Wettbewerb von Milanino entworfenen kleinen Villa, mit Veränderungen, die vor allem die Verlegung des Baus auf ein Hanggrundstück in der bergigen Gegend von Le Colme (Brunate, Como) erforderlich machte. Die Villa wurde 1912 im Auftrag von Romeo Longatti, einem Industriellen aus Como, erbaut. Die Freskomalerei am Giebelfeld im Stile von Klimt (nach dem Umbau des Hauses heute nicht mehr vorhanden), entstand in Zusammenarbeit mit Gerolamo Fontana.
BIBLIOGRAPHIE: Caramel/Longatti, 1962, S. 68-69, Abb. 13-15; Miotto/Muret, 1976, S. 23; Nicoletti, 1978, S. 369; De Seta, 1981, S. 37; Valeriani, 1981, S. 51, Abb. 33; Godoli, 1983, S. 297-298, Abb. 164; Caramel/Longatti, 1987, S. 144, Nr. 33; Bossaglia, 1988, S. 205; Caramel/Longatti, 1988, S. 108; Gavinelli, 1988, S. 48; Vinca/Masini, 1989, S. 374, Nr. 1018

34 (Abb. S. 45)
Selbstportrait (1911)

Bleistift auf Papier
21 x 9 cm
als Wasserzeichen die Inschrift »Comune di Milano«; unten links die Signatur »AS«
Sammlung Gianna Giamminola Sant'Elia, Oltrona (Como)
Durch die expressionistische Betonung der Gesichtszüge soll dem düsteren Gesicht offensichtlich ein Ausdruck zwischen verächtlich und gebieterisch verliehen werden. Dies ist teilweise abgemildert durch die Jugendstilornamente der Stickereien am Hemd, die den Dekorationen am Giebelfeld der Villa Elisi (Kat. 33) ähneln.
BIBLIOGRAPHIE: Vaccari, *Il Gagliardetto*, 1921; Volpati, 1941, S. 192; Fontana, 1955; ›Nel 40° della morte di Antonio Sant'Elia‹, *La Provincia*, 11. Oktober 1956, S. 3; Sarfatti, 1959, S. 32; Carandente, 1960-1961, S. 386; Caramel/Longatti, 1962, S. 108; Longatti, 1980, S. 20; Longatti, 1983, S. 20; Gregotti, 1986, S. 417; Caramel, 1987, S. 130, Nr. 16; Caramel/Longatti, 1987, S. 135, Nr. 16; Caramel/Longatti, 1988, S. 99; *L'Adige*, 6. Juni 1988
AUSSTELLUNGEN: 1916, Mailand, *Esposizione dell'autoritratto*, Kat. S. 23; 1941, Como, *VII Sindacale di Belle Arti*; 1960-1961, Paris, *Les sources du XXe siècle*, Kat. Nr. 12227; 1962, Como, *Antonio Sant'Elia*, Kat. Nr. 284; 1987, Como, *Como nel disegno*; 1990, Rom, *Antonio Sant'Elia – Carlo Erba. Tra futurismo e Nuove Tendenze*, Kat. Nr. 1

33 a

33 d

33b

Dekorationsstudien, 1911

35 (Abb. S. 27)
Bleistift, goldener Farbstift, orange und grüne Aquarellfarbe auf Papier
17.2 x 8.3 cm
datiert oben rechts »28. 9. 1911«
Musei Civici, Como
Diese Skizze ist, ebenso wie die folgenden, eine Vorstudie für die Fassadendekoration des Gebäudes von Kat. 41.
BIBLIOGRAPHIE: Caramel/Longatti, 1962, S. 67, Abb. 6; Anzani/Caramel, 1983, S. 71; Negri, 1986, S. 117; Caramel/Longatti, 1987, S. 145, Nr. 34; Caramel/Longatti, 1988, S. 109, Nr. 34
AUSSTELLUNG: 1962, Como, *Antonio Sant'Elia*, Kat. Nr. 3

36 (nicht abgebildet)
schwarze und goldene Tusche, grüne Tempera auf Papier
12.2 x 7.2 cm
unten rechts in Gold die Inschrift »Schizzo«
Verbleib unbekannt
BIBLIOGRAPHIE: Caramel/Longatti, 1962, S. 67, Abb. 3; Cresti, 1969, S. 21; Caramel/Longatti, 1987, S. 145, Nr. 35; Caramel/Longatti, 1988, S. 109, Nr. 35
AUSSTELLUNG: 1962, Como, *Antonio Sant'Elia*, Kat. Nr. 4

37 (nicht abgebildet)
schwarze und goldene Tusche, grüne und weiße Tempera auf Papier
20.3 x 12.6 cm
unten links in Gold die Inschrift »Schizzo«
Verbleib unbekannt
BIBLIOGRAPHIE: Caramel/Longatti, 1962, S. 68, Abb. 5; Fanelli, 1981 (Neuauflage 1983, S. 610, Nr. 681); Caramel/Longatti, 1987, S. 146, Nr. 36; Caramel/Longatti, 1988, S. 110, Nr. 36
AUSSTELLUNG: 1962, Como, *Antonio Sant'Elia*, Kat. Nr. 5

38 (nicht abgebildet)
goldene und schwarze Tusche, grüne Tempera auf Papier
11.8 x 7.4 cm
unten links in Gold die Inschrift »Schizzo«
Verbleib unbekannt
BIBLIOGRAPHIE: Caramel/Longatti, 1962, S. 68; Caramel/Longatti, 1987, S. 146, Nr. 37; Caramel/Longatti, 1988, S. 110, Nr. 37
AUSSTELLUNG: 1962, Como, *Antonio Sant'Elia*, Kat. Nr. 6

39 (Abb. S. 94)
goldene und schwarze Tusche auf Papier
14.3 x 6.6 cm
unten rechts die Inschrift »Schizzo«
Musei Civici, Como
BIBLIOGRAPHIE: Longatti, *Corriere della Provincia*, 18. April 1960; Caramel/Longatti, 1962, S. 69; Caramel/Longatti, 1987, S. 146, Nr. 38; Caramel/Longatti, 1988, S. 110, Nr. 38
AUSSTELLUNG: 1962, Como, *Antonio Sant'Elia*, Kat. Nr. 16

40 (Abb. S. 50)
goldene und schwarze Tusche auf Papier
11,7 x 8,6 cm
in der Mitte mit schwarzer Tusche und ebenfalls auf Papier die Initialen »AS«, wodurch die Beschriftung »Antonio Sant'Elia – Italo Paternoster – Milano« verdeckt wird.
Musei Civici, Como
Die verdeckte Inschrift, auf der auch der Name Italo Paternoster erscheint, läßt vermuten, daß die vielleicht als Unterschrift für Pläne entworfene Signatur aus der Zeit stammt, in der die beiden zusammen an den Entwürfen für den Wettbewerb für den Friedhof von Monza arbeiteten (1911). Aus dieser Zeit stammt auch die den vorhergehenden Katalognummern ähnliche Dekorationsstudie.
BIBLIOGRAPHIE: Caramel/Longatti, 1962, S. 69, Abb. 4; Caramel/Longatti, 1987, S. 147, Nr. 39; Caramel/Longatti, 1988, S. 111, Nr. 39
AUSSTELLUNG: 1962, Como, *Antonio Sant'Elia*, Kat. Nr. 17

41 (Abb. S. 12)
Fassade eines Gebäudes (1911)
goldene und schwarze Tusche, Bleistift auf Papier
81 x 79 cm
unten rechts die Inschrift »Scala 1:33«
Musei Civici, Como
Überladen mit secessionistischen Ornamenten, die bei den grotesk wirkenden menschlichen Figuren besonders irritierend sind, zeigt die Fassade dieses Gebäudes jedoch insgesamt keine besondere Originalität im architektonischen Entwurf, so daß es sich um ein Werk in Zusammenarbeit mit oder im Auftrag von einem Büro handeln könnte. Die Datierung einer der Dekorationsstudien (Kat. 35) macht eine Entstehung dieses Blattes im Jahre 1911 wahrscheinlich.
BIBLIOGRAPHIE: *Inventario dei disegni originali di Antonio Sant'Elia di proprietà del Comune di Como*, 1962, Nr. 167; ›La mostra del Sant'Elia a Villa Olmo ...‹, *Como*, 1967, S. 6; Bairati/Bossaglia/Rosci, *L'Italia Liberty*, 1973, S. 8, Tafel I; Nicoletti, 1978, S. 355; Fontana, 1981, S. 104; Godoli, 1983, S. 14; Caramel/Longatti, 1987, S. 148, Nr. 40; Caramel/Longatti, 1988, S. 112, Nr. 40

42 (Abb. S. 14)
Studie zur Gestaltung der Fassade eines Hauses in Mailand (um 1911?)
Bleistift auf Papier
48 x 21 cm
am unteren Rand des Blattes beschriftet »Studio per la sistemazione di facciata di una casa in Milano, eseguito da Antonio Sant'Elia – schizzo avuto dall'arch. Paternoster – L. Pellini« (Studie zur Gestaltung der Fassade eines Hauses in Mailand, ausgeführt von Antonio Sant'Elia – Skizze von Arch. Paternoster erhalten – L. Pellini)
Sammlung Pellini, Mailand
Aufgrund der charakteristischen Art und der Herkunft – offensichtlich ein beruflicher Auftrag – kann die Studie um 1911 datiert werden. Eine frühere oder spätere Entstehungszeit ist jedoch nicht auszuschließen.
Unveröffentlicht.

39

43 (Abb. S. 51)

Studie für ein Friedhofsgebäude mit Kuppel, 1911
goldene und schwarze Tusche, weiße Tempera auf grünlichem Transparentpapier
46,4 x 26,4 cm
in der Mitte rechts mit schwarzer Tusche beschriftet »Al carissimo amico Pellini – A. Sant'Elia« (Dem liebsten Freund Pellini)
Sammlung Pellini, Mailand
BIBLIOGRAPHIE: Caramel/Longatti, 1962, S. 69, Abb. 17; Bossaglia, 1972-1973, S. III; Masini, 1978, S. 332; Fontana, 1981, S. 104, Abb. 87; Godoli, 1983, S. 14; Caramel/Longatti, 1987, S. 148, Nr. 41; Caramel/Longatti, 1988, S. 112, Nr. 41
AUSSTELLUNGEN: 1962, Como, *Antonio Sant'Elia*, Kat. Nr. 18; 1970, Mailand, *Milano 70/70*, Kat. Nr. 359; 1972-1973, Mailand, *Mostra del Liberty italiano*, Kat. Nr. 92; 1976, Florenz, *Quinta biennale internazionale della grafica d'arte*, Nr. 1, S. 68

44

44

Studie für den Innenraum eines Monumentalgebäudes, 1911
Bleistift auf Papier
20,7 x 16,3 cm
datiert oben rechts »28. 9. 1911«
Sammlung Banca Popolare di Lecco, Como
Es könnte eine vorbereitende Zeichnung für den Innenraum der Friedhofskirche von Monza (siehe Kat. 45) sein. Sant'Elia begann 1911 zusammen mit Italo Paternoster an diesem Entwurf zu arbeiten, nachdem die kommunalen Entscheidungen bezüglich des Wettbewerbs schon getroffen worden waren, der offiziell erst im folgenden Jahr ausgeschrieben wurde.
BIBLIOGRAPHIE: Longatti, 1984, S. 20; Negri, 1986, S. 34 und S. 117; Caramel/Longatti, 1987, S. 149, Nr. 42; Caramel/Longatti, 1988, S. 113, Nr. 42
AUSSTELLUNGEN: 1986, USA, Wanderausstellung, *Antonio Sant'Elia*, Kat. Nr. 1; 1989, Mailand, *Sant'Elia e l'ambiente futurista*, Kat. Nr. 3

Neuer Friedhof von Monza, 1911-1912

45 (Abb. S. 27)
Perspektivische Ansicht
goldener und blauer Farbstift, Bleistift, schwarze und blaue Tusche auf Papier
76,5 x 88,6 cm
Musei Civici, Como
Einer der Pläne (der einzige, der von der Originalfassung übriggeblieben ist), die von Sant'Elia und Paternoster zum Wettbewerb für den neuen Friedhof von Monza vorgelegt wurden, der am 12. Februar 1912 begann und im Oktober desselben Jahres abgeschlossen wurde.
Das Projekt, das mit dem Motto »Crisantemo« gekennzeichnet war, hatte den letzten Durchgang erreicht, ohne jedoch von der Jury unter Vorsitz von Gaetano Moretti mit einem Preis ausgezeichnet zu werden. Moretti gab ihm eine teilweise negative Bewertung auf technischer Ebene. In diesem Projekt erkannte die Kommission »eine spezielle Handschrift

46

von sympathischer Originalität, obwohl sie von orientalischen Formen inspiriert sein kann«. Sie fügte aber hinzu: »Die Größe, wie sie von der Komposition selbst gegeben ist, steht in keinem Verhältnis zu den auf die Zeichnung übertragenen Dimensionen. Deshalb muß die Kommission diesen Mangel feststellen, der die guten Qualitäten des Entwurfs zum großen Teil zerstört.« Man kritisierte dann den »fehlenden Bezug zwischen Aufrissen, Schnitten und Grundrissen.«
BIBLIOGRAPHIE: Angelini, 1917, S. 155; Tentori, 1955, S. 207; Banham, 1956, S. 343; Maltese, 1960, S. 298-299; Caramel/Longatti, 1962, S. 69, Abb. 18; Tafuri, 1968, Tafel XXXI; Cresti, 1969, S. 26; Birollo, 1970, S. 39, Abb. 15; Zevi, 1971, S. 44; Richards/Pevsner, 1973, S. 49; Zevi, 1973, Nr. 312, 1; Miotto/Muret, 1976, S. 23; Nicoletti, 1978, S. 84, 355, 370-371; Godoli, 1979, S. 213, Nr. 8, 26; Frampton, 1980, S. 87, Nr. 67; Fontana, 1981, Abb. 102; Valeriani, 1981, S. 50, Abb. 32; Longatti, 1984, S. 21; Bairati/Riva, 1985, S. 67, 169, 174-175; Godoli, 1983, S. 14; Caramel/Longatti, 1987, S. 149, Nr. 43; Caramel/Longatti, 1988, S. 113, Nr. 43
AUSSTELLUNGEN: 1962, Como, *Antonio Sant'Elia*, Kat. Nr. 19; 1970, Mailand, *Milano 70/70*, Kat. Nr. 592; 1981, Lugano, Campione d'Italia, *Il Liberty Italiano e Ticinese*, Kat. Nr. 32

46
Hauptansicht
(photographische Reproduktion aus dem Band *Concorsi di architettura in Italia*, Bestetti e Tumminelli, Mailand 1912)
BIBLIOGRAPHIE: *Concorsi di architettura in Italia*, 1912, S. 71; Tentori, 1955, S. 207; Caramel/Longatti, 1962, S. 70; Meeks, 1966, S. 451, Abb. 260; Schmidt-Thomsen, 1981, S. 36; Bairati/Riva, 1985, S. 173; Caramel/Longatti, 1987, S. 150, Nr. 44; Caramel/Longatti, 1988, S. 114, Nr. 44

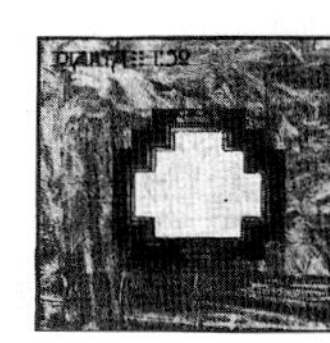

47

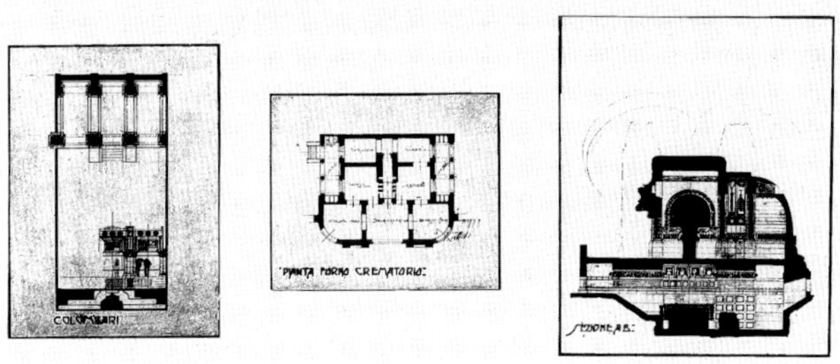

48

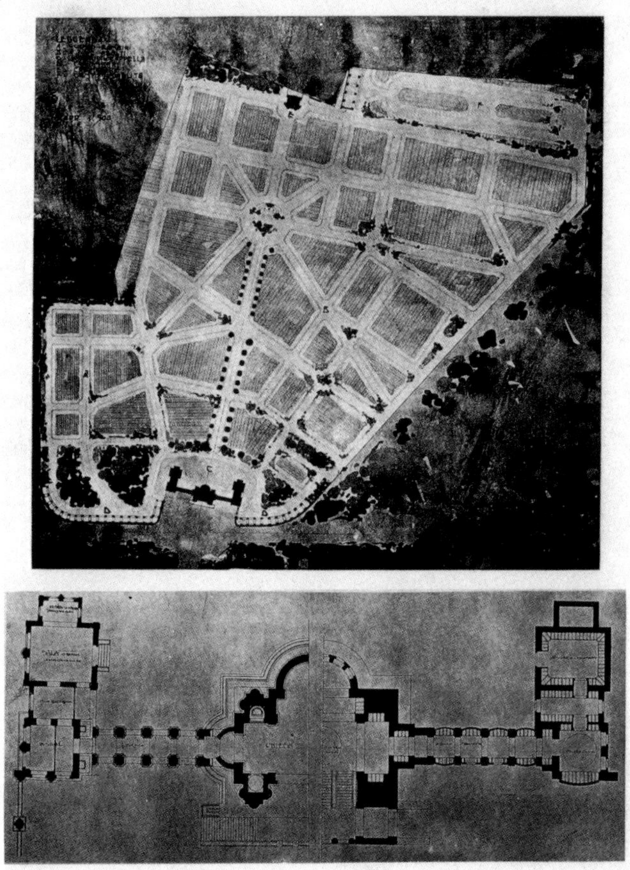

49

47
Details
(photographische Reproduktion aus dem Band *Concorsi di architettura in Italia*, Bestetti e Tumminelli, Mailand 1912)
BIBLIOGRAPHIE: *Concorsi di architettura in Italia*, 1912, S. 72; Tentori, 1955, S. 207; Caramel/Longatti, 1962, S. 70; Schmidt-Thomsen, 1981, S. 36; Caramel/Longatti, 1987, S. 151, Nr. 45; Caramel/Longatti, 1988, S. 115, Nr. 45
AUSSTELLUNG: 1962, Como, *Antonio Sant'Elia*, Kat. Nr. 22

48
Fassade, Detail, Grundriß und Schnitt des Krematoriums
(photographische Reproduktion aus dem Band *Concorsi di architettura in Italia*, Bestetti e Tumminelli, Mailand 1912)
BIBLIOGRAPHIE: *Concorsi di architettura in Italia*, 1912, S. 73; Tentori, 1955, S. 207; Caramel/Longatti, 1962, S. 70; Tafuri, 1968, Tafel XXXII; Caramel/Longatti, 1987, S. 151, Nr. 46; Caramel/Longatti, 1988, S. 115, Nr. 46

49
Allgemeiner Lageplan und Grundriß
(Photographische Reproduktion aus dem Band *Concorsi di architettura in Italia*, Bestetti e Tumminelli, Mailand 1912)
Der Plan zeigt zwei verschiedene Lösungen für das Hauptgebäude.
BIBLIOGRAPHIE: *Concorsi di architettura in Italia*, 1912, S. 75; Tentori, 1955, S. 208; Caramel/Longatti, 1962, S. 70; Caramel/Longatti, 1987, S. 152, Nr. 47; Caramel/Longatti, 1988, S. 116, Nr. 47

Studien für den neuen Friedhof von Monza, 1911–1912

50 (nicht abgebildet)
Bleistift auf Papier
21 x 46.8 cm
zwei Blätter, die auf denselben Karton geklebt sind
Musei Civici, Como
BIBLIOGRAPHIE: Caramel/Longatti, 1962, S. 70 (Details), Abb. 19, 21; Fontana, 1981, Abb. 86; Caramel/Longatti, 1987, S. 152, Nr. 48; Caramel/Longatti, 1988, S. 116
AUSSTELLUNG: 1962, Como, *Antonio Sant'Elia*, Kat. Nr. 24

51 (nicht abgebildet)
Bleistift auf Papier
9 x 20.4 cm
Sammlung Pellini, Mailand
BIBLIOGRAPHIE: Caramel/Longatti, 1962, S. 71, Abb. 20; Fontana, 1981, Abb. 86; Longatti, 1984, S. 21; Caramel/Longatti, 1987, S. 153, Nr. 49; Caramel/Longatti, 1988, S. 117, Nr. 49
AUSSTELLUNGEN: 1962, Como, *Antonio Sant'Elia*, Kat. Nr. 27; 1976, Florenz, *Quinta biennale internazionale della grafica d'arte*, Kat. Nr. 2, S. 68

52
Bleistift auf Papier
14.3 x 9.9 cm
Sammlung Pellini, Mailand
BIBLIOGRAPHIE: Caramel/Longatti, 1962, S. 71; Caramel/Longatti, 1987, S. 153, Nr. 50; Caramel/Longatti, 1988, S. 117, Nr. 50
AUSSTELLUNG: 1962, Como, *Antonio Sant'Elia*, Kat. Nr. 26

53
(1911-1912)
Bleistift auf kariertem Papier
16.5 x 10.3 cm
zwei Blätter, die auf denselben Karton geklebt sind
Musei Civici, Como
BIBLIOGRAPHIE: *Archivi del Futurismo*, Bd. II, 1962, S. 463 (Detail), Nr. 103; Caramel/Longatti, 1962, S. 70 (Detail), Abb. S. 27; Godoli, 1983, S. 14; Caramel/Longatti, 1987, S. 153, Nr. 51; Caramel/Longatti, 1988, S. 117, Nr. 51
AUSSTELLUNG: 1962, Como, *Antonio Sant'Elia*, Kat. Nr. 25

54
(1911-1912)
Bleistift und oranger Farbstift auf Papier
27.8 x 23.4 cm
Musei Civici, Como
BIBLIOGRAPHIE: *Archivi del Futurismo*, Bd. II, 1962, S. 464, Nr. 108; Caramel/Longatti, 1962, S. 71; Caramel/Longatti, 1987, S. 154, Nr. 52; Caramel/Longatti, 1988, S. 118, Nr. 52
AUSSTELLUNG: 1962, Como, *Antonio Sant'Elia*, Kat. Nr. 28

52

53

54

Neuer Hauptbahnhof von Mailand, 1912

55 (Abb. S. 100/101)
Hauptfassade
(zeitgenössische Photoreproduktion)
am unteren Rand in der Mitte die Inschrift »Facciata principale 1:200«
Musei Civici, Como
Diese Zeichnungen fertigte Sant'Elia für das Projekt an, das vom Büro Arrigo Cantoni für die zweite Ausschreibung des Wettbewerbs für den neuen Hauptbahnhof von Mailand ausgeführt wurde. Diese zweite Ausschreibung erfolgte 1912, nachdem der erste Wettbewerb von 1906 zwar von Cantoni gewonnen wurde, es aber nicht zu einer Realisierung des Projekts kam. Sant'Elias Entwurf, ein an die Wagnerschule erinnernder kolossaler Organismus aus Eisen und Glas, wurde von Cantoni jedoch nicht übernommen. Dieser zog es vor, mit einer anderen Arbeit am Wettbewerb teilzunehmen, wozu er sich den Architekten Vietti Violi als Mitarbeiter holte. Die Jury, zu deren Mitgliedern Camillo Boito und Gaetano Moretti gehörten, erkannte den ersten Preis schließlich Ulisse Stacchini zu.
BIBLIOGRAPHIE: Apollonio/Mariani, 1958, S. 100-101; Caramel/Longatti, 1962, S. 72, Abb. 22; Nicoletti, 1978, S. 370, 376; Fontana, 1981, S. 104, Abb. 99; Godoli, 1983, S. 14-15; Bairati/Riva, 1985, S. 67; Caramel/Longatti, 1987, S. 156, Nr. 55; Caramel/Longatti, 1988, S. 120, Nr. 55
AUSSTELLUNGEN: 1962, Como, *Antonio Sant'Elia*, Kat. Nr. 33; 1970, Mailand, *Milano 70/70*, Kat. Nr. 594; 1981-1982, Mailand, *La Stazione Centrale di Milano – Mostra del Cinquantenario*

56 (Abb. S. 28)
Detail
schwarze Tusche, Bleistift und goldener Farbstift auf Papier
23,1 x 53,2 cm
das Blatt hat unten links keine Beschriftung; am oberen Teil mit Bleistift durchgestrichene Skizzen
Musei Civici, Como
Das ist die einzige erhaltene Originalzeichnung aus der Serie für den Hauptbahnhof von Mailand, Projekt Cantoni.
BIBLIOGRAPHIE: *Inventario dei disegni originali di Antonio Sant'Elia di proprietà del Comune di Como*, 1962, Nr. 166; Caramel/Longatti, 1987, S. 157, Nr. 56; Caramel/Longatti, 1988, S. 121, Kat. Nr. 56
AUSSTELLUNGEN: 1962, Como, *Antonio Sant'Elia*, Kat. Nr. 34; 1981-1982, Mailand, *La Stazione Centrale di Milano – Mostra del Cinquantenario*

57 (Abb. S. 15)
Seitenfassade
(zeitgenössische Photographie des Plans)
Musei Civici, Como
BIBLIOGRAPHIE: Caramel/Longatti, 1962, S. 72, Abb. 23; Godoli, 1983, S. 13; Caramel/Longatti, 1987, S. 158, Nr. 57; Caramel/Longatti, 1988, S. 122, Nr. 57
AUSSTELLUNGEN: 1962, Como, *Antonio Sant'Elia*, Kat. Nr. 34; 1981-1982, Mailand, *La Stazione Centrale di Milano – Mostra del Cinquantenario*

58
Detail
(zeitgenössische Photographie des Plans)
oben rechts die Inschrift: »Particolare 1/20«
Musei Civici, Como
BIBLIOGRAPHIE: Caramel/Longatti, 1962, S. 72, Abb. 24; Fontana, 1981, Abb. 101; Valeriani, 1981, S. 50, Abb. 31; Caramel/Longatti, 1987, S. 158, Nr. 58; Caramel/Longatti, 1988, S. 122, Nr. 58
AUSSTELLUNGEN: 1962, Como, *Antonio Sant'Elia*, Kat. Nr. 35; 1981, Lugano, Campione d'Italia, *Il Liberty Italiano e Ticinese*, Kat. Nr. 31; 1981-1982, Mailand, *La Stazione Centrale di Milano – Mostra del Cinquantenario*

59
Detail
(zeitgenössische Photographie des Plans)
Musei Civici, Como
BIBLIOGRAPHIE: Caramel/Longatti, 1962, S. 72, Abb. 25; Nicoletti, 1978, S. 355; Fontana, 1981, Abb. 100; Caramel/Longatti, 1987, S. 158, Nr. 59; Caramel/Longatti, 1988, S. 122, Nr. 59
AUSSTELLUNGEN: 1962, Como, *Antonio Sant'Elia*, Kat. Nr. 36; 1981-1982, Mailand, *La Stazione Centrale di Milano – Mostra del Cinquantenario*

55

58

59

60 (Abb. S. 64)

Dekorationsstudie mit sitzender männlicher Gestalt

Bleistift auf Papier
11,2 x 9,2 cm
Sammlung Pellini, Mailand
Dieses und das folgende Blatt sind wahrscheinlich graphische Interpretationen, die in die Skulpturentwürfe des Bildhauers Giovanni Possamai integriert werden sollten, den Arrigo Cantoni für den Bereich des ornamentalen Reliefs ebenfalls zur Mitarbeit am Wettbewerb für den neuen Hauptbahnhof von Mailand gewonnen hatte.
BIBLIOGRAPHIE: Caramel/Longatti, 1962, S. 72, Abb. 27; Longatti, 1980, S. 106; Caramel/Longatti, 1987, S. 159, Nr. 60; Caramel/Longatti, 1988, S. 123, Nr. 60
AUSSTELLUNG: 1962, Como, *Antonio Sant'Elia*, Kat. Nr. 38

61 (nicht abgebildet)

Dekorationsstudie mit kauernder Figur

Bleistift auf Papier
9,8 x 4,8 cm
Sammlung Pellini, Mailand
BIBLIOGRAPHIE: Caramel/Longatti, 1962, S. 72, Abb. 26; Fontana, 1981, Abb. 103; Caramel/Longatti, 1987, S. 160, Nr. 61; Caramel/Longatti, 1988, S. 124, Nr. 61
AUSSTELLUNGEN: 1962, Como, *Antonio Sant'Elia*, Kat. Nr. 37; 1976, Florenz, *Quinta biennale internazionale della grafica d'arte*, Kat. Nr. 3, S. 68

Fassade mit Portal des Querschiffs der großen Zentralkirche einer Hauptstadt, 1912

62
goldene Tusche und Sepia auf Papier
29 x 16,9 cm
Musei Civici, Como
Es handelt sich um den Hauptentwurf zu diesem Thema, das er unter diesem Titel für die Diplomprüfung als »Lehrer für Architekturzeichnung« Anfang November 1912 an der Accademia di Belle Arti in Bologna ausarbeitete.
Sant'Elia hatte hervorragende Bewertungen in den graphischen Prüfungen (67/70 und 70/70), während er 49/70 im Fachaufsatz und 56/70 im Schlußkolloquium erhielt.
Wahrscheinlich sind die folgenden Katalognummern 63 und 64 weitere Zeichnungen, die bei dieser Gelegenheit ausgeführt wurden.
BIBLIOGRAPHIE: Caramel/Longatti, 1962, S. 72, Abb. 28; Godoli, 1983, S. 14; Caramel/Longatti, 1987, S. 160, Nr. 62; Caramel/Longatti, 1988, S. 124, Nr. 62
AUSSTELLUNG: 1962, Como, *Antonio Sant'Elia*, Kat. Nr. 39

62

63

64

63
Studie
Sepia auf Papier
18.2 x 21 cm
Sammlung Enrico Tarentini, Mailand
BIBLIOGRAPHIE: Caramel/Longatti, 1962, S. 73, Abb. 29; Miotto/Muret, 1976, S. 24; Caramel/Longatti, 1987, S. 161, Nr. 63; Caramel/Longatti, 1988, S. 125, Nr. 63
AUSSTELLUNG: 1962, Como, *Antonio Sant'Elia*, Kat. Nr. 40

64
Studie für die Seitenfassade einer Kirche (?)
(1912 ?)
Sepia auf Papier
16.9 x 11.9 cm
unten rechts Beschriftung »Sant'Elia/Como«, die nicht von Sant'Elia selbst stammt
Museo Civico, Cremona
In verschiedener Hinsicht ähnelt die an ornamentalen Motiven reiche Zeichnung den vorhergehenden Studien (Kat. Nr. 62, 63). Sie könnte jedoch auch aus einer früheren Zeit stammen, vielleicht noch aus den letzten Jahren vor 1910.
BIBLIOGRAPHIE: Caramel/Longatti, 1962, S. 74; Caramel/Longatti, 1987, S. 161, Nr. 64; Caramel/Longatti, 1988, S. 125, Nr. 64
AUSSTELLUNG: 1962, Como, *Antonio Sant'Elia*, Kat. Nr. 41

65

Monumentalbauten (um 1912)

65
Detail
schwarze Tusche, Bleistift und blauer Farbstift auf Papier
12 x 8.7 cm
am Blatt fehlen die beiden oberen Ecken
Musei Civici, Como
BIBLIOGRAPHIE: *Inventario dei disegni originali di Antonio Sant'Elia di proprietà del Comune di Como*, 1962, Nr. 160; Caramel/Longatti, 1987, S. 133, Nr. 14; Caramel/Longatti, 1988, S. 97, Nr. 14

66 (Abb. S. 104)
(1912)
Sepia auf Papier
15.5 x 21 cm
Musei Civici, Como
BIBLIOGRAPHIE: *Archivi del Futurismo*, Bd. II, 1962, S. 452, Nr. 49; Caramel/Longatti, 1962, S. 75 (Detail), Abb. 34; Caramel/Longatti, 1987, S. 162, Nr. 65; Caramel/Longatti, 1988, S. 126, Nr. 65
AUSSTELLUNG: 1962, Como, *Antonio Sant'Elia*, Kat. Nr. 47

67

67 (Abb. S. 103)
Kirche (?), 1912
Bleistift auf Papier
16 x 10,2 cm
datiert oben rechts »21. 11. 1912«
Musei Civici, Como
BIBLIOGRAPHIE: Bernasconi, 1957, S. 285; *Archivi del Futurismo*, Bd. II, 1962, S. 463, Nr. 102; Caramel/Longatti, 1962, S. 74, Abb. 33; Negri, 1986, S. 118; Caramel/Longatti, 1987, S. 162, Nr. 66; Caramel/Longatti, 1988, S. 126, Nr. 66
AUSSTELLUNG: 1962, Como, *Antonio Sant'Elia*, Kat. Nr. 44

68 (nicht abgebildet)
(1912?)
Bleistift auf Papier
13,7 x 13,4 cm
Musei Civici, Como
BIBLIOGRAPHIE: *Archivi del Futurismo*, Bd. II, S. 461, Nr. 91; Caramel/Longatti, 1962, S. 75; Caramel/Longatti, 1987, S. 163, Nr. 67; Caramel/Longatti, 1988, S. 127, Nr. 67
AUSSTELLUNG: 1962, Como, *Antonio Sant'Elia*, Kat. Nr. 51

69
Seitenansicht, 1912
Sepia auf Papier
15,9 x 10,6 cm
datiert oben rechts »3. 12. 1912«
Musei Civici, Como
BIBLIOGRAPHIE: *Archivi del Futurismo*, Bd. II, 1962, S. 464, Nr. 111; Caramel/Longatti, 1962, S. 74, Abb. 35; Negri, 1986, S. 118; Caramel/Longatti, 1987, S. 163, Nr. 68; Caramel/Longatti, 1988, S. 127, Nr. 68
AUSSTELLUNGEN: 1959, Rom, *Il Futurismo*, S. 84, Kat. Nr. 117; 1962, Como, *Antonio Sant'Elia*, Kat. Nr. 46. 0

69

70
1912
Sepia auf Papier
12,6 x 10,7 cm
datiert oben rechts »28. 12. 1912«
Musei Civici, Como
BIBLIOGRAPHIE: *Archivi del Futurismo*, Bd. II, 1962, S. 468, Nr. 130; Caramel/Longatti, 1962, S. 75, Abb. 38; Negri, 1986, S. 118; Caramel/Longatti, 1987, S. 164, Nr. 69; Caramel/Longatti, 1988, S. 128, Nr. 69
AUSSTELLUNGEN: 1959, Rom, *Il Futurismo*, S. 84, Kat. Nr. 115; 1962, Como, *Antonio Sant'Elia*, Kat. Nr. 49

71
1912
Sepia auf Papier
12 x 10,8 cm
Musei Civici, Como
BIBLIOGRAPHIE: *Archivi del Futurismo*, Bd. II, 1962, S. 463, Nr. 104; Caramel/Longatti, 1962, S. 75; Godoli, 1983, S. 23; Caramel/Longatti, 1987, S. 164, Nr. 70; Caramel/Longatti, 1988, S. 128, Nr. 70
AUSSTELLUNGEN: 1959, Rom, *Il Futurismo*, S. 77, Kat. Nr. 28; 1962, Como, *Antonio Sant'Elia*, Kat. Nr. 50

66
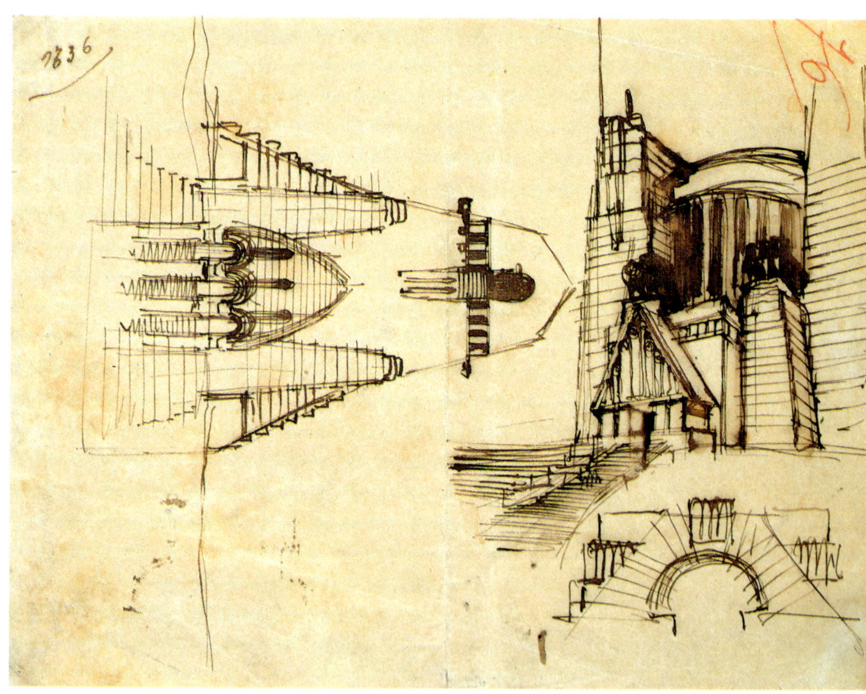

70

71

76

72 (Abb. S. 106)
Studie (1912)
Bleistift auf Papier
19 x 13,3 cm
Musei Civici, Como
BIBLIOGRAPHIE: Caramel/Longatti, 1962, S. 75, Abb. 40; Caramel/Longatti, 1987, S. 165, Nr. 71; Caramel/Longatti, 1988, S. 129, Nr. 71
AUSSTELLUNGEN: 1959, Rom, *Il Futurismo*, S. 79, Kat. Nr. 57; 1962, Como, *Antonio Sant'Elia*, Kat. Nr. 56

73 (Abb. S. 106)
Studie (1912)
Bleistift auf Papier
16 x 13,3 cm
Privatsammlung
BIBLIOGRAPHIE: *Archivi del Futurismo*, Bd. II, 1962, S. 469, Nr. 133; Negri, 1986, S. 40; Caramel/Longatti, 1987, S. 165, Nr. 72; Caramel/Longatti, 1988, S. 129, Nr. 72
AUSSTELLUNGEN: 1959, Rom, *Il Futurismo*, S. 87, Kat. Nr. 160; 1982-1983, Mailand, *Boccioni a Milano*, Kat. Nr. 275; 1986, USA, Wanderausstellung, *Antonio Sant'Elia*, Kat. Nr. 7

74 (nicht abgebildet)
Studie (1912)
Bleistift auf Papier
13,4 x 13,6 cm
Musei Civici, Como
BIBLIOGRAPHIE: Caramel/Longatti, 1962, S. 78; Caramel/Longatti, 1987, S. 166, Nr. 73; Caramel/Longatti, 1988, S. 130, Nr. 73
AUSSTELLUNGEN: 1959, Rom, *Il Futurismo*, S. 83, Kat. Nr. 102; 1962, Como, *Antonio Sant'Elia*, Kat. Nr. 69

75 (Abb. S. 25)
Studie, 1912
Sepia auf Papier
15,9 x 10,1 cm
datiert oben rechts »28/1912«
Musei Civici, Como
BIBLIOGRAPHIE: Caramel/Longatti, 1962, S. 75, Abb. 36; *Controspazio*, 1971, S. 17; De Seta, 1972, S. 14, Tafel VII; Negri, 1986, S. 119; Caramel/Longatti, 1987, S. 166, Nr. 74; Caramel/Longatti, 1988, S. 130, Nr. 74
AUSSTELLUNG: 1962, Como, *Antonio Sant'Elia*, Kat. Nr. 48

76 (Abb. S. 105)
Mit großer Statue (1912-1913)
schwarze Tusche und Bleistift auf Papier
38,7 x 29 cm
Die Skizzen unten rechts und unten Mitte zeigen ein menschliches Profil und Reiterstandbilder; unten rechts die Anmerkung von Gerolamo Fontana: »È un disegno di Sant'Elia« (Dies ist eine Zeichnung von Sant'Elia).
Sammlung Banca Popolare di Lecco, Como
Statuen, die aus dem Alten Ägypten stammen könnten, finden sich häufig in Arbeiten vor 1914.
BIBLIOGRAPHIE: Longatti, 1984, S. 26; Negri, 1986, S. 12; Caramel/Longatti, 1987, S. 167, Nr. 75; Caramel/Longatti, 1988, S. 131, Nr. 75; Ballo, 1989, S. 129, Nr. 12
AUSSTELLUNGEN: 1959, Rom, *Il Futurismo*, S. 79, Kat. Nr. 52; 1986, USA, Wanderausstellung, *Antonio Sant'Elia*, Kat. Nr. 12; 1989, Mailand, *Sant'Elia e l'ambiente futurista*, Kat. Nr. 12

77
Studie (1912 oder 1913?)
Bleistift auf Papier
13 x 11 cm
Privatsammlung, Syrakus
BIBLIOGRAPHIE: Caramel/Longatti, 1987, S. 167, Nr. 76; Caramel/Longatti, 1988, S. 131, Nr. 76; Lista, 1988, S. 81

Architektonische Elemente, 1913

78
schwarze Tusche und Bleistift auf Papier
27,7 x 21 cm
signiert und datiert unten rechts »A. Sant'Elia 1913«
Musei Civici, Como
Leitet die Serie jener Arbeiten ein, die Escodamé anläßlich der Ausstellung ›Sant'Elia e 22 pittori futuristi‹ 1930 als »architektonische Dynamismen« bezeichnete. Es handelt sich um Architekturelemente ohne bestimmte Funktion, die nur Umrisse und keinerlei Dekorationen aufweisen.
BIBLIOGRAPHIE: Tentori, 1955, S. 209; *Archivi del Futurismo*, Bd. II, 1962, S. 479, Nr. 184; Caramel/Longatti, 1962, S. 78; Schmidt-Thomsen, 1981, S. 43; Negri, 1986, S. 121; Caramel/Longatti, 1987, S. 168, Nr. 77; Caramel/Longatti, 1988, S. 132, Nr. 77
AUSSTELLUNGEN: 1962, Como, *Antonio Sant'Elia*, Kat. Nr. 74; 1986, Como, *Matita su carta . . .*

72

73

77

80

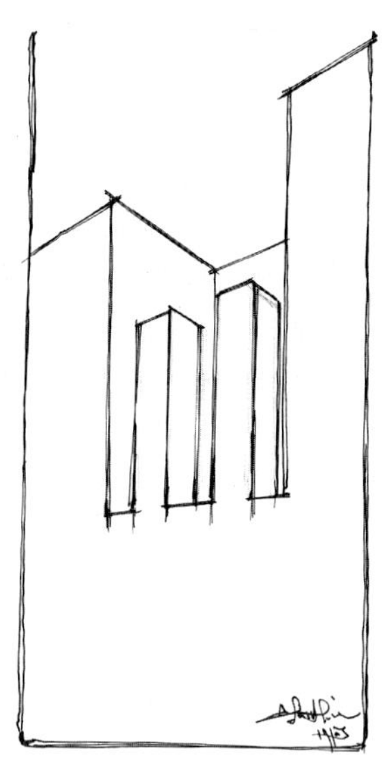

78

81

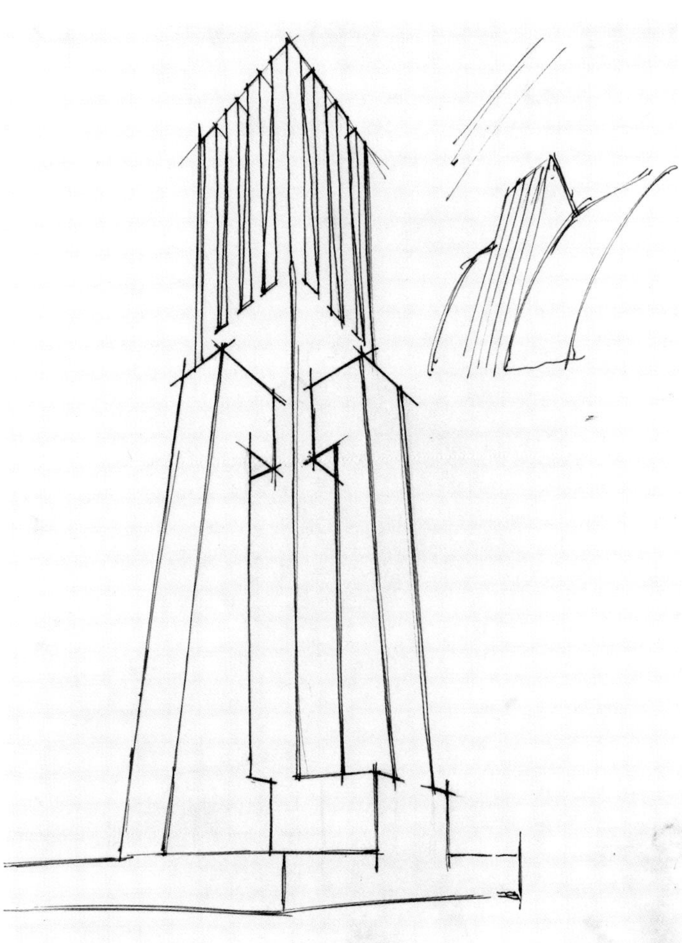

82

79 (Abb. S. 39)
1913
schwarze Tusche, Bleistift und oranger Farbstift auf Papier
27,7 x 20,9 cm
signiert und datiert unten rechts »A. Sant'Elia 1913«
Musei Civici, Como
BIBLIOGRAPHIE: Banham, 1955, S. 299; Tentori, 1955, S. 209; *Archivi del Futurismo*, Bd. II, 1962, S. 479, Nr. 183; Caramel/Longatti, 1962, S. 78, Abb. 45; Apollonio, 1979, S. 222, Nr. 60; De Seta, 1972, S. 14, Tafel X; Costanzo, 1978, S. 13, Abb. 2; Schmidt-Thomsen, 1981, S. 43; Negri, 1986, S. 66, 121; Caramel/Longatti, 1987, S. 168, Nr. 78; Caramel/Longatti, 1988, S. 132, Nr. 78
AUSSTELLUNGEN: 1962, Como, *Antonio Sant'Elia*, Kat. Nr. 73; 1986, USA, Wanderausstellung, *Antonio Sant'Elia*, Kat. Nr. 33

80
(1913)
schwarze Tusche und Bleistift auf Papier
27,4 x 19,9 cm
Musei Civici, Como
BIBLIOGRAPHIE: Banham, 1955, S. 299; Tentori, 1955, S. 209; Taylor, 1961, S. 108; *Archivi del Futurismo*, Bd. II, 1962, S. 476, Nr. 168; Caramel/Longatti, 1962, S. 79; Negri, 1986, S. 63; Caramel/Longatti, 1987, S. 169, Nr. 79; Caramel/Longatti, 1988, S. 133, Nr. 79
AUSSTELLUNGEN: 1962, Como, *Antonio Sant'Elia*, Kat. Nr. 77; 1986, USA, Wanderausstellung, *Antonio Sant'Elia*, Kat. Nr. 30

81
(1913)
schwarze Tusche auf Papier
27,5 x 21 cm
Sammlung Anna und Gianfranca Sant'Elia, Mailand
BIBLIOGRAPHIE: Caramel/Longatti, 1962, S. 79; Negri, 1986, S. 104; Caramel/Longatti, 1987, S. 169, Nr. 80; Caramel/Longatti, 1988, S. 133, Nr. 80; Ballo, 1989, S. 133, Nr. 65
AUSSTELLUNGEN: 1959, Rom, *Il Futurismo*, S. 88, Kat. Nr. 165; 1962, Como, *Antonio Sant'Elia*, Kat. Nr. 75; 1986, USA, Wanderausstellung, *Antonio Sant'Elia*, Kat. Nr. 71; 1989, Mailand, *Sant'Elia e l'ambiente futurista*, Kat. Nr. 65; 1990, Rom, *Antonio Sant'Elia – Carlo Erba. Tra Futurismo e Nuove Tendenze*, Kat. Nr. 4

82
(1913)
schwarze Tusche und Bleistift auf Papier
28,2 x 21 cm
Musei Civici, Como
BIBLIOGRAPHIE: Tentori, 1955, S. 209; *Archivi del Futurismo*, Bd. II, 1962, S. 469, Nr. 132; Caramel/Longatti, 1962, S. 79; Apollonio, 1970, S. 222, Nr. 63; Caramel/Longatti, 1987, S. 170, Nr. 81; Caramel/Longatti, 1988, S. 134, Nr. 81
AUSSTELLUNGEN: 1959, Rom, *Il Futurismo*, S. 88, Kat. Nr. 167; 1962, Como, *Antonio Sant'Elia*, Kat. Nr. 81

83 (nicht abgebildet)
(1913)
schwarze Tusche und Bleistift auf Papier
26 x 20.8 cm
Sammlung Anna und Gianfranca Sant'Elia, Mailand
BIBLIOGRAPHIE: Caramel/Longatti, 1962, S. 79; Negri, 1986, S. 60; Caramel/Longatti, 1987, S. 170, Nr. 82; Caramel/Longatti, 1988, S. 134, Nr. 82; Ballo, 1989, S. 130, Nr. 17
AUSSTELLUNGEN: 1959, Rom, *Il Futurismo*, S. 88, Kat. Nr. 177; 1962, Como, *Antonio Sant'Elia*, Kat. Nr. 76; 1986, USA, Wanderausstellung, *Antonio Sant'Elia*, Kat. Nr. 27; 1989, Mailand, *Sant'Elia e l'ambiente futurista*, Kat. Nr. 17; 1990, Rom, *Antonio Sant'Elia – Carlo Erba. Tra Futurismo e Nuove Tendenze*, Kat. Nr. 2

Leuchttürme, 1913

84 (Abb. S. 39)
schwarze Tusche, Bleistift und oranger Farbstift auf Papier
29.5 x 20 cm
Musei Civici, Como
signiert und datiert unten rechts »A. San . . . 1913«
Weitere »architektonische Dynamismen«, die Escodamé (vgl. Kat. 78) von den anderen aufgrund der oben angebrachten Laterne mit der Bezeichnung »Leuchtturm« unterschied.
BIBLIOGRAPHIE: *Rivista Illustrata del Popolo d'Italia*, 1930, S. 50; Banham, 1955, S. 299; Tentori, 1955, S. 209; Banham, 1960, Nr. 44; *Archivi del Futurismo*, Bd. II, 1962, S. 470, Nr. 138; Caramel/Longatti, 1962, S. 79, Abb. 47; Caramel, 1963, S. 67; Apollonio/Mariani, 1970, S. 222, Nr. 61; Miotto/Muret, 1976, S. 25; Schmidt-Thomsen, 1981, S. 43; Negri, 1986, S. 121; Caramel/Longatti, 1987, S. 171, Nr. 83; Caramel/Longatti, 1988, S. 134, Nr. 83
AUSSTELLUNGEN: 1959, Rom, *Il Futurismo*, S. 79, Kat. Nr. 49; 1962, Como, *Antonio Sant'Elia*, Kat. Nr. 79; 1973, Paris, *Le Futurisme 1909-1916*, Kat. S. 133; 1986, Como, *Matita su carta . . .*

85
(1913)
schwarze Tusche und oranger Farbstift auf Papier
28.4 x 17.8 cm
Musei Civici, Como
BIBLIOGRAPHIE: Banham, 1955, S. 299; Tentori, 1955, S. 209; *Archivi del Futurismo*, Bd. II, 1962, S. 471, Nr. 143; Caramel/Longatti, 1962, S. 79, Abb. 46; Veronesi, 1962, S. 79; Pehnt, 1973, Nr. 427; Negri, 1986, S. 65; Caramel/Longatti, 1987, S. 171, Nr. 84; Caramel/Longatti, 1988, S. 135, Nr. 84
AUSSTELLUNGEN: 1959, Rom, *Il Futurismo*, S. 79, Kat. Nr. 50; 1962, Como, *Antonio Sant'Elia*, Kat. Nr. 78; 1986, USA, Wanderausstellung, *Antonio Sant'Elia*, Kat. Nr. 32; 1987, Düsseldorf, *Die Axt hat geblüht*

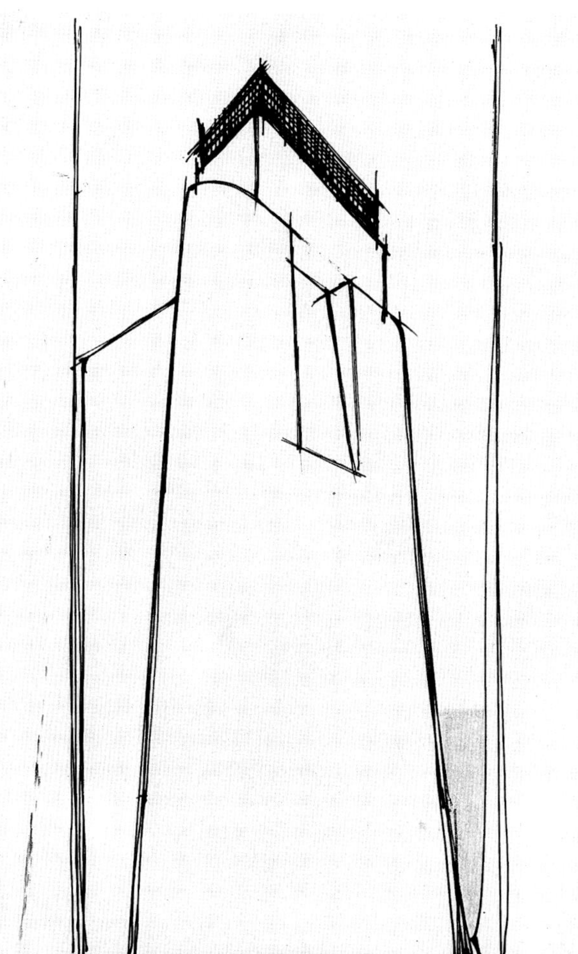

85

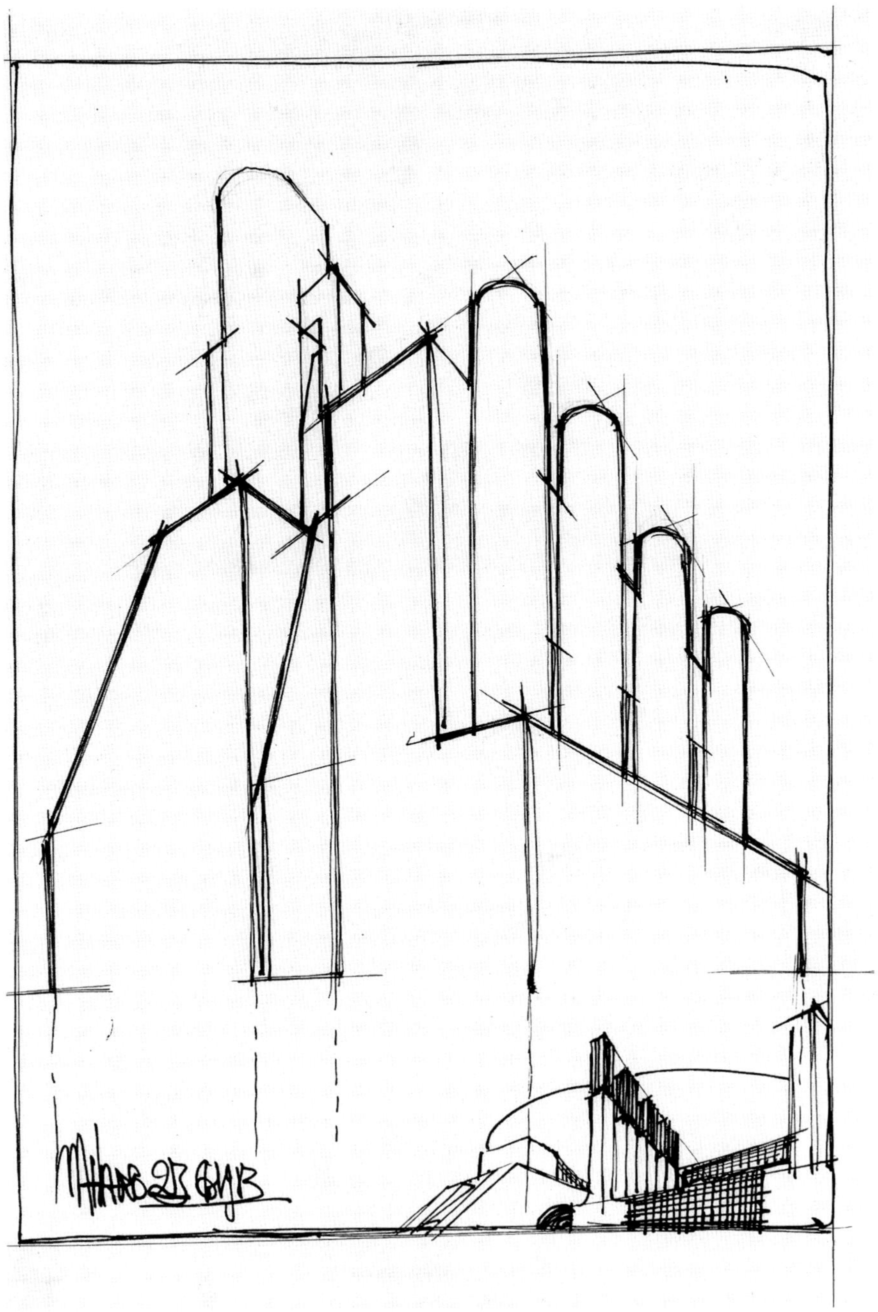

86

Gebäudestudien, 1913

86
schwarze Tusche und Bleistift auf Papier
27,7 x 19,5 cm
datiert unten links »Milano 23. 6. 1913«
Musei Civici, Como
Neben den abstrakten volumetrischen Übungen tauchen nun Gebäudeskizzen mit bestimmteren Merkmalen auf.
BIBLIOGRAPHIE: Banham, 1955, S. 300; Tentori, 1955, S. 211; *Archivi del Futurismo*, Bd. II, 1962, S. 467, Nr. 124; Conrads/Spierlich, 1960, S. 102; Banham, 1962, S. 33 (Neuaufl. 1975, S. 34), Caramel/Longatti, 1962, S. 80; Banham, 1970, Nr. 43; Pampaloni/Verdone, 1977, S. 88; Davies, 1985, S. 67, Nr. 17; Negri, 1986 S. 58, Nr. 119; Caramel/Longatti, 1987, S. 172, Nr. 85; Caramel/Longatti, 1988, S. 136, Nr. 85
AUSSTELLUNGEN: 1962, Como, *Antonio Sant'Elia*, Kat. Nr. 84; 1986, USA, Wanderausstellung, *Antonio Sant'Elia*, Kat. Nr. 25

87 (Abb. S. 110)
(1913)
schwarze Tusche und Bleistift auf Papier
28,2 x 19,8 cm
Musei Civici, Como
BIBLIOGRAPHIE: Tentori, 1955, S. 212; *Archivi del Futurismo*, Bd. II, 1962, S. 480, Nr. 189; Caramel/Longatti, 1962, S. 80; Schmidt-Thomsen, 1981, S. 43; Godoli, 1983, S. 20; Caramel/Longatti, 1987, S. 171, Nr. 86; Caramel/Longatti, 1988, S. 136, Nr. 86
AUSSTELLUNG: 1962, Como, *Antonio Sant'Elia*, Kat. Nr. 90

88 (Abb. S. 110)
(1913)
schwarze Tusche und Bleistift auf Papier
28,5 x 20,8 cm
Musei Civici, Como
BIBLIOGRAPHIE: Fontana, 1955, Nr. 3; Tentori, 1955, S. 211; *Archivi del Futurismo*, Bd. II, 1962, S. 467, Nr. 126; Caramel/Longatti, 1962, S. 80; Schmidt-Thomsen, 1981, S. 43; Negri, 1986, S. 119; Caramel/Longatti, 1987, S. 173, Nr. 87; Caramel/Longatti, 1988, S. 137, Nr. 87
AUSSTELLUNG: 1962, Como, *Antonio Sant'Elia*, Kat. Nr. 85

89 (Abb. S. 111)
1913
schwarze Tusche, Bleistift und oranger Farbstift auf Papier
28,1 x 21 cm
signiert und datiert unten rechts »Ant. Sant'Elia 18. 7. 1913«
Musei Civici, Como
BIBLIOGRAPHIE: Fontana, 1955, Nr. 3; Tentori, 1955, S. 211; *Archivi del Futurismo*, Bd. II, 1962, S. 467, Nr. 126; Caramel/Longatti, 1962, S. 80; Schmidt-Thomsen, 1981, S. 43; Negri, 1986, S. 119; Caramel/Longatti, 1987, S. 173, Nr. 88; Caramel/Longatti, 1988, S. 137, Nr. 88
AUSSTELLUNG: 1962, Como, *Antonio Sant'Elia*, Kat. Nr. 85

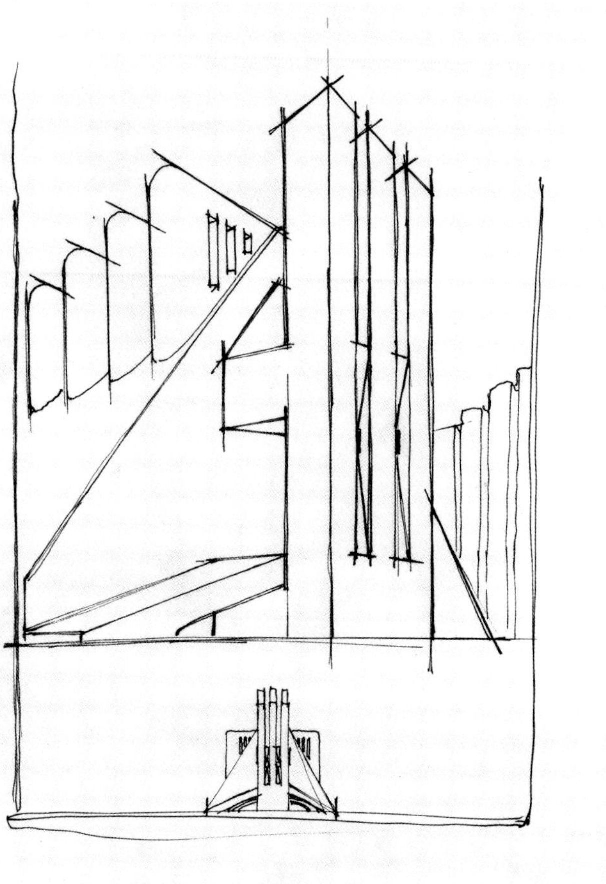

87

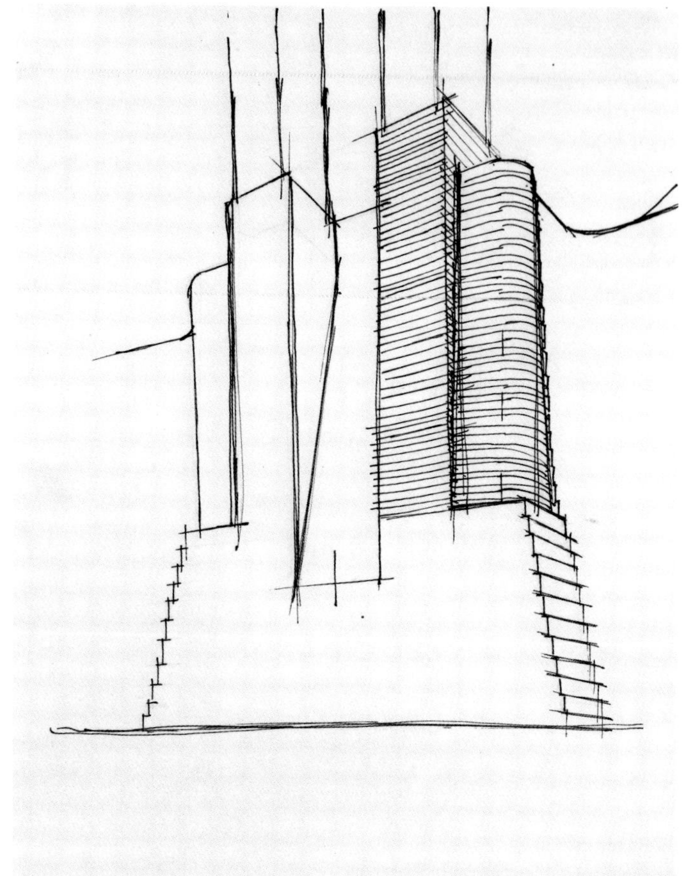

88

90
1913
schwarze Tusche, Bleistift und oranger Farbstift auf Papier
27 x 21 cm
signiert und datiert unten rechts »A. Sant'Elia 1913«
Musei Civici, Como
BIBLIOGRAPHIE: Tentori, 1955, S. 209; *Archivi del Futurismo*, Bd. II, 1962, S. 479, Nr. 183; Caramel/Longatti, 1962, S. 79; Schmidt-Thomsen, 1981, S. 43; Negri, 1986, S. 121; Caramel/Longatti, 1987, S. 174, Nr. 89; Caramel/Longatti, 1988, S. 138, Nr. 89
AUSSTELLUNG: 1962, Como, *Antonio Sant'Elia*, Kat. Nr. 81

91
(1913)
schwarze Tusche und Bleistift auf Papier
28 x 20,9 cm
signiert unten rechts »An. Sant'Elia«
Musei Civici, Como
BIBLIOGRAPHIE: Tentori, 1955, S. 215; Conrads/Spierlich, 1960, S. 102; *Archivi del Futurismo*, Bd. II, 1962, S. 466, Nr. 118; Caramel/Longatti, 1962, S. 80, Abb. 48; Cresti, 1969, S. 24; Schmidt-Thomsen, 1981, S. 43; Negri, 1986, S. 55; Caramel/Longatti, 1987, S. 174, Nr. 90; Caramel/Longatti, 1988, S. 138, Nr. 90
AUSSTELLUNGEN: 1962, Como, *Antonio Sant'Elia*, Kat. Nr. 86; 1973, Paris, *Le Futurisme 1909-1916*, Kat. S. 133; 1986, USA, Wanderausstellung, *Antonio Sant'Elia*, Kat. Nr. 22

91

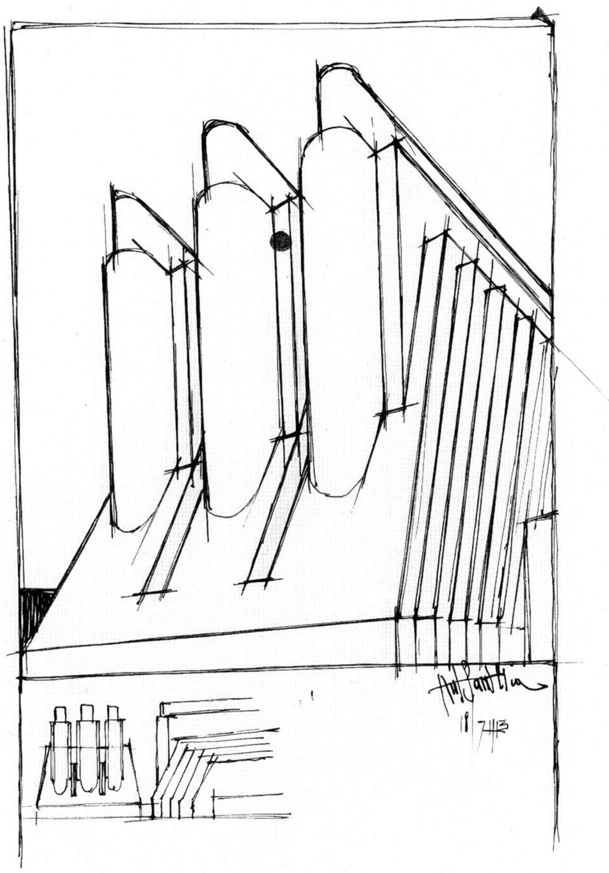

89

90

92 (Abb. S. 112)
(1913)
Bleistift auf Papier
21 x 27 cm
Sammlung Sirigatti, Mailand
BIBLIOGRAPHIE: Ballo, 1989, Nr. 18
AUSSTELLUNG: 1989, Mailand, *Sant'Elia e l'ambiente futurista*, Kat. S. 130, Nr. 18

93 (nicht abgebildet)
(1913)
Bleistift auf Papier
16 x 14,3 cm
Musei Civici, Como
BIBLIOGRAPHIE: Tentori, 1955, S. 212; Caramel/Longatti, 1962, S. 81; Caramel/Longatti, 1987, S. 175, Nr. 91; Caramel/Longatti, 1988, S. 139, Nr. 91
AUSSTELLUNGEN: 1959, Rom, *Il Futurismo*, S. 84, Kat. Nr. 116; 1962, Como, *Antonio Sant'Elia*, Kat. Nr. 96

Monumentalbauten (1913)

94 (Abb. S. 112)
Bleistift, roter und grüner Farbstift auf gelbem Karton
39,5 x 29,8 cm
Musei Civici, Como
Die Kolorierung und die enorme Präzision dieser und der folgenden Zeichnung (Kat. 95), die auf Kartons der Druckerei Chiattone ausgeführt sind, lassen darauf schließen, daß sie für eine Ausstellung geschaffen wurden. (Ausst. ›Nuove Tendenze‹?)
BIBLIOGRAPHIE: Tentori, 1955, S. 215; Apollonio/Mariani, 1958, S. 116-117; Carandente, 1960-1961, S. 387; Caramel/Longatti, 1962, S. 79; Miotto/Muret, 1976, S. 25; Caramel/Longatti, 1987, S. 176, Nr. 92; Caramel/Longatti, 1988, S. 140, Nr. 92
AUSSTELLUNGEN: 1959, Rom, *Il Futurismo*, Kat. Nr. 30; 1960-1961, Paris, *Les sources du XXe siècle*, Kat. Nr. 1235; 1962, Como, *Antonio Sant'Elia*, Kat. Nr. 82

95 (Abb. S. 113)
Bleistift, blauer und oranger Farbstift auf gelbem Karton
45,7 x 26,3 cm
Musei Civici, Como
BIBLIOGRAPHIE: Tentori, 1955, S. 209; *Archivi del Futurismo*, Bd. II, 1962, S. 470, Nr. 140; Pevsner 1960 (siehe 1936), S. 206, Nr. 143; Carandente, 1960-1961, S. 387; Caramel/Longatti, 1962, S. 80; Caramel/Longatti, 1987, S. 176, Nr. 93; Caramel/Longatti, 1988, S. 140, Nr. 93
AUSSTELLUNGEN: 1960-1961, Paris, *Les sources du XXe siècle*, Kat. Nr. 1236; 1962, Como, *Antonio Sant'Elia*, Kat. Nr. 83

92

94

95

100

Gebäudestudien (1913)

96 (Abb. S. 114)
Bleistift und oranger Farbstift auf Papier
20.8 x 21 cm
Initialen und Jahreszahl unten rechts »A. S. 1913«
Musei Civici, Como
BIBLIOGRAPHIE: Tentori, 1955, S. 211; Apollonio/Mariani, 1958, S. 74-75; *Archivi del Futurismo*, Bd. II, 1962, S. 472, Nr. 149; Caramel/Longatti, 1962, S. 81, Abb. 52; Caramel, 1963, S. 67; Godoli, 1983, S. 19; Negri, 1986, S. 122; Caramel/Longatti, 1987, S. 177, Nr. 94; Caramel/Longatti, 1988, S. 141, Nr. 94
AUSSTELLUNG: 1962, Como, *Antonio Sant'Elia*, Kat. Nr. 93

97 (Abb. S. 114)
Sepia, Bleistift und roter Farbstift auf Papier
28.4 x 21 cm
Musei Civici, Como
BIBLIOGRAPHIE: *Archivi del Futurismo*, Bd. II, 1962, S. 472, Nr. 147; Pevsner, 1960 (siehe 1936), S. 206, Nr. 142; Caramel/Longatti, 1962, S. 81, Abb. 51; Caramel/Longatti, 1987, S. 177, Nr. 95; Caramel/Longatti, 1988, S. 141, Nr. 95
AUSSTELLUNG: 1962, Como, *Antonio Sant'Elia*, Kat. Nr. 92

98 (Abb. S. 28)
Bleistift auf Papier mit Brandspuren
13.5 x 19.6 cm
Musei Civici, Como
BIBLIOGRAPHIE: *Archivi del Futurismo*, Bd. II, 1962, S. 466, Nr. 117; Caramel/Longatti, 1962, S. 81; Caramel/Longatti, 1987, S. 178, Nr. 96; Caramel/Longatti, 1988, S. 142, Nr. 96
AUSSTELLUNGEN: 1959, Rom, *Il Futurismo*, S. 78, Nr. 40; 1962, Como, *Antonio Sant'Elia*, Kat. Nr. 97

99 (Abb. S. 115)
Bleistift auf Papier
28.4 x 19.5 cm
Sammlung Anna und Gianfranca Sant'Elia, Mailand
BIBLIOGRAPHIE: Caramel/Longatti, 1962, S. 81; Caramel/Longatti, 1987, S. 178, Nr. 97; Caramel/Longatti, 1988, S. 142, Nr. 97
AUSSTELLUNGEN: 1962, Como, *Antonio Sant'Elia*, Kat. Nr. 94; 1990, Rom, *Antonio Sant'Elia – Carlo Erba. Tra Futurismo e Nuove Tendenze*, Kat. Nr. 3

100
Bleistift auf Papier
7.8 x 15.7 cm
Musei Civici, Como
Nicht als Wohngebäude gedacht (vielleicht ein Bahnhof?), mit der Andeutung seitlicher Vordächer, die selbsttragend erscheinen.
BIBLIOGRAPHIE: *Archivi del Futurismo*, Bd. II, 1962, S. 453, Nr. 58; Caramel/Longatti, 1962, S. 77; Caramel/Longatti, 1987, S. 179, Nr. 98; Caramel/Longatti, 1988, S. 143, Nr. 98
AUSSTELLUNGEN: 1959, Rom, *Il Futurismo*, S. 82, Kat. Nr. 92; 1962, Como, *Antonio Sant'Elia*, Kat. Nr. 62

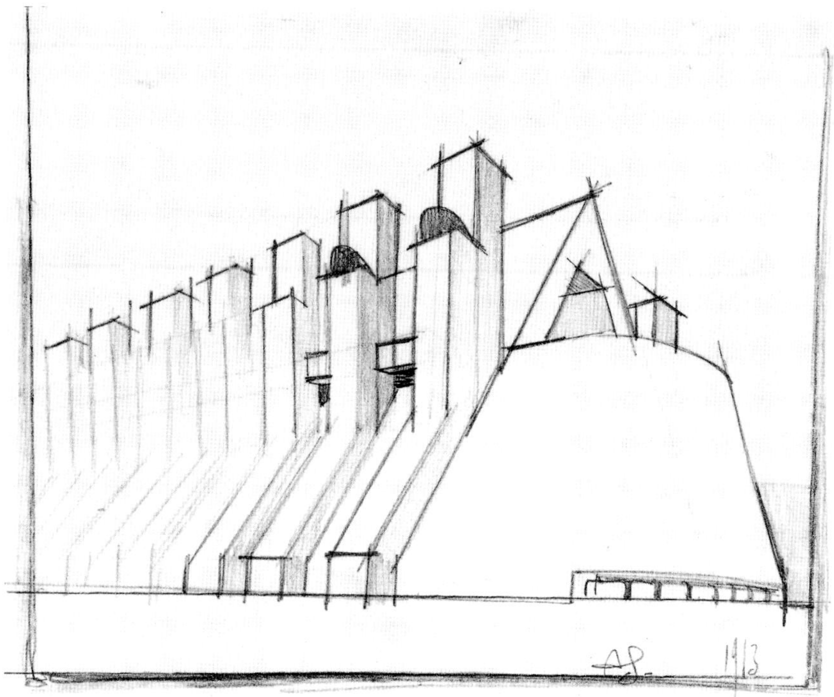

96

103

97

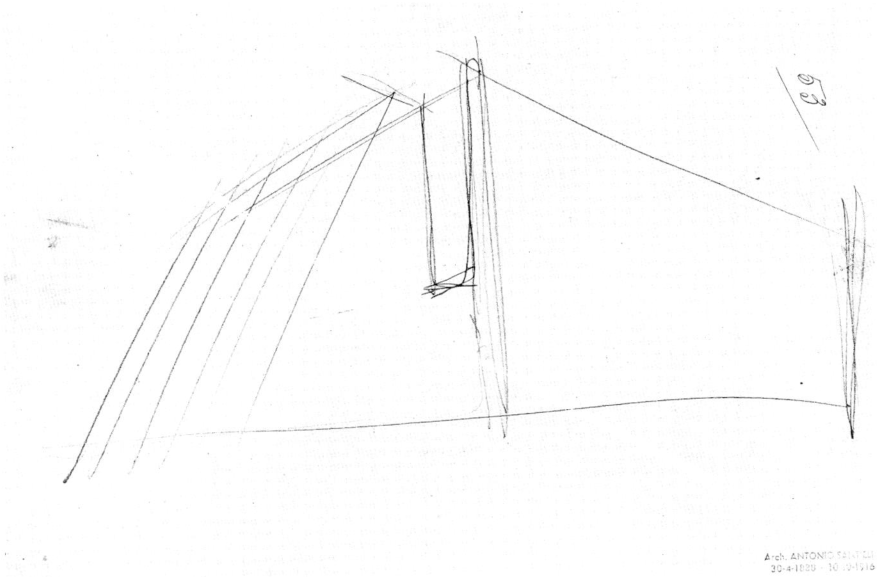

99

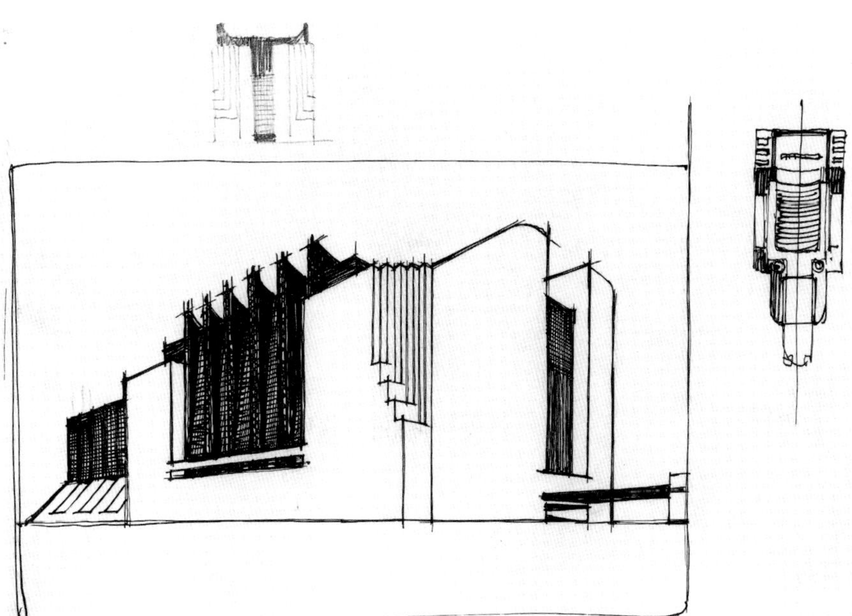

101

Theater (?) (1913)

101
schwarze Tusche, Bleistift und oranger Farbstift auf Papier
20 x 27,8 cm
Musei Civici, Como
Eisen und Glas wird verstärkt bei Gebäuden eingesetzt, die immer mehr in das urbane Gefüge integriert sind.
BIBLIOGRAPHIE: Tentori, 1955, S. 212; Apollonio/Mariani, 1958, S. 80-81; *Archivi del Futurismo*, Bd. II, 1962, S. 473, Nr. 152; Caramel/Longatti, 1962, S. 82; Longatti, 1984, S. 68; Caramel/Longatti, 1987, S. 179, Nr. 99; Caramel/Longatti, 1988, S. 143, Nr. 99
AUSSTELLUNG: 1962, Como, *Antonio Sant'Elia*, Kat. Nr. 105

102 (nicht abgebildet)
Bleistift auf Papier
18,9 x 21,3 cm
Musei Civici, Como
BIBLIOGRAPHIE: *Archivi del Futurismo*, Bd. II, 1962, S. 478, Nr. 181; Caramel/Longatti, 1962, S. 82; Caramel/Longatti, 1987, S. 180, Nr. 100; Caramel/Longatti, 1988, S. 144, Nr. 100
AUSSTELLUNG: 1962, Como, *Antonio Sant'Elia*, Kat. Nr. 106

103
schwarze Tusche und Bleistift auf Papier
28,5 x 20,8 cm
Musei Civici, Como
Aufgrund der häufigen Veröffentlichungen in der futuristischen Periode das bekannteste unter den mit »Theater« bezeichneten Gebäuden.
BIBLIOGRAPHIE: Reggiori, 1929, S. 325; ›Come è morto Sant'Elia‹, *L'Ambrosiano*, 18. September 1930, S. 3; Marinetti, *Il Giornale della Domenica*, 7./8. Dezember 1930, S. 1; ›Un precursore, Antonio Sant'Elia‹, *Rivista illustrata del Popolo d'Italia*, 1930, S. 50; Nezi, 1931, S. 225; Marinetti, *Futurismo*, 28. Oktober 1932, S. 4; Marinetti/Del Bello, 1933; Fiorini, 1934, S. 23; Tagliaventi, 1954, S. 236; Tentori, 1955, S. 214; Jeri, 23. September 1956, S. 24; Apollonio/Mariani, 1958, S. 82-83; *Archivi del Futurismo*, Bd. II, 1962, S. 472, Nr. 148; Caramel/Longatti, 1962, S. 84, Abb. 67; Ragghianti, 1963, S. 10; Portoghesi, 1971, S. 28; Crispolti, 1973, S. 171; Zevi, 1973, Nr. 315, 7; De Fusco, 1974, S. 211; Hughes, 1980, S. 171 (Ital. Ausgabe 1982, S. 171, Nr. 108); Portoghesi, 1982, S. 227; Godoli, 1983, S. 19; Magnago Lampugnani, 1983 (1986, S. 296); Negri, 1986, S. 56 und Umschlag; J. Wissinger, 1986, S. 34; Caramel/Longatti, 1987, S. 180, Nr. 101; *Das Abenteuer...*, 1987, S. 255; *200 Jahre...*, 1987, S. 177; Caramel/Longatti, 1988, S. 144; Vincenzo, *L'Illustrazione Italiana*, Mai 1989, S. 98; Somenzi, o. J., S. 38
AUSSTELLUNGEN: 1930, Mailand, *Mostra futurista dell'architetto Sant'Elia e di 22 pittori futuristi*; 1930, Rom, *Mostra delle opere dell'architetto futurista comasco Sant'Elia*, Kat. Abb. 7; 1962, Como, *Antonio Sant'Elia*, Kat. Nr. 125; 1973, Paris, *Le Futurisme 1909-1916*, Kat. S. 133; 1986, USA, Wanderausstellung, *Antonio Sant'Elia*, Kat. Nr. 23

104

109

108

104 (Abb. S. 116)
schwarze, rote und grüne Tusche auf Transparentpapier
29 x 20 cm
Sammlung Paride Accetti, Mailand
BIBLIOGRAPHIE: Tentori, 1955, S. 214; Caramel/Longatti, 1962, S. 84; Calvesi, 1967, S. 226; Calvesi, 1970, S. 72; De Seta, 1972, Abb. 5 (o. S.); Caramel, 1972-1973, S. 63; Curtis, 1982, S. 74, Nr. 5. 16; Negri, 1986, S. 52; Caramel, *Art Dossier*, 1986, Abb. S. 55; Caramel/Longatti, 1987, S. 181, Nr. 102; Caramel/Longatti, 1988, S. 145, Nr. 102; Barletta, 28. Mai 1989; Vinca Masini, 1989, S. 375, Nr. 1021; De Seta, 1990, Tafel V; Waterman, 1991, S. 160
AUSSTELLUNGEN: 1959, Rom, *Il Futurismo*, Kat. Nr. 212 (214); 1962, Como, *Antonio Sant'Elia*, Kat. Nr. 124; 1972-1973, England, Wanderausstellung, *Futurism 1909-1919*, Kat. S. 63; 1974, Düsseldorf, *Futurismus 1909-1919*, Kat. VII, Nr. 6; 1976, Florenz, *Quinta biennale internazionale d'arte grafica*, Kat. Nr. 8, S. 68; 1982-83, Mailand, *Boccioni a Milano*, Kat. Nr. 292; 1986, USA, Wanderausstellung, *Antonio Sant'Elia*, Kat. Nr. 19; 1989, Mailand, *Sant'Elia e l'ambiente futurista*, Kat. Nr. 22; 1990, New York, *Architettura futurista*, Kat. Nr. V

105
schwarze Tusche und Bleistift auf Papier
16.8 x 16.4 cm
Musei Civici, Como
BIBLIOGRAPHIE: *Archivi del Futurismo*, Bd. II, 1962, S. 478, Nr. 178; Caramel/Longatti, 1962, S. 84; Caramel/Longatti, 1987, S. 181, Nr. 103; Caramel/Longatti, 1988, S. 145, Nr. 103
AUSSTELLUNG: 1962, Como, *Antonio Sant'Elia*, Kat. Nr. 126

105

Studien für Elektrizitätswerke (1913)

106
schwarze Tusche und Bleistift auf Papier
19,8 x 14,3 cm
datiert unten rechts »11. 7. 1913« mit den Initialen »A. S.«
Musei Civici, Como
Diese Studie ist als eine von wenigen datiert und steht am Anfang der langen Serie der Elektrizitätswerke, einem Grundthema in Sant'Elias Weltanschauung. Bald entstehen Projekte einzelner Anlagen, die durch ihre formelle Modernität überraschen. Wenn die Definition ihrer technologischen Strukturen auch unpräzise ist, so wird dieses Thema doch zu einem wesentlichen Bestandteil der »großen Maschine« Stadt.
BIBLIOGRAPHIE: Reggiori, 1929, S. 330; Tagliaventi, 1954, S. 236; Tentori, 1955, S. 213; Apollonio/Mariani, 1958, S. 88-89; *Archivi del Futurismo*, Bd. II, 1962, S. 452, Nr. 51; Caramel/Longatti, 1962, S. 82, Abb. 60; Banham, 1981, S. 39, Nr. 12; Negri, 1986, S. 119; Caramel/Longatti, 1987, S. 182, Nr. 104; Caramel/Longatti, 1988, S. 146, Nr. 104
AUSSTELLUNGEN: 1962, Como, *Antonio Sant'Elia*, Kat. Nr. 111; 1986, Wien, *Lichtjahre*

106

107

110

107 (Farbabb. S. 40)
Bleistift und oranger Farbstift auf Papier
21.1 x 21.2 cm
Musei Civici, Como
BIBLIOGRAPHIE: Tentori, 1955, S. 213; *Archivi del Futurismo*, Bd. II, 1962, S. 457, Nr. 72; Caramel/Longatti, 1962, S. 82, Abb. 59; Los, 1973-1974, S. 45, Nr. 37; Caramel/Longatti, 1987, S. 183, Nr. 105; Caramel/Longatti, 1988, S. 147, Nr. 105
AUSSTELLUNG: 1962, Como, *Antonio Sant'Elia*, Kat. Nr. 110

108 (Abb. S. 117)
schwarze Tusche, Bleistift und oranger Farbstift auf Papier
25.8 x 13 cm
Musei Civici, Como
BIBLIOGRAPHIE: Tentori, 1955, S. 213; *Archivi del Futurismo*, Bd. II, 1962, S. 467, Nr. 123; Caramel/Longatti, 1962, S. 82, Abb. 57; De Fusco, 1974, S. 74; Banham, 1981, S. 39, Nr. 14; Caramel/Longatti, 1987, S. 183, Nr. 106; Caramel/Longatti, 1988, S. 147, Nr. 106
AUSSTELLUNGEN: 1962, Como, *Antonio Sant'Elia*, Kat. Nr. 109; 1986, Wien, *Lichtjahre*

109 (Abb. S. 117)
schwarze Tusche, Bleistift und oranger Farbstift auf Papier
20 x 24.2 cm
Musei Civici, Como
BIBLIOGRAPHIE: Tagliaventi, Oktober 1954, S. 236; Fontana, 1955; Tentori, 1955, S. 211; *Archivi del Futurismo*, Bd. II, 1962, S. 459, Nr. 82; Pevsner, 1960 (siehe 1936), S. 206, Nr. 141; Caramel/Longatti, 1962, S. 83; ›Disegni di Antonio Sant'Elia ...‹, *La Provincia*, 12. September 1985, S. 6; Caramel/Longatti, 1987, S. 184, Nr. 107; Caramel/Longatti, 1988, S. 148, Nr. 107
AUSSTELLUNGEN: 1930, Como, *Mostra delle opere dell'architetto futurista comasco Sant'Elia*, Kat. Abb. 10; 1959, Rom, *Il Futurismo*, S. 77, Kat. Nr. 26; 1962, Como, *Antonio Sant'Elia*, Kat. Nr. 115

110 (Farbabb. S. 40)
Bleistift und oranger Farbstift auf Papier
29.5 x 19.4 cm
Datum und Initialen unten rechts »Como 9. 8. 1913. AS«
Musei Civici, Como
BIBLIOGRAPHIE: *L'Ambrosiano*, 18. September 1930, S. 3; Fontana, 1955; Tentori, 1955, S. 213; Sarfatti, 1959, S. 33; *Archivi del Futurismo*, Bd. II, 1962, S. 459, Nr. 81; Caramel/Longatti, 1962, S. 83, Abb. 66; Ragghianti, 1963, S. 12; Apollonio, 1970, S. 222; De Fusco, 1974, S. 74; Costanzo, 1978, S. 22, Abb. 4; De Seta, 1981, S. 38; Tajana, 1983, S. 67; Negri, 1986, S. 120; Caramel/Longatti, 1987, S. 184, Nr. 108; Caramel/Longatti, 1988, S. 148, Nr. 108
AUSSTELLUNGEN: 1959, Rom, *Il Futurismo*, S. 78, Kat. Nr. 39; 1962, Como, *Antonio Sant'Elia*, Kat. Nr. 117

111
schwarze Tusche und Bleistift auf Papier
21.1 x 21.1 cm
Musei Civici, Como
BIBLIOGRAPHIE: Tentori, 1955, S. 213; *Archivi del Futurismo*, Bd. II, 1962, S. 457, Nr. 73; Caramel/Longatti, 1962, S. 83; Longatti, 1986, S. 68; Caramel/Longatti, 1987, S. 185, Nr. 109; Caramel/Longatti, 1988, S. 149, Nr. 109
AUSSTELLUNG: 1962, Como, *Antonio Sant'Elia*, Kat. Nr. 118

112
schwarze Tusche auf Papier
21 x 28 cm
Musei Civici, Como
BIBLIOGRAPHIE: Reggiori, 1929, S. 331; Marinetti/Del Bello, 1933; Fiorini, 1934, S. 18; Fontana, 1955; Tentori, 1955, S. 212; *Archivi del Futurismo*, Bd. II, 1962, S. 459, Nr. 83; Caramel/Longatti, 1962, S. 83, Abb. 65; Zevi, 1979, S. 68, Nr. 47; Banham, 1981, S. 38, Nr. 9; Godoli, 1983, S. 20; Caramel/Longatti, 1987, S. 185, Nr. 110; Caramel/Longatti, 1988, S. 149, Nr. 110
AUSSTELLUNGEN: 1930, Como, *Mostra delle opere dell'architetto futurista comasco Sant'Elia*, Kat. Nr. 4; 1962, Como, *Antonio Sant'Elia*, Kat. Nr. 119

113 (nicht abgebildet)
schwarze Tusche auf Papier
12.7 x 22 cm
Musei Civici, Como
BIBLIOGRAPHIE: Tentori, 1955, S. 212; Apollonio/Mariani, 1958, S. 90-91; *Archivi del Futurismo*, Bd. II, 1962, S. 457, Nr. 75; Caramel/Longatti, 1962, S. 83, Abb. 64;

111

112

114

115

116

Zevi, 1979, S. 63, Nr. 46; Banham, 1981, S. 38, Nr. 7; Caramel/Longatti, 1987, S. 186, Nr. 111; Caramel/Longatti, 1988, S. 150, Nr. 111

AUSSTELLUNGEN: 1959, Rom, *Il Futurismo*, S. 77, Kat. Nr. 27; 1962, Como, *Antonio Sant'Elia*, Kat. Nr. 116

114
Detail
schwarze Tusche, Bleistift und oranger Farbstift auf Papier
27,5 x 21 cm
Musei Civici, Como

BIBLIOGRAPHIE: *L'Ambrosiano*, 18. September 1930, S. 3; Tentori, 1955, S. 215; *Archivi del Futurismo*, Bd. II, 1962, S. 458, Nr. 76; Caramel/Longatti, 1962, S. 83, Tafel 63; Zevi, 1950 (2. Aufl. 1975, S. 176); Portoghesi, 1982, S. 225; Caramel/Longatti, 1987, S. 186, Nr. 112; Caramel/Longatti, 1988, S. 150, Nr. 112

AUSSTELLUNGEN: 1930, Como, *Mostra delle opere dell'architetto futurista comasco Sant'Elia*, Kat. Abb. 3; 1962, Como, *Antonio Sant'Elia*, Kat. Nr. 114

115 (Abb. S. 121)
Detail
schwarze, grüne und blaue Tusche, oranger Farbstift auf Papier
20,7 x 12,3 cm
datiert und signiert unten links »14 agos. 1913 A. S.«
Musei Civici, Como
BIBLIOGRAPHIE: Veronesi, 1953, S. 17, Tafel 3; Dorfles, 1954 (3 . Aufl. 1981, S. 35); Tentori, 1955, S. 215; *Archivi del Futurismo*, Bd. II, 1962, S. 458, Nr. 77; Caramel/Longatti, 1962, S. 82, Abb. 61; Veronesi, 1962, S. 80; Miotto/Muret, 1976, S. 25; Negri, 1986, S. 57, 120; Caramel/Longatti, 1987, S. 187, Nr. 113; Caramel/Longatti, 1988, S. 151, Nr. 113; Del Pozzo, *Panorama*, 21. Mai 1989
AUSSTELLUNGEN: 1959, Rom, *Il Futurismo*, S. 78, Kat. Nr. 36; 1962, Como, *Antonio Sant'Elia*, Kat. Nr. 112; 1973, Paris, *Le Futurisme 1909-1916*, Kat. S. 133; 1986, USA, Wanderausstellung, *Antonio Sant'Elia*, Kat. Nr. 24

116 (Abb. S. 121)
Detail
Bleistift auf Papier
26,5 x 21 cm
Musei Civici, Como
BIBLIOGRAPHIE: Caramel/Longatti, 1962, S. 83; Caramel/Longatti, 1987, S. 187, Nr. 114; Caramel/Longatti, 1988, S. 151, Nr. 114
AUSSTELLUNG: 1962, Como, *Antonio Sant'Elia*, Kat. Nr. 113

117 (nicht abgebildet)
Detail
schwarze Tusche und Bleistift auf Papier
11 x 17 cm
Privatsammlung
BIBLIOGRAPHIE: *Archivi del Futurismo*, Bd. II, 1962, S. 445, Nr. 70; Caramel/Longatti, 1987, S. 188, Nr. 115; Caramel/Longatti, 1988, S. 152, Nr. 115

118 (nicht abgebildet)
Seitenansicht
schwarze Tusche auf Papier
5,8 x 15 cm
Privatsammlung
BIBLIOGRAPHIE: *Archivi del Futurismo*, Bd. II, 1962, S. 456, Nr. 65; Nicoletti, 1978, S. 356; Caramel/Longatti, 1987, S. 188, Nr. 116; Caramel/Longatti, 1988, S. 152, Nr. 116

119
schwarze Tusche auf Papier
7 x 10 cm
Privatsammlung
BIBLIOGRAPHIE: *Archivi del Futurismo*, Bd. II, 1962, S. 456, Nr. 69; Caramel/Longatti, 1987, S. 189, Nr. 117; Caramel/Longatti, 1988, S. 153, Nr. 117

119

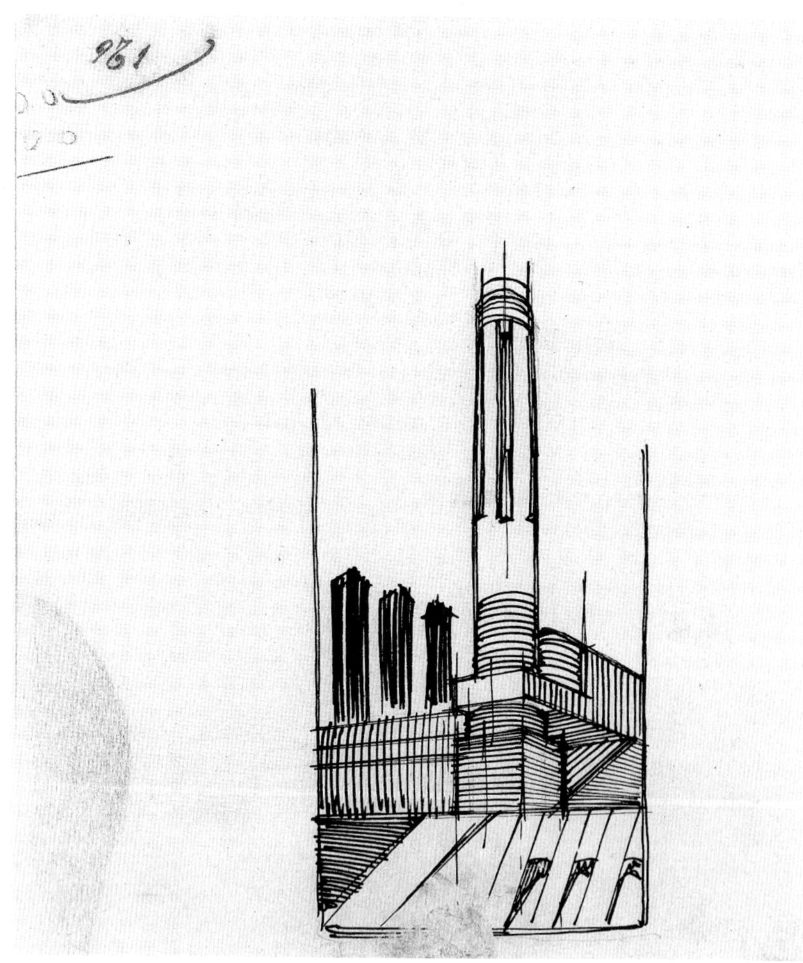

120

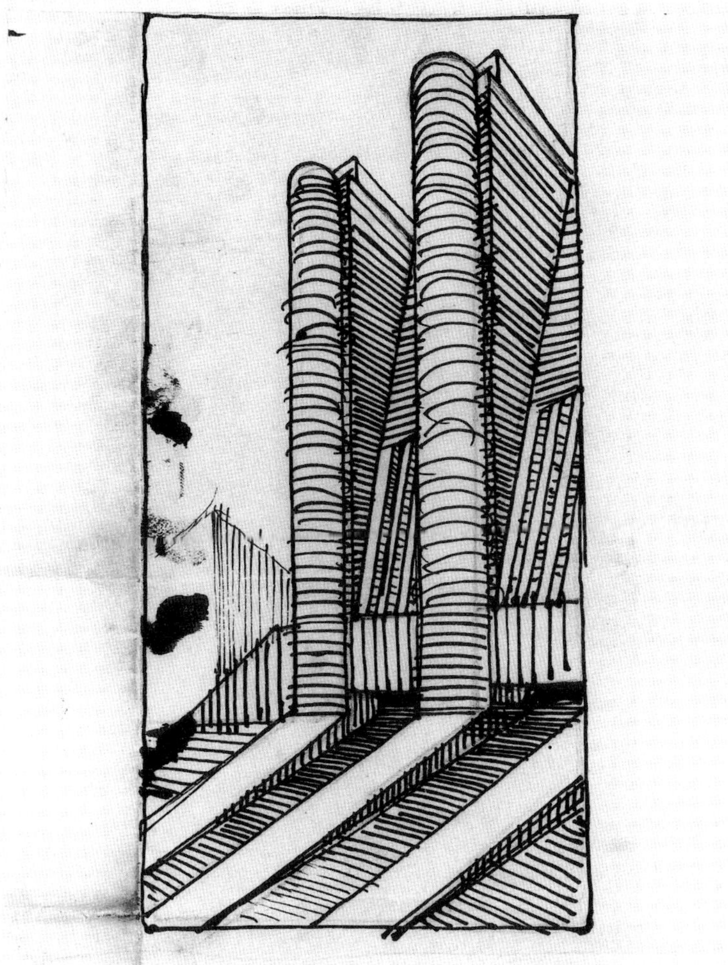

121

122

120
Studie für ein Industriegebäude (Elektrizitätswerk?) (1913)
schwarze Tusche und Bleistift auf Papier
20,3 x 16,8 cm
Am Blatt fehlt die linke untere Ecke.
Musei Civici, Como
BIBLIOGRAPHIE: Tentori, 1955, S. 212; *Archivi del Futurismo*, Bd. II, 1962, S. 470, Nr. 139; Caramel/Longatti, 1962, S. 96, Abb. 69; Caramel/Longatti, 1987, S. 189, Nr. 118; Caramel/Longatti, 1988, S. 153, Nr. 118
AUSSTELLUNG: 1962, Como, *Antonio Sant'Elia*, Kat. Nr. 202

121
Studie für ein Gebäude (1913)
schwarze Tusche und Bleistift auf Papier
18,9 x 14,5 cm
Musei Civici, Como
Eine Art Kompromißlösung zwischen den Monumentalbauten von 1912 und den modernen Wohnhäusern der *Città Nuova*.
BIBLIOGRAPHIE: Tentori, 1955, S. 215; Apollonio/Mariani, 1958, S. 142-143; *Archivi del Futurismo*, Bd. II, 1962, S. 445, Nr. 18; Caramel/Longatti, 1962, S. 104, Nr. 18; Goldberger, 1986; Gregotti, *Corriere della Serra*, 15. März 1986, S. 20; Negri, 1986, S. 105; Caramel/Longatti, 1987, S. 190, Nr. 119; Caramel/Longatti, 1988, S. 154, Nr. 119
AUSSTELLUNGEN: 1962, Como, *Antonio Sant'Elia*, Kat. Nr. 259; 1986, USA, Wanderausstellung, *Antonio Sant'Elia*, Kat. Nr. 72

122
Studie für ein Gebäude (1913)
schwarze Tusche und Bleistift auf Papier
18 x 17 cm
Musei Civici, Como
BIBLIOGRAPHIE: Zevi 1950 (2. Aufl. 1975, S. 176); Tentori, 1955, S. 211; Apollonio/Mariani, 1958, S. 66-67; *Archivi del Futurismo*, Bd. II, 1962, S. 467, Nr. 125; Borghi, 1960, S. 466; Caramel/Longatti, 1962, S. 82; De Seta, 1972, S. 14, Tafel VIII; Portoghesi, 1982, S. 225; Caramel/Longatti, 1987, S. 190, Nr. 120; Caramel/Longatti, 1988, S. 154, Nr. 120
AUSSTELLUNG: 1962, Como, *Antonio Sant'Elia*, Kat. Nr. 107

Industriegebäude (1913)

123
Bleistift auf Papier
21,3 x 21,5 cm
datiert unten rechts »2 agosto 1913«
Musei Civici, Como
BIBLIOGRAPHIE: ›Come è morto Sant'Elia‹, *L'Ambrosiano*, 18. September 1930, S. 3; Tentori, 1955, S. 211; Apollonio/Mariani, 1958, S. 78-79; *Archivi del Futurismo*, Bd. II, 1962, S. 465, Nr. 116; Caramel/Longatti, 1962, S. 81; Schmidt-Thomsen, 1981, S. 43; Longatti, 1984, S. 72; Negri, 1986, S. 120; Caramel/Longatti, 1987, S. 191, Nr. 121; Caramel/Longatti, 1988, S. 155, Nr. 121
AUSSTELLUNGEN: 1959, Rom, *Il Futurismo*, S. 78, Kat. Nr. 41; 1962, Como, *Antonio Sant'Elia*, Kat. Nr. 95

124 (nicht abgebildet)
entwendet 1958 auf der Weltausstellung in Brüssel
BIBLIOGRAPHIE: Tentori, 1955, S. 213; *Archivi del Futurismo*, Bd. II, 1962, S. 468, Nr. 129; Caramel/Longatti, 1987, S. 191, Nr. 122; Caramel/Longatti, 1988, S. 155, Nr. 122
AUSSTELLUNG: 1958, Brüssel, *Weltausstellung*

125
schwarze Tusche auf Papier
20 x 19 cm
Sammlung Paride Accetti, Mailand
BIBLIOGRAPHIE: Samonà, 1959, S. 63; Caramel/Longatti, 1962, S. 82; Negri, 1986, S. 5; Lista, 1988, S. 81; Caramel/Longatti, 1987, S. 192, Nr. 123; Caramel/Longatti, 1988, S. 156, Nr. 123
AUSSTELLUNGEN: 1962, Como, *Antonio Sant'Elia*, Kat. Nr. 108; 1986, USA, Wanderausstellung, *Antonio Sant'Elia*, Kat. Nr. 21

126 (Abb. S. 29; Umschlag)
schwarze Tusche, Bleistift und rote Aquarellfarbe auf Papier
17,4 x 41,5 cm
Musei Civici, Como
Die Feuerzunge, die aus der dunklen Masse des Gebäudes zu lodern scheint, trägt zu einer erheblichen Verstärkung der Expressivität bei.
BIBLIOGRAPHIE: *Archivi del Futurismo*, Bd. II, 1962, S. 468, Nr. 127; Caramel/Longatti, 1962, S. 81; Longatti, 1980, S. 110; Godoli, 1983, S. 17; Caramel/Longatti, 1987, S. 192, Nr. 124; Caramel/Longatti, 1988, S. 156, Nr. 124
AUSSTELLUNGEN: 1930, Mailand, *Mostra futurista dell'architetto Sant'Elia e di 22 pittori futuristi;* 1930, Rom, *Mostra delle opere dell'architetto futurista Sant'Elia;* 1962, Como, *Antonio Sant'Elia*, Kat. Nr. 100; 1980, Mailand, *Nuove Tendenze*, Kat. S. 110

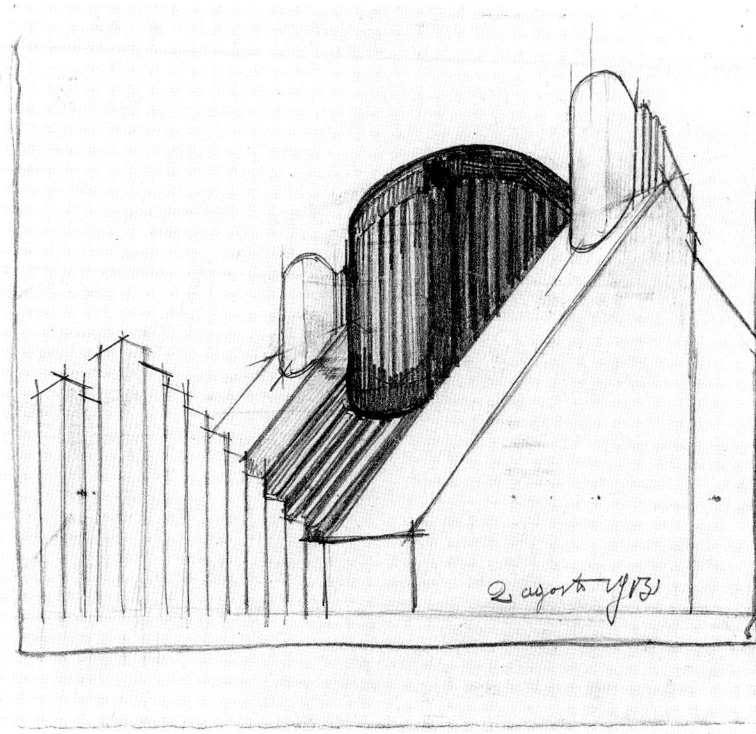

123

125

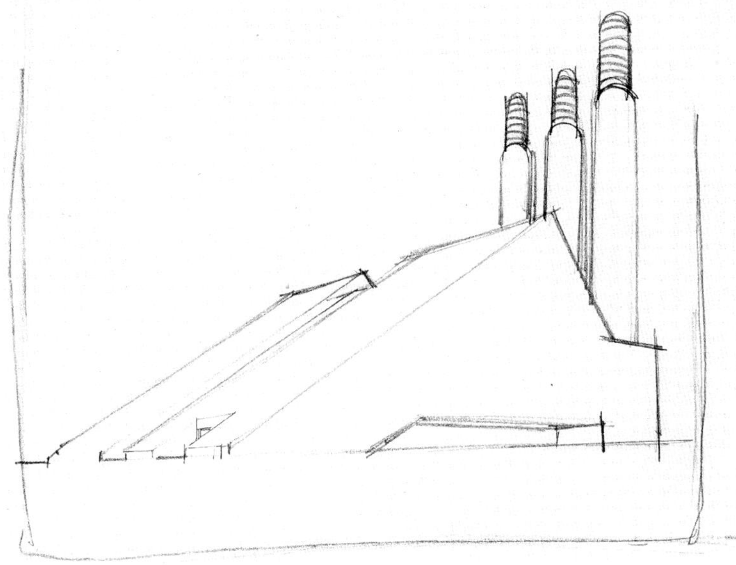

127

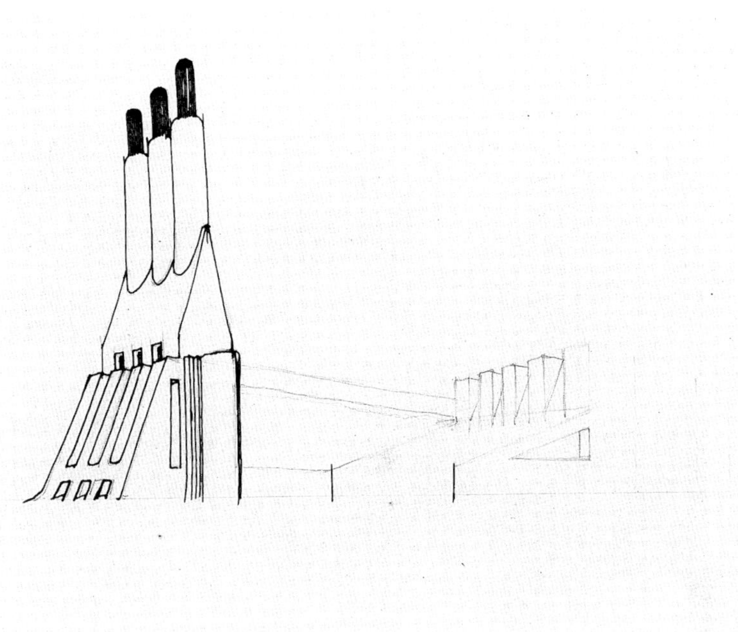

128

130

127
Bleistift auf Papier
17,5 x 20,4 cm
Musei Civici, Como
BIBLIOGRAPHIE: Banham, 1955, S. 300; Tentori, 1955, S. 212; *Archivi del Futurismo*, Bd. II, S. 459, Nr. 84; Caramel/Longatti, 1962, S. 83; Tisdall/Bozzolla, 1977, S. 120; Negri, 1986, S. 51; Caramel/Longatti, 1987, S. 193, Nr. 125; Caramel/Longatti, 1988, S. 157, Nr. 125
AUSSTELLUNGEN: 1959, Rom, *Il Futurismo*, S. 78, Kat. Nr. 37; 1962, Como, *Antonio Sant'Elia*, Kat. Nr. 122; 1986, USA, Wanderausstellung, *Antonio Sant'Elia*, Kat. Nr. 18

128
schwarze Tusche und Bleistift auf Papier
21 x 21,5 cm
Musei Civici, Como
BIBLIOGRAPHIE: Tentori, 1955, S. 211; *Archivi del Futurismo*, Bd. II, 1962, S. 458, Nr. 78; Caramel/Longatti, 1962, S. 83; Caramel/Longatti, 1987, S. 193, Nr. 126; Caramel/Longatti, 1988, S. 157, Nr. 126
AUSSTELLUNGEN: 1959, Rom, *Il Futurismo*, S. 76, Kat. Nr. 11; 1962, Como, *Antonio Sant'Elia*, Kat. Nr. 121

129 (nicht abgebildet)
schwarze Tusche auf Papier
14,3 x 17,5 cm
Musei Civici, Como
BIBLIOGRAPHIE: Bernasconi, April 1957, Nr. 71; *Archivi del Futurismo*, Bd. II, 1962, S. 467, Nr. 122; Caramel/Longatti, 1962, S. 81; Caramel/Longatti, 1987, S. 194, Nr. 127; Caramel/Longatti, 1988, S. 158, Nr. 127
AUSSTELLUNGEN: 1959, Rom, *Il Futurismo*, S. 84, Kat. Nr. 123; 1962, Como, *Antonio Sant'Elia*, Kat. Nr. 98

130
schwarze Tusche auf Papier
10,2 x 19,7 cm
Sammlung Anna und Gianfranca Sant'Elia, Mailand
BIBLIOGRAPHIE: Negri, 1986, S. 76; Caramel/Longatti, 1987, S. 194, Nr. 128; Caramel/Longatti, 1988, S. 158, Nr. 128
AUSSTELLUNGEN: 1959, Rom, *Il Futurismo*, S. 84, Kat. Nr. 125; 1986, USA, Wanderausstellung, *Antonio Sant'Elia*, Kat. Nr. 43; 1989, Mailand, *Sant'Elia e l'ambiente futurista*, Kat. Nr. 16; 1990, Rom, *Antonio Sant'Elia – Carlo Erba. Tra Futurismo e Nuove Tendenze*, Kat. Nr. 5

131 (nicht abgebildet)
Bleistift auf Papier
13,2 x 14 cm
Musei Civici, Como
BIBLIOGRAPHIE: *Archivi del Futurismo*, Bd. II, 1962, S. 466, Nr. 120; Caramel/Longatti, 1962, S. 81; Caramel/Longatti, 1987, S. 195, Nr. 129; Caramel/Longatti, 1988, S. 159, Nr. 129
AUSSTELLUNGEN: 1959, Rom, *Il Futurismo*, S. 83, Kat. Nr. 102; 1962, Como, *Antonio Sant'Elia*, Kat. Nr. 99

132
Studie für ein (Fabrik-?)Gebäude (1913)
schwarze Tusche und Bleistift auf Papier
27,5 x 19,8 cm
Musei Civici, Como
BIBLIOGRAPHIE: Banham, 1955, S. 299; Tentori, 1955, S. 212; *Archivi del Futurismo*, Bd. II, 1962, S. 468, Nr. 128; Maltese, 1960, Abb. 163; Caramel/Longatti, 1962, S. 80, Abb. 49; Caramel, 1963, S. 69; Tallarico, 1970, S. 94; Rye, 1972, S. 103; Zevi, 1950 (2. Aufl. 1975, S. 176); Miotto/Muret, 1976, S. 25; Pampaloni, 1977, S. 87; Tallarico, 1977, S. 100; Schmidt-Thomsen, 1981, S. 43; Portoghesi, 1982, S. 224; Caramel/Longatti, 1987, S. 195, Nr. 130; Caramel/Longatti, 1988, S. 159, Nr. 130
AUSSTELLUNG: 1962, Como, *Antonio Sant'Elia*, Kat. Nr. 87

133
Ansicht eines Gebäudes mit Passage, 1913
schwarze Tusche und Bleistift auf Papier
28 x 21 cm
datiert unten rechts »1913«
Musei Civici, Como
BIBLIOGRAPHIE: Tentori, 1955, S. 212; Apollonio/Mariani, 1958, S. 70-71; *Archivi del Futurismo*, Bd. II, 1962, S. 453, Nr. 59; Taylor, 1961, S. 108; Caramel/Longatti, 1962, S. 81, Tafel 53; Caramel, 1963, S. 65; ›Sant'Elia‹, *Dizionario Enciclopedico di Architettura e Urbanistica*, 1968, Bd. V, S. 407; Martin, 1968, S. 204, Nr. 190; Finch, *Design Quarterly*, 1969 (S. 6); De Seta, 1972, S. 14, Tafel IX; Pehnt, 1973, S. 170, Nr. 121; Zevi, 1950 (2. Aufl. 1975, S. 176); Miotto Muret, 1976, S. 25; Martin, 1978, Nr. 190; Hughes, 1980, S. 171 (Ital. Ausgabe 1982, S. 171, Nr. 109); Portoghesi, 1982, S. 224; Godoli, 1983, S. 19; Caramel/Longatti, 1987, Nr. 131, S. 196; Caramel/Longatti, 1988, Nr. 131, S. 160
AUSSTELLUNGEN: 1959, Rom, *Il Futurismo*, S. 84, Kat. Nr. 113; 1962, Como, *Antonio Sant'Elia*, Kat. Nr. 101; 1973, Paris, *Le Futurisme 1909-1916*, Kat. Nr. 132

134 (Abb. S. 39)
Studien für einen Hangar (1913)
schwarze Tusche auf Papier
28 x 21 cm
Musei Civici, Como
Es scheint sich der massige Körper eines Luftschiffes abzuzeichnen, das gerade in den Hangar einläuft.
BIBLIOGRAPHIE: Tentori, 1955, S. 211; *Archivi del Futurismo*, Bd. II, 1962, S. 460, Nr. 90; Caramel/Longatti, 1962, S. 81; Miotto/Muret, 1976, S. 25; Caramel/Longatti, 1987, S. 196, Nr. 132; Caramel/Longatti, 1988, S. 160, Nr. 132
AUSSTELLUNGEN: 1959, Rom, *Il Futurismo*, S. 78, Kat. Nr. 46; 1962, Como, *Antonio Sant'Elia*, Kat. Nr. 102

132

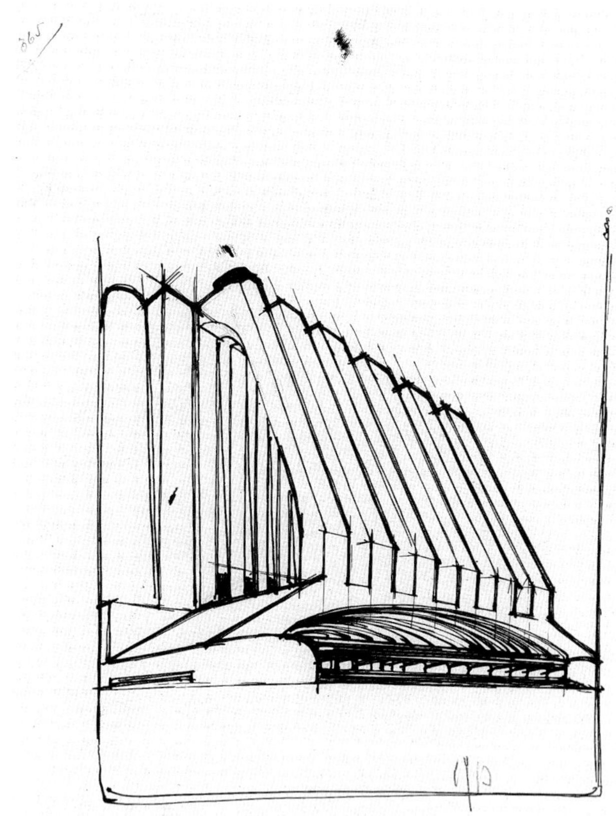

133

136

135 (Abb. S. 28)

Studie für ein großes Gebäude (Hangar oder Markthalle), 1913

schwarze Tusche, Bleistift und oranger Farbstift auf Papier
25,5 x 28,8 cm
signiert und datiert unten rechts »A. Sant'Elia 1913«
Musei Civici, Como
BIBLIOGRAPHIE: Tallarico, 1941, S. 47; Banham, 1955, S. 299; Tentori, 1955, S. 211; Apollonio/Mariani, 1958, S. 72-73; Banham, 1960, S. 117; *Archivi del Futurismo*, Bd. II, 1962, S. 460, Nr. 86; Taylor, 1961, S. 108; Caramel/Longatti, 1962, S. 82, Abb. 56; Veronesi, 1962, S. 79; Ragghianti, 1963, S. 12; Finch, *Design Quarterly*, 1969 (S. 6); Banham, 1970, Nr. 39; Portoghesi, 1971, S. 29; Los, 1973-1974, S. 44, Nr. 29; Miotto/Muret, 1976, S. 25; Nicoletti, 1978, S. 356; Sica, 1978, S. 89, Abb. 174; Godoli, 1983, S. 19; Negri, 1986, S. 122; Caramel/Longatti, 1987, S. 197, Nr. 133; Caramel/Longatti, 1988, S. 161, Nr. 133
AUSSTELLUNGEN: 1959, Rom, *Il Futurismo*, S. 79, Kat. Nr. 47; 1962, Como, *Antonio Sant'Elia*, Kat. Nr. 103

136

Studie für ein Gebäude (Theater?) (1913)

schwarze Tusche und Bleistift auf Papier
28,3 x 21 cm
Musei Civici, Como
Deutlich erkennbar ist das eiserne Hängevordach.
BIBLIOGRAPHIE: Tentori, 1955, S. 211; Apollonio/Mariani, 1958, S. 68-69; *Archivi del Futurismo*, Bd. II, 1962, S. 461, Nr. 93; Caramel/Longatti, 1962, S. 82, Abb. 55; Miotto/Muret, 1976, S. 25; Costanzo, 1978, S. 17, Abb. 3; Godoli, 1983, S. 19; Caramel/Longatti, 1987, S. 197, Nr. 134; Caramel/Longatti, 1988, S. 161, Nr. 134
AUSSTELLUNGEN: 1959, Rom, *Il Futurismo*, S. 81, Kat. Nr. 82; 1962, Como, *Antonio Sant'Elia*, Kat. Nr. 104

137

137

Passage (1913)

schwarze Tusche und Bleistift auf Papier
26,4 x 14,4 cm
Musei Civici, Como
BIBLIOGRAPHIE: Tentori, 1955, S. 214, Apollonio/Mariani, 1958, S. 92-93; Mariani, 1959, S. 841; *Archivi del Futurismo*, Bd. II, 1962, S. 445, Nr. 15; Caramel/Longatti, 1962, S. 97; Caramel/Longatti, 1987, S. 198, Nr. 135; Caramel/Longatti, 1988, S. 162, Nr. 135
AUSSTELLUNGEN: 1959, Rom, *Il Futurismo*, S. 76, Kat. Nr. 15; 1962, Como, *Antonio Sant'Elia*, Kat. Nr. 216

Brückenstudien (1913)

138
Sepia und Bleistift auf Papier
28.8 x 18.5 cm
Musei Civici, Como
Nach den städtebaulichen Vorstellungen Sant'Elias führen Brücken nicht über Wasserläufe, sondern über Straßen, und besitzen Verbindungen und Zugänge auf mehreren Ebenen.
BIBLIOGRAPHIE: Tentori, 1955, S. 211; *Archivi del Futurismo*, Bd. II, 1962, S. 466, Nr. 119; Caramel/Longatti, 1962, S. 80, Abb. 50; Banham, 1981, S. 39, Nr. 13; Caramel/Longatti, 1987, S. 198, Nr. 136; Caramel/Longatti, 1988, S. 162, Nr. 136
AUSSTELLUNG: 1962, Como, *Antonio Sant'Elia*, Kat. Nr. 91

139
Sepia, grüne und braune Aquarellfarbe, grüner und oranger Farbstift auf Papier
29 x 20.7 cm
Musei Civici, Como
BIBLIOGRAPHIE: Tentori, 1955, S. 213; Caramel/Longatti, 1962, S. 78; Caramel/Longatti, 1987, S. 199, Nr. 137; Caramel/Longatti, 1988, S. 163, Nr. 137
AUSSTELLUNGEN: 1959, Rom, *Il Futurismo*, S. 90, Kat. Nr. 199; 1962, Como, *Antonio Sant'Elia*, Kat. Nr. 68

140
entwendet 1958 auf der Weltausstellung in Brüssel
BIBLIOGRAPHIE: Tentori, 1955, S. 213; *Archivi del Futurismo*, Bd. II, 1962, S. 469, Nr. 136; Caramel/Longatti, 1987, S. 199, Nr. 138; Caramel/Longatti, 1988, S. 163, Nr. 138; Tentori, 1990, S. 75
AUSSTELLUNG: 1958, Brüssel, *Weltausstellung*

138

Studien für Industriegebäude (1913)

141
Bleistift auf Papier
20.7 x 27 cm
entwendet 1969 aus der ständigen Ausstellung in der Villa Olmo, Como
BIBLIOGRAPHIE: ›Sant'Elia oggi‹, *Casa Bella*,1930, S. 11; Banham, 1955, S. 300; Tentori, 1955, S. 212; Banham, 1960, S. 117; *Archivi del Futurismo*, Bd. II, 1962, S. 458, Nr. 79; Caramel/Longatti, 1962, S. 94, Abb. 90; Finch, *Design Quarterly*, 1969 (S. 6); Banham, 1970, Nr. 40; A. Sant'Elia, *Controspazio*, 1971, S. 19; Sica, 1978, S. 89, Abb. 175; Fontana, 1981, Abb. 145; Caramel/Longatti, 1987, S. 200, Nr. 139; Caramel/Longatti, 1988, S. 164, Nr. 139
AUSSTELLUNGEN: 1959, Rom, *Il Futurismo*, S. 77, Kat. Nr. 31; 1962, Como, *Antonio Sant'Elia*, Kat. Nr. 193

142 (Abb. S. 130)
Bleistift auf Papier
27.5 x 20.8 cm
Sammlung Anna und Gianfranca Sant'Elia, Mailand
Frontansicht und Varianten zum Gebäude von Kat. 141
BIBLIOGRAPHIE: Caramel/Longatti, 1962, S. 94; Negri, 1986, S. 98; Caramel/Longatti, 1987, S. 200, Nr. 140; Caramel/Longatti, 1988, S. 164, Nr. 140; Ballo, 1989, S. 133, Nr. 64

140

143

139

AUSSTELLUNGEN: 1962, Como, *Antonio Sant'Elia*, Kat. Nr. 194; 1986, USA, Wanderausstellung, *Antonio Sant'Elia*, Kat. Nr. 65; 1989, Mailand, *Sant'Elia e l'ambiente futurista*, Kat. Nr. 64; 1990, Rom, *Antonio Sant'Elia – Carlo Erba. Tra Futurismo e Nuove Tendenze*, Kat. Nr. 7

143
Gebäudestudie (1913)
Bleistift auf Papier
7,2 x 15,3 cm
Sammlung Anna und Gianfranca Sant'Elia, Mailand
BIBLIOGRAPHIE: Negri, 1986, S. 43; Caramel/Longatti, 1987, S. 201, Nr. 141; Caramel/Longatti, 1988, S. 165, Nr. 141; Ballo, 1989, S. 129, Nr. 8
AUSSTELLUNGEN: 1986, USA, Wanderausstellung, *Antonio Sant'Elia*, Kat. Nr. 10; 1989, Mailand, *Sant'Elia e l'ambiente futurista*, Kat. Nr. 8; 1990, Rom, *Antonio Sant'Elia – Carlo Erba. Tra Futurismo e Nuove Tendenze*, Kat. Nr. 6

144 (Abb. S. 130)
Gebäudestudien, 1913
signiert und datiert unten rechts »Antonio Sant'Elia 1913«
Verbleib des Originals unbekannt. Reproduktion von AA.VV., ›Dopo Sant'Elia‹, *Domus*, 1935, S. 7
Wie auf der Zeichnung Kat. 145 und auch auf anderen Blättern ist diese Zusammenstellung verschiedener Motive der Versuch einer Synthese, das Panorama einzelner Projekte zu einer Gesamtvision verschmelzen zu lassen.
BIBLIOGRAPHIE: *Casabella*, Juni 1935, S. 7; Caramel/Longatti, 1987, S. 201, Nr. 142; Caramel/Longatti, 1988, S. 165, Nr. 142; Tentori, 1990, S. 75

141

145 (Abb. S. 48)
Gebäudestudien (Fabriken, Bahnhöfe, Elektrizitätswerke), 1913
schwarze und rote Tusche, Bleistift mit Flecken farbiger Tusche auf Transparentpapier
51,5 x 28,7 cm
signiert und datiert unten rechts »Antonio Sant'Elia/ Milano/1913«
Sammlung Paride Accetti, Mailand
BIBLIOGRAPHIE: Tentori, 1955, S. 214; Caramel/Longatti, 1962, S. 83; Calvesi, 1967, S. 361; Rye, 1972, S. 104; Negri, 1986, S. 64, 122; Caramel/Longatti, 1987, S. 202, Nr. 143; Caramel/Longatti, 1988, S. 166, Nr. 143; Besana, *Architectural Digest*, Juni 1989, S. 56; ›Il futuro dell'architettura futurista‹, *L'Architettura*, 1989, S. 404, Nr. 1; De Benedetti, *Epoca*, 21. Mai 1989, S. 139; De Seta, 1990, Tafel X
AUSSTELLUNGEN: 1959, Rom, *Il Futurismo*, S. 91, Kat. Nr. 211; 1962, Como, *Antonio Sant'Elia*, Kat. Nr. 120; 1973, Mailand, *Boccioni e il suo tempo*, Kat. Nr. 264a; 1974, Düsseldorf, *Futurismus 1909–1919*, Kat. VII, Nr. 14; 1982–1983, Mailand, *Boccioni a Milano*, Kat. Nr. 298; 1986, Venedig, *Futurismo e Futurismi*, Kat. S. 212; 1986, USA, Wanderausstellung, *Antonio Sant'Elia*, Kat. Nr. 31; New York, *Architettura Futurista*, Kat. Tafel X

146
Gebäudestudie (mit Brücke?) (1913)
schwarze Tusche auf Papier
27.8 x 20.9 cm
signiert in der Mitte rechts »Como/A. Sant'Elia«
Musei Civici, Como
Bei der Zeichnung handelt es sich in vergrößerter Form und mit einigen Veränderungen um die Studie von Kat. 145, oben rechts.
BIBLIOGRAPHIE: Tentori, 1955, S. 213; *Archivi del Futurismo*, Bd. II, 1962, S. 445, Nr. 14; Caramel/Longatti, 1962, S. 84, Abb. 62; Veronesi, 1962, S. 80; Caramel/Longatti, 1987, S. 202, Nr. 144; Caramel/Longatti, 1988, S. 166, Nr. 144
AUSSTELLUNGEN: 1962, Como, *Antonio Sant'Elia*, Kat. Nr. 123; 1973, Paris, *Le Futurisme 1909-1916*, Kat. Nr. 133

147
Architektonische Studien (1913)
schwarze Tusche und Bleistift mit Flecken blauer Tusche auf Papier
18.6 x 29.2 cm
Privatsammlung, Mailand
BIBLIOGRAPHIE: *Archivi del Futurismo*, Bd. II, 1962, S. 477, Nr. 172; Caramel/Longatti, 1962, S. 77; Longatti, 1984, S. 25; Negri, 1986, S. 53; Caramel/Longatti, 1987, S. 203, Nr. 145; Caramel/Longatti, 1988, S. 167, Nr. 145
AUSSTELLUNGEN: 1959, Rom, *Il Futurismo*, S. 85, Kat. Nr. 130; 1962, Como, *Antonio Sant'Elia*, Kat. Nr. 66; 1986, USA, Wanderausstellung, *Antonio Sant'Elia*, Kat. Nr. 20

148
Studie für einen Mehrzweckbau, 1913
Sepia und grüne Tusche, blauer und oranger Farbstift auf Papier
17.6 x 18.8 cm
datiert unten rechts »Milano 27 ott. 1913«
Musei Civici, Como
BIBLIOGRAPHIE: Tentori, 1955, S. 212; Apollonio/Mariani, 1958, S. 86-87; Carandente, 1960-1961, S. 386; *Archivi del Futurismo*, Bd. II, 1962, S. 443; Caramel/Longatti, 1962, S. 84; Negri, 1986, S. 120; Caramel/Longatti, 1987, S. 203, Nr. 146; Caramel/Longatti, 1988, S. 167, Nr. 146
AUSSTELLUNGEN: 1960-1961, Paris, *Les sources du XXe siècle*, Kat. Nr. 1229; 1962, Como, *Antonio Sant'Elia*, Kat. Nr. 127; 1981-1982, Mailand, *La Stazione Centrale di Milano – Mostra del Cinquantenario*

142

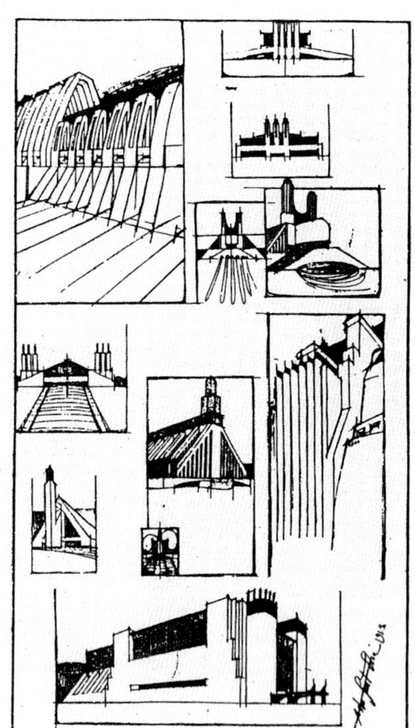

144

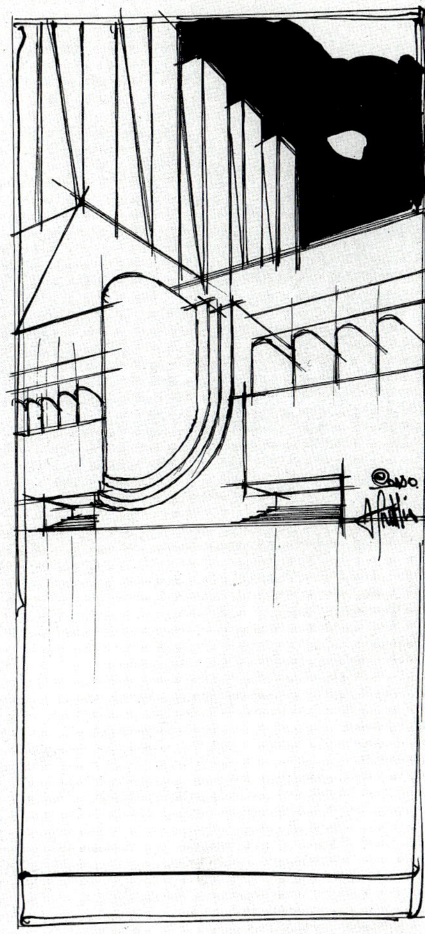

146

148

147

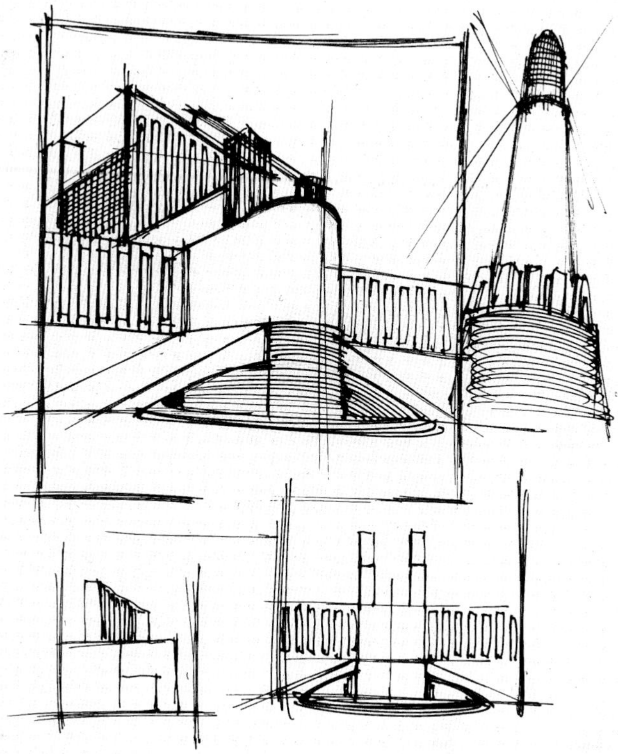

149

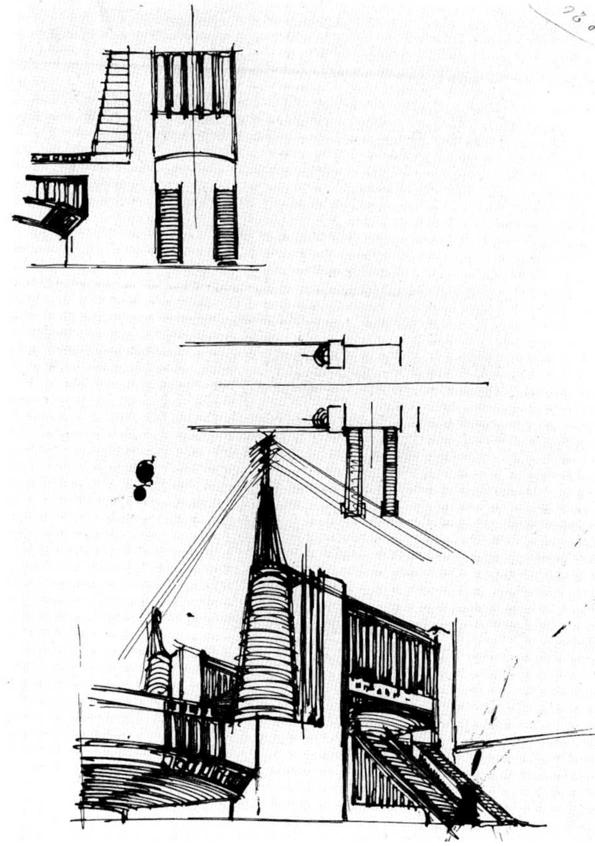

150

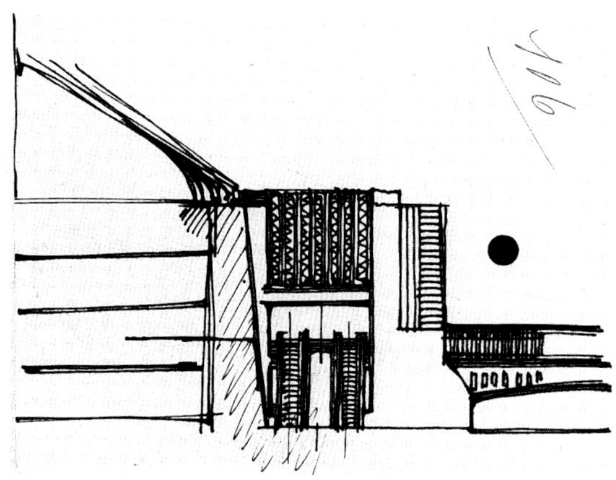

151

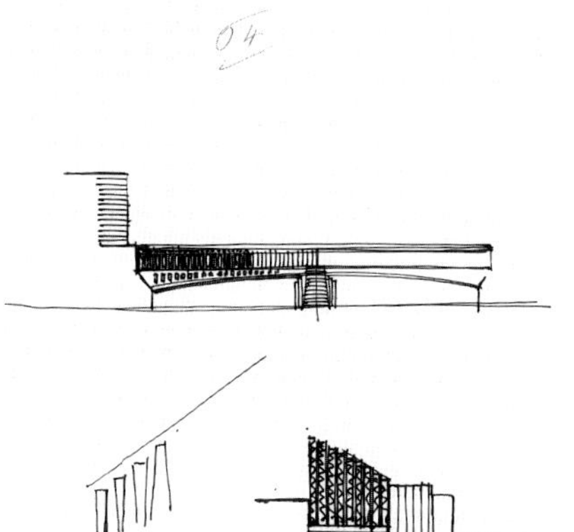

152

153

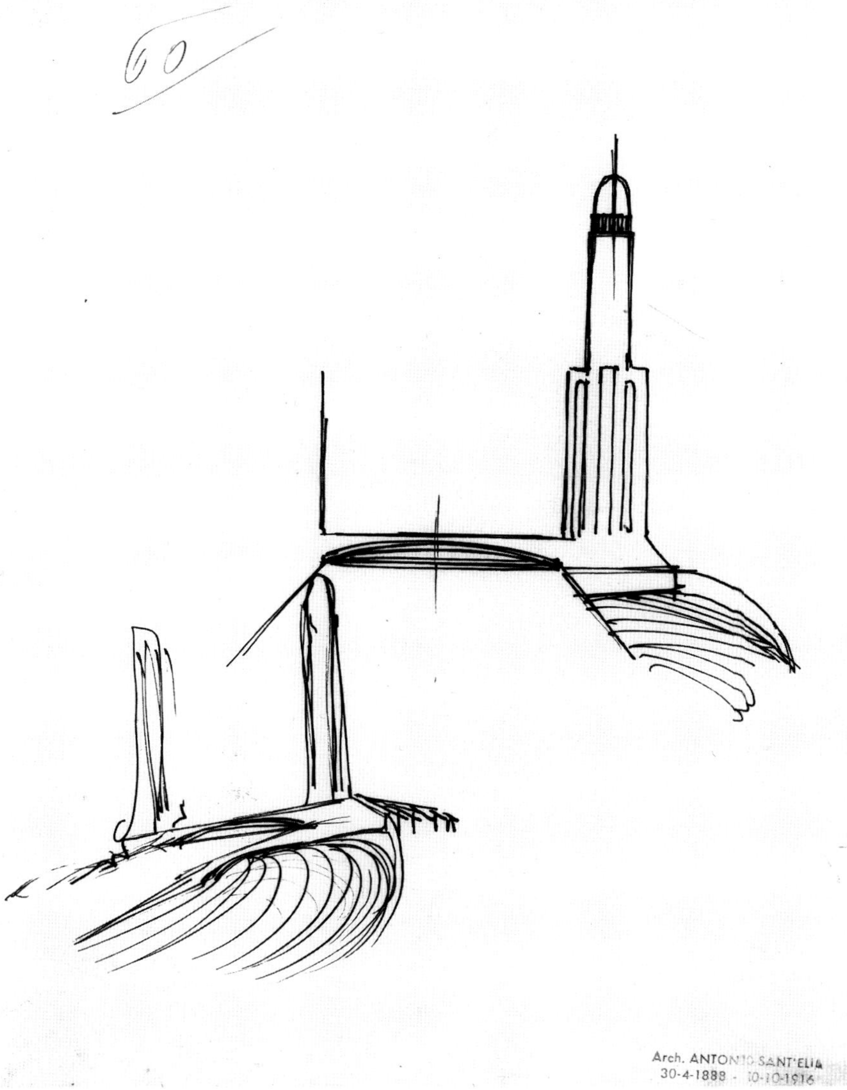

154

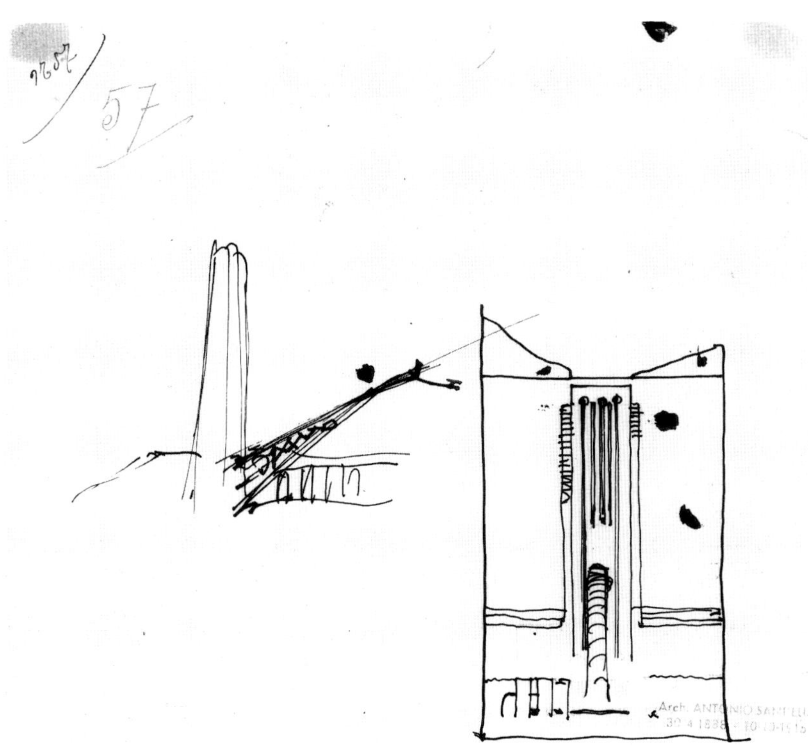

156

149
Architektonische Studien (1913-1914)
schwarze Tusche und Bleistift auf Papier
26,2 x 21 cm
Musei Civici, Como
BIBLIOGRAPHIE: Tentori, 1955, S. 212; *Archivi del Futurismo*, Bd. II, 1962, S. 479, Nr. 187; Caramel/Longatti, 1962, S. 96; Caramel/Longatti, 1987, S. 204, Nr. 147; Caramel/Longatti, 1988, S. 168, Nr. 147
AUSSTELLUNGEN: 1959, Rom, *Il Futurismo*, S. 90, Kat. Nr. 203; 1962, Como, *Antonio Sant'Elia*, Kat. Nr. 209

Studien für Brücken mit seitlichen Treppen (1913-1914)

150
schwarze Tusche auf Papier
28,2 x 20 cm
Musei Civici, Como
BIBLIOGRAPHIE: Zevi, 1950 (2. Aufl. 1975, S. 176); Tentori, 1955, S. 209; *Archivi del Futurismo*, Bd. II, 1962, S. 455, Nr. 61; Caramel/Longatti, 1962, S. 96, Abb. 83; ›Sant'Elia‹, *Dizionario Enciclopedico di Architettura e Urbanistica*, 1968, Bd. V, S. 408; Portoghesi, 1982, S. 231; Caramel/Longatti, 1987, S. 204, Nr. 148; Caramel/Longatti, 1988, S. 168, Nr. 148
AUSSTELLUNG: 1962, Como, *Antonio Sant'Elia*, Kat. Nr. 210

151
schwarze Tusche auf Papier
13,2 x 10,3 cm
Musei Civici, Como
BIBLIOGRAPHIE: *Archivi del Futurismo*, Bd. II, 1962, S. 449, Nr. 36; Caramel/Longatti, 1962, S. 97; Caramel/Longatti, 1987, S. 205, Nr. 149; Caramel/Longatti, 1988, S. 169, Nr. 149
AUSSTELLUNG: 1962, Como, *Antonio Sant'Elia*, Kat. Nr. 212

152
schwarze Tusche auf Papier
27 x 20,9 cm
Musei Civici, Como
BIBLIOGRAPHIE: Apollonio/Mariani, 1958, S. 120-121; *Archivi del Futurismo*, Bd. II, 1962, S. 448, Nr. 32; Caramel/Longatti, 1962, S. 97; Caramel/Longatti, 1987, S. 205, Nr. 150; Caramel/Longatti, 1988, S. 169, Nr. 150
AUSSTELLUNGEN: 1959, Rom, *Il Futurismo*, S. 84, Kat. Nr. 122; 1962, Como, *Antonio Sant'Elia*, Kat. Nr. 211

153
Sicht von oben auf eine Brücke mit seitlichen Treppen (1913-1914)
schwarze Tusche und Bleistift auf Papier
27 x 20 cm
Sammlung Anna und Gianfranca Sant'Elia, Mailand
BIBLIOGRAPHIE: Apollonio/Mariani, 1958, S. 122-123; *Archivi del Futurismo*, Bd. II, 1962, S. 478, Nr. 179; Caramel/Longatti, 1962, S. 97; Negri, 1986, S. 103; Caramel/Longatti, 1987, S. 206, Nr. 151; Caramel/Longatti, 1988, S. 170, Nr. 151; Ballo, 1989, S. 133, Nr. 62

155

AUSSTELLUNGEN: 1959, Rom, *Il Futurismo*, S. 90, Kat. Nr. 199; 1962, Como, *Antonio Sant'Elia*, Kat. Nr. 213; 1986, USA, Wanderausstellung, *Antonio Sant'Elia*, Kat. Nr. 70; 1989, Mailand, *Sant'Elia e l'ambiente futurista*, Kat. Nr. 62; 1990, Rom, *Antonio Sant'Elia – Carlo Erba. Tra Futurismo e Nuove Tendenze*, Kat. Nr. 8

154 (Abb. S. 133)
Architektonische Studien (Brücken?) (1913)
schwarze Tusche auf Papier
26,3 x 19 cm
Musei Civici, Como
BIBLIOGRAPHIE: *Archivi del Futurismo*, Bd. II, 1962, S. 449, Nr. 34; Caramel/Longatti, 1962, S. 97; Negri, 1986, S. 90; Caramel/Longatti, 1987, S. 206, Nr. 152; Caramel/Longatti, 1988, S. 170, Nr. 152
AUSSTELLUNGEN: 1959, Rom, *Il Futurismo*, S. 80, Kat. Nr. 60; 1962, Como, *Antonio Sant'Elia*, Kat. Nr. 215; 1986, USA, Wanderausstellung, *Antonio Sant'Elia*, Kat. Nr. 57

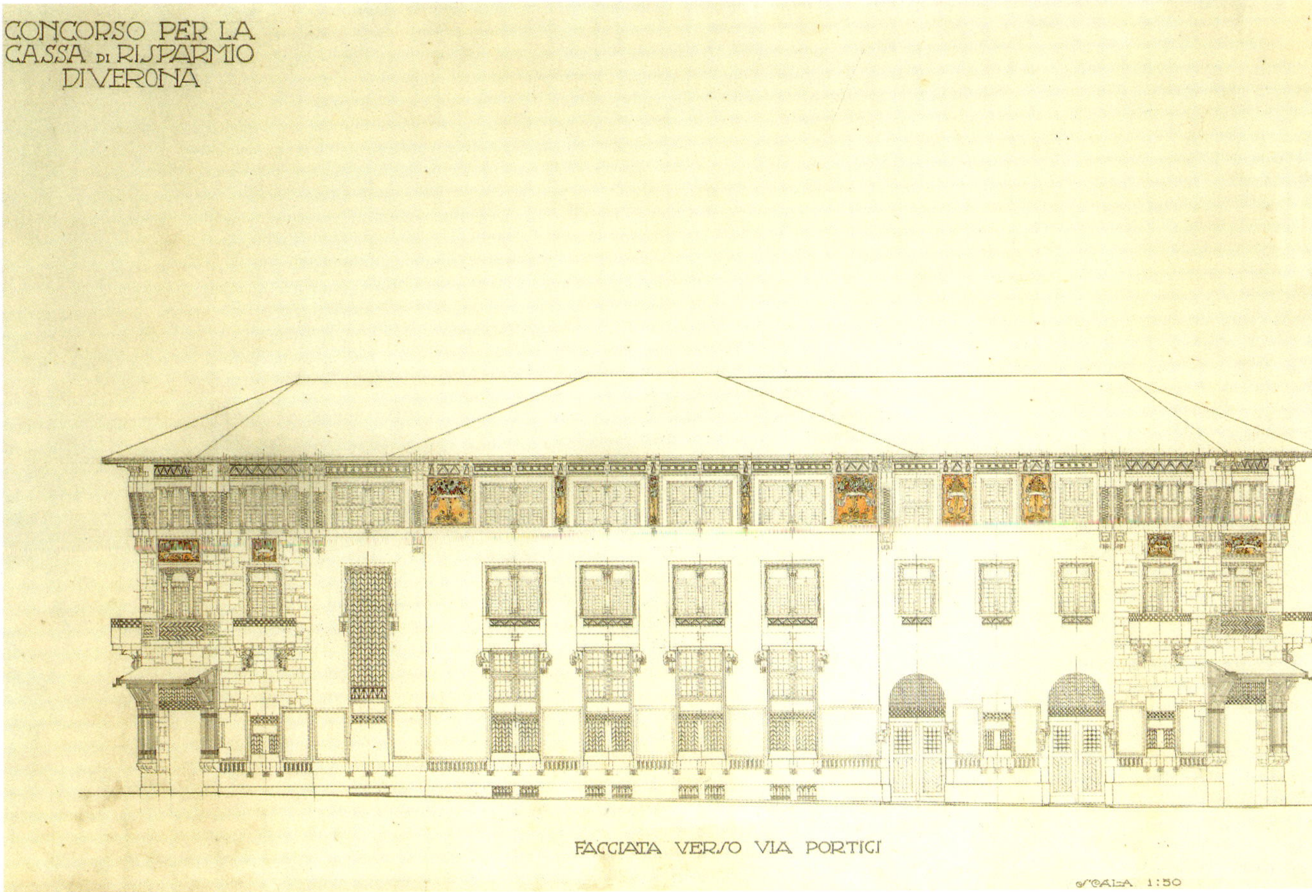
CONCORSO PER LA
CASSA DI RISPARMIO
DI VERONA
FACCIATA VERSO VIA PORTICI
SCALA 1:50
161

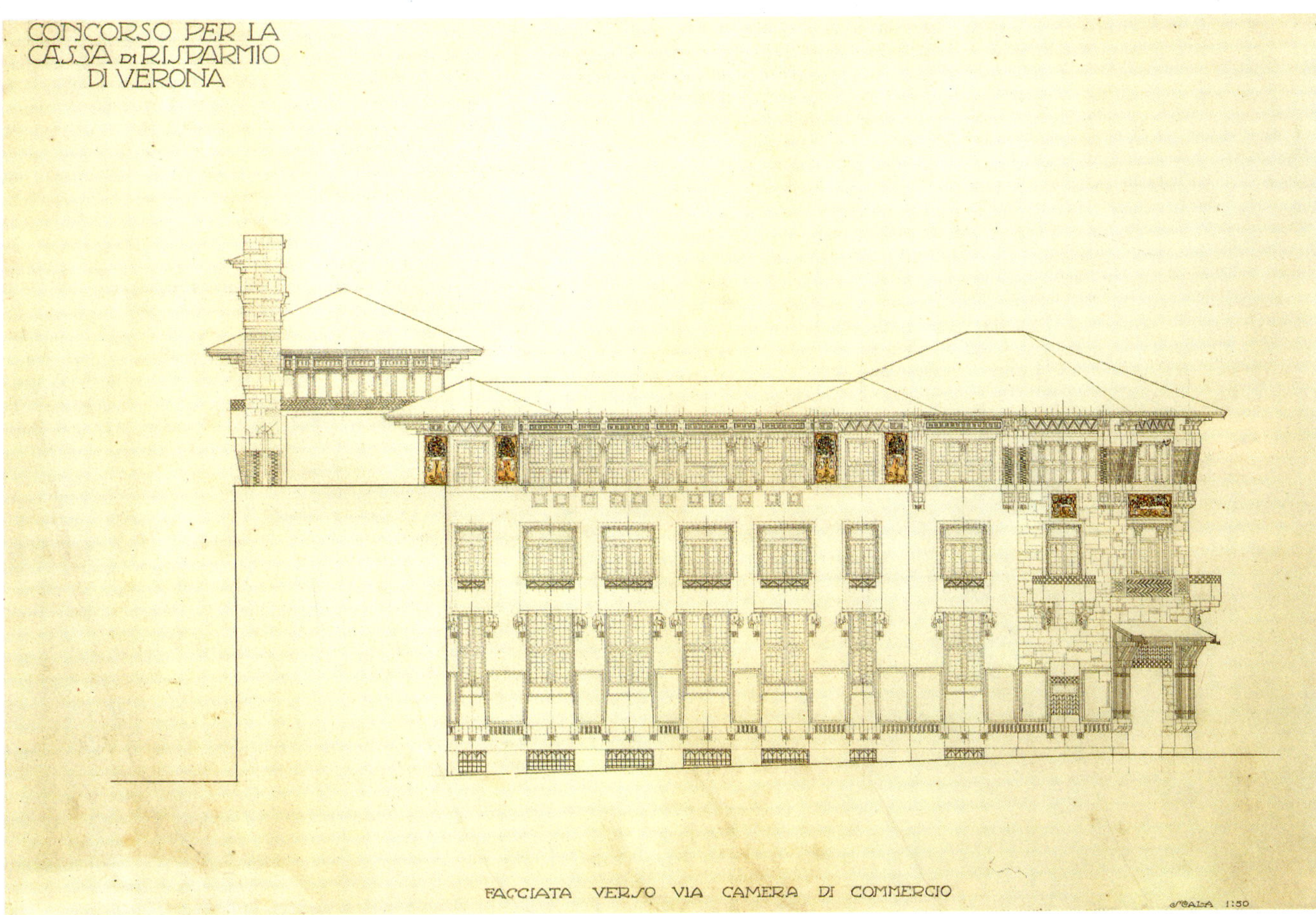
CONCORSO PER LA
CASSA DI RISPARMIO
DI VERONA
FACCIATA VERSO VIA CAMERA DI COMMERCIO
SCALA 1:50
162

155 (Abb. S. 134)
Studie für Elektrizitätswerke (1913-1914)
blaue Tusche und Bleistift mit Flecken von roter und grüner Tusche auf Papier
20,7 x 22 cm
Sammlung Anna und Gianfranca Sant'Elia, Mailand
BIBLIOGRAPHIE: *Archivi del Futurismo*, Bd. II, 1962, S. 479, Nr. 185; Caramel/Longatti, 1962, S. 96; Negri, 1986, S. 59; Caramel/Longatti, 1987, S. 207, Nr. 153; Caramel/Longatti, 1988, S. 171, Nr. 153; Ballo, 1959, S. 130, Nr. 15
AUSSTELLUNGEN: 1959, Rom, *Il Futurismo*, S. 89, Kat. Nr. 186; 1962, Como, *Antonio Sant'Elia*, Kat. Nr. 205; 1986, USA, Wanderausstellung, *Antonio Sant'Elia*, Kat. Nr. 26; 1989, Mailand, *Sant'Elia e l'ambiente futurista*, Kat. Nr. 15; 1990, Rom, *Antonio Sant'Elia – Carlo Erba. Tra Futurismo e Nuove Tendenze*, Kat. Nr. 9

156 (Abb. S. 133)
Studien für ein Elektrizitätswerk (1913-1914)
schwarze Tusche und Bleistift auf Papier
17,8 x 19,8 cm
Sammlung Anna und Gianfranca Sant'Elia, Mailand
BIBLIOGRAPHIE: Caramel/Longatti, 1962, S. 96; Caramel/Longatti, 1987, S. 207, Nr. 154; Caramel/Longatti, 1988, S. 171, Nr. 154
AUSSTELLUNGEN: 1962, Como, *Antonio Sant'Elia*, Kat. Nr. 206; 1990, Rom, *Antonio Sant'Elia – Carlo Erba. Tra Futurismo e Nuove Tendenze*, Kat. Nr. 10

Neuer Sitz der Sparkasse von Verona, Hauptansicht, 1913-1914

157
a) Lösung für den ersten Wettbewerb
b) Lösung für den zweiten Wettbewerb (nicht abgebildet)
Reproduktionen aus dem Begleitheft zu dem Projekt »Concorso per la Cassa di Risparmio di Verona. Motto ›Costruire‹«, Mailand, Alfieri & Lacroix, undatiert, und von einer zeitgenössischen Postkarte
Unter Mitwirkung von Sant'Elia und des Malers Leonardo Dudreville nahm das Büro Cantoni zwischen Juni 1913 und April 1914 am Internationalen Wettbewerb für den Neubau des Hauptsitzes der Sparkasse von Verona an der Piazza delle Erbe teil. Der Neubau sollte, wie es in der Ausschreibung stand, den Charakter des Platzes nicht verändern. Sant'Elias Mitwirkung war nicht unerheblich, was neben den dekorativen Details, die seine Handschrift tragen, auch die zahlreichen vorbereitenden Skizzen zeigen. Die Jury entdeckte in Cantonis Projekt »heftige Fremdformen« und schickte es zusammen mit anderen zu einer zweiten Überprüfung. Aber die oberflächlichen Änderungen an den Zeichnungen reichten nicht aus, um den ersten Preis zu erlangen, den die Jury im Dezember 1914 dem Architekten G. B. Milani zuerkannte.
BIBLIOGRAPHIE: Angelini, 1915, S. 196; Caramel/Longatti, 1962, S. 85-86, Abb. 69-70; Nicoletti, 1978, S. 371; Fontana, 1981, S. 105, Abb. 114; Bairati/Riva, 1985, S. 37, 66-67, 155, 157; Caramel/Longatti, 1987, S. 208, Nr. 155; Caramel/Longatti, 1988, S. 172, Nr. 155
AUSSTELLUNG: 1962, Como, *Antonio Sant'Elia*, Kat. Nr. 129

157 a

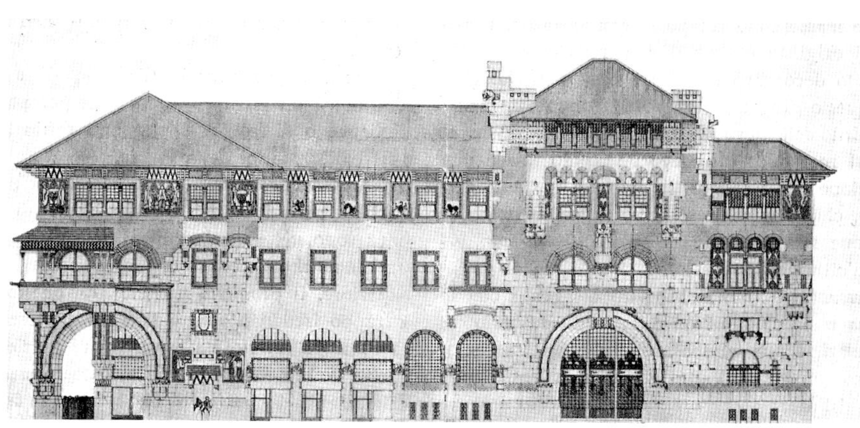

159

160

163

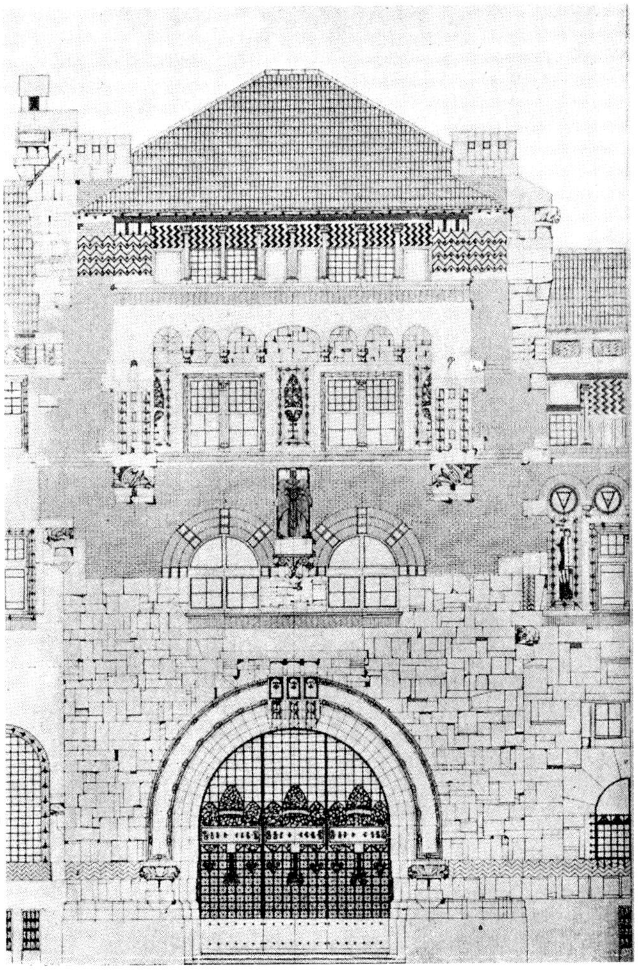
164

158 (Abb. S. 16)
Fassade zur Piazza delle Erbe
Bleistift und verschiedene Aquarellfarben auf Papier
82 x 133 cm
am unteren Rand in der Mitte die Beschriftung »Facciata verso Piazza delle Erbe«, unten rechts »Scala 1:50«
Musei Civici, Como
BIBLIOGRAPHIE: Caramel/Longatti, 1962, S. 86; Caramel/Longatti, 1987, S. 212, Nr. 160; Caramel/Longatti, 1988, S. 176, Nr. 160
AUSSTELLUNG: 1962, Como, *Antonio Sant'Elia*, Kat. Nr. 131

159
Fassade zum Platz
Reproduktion aus *Emporium*, Jahrgang XLI, Nr. 243, März 1915, S. 197
BIBLIOGRAPHIE: Angelini, *Emporium*, 1915, S. 197

160
Fassade zur Via Mazzini
Bleistift und verschiedene Aquarellfarben auf Papier
81,5 x 122,5 cm
am unteren Rand in der Mitte die Beschriftung »Facciata verso via Mazzini«
Musei Civici, Como
BIBLIOGRAPHIE: Caramel/Longatti, 1962, S. 86, Abb. 71; Fontana, 1981, Abb. 115; Caramel/Longatti, 1987, S. 212, Nr. 161; Caramel/Longatti, 1988, S. 176, Nr. 161
AUSSTELLUNG: 1962, Como, *Antonio Sant'Elia*, Kat. Nr. 132

161 (Abb. S. 135)
Fassade zur Via Portici
Bleistift und verschiedene Aquarellfarben auf Papier
82,5 x 125 cm
Musei Civici, Como
BIBLIOGRAPHIE: Caramel/Longatti, 1962, S. 86, Abb. 73; Fontana, 1981, Abb. 115; Caramel/Longatti, 1987, S. 213, Nr. 162; Caramel/Longatti, 1988, S. 177, Nr. 162
AUSSTELLUNG: 1962, Como, *Antonio Sant'Elia*, Kat. Nr. 133

162 (Abb. S. 135)
Fassade zur Via Camera di Commercio
Bleistift und verschiedene Aquarellfarben auf Papier
81 x 121,5 cm
am unteren Rand in der Mitte die Beschriftung »Facciata verso via Camera di Commercio«
Musei Civici, Como
BIBLIOGRAPHIE: Caramel/Longatti, 1962, S. 86; Caramel/Longatti, 1987, S. 213, Nr. 163; Caramel/Longatti, 1988, S. 177, Nr. 163
AUSSTELLUNG: 1962, Como, *Antonio Sant'Elia*, Kat. Nr. 134

163
Detail der Stirnseite
Reproduktion aus *Emporium*, Jahrgang XLI, Nr. 243, März 1915, S. 197
BIBLIOGRAPHIE: Angelini, *Emporium*, 1915, S. 197

164
Detail des Eingangs an der Piazza delle Erbe
Reproduktion aus *Emporium*, Jahrgang XLI, Nr. 243, März 1915, S. 197
BIBLIOGRAPHIE: Angelini, *Emporium*, 1915, S. 197

SEZIONE A-B
SCALA 1:50
165

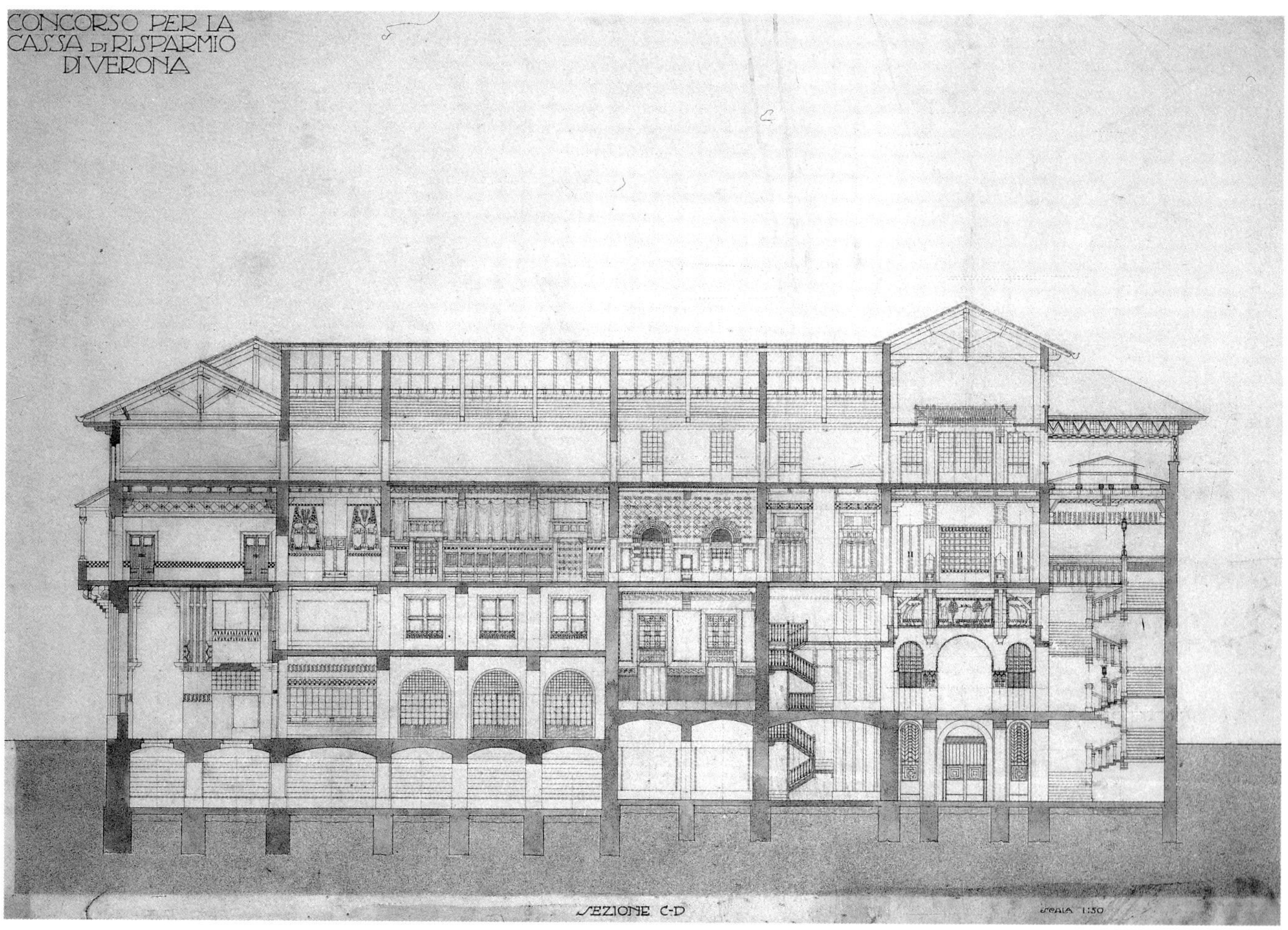
CONCORSO PER LA
CASSA DI RISPARMIO
DI VERONA
SEZIONE C-D
SCALA 1:50
166

168

169

165
Schnitt A-B
Bleistift und orange Aquarellfarbe auf Papier
am unteren Rand in der Mitte die Beschriftung »Sezione A-B«; unten rechts »Scala 1:50«
Musei Civici, Como
BIBLIOGRAPHIE: Caramel/Longatti, 1962, S. 86; Caramel/Longatti, 1987, S. 214, Nr. 164; Caramel/Longatti, 1988, S. 178, Nr. 164
AUSSTELLUNG: 1962, Como, *Antonio Sant'Elia*, Kat. Nr. 135

166
Schnitt C-D
Bleistift und orange Aquarellfarbe auf Papier
93 x 128 cm
am unteren Rand in der Mitte die Beschriftung »Sezione C-D«; unten rechts »Scala 1:50«
Musei Civici, Como

167 (nicht abgebildet)
Schnitt: Eingang und Schalterhalle
Reproduktion aus dem Begleitheft zu dem Projekt »Concorso per la Cassa di Risparmio di Verona: Motto ›Costruire‹«, Mailand, Alfieri & Lacroix, undatiert
BIBLIOGRAPHIE: Caramel/Longatti, 1962, S. 86, Abb. 72; Fontana, 1981, Abb. 115; Caramel/Longatti, 1987, S. 214, Nr. 165; Caramel/Longatti, 1988, S. 178, Nr. 165
AUSSTELLUNG: 1962, Como, *Antonio Sant'Elia*, Kat. Nr. 136

168
Perspektivische Detailansicht des Haupteingangs
Bleistift und verschiedene Aquarellfarben auf Papier
75 x 59.5 cm
am unteren Rand in der Mitte die Beschriftung »Particolare prospettico dell'ingresso principale«
Musei Civici, Como
BIBLIOGRAPHIE: Caramel/Longatti, 1962, S. 86; Longatti, 22.3.1962, S. 5; Caramel/Longatti, 1987, S. 215, Nr. 166; Caramel/Longatti, 1988, S. 179, Nr. 166
AUSSTELLUNG: 1962, Como, *Antonio Sant'Elia*, Kat. Nr. 137

169
Studie (1913-1914)
Bleistift auf Papier
12 x 16.2 cm
Musei Civici, Como
Eine Skizze, die dem Projekt für die neue Sparkasse in Verona zugeordnet werden kann, worauf sich auch einige der folgenden Zeichnungen beziehen könnten.
BIBLIOGRAPHIE: *Archivi del Futurismo*, Bd. II, 1962, S. 476, Nr. 167; Caramel/Longatti, 1962, S. 88; Caramel/Longatti, 1987, S. 215, Nr. 167; Caramel/Longatti, 1988, S. 179, Nr. 167
AUSSTELLUNG: 1962, Como, *Antonio Sant'Elia*, Kat. Nr. 146

Studien für Stadthäuser (1913-1914)

170
Bleistift auf Papier
22 x 20,4 cm
Rückseite: Briefkopf des Büros Cantoni, Via Guerrazzi 1, Mailand
Sammlung Anna und Gianfranca Sant'Elia, Mailand
BIBLIOGRAPHIE: Caramel/Longatti, 1962, S. 87; Longatti, 1984, S. 29; Negri, 1986, S. 88; Caramel/Longatti, 1987, S. 216, Nr. 168; Caramel/Longatti, 1988, S. 180, Nr. 168; Ballo, 1989, S. 131, Nr. 43
AUSSTELLUNGEN: 1962, Como, *Antonio Sant'Elia*, Kat. Nr. 141; 1982-1983, Mailand, *Boccioni a Milano*, Kat. Nr. 277; 1986, USA, Wanderausstellung, *Antonio Sant'Elia*, Kat. Nr. 55; 1989, Mailand, *Sant'Elia e l'ambiente futurista*, Kat. Nr. 43

171
Bleistift auf Papier
25,9 x 20,9 cm
oben in der Mitte die Skizze eines Frauenkopfes;
Rückseite: Briefkopf des Büros Cantoni, Via Guerrazzi 1, Mailand
Sammlung Anna und Gianfranca Sant'Elia, Mailand
BIBLIOGRAPHIE: Caramel/Longatti, 1962, S. 87; Negri, 1986, S. 82; Caramel/Longatti, 1987, S. 216, Nr. 169; Caramel/Longatti, 1988, S. 180, Nr. 169; Ballo, 1989, S. 131, Nr. 41
AUSSTELLUNGEN: 1959, Rom, *Il Futurismo*, S. 89, Kat. Nr. 185; 1962, Como, *Antonio Sant'Elia*, Kat. Nr. 142; 1986, USA, Wanderausstellung, *Antonio Sant'Elia*, Kat. Nr. 49; 1989, Mailand, *Sant'Elia e l'ambiente futurista*, Kat. Nr. 41

172
Bleistift auf Papier
27,6 x 20,9 cm
Sammlung Anna und Gianfranca Sant'Elia, Mailand
BIBLIOGRAPHIE: Caramel/Longatti, 1962, S. 87; Negri, 1986, S. 87; Caramel/Longatti, 1987, S. 217, Nr. 170; Caramel/Longatti, 1988, S. 181, Nr. 170; Ballo, 1989, S. 131, Nr. 33
AUSSTELLUNGEN: 1962, Como, *Antonio Sant'Elia*, Kat. Nr. 140; 1982-1983, Mailand, *Boccioni a Milano*, Kat. Nr. 276; 1986, USA, Wanderausstellung, *Antonio Sant'Elia*, Kat. Nr. 54; 1989, Mailand, *Sant'Elia e l'ambiente futurista*, Kat. Nr. 33

173 (nicht abgebildet)
Bleistift auf Papier
13,4 x 14,7 cm
Sammlung Anna und Gianfranca Sant'Elia, Mailand
BIBLIOGRAPHIE: Caramel/Longatti, 1962, S. 88; Negri, 1986, S. 85; Caramel/Longatti, 1987, S. 217, Nr. 171; Caramel/Longatti, 1988, S. 181, Nr. 171
AUSSTELLUNGEN: 1959, Rom, *Il Futurismo*, S. 82, Kat. Nr. 87; 1962, Como, *Antonio Sant'Elia*, Kat. Nr. 145; 1986, USA, Wanderausstellung, *Antonio Sant'Elia*, Kat. Nr. 52; 1989, Mailand, *Sant'Elia e l'ambiente futurista*, Kat. Nr. 34

170

171

172

175

174 (nicht abgebildet)
Bleistift auf Papier
26 x 21 cm
Musei Civici, Como
BIBLIOGRAPHIE: Caramel/Longatti, 1962, S. 88; Caramel/Longatti, 1987, S. 218, Nr. 172; Caramel/Longatti, 1988, S. 182, Nr. 172
AUSSTELLUNGEN: 1959, Rom, *Il Futurismo*, S. 82, Kat. Nr. 91; 1962, Como, *Antonio Sant'Elia*, Kat. Nr. 147

175
schwarze Tusche und Bleistift auf Papier
25,4 x 20,9 cm
Sammlung Anna und Gianfranca Sant'Elia, Mailand
Auf der Rückseite mit einigen Bleistiftstrichen angedeutetes Detail vom oberen Teil eines Gebäudes, ähnlich dem auf der Vorderseite.
BIBLIOGRAPHIE: Caramel/Longatti, 1962, S. 88; Negri, 1986, S. 78; Caramel/Longatti, 1987, S. 218, Nr. 173, Caramel/Longatti, 1988, S. 182, Nr. 173; Ballo, 1989, S. 131, Nr. 35
AUSSTELLUNGEN: 1959, Rom, *Il Futurismo*, S. 82, Kat. Nr. 96; 1962, Como, *Antonio Sant'Elia*, Kat. Nr. 148; 1986, USA, Wanderausstellung, *Antonio Sant'Elia*, Kat. Nr. 45; 1989, Mailand, *Sant'Elia e l'ambiente futurista*, Kat. Nr. 35

176 (nicht abgebildet)
Bleistift auf Papier
21 x 22 cm
Sammlung Anna und Gianfranca Sant'Elia, Mailand
BIBLIOGRAPHIE: Caramel/Longatti, 1962, S. 87; Negri, 1986, S. 83; Caramel/Longatti, 1987, S. 219, Nr. 174; Caramel/Longatti, 1988, S. 183, Nr. 174; Ballo, 1989, S. 131, Nr. 36
AUSSTELLUNGEN: 1959, Rom, *Il Futurismo*, S. 87, Kat. Nr. 161; 1962, Como, *Antonio Sant'Elia*, Kat. Nr. 143; 1986, USA, Wanderausstellung, *Antonio Sant'Elia*, Kat. Nr. 50; 1989, Mailand, *Sant'Elia e l'ambiente futurista*, Kat. Nr. 36

177 (nicht abgebildet)
Original verschollen
unten rechts die Unterschrift des Besitzers der Zeichnung »Car. Accetti«
BIBLIOGRAPHIE: *Archivi del Futurismo*, Bd. II, 1962, S. 478, Nr. 180; Caramel/Longatti, 1987, S. 219, Nr. 175; Caramel/Longatti, 1988, S. 183, Nr. 175

178 (nicht abgebildet)
Bleistift auf Papier
14 x 15 cm
Sammlung Anna und Gianfranca Sant'Elia, Mailand
BIBLIOGRAPHIE: Caramel/Longatti, 1962, S. 87; Negri, 1986, S. 77; Caramel/Longatti, 1987, S. 220, Nr. 176; Caramel/Longatti, 1988, S. 184, Nr. 176; Ballo, 1989, S. 131, Nr. 37
AUSSTELLUNGEN: 1959, Rom, *Il Futurismo*, S. 82, Kat. Nr. 90; 1962, Como, *Antonio Sant'Elia*, Kat. Nr. 144; 1986, USA, Wanderausstellung, *Antonio Sant'Elia*, Kat. Nr. 44; 1989, Mailand, *Sant'Elia e l'ambiente futurista*, Kat. Nr. 37

179
schwarze Tusche und Bleistift auf Transparentpapier
28 x 22,4 cm
Sammlung Anna und Gianfranca Sant'Elia, Mailand
BIBLIOGRAPHIE: Caramel/Longatti, 1962, S. 89; Davies, 1985, S. 67, Nr. 16; Negri, 1986, S. 86; Caramel/Longatti, 1987, S. 220, Nr. 177; Caramel/Longatti, 1988, S. 184, Nr. 177; Ballo, 1989, S. 131, Nr. 32
AUSSTELLUNGEN: 1959, Rom, *Il Futurismo*, S. 82, Kat. Nr. 95; 1962, Como, *Antonio Sant'Elia*, Kat. Nr. 156; 1982-1983, Mailand, *Boccioni a Milano*, Kat. Nr. 279; 1986, USA, Wanderausstellung, *Antonio Sant'Elia*, Kat. Nr. 53; 1989, Mailand, *Sant'Elia e l'ambiente futurista*, Kat. Nr. 32

180
schwarze Tusche, Bleistift und dunkelorange Pastellfarbe auf Transparentpapier
27,5 x 22,5 cm
Sammlung Anna und Gianfranca Sant'Elia, Mailand
BIBLIOGRAPHIE: Caramel/Longatti, 1962, S. 89; Caramel/Longatti, 1987, S. 221, Nr. 178; Caramel/Longatti, 1988, S. 185, Nr. 178; Ballo, 1989, S. 131, Nr. 31
AUSSTELLUNGEN: 1959, Rom, *Il Futurismo*, S. 83, Kat. Nr. 99; 1962, Como, *Antonio Sant'Elia*, Kat. Nr. 155; 1982-1983, Mailand, *Boccioni a Milano*, Kat. Nr. 280; 1989, Mailand, *Sant'Elia e l'ambiente futurista*, Kat. Nr. 31

181 (nicht abgebildet)
schwarze Tusche und Bleistift auf Transparentpapier
27,2 x 22,5 cm
Sammlung Anna und Gianfranca Sant'Elia, Mailand
BIBLIOGRAPHIE: Caramel/Longatti, 1962, S. 89; Negri, 1986, S. 79; Caramel/Longatti, 1987, S. 221, Nr. 179; Caramel/Longatti, 1988, S. 185, Nr. 179; Ballo, 1989, S. 131, Nr. 38
AUSSTELLUNGEN: 1959, Rom, *Il Futurismo*, S. 83, Kat. Nr. 100; 1962, Como, *Antonio Sant'Elia*, Kat. Nr. 154; 1982-1983, Mailand, *Boccioni a Milano*, Kat. Nr. 278; 1986, USA, Wanderausstellung, *Antonio Sant'Elia*, Kat. Nr. 46; 1989, Mailand, *Sant'Elia e l'ambiente futurista*, Kat. Nr. 38

182 (nicht abgebildet)
Bleistift auf Papier
15,8 x 13,3 cm
Sammlung Anna und Gianfranca Sant'Elia, Mailand
BIBLIOGRAPHIE: Caramel/Longatti, 1962, S. 88; Negri, 1986, S. 84; Caramel/Longatti, 1987, S. 222, Nr. 180; Caramel/Longatti, 1988, S. 186, Nr. 180; Ballo, 1989, S. 131, Nr. 39
AUSSTELLUNGEN: 1959, Rom, *Il Futurismo*, S. 86, Kat. Nr. 140; 1962, Como, *Antonio Sant'Elia*, Kat. Nr. 150; 1986, USA, Wanderausstellung, *Antonio Sant'Elia*, Kat. Nr. 51; 1989, Mailand, *Sant'Elia e l'ambiente futurista*, Kat. Nr. 39

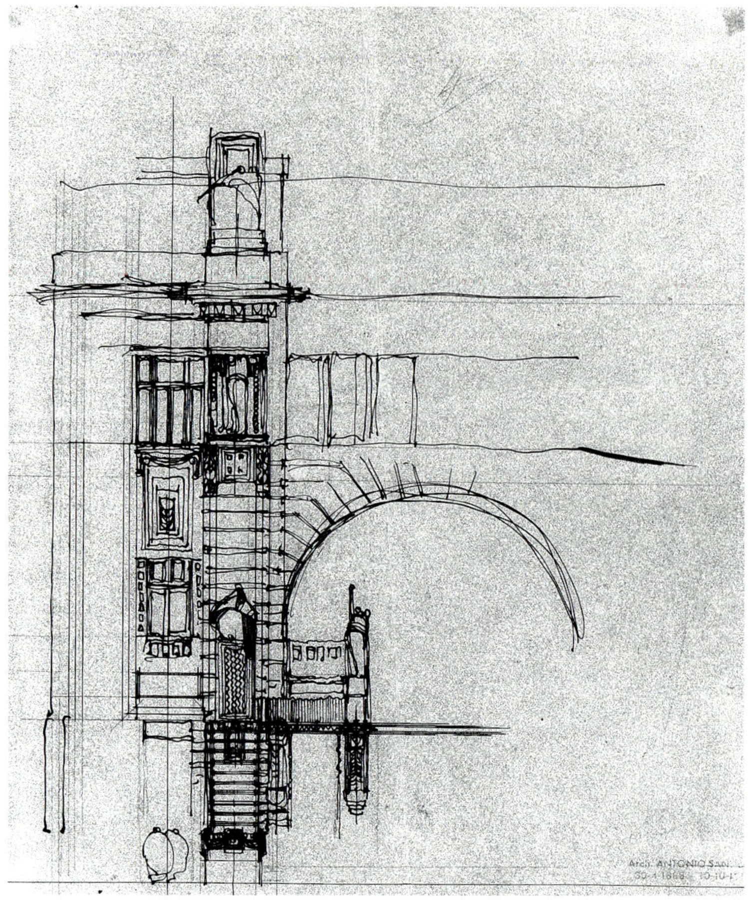
179

180

184

183 (nicht abgebildet)
Bleistift auf Papier
24,6 x 22,2 cm
links oben Briefkopf des Büros Cantoni, Via Guerrazzi 1, Mailand
Sammlung Anna und Gianfranca Sant'Elia, Mailand
BIBLIOGRAPHIE: Caramel/Longatti, 1962, S. 88; Negri, 1986, S. 81; Caramel/Longatti, 1987, S. 222, Nr. 181; Caramel/Longatti, 1988, S. 186, Nr. 181
AUSSTELLUNGEN: 1962, Como, *Antonio Sant'Elia*, Kat. Nr. 149; 1986, USA, Wanderausstellung, *Antonio Sant'Elia*, Kat. Nr. 48

184
Bleistift auf Papier
20,8 x 22 cm
Sammlung Anna und Gianfranca Sant'Elia, Mailand
BIBLIOGRAPHIE: Caramel/Longatti, 1962, S. 89; Caramel/Longatti, 1987, S. 223, Nr. 182; Caramel/Longatti, 1988, S. 187, Nr. 182
AUSSTELLUNGEN: 1959, Rom, *Il Futurismo*, S. 85, Kat. Nr. 127; 1962, Como, *Antonio Sant'Elia*, Kat. Nr. 153

185
Studien für Gebäude und architektonische Details (1913-1914)
schwarze Tusche und Bleistift auf Papier
23,3 x 19,6 cm
Sammlung Anna und Gianfranca Sant'Elia, Mailand
BIBLIOGRAPHIE: Caramel/Longatti, 1962, S. 89; Caramel/Longatti, 1987, S. 223, Nr. 183; Caramel/Longatti, 1988, S. 187, Nr. 183
AUSSTELLUNGEN: 1959, Rom, *Il Futurismo*, S. 89, Kat. Nr. 187; 1962, Como, *Antonio Sant'Elia*, Kat. Nr. 152

185

186 (nicht abgebildet)
Studien für architektonische Schmuckformen (1913-1914)
Bleistift auf Papier
21,2 x 20,6 cm
Sammlung Anna und Gianfranca Sant'Elia, Mailand
BIBLIOGRAPHIE: Caramel/Longatti, 1962, S. 89; Negri, 1986, S. 80; Caramel/Longatti, 1987, S. 224, Nr. 184; Caramel/Longatti, 1988, S. 188, Nr. 184; Ballo, 1989, S. 131, Nr. 40
AUSSTELLUNGEN: 1959, Rom, *Il Futurismo*, S. 86, Kat. Nr. 150; 1962, Como, *Antonio Sant'Elia*, Kat. Nr. 158; 1986, USA, Wanderausstellung, *Antonio Sant'Elia*, Kat. Nr. 47; 1989, Mailand, *Sant'Elia e l'ambiente futurista*, Kat. Nr. 40

188

187 (nicht abgebildet)
Säulenstudien (1913-1914)
Bleistift, grüne Aquarellfarbe mit Flecken von schwarzer Tusche auf Transparentpapier
27 x 22,5 cm
Blatt unregelmäßig beschnitten
Sammlung Anna und Gianfranca Sant'Elia, Mailand
BIBLIOGRAPHIE: Caramel/Longatti, 1962, S. 190; Caramel/Longatti, 1987, S. 224, Nr. 185; Caramel/Longatti, 1988, S. 188, Nr. 185
AUSSTELLUNGEN: 1959, Rom, *Il Futurismo*, S. 83, Kat. Nr. 101; 1962, Como, *Antonio Sant'Elia*, Kat. Nr. 159

188
Studie für die Außendekoration eines Gebäudes (1913-1914)
Bleistift auf Papier
13,6 x 17,8 cm
Sammlung Anna und Gianfranca Sant'Elia, Mailand
BIBLIOGRAPHIE: Caramel/Longatti, 1962, S. 89; Negri, 1986, S. 39; Caramel/Longatti, 1987, S. 225, Nr. 186; Caramel/Longatti, 1988, S. 189, Nr. 186; Ballo, 1989, S. 129, Nr. 6
AUSSTELLUNGEN: 1962, Como, *Antonio Sant'Elia*, Kat. Nr. 157; 1986, USA, Wanderausstellung, *Antonio Sant'Elia*, Kat. Nr. 6; 1989, Mailand, *Sant'Elia e l'ambiente futurista*, Kat. Nr. 6

189 (nicht abgebildet)
Architektonische Studien (1913-1914)
Bleistift auf Papier
26,5 x 20,8 cm
Sammlung Anna und Gianfranca Sant'Elia, Mailand
BIBLIOGRAPHIE: Caramel/Longatti, 1962, S. 90; Caramel/Longatti, 1987, S. 225, Nr. 187; Caramel/Longatti, 1988, S. 189, Nr. 187
AUSSTELLUNG: 1962, Como, *Antonio Sant'Elia*, Kat. Nr. 160

190

191

194

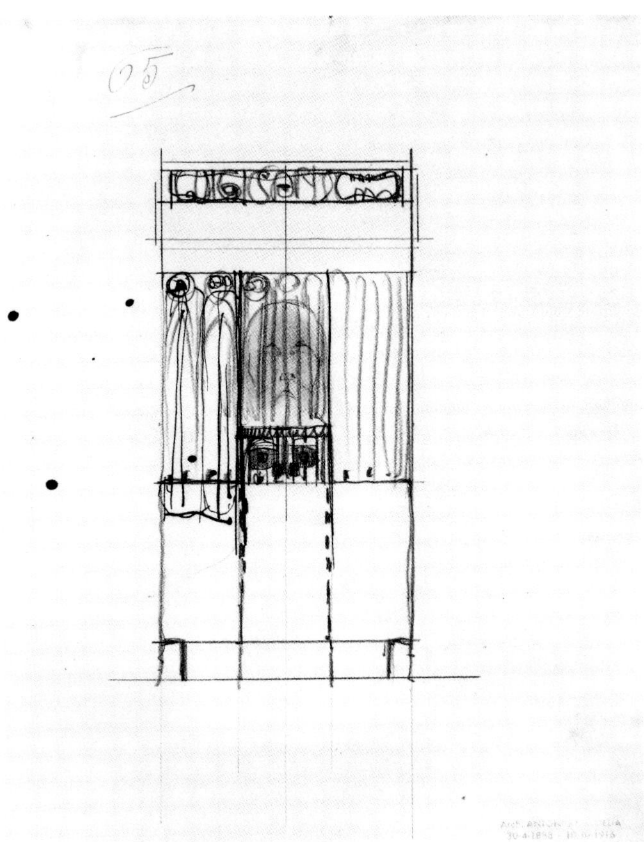

195

190
Dekorative Tafel mit weiblicher Figur
(1913-1914)
Bleistift auf Papier
30 x 20,5 cm
Privatsammlung
Vielleicht eine Studie für die Dekorationen der Sparkasse in Verona (Kat. 157-169).
BIBLIOGRAPHIE: *Archivi del Futurismo*, Bd. II, 1962, S. 473, Nr. 183; Caramel/Longatti, 1987, S. 226, Nr. 188; Caramel/Longatti, 1988, S. 190, Nr. 188

Studien für das Grabmal von Luigi Sant'Elia, 1914

191
bläuliche Tusche und Sepia auf Papier
14,5 x 9 cm
über dem Portal des Gebäudes die halbgelöschte Inschrift »Sant'Elia«
Privatsammlung
Dieses aufgrund der zarten Graphik untypische Blatt (man bezweifelt sogar, daß es wirklich von Sant'Elia stammt) und die folgenden, die sich aufgrund der einfacheren und strengeren Anlage wesentlich von ihm unterscheiden, sind Studien für eine Grabkapelle. Der Architekt entwarf sie für seinen Vater Luigi, der am 19. Januar 1914 gestorben war.
BIBLIOGRAPHIE: Caramel/Longatti, 1987, S. 226, Nr. 189; Caramel/Longatti, 1988, S. 190, Nr. 189

192 (nicht abgebildet)
Bleistift auf Transparentpapier
22,2 x 14 cm
auf dem Stein links unter der Maske die Inschrift »Sant'Elia Luigi«
Sammlung Banca Popolare di Lecco, Como
BIBLIOGRAPHIE: Longatti, 1984, S. 108; Caramel/Longatti, 1987, S. 227, Nr. 190; Caramel/Longatti, 1988, S. 191, Nr. 190; Ballo, 1989, S. 132, Nr. 46
AUSSTELLUNGEN: 1986, USA, Wanderausstellung, *Antonio Sant'Elia*, Kat. Nr. 75; 1989, Mailand, *Sant'Elia e l'ambiente futurista*, Kat. Nr. 46

193 (nicht abgebildet)
Bleistift auf Papier
30,5 x 20,8 cm
auf der Grabstelle die Inschrift »Sant ...«
Sammlung Banca Popolare di Lecco, Como
BIBLIOGRAPHIE: Longatti, 1984, S. 34; Negri, 1986, S. 111; Caramel/Longatti, 1987, S. 227, Nr. 191; Caramel/Longatti, 1988, S. 191, Nr. 191; Ballo, 1989, S. 132, Nr. 50
AUSSTELLUNGEN: 1986, USA, Wanderausstellung, *Antonio Sant'Elia*, Kat. Nr. 78; 1989, Mailand, *Sant'Elia e l'ambiente futurista*, Kat. Nr. 50

194
Bleistift auf Papier
28 x 21 cm
oben an der Grabstelle die Inschrift »Sant'E ...«
Sammlung Carla Giamminola, Elba
BIBLIOGRAPHIE: Caramel/Longatti, 1962, S. 93; Longatti, 1984, S. 36; Caramel/Longatti, 1987, S. 228, Nr. 192; Caramel/Longatti, 1988, S. 192, Nr. 192
AUSSTELLUNG: 1962, Como, *Antonio Sant'Elia*, Kat. Nr. 185

195 (Abb. S. 145)
(1914?)
Tusche und Bleistift auf Papier
26,6 x 20,9 cm
auf dem oberen Fries die Inschrift »Luigi Sant'E ...«
Sammlung Anna und Gianfranca Sant'Elia, Mailand
BIBLIOGRAPHIE: Caramel/Longatti, 1962, S. 93; Negri, 1986, S. 112; Caramel/Longatti, 1987, S. 228, Nr. 193; Caramel/Longatti, 1988, S. 192, Nr. 193; Ballo, 1989, S. 132, Nr. 49
AUSSTELLUNGEN: 1962, Como, *Antonio Sant'Elia*, Kat. Nr. 184; 1982-1983, Mailand, *Boccioni a Milano*, Kat. Nr. 290; 1986, USA, Wanderausstellung, *Antonio Sant'Elia*, Kat. Nr. 79; 1989, Mailand, *Sant'Elia e l'ambiente futurista*, Kat. Nr. 49

196 (nicht abgebildet)
(1914?)
Verbleib des Originals unbekannt
BIBLIOGRAPHIE: *Archivi del Futurismo*, Bd. II, 1962, S. 474, Nr. 158; Caramel/Longatti, 1987, S. 229, Nr. 194; Caramel/Longatti, 1988, S. 193, Nr. 194

Grabmal Caprotti auf dem Friedhof von Monza, 1914

197
Perspektivische Skizze
Lichtpause der verschollenen Originalzeichnung
in der Mitte die Inschrift »Monumento funerario Caprotti, Monza – schizzo prospettico«; oben links ein Stempelabdruck »Antonio Sant'Elia – Architetto – S. Raffaele N. 3 – Milano«; auf dem Grabstein der Name »Caprotti«
Musei Civici und Sammlung Banca Popolare di Lecco, Como
Zwischen Oktober 1913 (Gerardo Caprotti war am 7. Oktober verstorben) und Dezember 1914 (als die Baugenehmigung erteilt wurde) war dieses Grabmal in verschiedenen Varianten – mit einer oder zwei Nischen – in Planung. Bei der hier gezeigten handelt es sich um die endgültige Fassung. Die Bronzemaske wurde vom Sohn des Verstorbenen geschaffen.
BIBLIOGRAPHIE: Caramel/Longatti, 1962, S. 90, Abb. 75; Nicoletti, 1978, S. 371; Caramel/Longatti, 1987, S. 229, Nr. 195; Caramel/Longatti, 1988, S. 193, Nr. 195; Ballo, 1989, S. 132, Nr. 45
AUSSTELLUNGEN: 1962, Como, *Antonio Sant'Elia*, Kat. Nr. 162; 1989, Mailand, *Sant'Elia e l'ambiente futurista*, Kat. Nr. 45

198
Aufriß, Seitenansicht und Grundriß
Lichtpause der verschollenen Originalzeichnung
Auf dem Blatt befinden sich außerdem ein Stempelabdruck des Architekten und einige Angaben zur Ausführung des Projekts.
Musei Civici und Sammlung Banca Popolare di Lecco, Como
BIBLIOGRAPHIE: Caramel/Longatti, 1962, S. 90, Abb. 76; Caramel/Longatti, 1987, S. 231, Nr. 196; Caramel/Longatti, 1988, S. 195, Nr. 196
AUSSTELLUNG: 1962, Como, *Antonio Sant'Elia*, Kat. Nr. 163

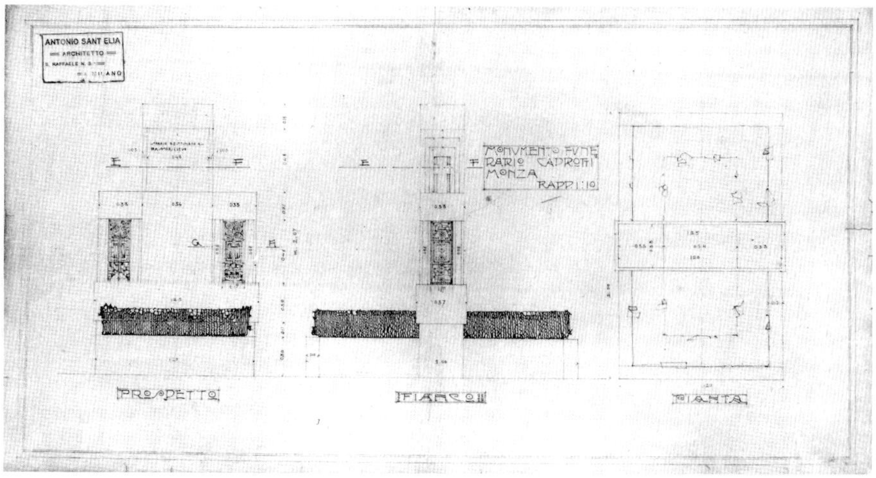

198

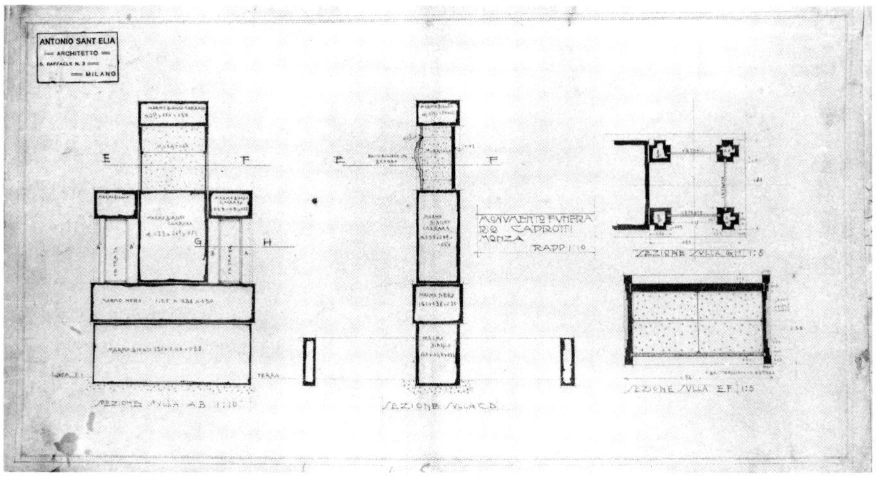

199

197

201

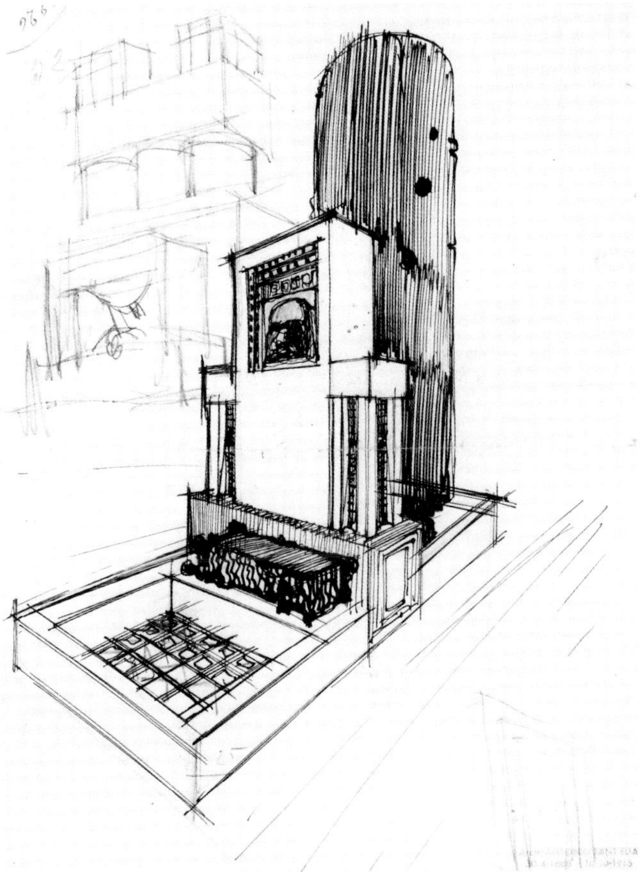

202

199
Schnitte
Lichtpause der verschollenen Originalzeichnung
Auf dem Blatt befinden sich außerdem ein Stempelabdruck des Architekten und einige Angaben zur Ausführung des Projekts.
Musei Civici und Sammlung Banca Popolare di Lecco, Como
BIBLIOGRAPHIE: Caramel/Longatti, 1962, S. 90; Caramel/Longatti, 1987, S. 231, Nr. 197; Caramel/Longatti, 1988, S. 195, Nr. 197
AUSSTELLUNG: 1962, Como, *Antonio Sant'Elia*, Kat. Nr. 164

200 (Abb. S. 66)
Perspektivische Studie
schwarze Tusche auf Papier
31 x 21 cm
links die Inschrift »Schizzo per un monumento funerario«; unten der Stempelabdruck »Antonio Sant'Elia – Architetto – S. Raffaele N. 3 – Milano« und die Unterschrift »Scultore Pittore Caprotti«
Archiv Donzelli Marmi, Monza
Die Skizze befindet sich auf der dritten Seite der Baugenehmigung auf gestempeltem Formularpapier der Stadtverwaltung von Monza.
BIBLIOGRAPHIE: Bellini, 1987; Caramel/Longatti, 1987, S. 232, Nr. 198; Caramel/Longatti, 1988, S. 196, Nr. 198
AUSSTELLUNG: 1987, Monza, *Monza città di servizi: dal rinascimento a oggi*

201
Das Grab, 1914 (aktuelle Photographie)
Cimitero monumentale, Feld IV, Grab 27, Monza, Viale Foscolo. Ursprünglich befand sich das Grab auf dem Friedhof von San Gregorio. Durch die Verlegung gab es einige Änderungen gegenüber dem Ausführungsplan.
BIBLIOGRAPHIE: Caramel/Longatti, 1987, S. 232, Nr. 199; Caramel/Longatti, 1988, S. 196, Nr. 199

202
Zwei Studien, 1914
schwarze Tusche und Bleistift auf Papier
27 x 20,8 cm
Sammlung Anna und Gianfranca Sant'Elia, Mailand
BIBLIOGRAPHIE: *Archivi del Futurismo*, Bd. II, 1962, S. 475, Nr. 165; Caramel/Longatti, 1962, S. 91; Negri, 1986, S. 75; Caramel/Longatti, 1987, S. 233, Nr. 200; Caramel/Longatti, 1988, S. 197, Nr. 200; Ballo, 1989, S. 130, Nr. 28
AUSSTELLUNGEN: 1959, Rom, *Il Futurismo*, S. 88, Kat. Nr. 166; 1962, Como, *Antonio Sant'Elia*, Kat. Nr. 171; 1982-1983, *Boccioni a Milano*, Kat. Nr. 289; 1986, USA, Wanderausstellung, *Antonio Sant'Elia*, Kat. Nr. 42; 1989, Mailand, *Sant'Elia e l'ambiente futurista*, Kat. Nr. 28; 1990, Rom, *Antonio Sant'Elia – Carlo Erba. Tra Futurismo e Nuove Tendenze*, Kat. Nr. 11

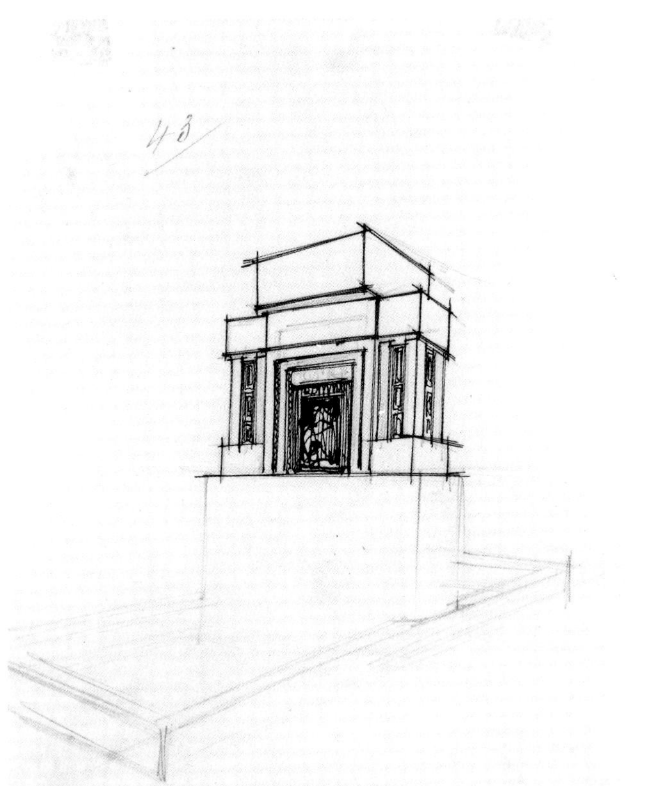

203

203 (Abb. S. 147)
Studie, 1914
schwarze Tusche und Bleistift auf Papier
25,4 x 20,7 cm
Musei Civici, Como
BIBLIOGRAPHIE: Caramel/Longatti, 1962, S. 91; Caramel/Longatti, 1987, S. 233, Nr. 201; Caramel/Longatti, 1988, S. 197, Nr. 201
AUSSTELLUNGEN: 1959, Rom, *Il Futurismo*, S. 88, Kat. Nr. 172; 1962, Como, *Antonio Sant'Elia*, Kat. Nr. 172

204 (Abb. S. 67)
Studie, 1914
Bleistift auf Papier
27,2 x 20,9 cm
Sammlung Anna und Gianfranca Sant'Elia, Mailand
BIBLIOGRAPHIE: Caramel/Longatti, 1962, S. 91; Negri, 1986, S. 69; Caramel/Longatti, 1987, S. 234, Nr. 202; Caramel/Longatti, 1988, S. 198, Nr. 202; Ballo, 1989, S. 130, Nr. 21
AUSSTELLUNGEN: 1962, Como, *Antonio Sant'Elia*, Kat. Nr. 173; 1986, USA, Wanderausstellung, *Antonio Sant'Elia*, Kat. Nr. 36; 1989, Mailand, *Sant'Elia e l'ambiente futurista*, Kat. Nr. 21

205 (Abb. S. 67)
Studie, 1914
Bleistift auf Papier
14,4 x 10 cm
Musei Civici, Como
BIBLIOGRAPHIE: Caramel/Longatti, 1962, S. 91; Caramel/Longatti, 1987, S. 234, Nr. 203; Caramel/Longatti, 1988, S. 198, Nr. 203
AUSSTELLUNG: 1962, Como, *Antonio Sant'Elia*, Kat. Nr. 174

206
Studie, 1914
schwarze Tusche auf Papier
20,7 x 22 cm
Sammlung Anna und Gianfranca Sant'Elia, Mailand
BIBLIOGRAPHIE: *Archivi del Futurismo*, Bd. II, 1962, S. 474, Nr. 159; Caramel/Longatti, 1962, S. 91; Negri, 1986, S. 71; Caramel/Longatti, 1987, S. 235, Nr. 204; Caramel/Longatti, 1988, S. 199, Nr. 204; Ballo, 1989, S. 130, Nr. 20
AUSSTELLUNGEN: 1962, Como, *Antonio Sant'Elia*, Kat. Nr. 175; 1986, USA, Wanderausstellung, *Antonio Sant'Elia*, Kat. Nr. 38; 1989, Mailand, *Sant'Elia e l'ambiente futurista*, Kat. Nr. 20

207 (Abb. S. 66)
Studie, 1914
Bleistift auf Papier
27 x 20,9 cm
Auf dem Stein befindet sich die Inschrift »Caprotti«.
Sammlung Anna und Gianfranca Sant'Elia, Mailand
BIBLIOGRAPHIE: *Archivi del Futurismo*, Bd. II, 1962, S. 475, Nr. 162; Caramel/Longatti, 1962, S. 165; Negri, 1986, S. 73; Caramel/Longatti, 1987, S. 235; Caramel/Longatti, 1988, S. 199, Nr. 205; Ballo, 1989, S. 130, Nr. 27
AUSSTELLUNGEN: 1962, Como, *Antonio Sant'Elia*, Kat. Nr. 165; 1982-1983, Mailand, *Boccioni a Milano*, Kat. Nr. 286; 1986, USA, Wanderausstellung, *Antonio Sant'Elia*, Kat. Nr. 40; 1989, Mailand, *Sant'Elia e l'ambiente futurista*, Kat. Nr. 27

206

209

211

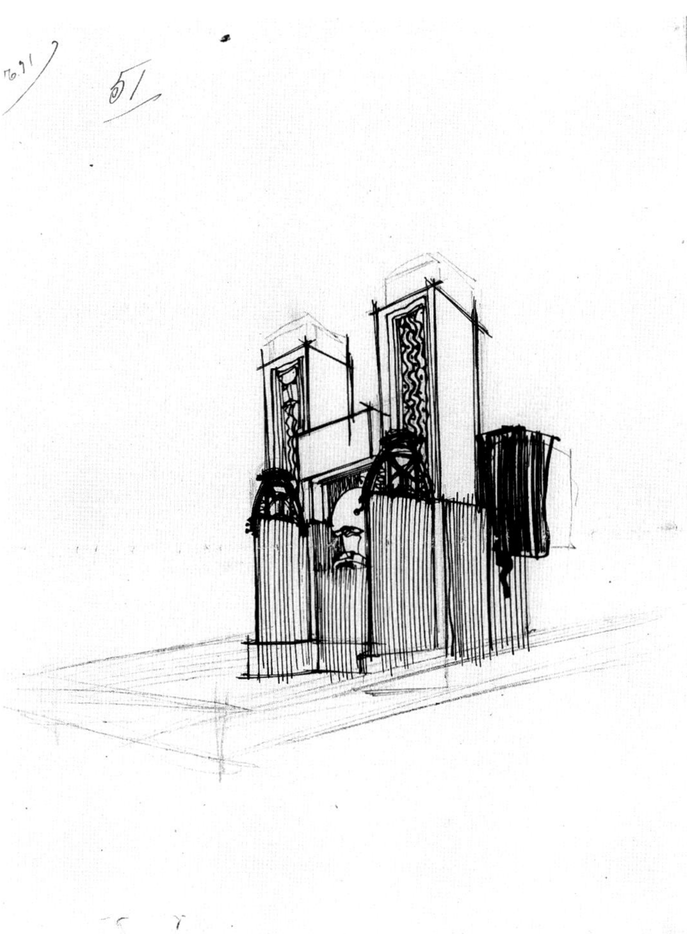

212

208 (Abb. S. 17)
Studie, 1914
schwarze Tusche, blaue und orange Pastellfarbe auf Transparentpapier
38,8 x 22,3 cm
auf dem Stein die Inschrift »Capr. . .«
Musei Civici, Como
BIBLIOGRAPHIE: *Archivi del Futurismo*, Bd. II, 1962, S. 475, Nr. 164; Caramel/Longatti, 1962, S. 90; Caramel/Longatti, 1987, S. 236, Nr. 206; Caramel/Longatti, 1988, S. 200, Nr. 206
AUSSTELLUNG: 1962, Como, *Antonio Sant'Elia*, Kat. Nr. 167

209
Studie, 1914
schwarze Tusche auf Transparentpapier
29,4 x 17 cm
Musei Civici, Como
BIBLIOGRAPHIE: *Archivi del Futurismo*, Bd. II, 1962, S. 475, Nr. 166; Caramel/Longatti, 1962, S. 91, Abb. 74; Caramel/Longatti, 1987, S. 236, Nr. 207; Caramel/Longatti, 1988, S. 200, Nr. 207
AUSSTELLUNGEN: 1959, Rom, *Il Futurismo*, S. 88, Kat. Nr. 170; 1962, Como, *Antonio Sant'Elia*, Kat. Nr. 167

210 (Abb. S. 66)
Studie, 1914
Bleistift auf Papier
27,2 x 20,8 cm
auf dem Grabdenkmal die Inschrift »Caprotti«
Sammlung Anna und Gianfranca Sant'Elia, Mailand
BIBLIOGRAPHIE: Caramel/Longatti, 1962, S. 91, Abb. 77; Negri, 1986, S. 72; Caramel/Longatti, 1987, S. 237, Nr. 208; Caramel/Longatti, 1988, S. 201, Nr. 208; Ballo, 1989, S. 130, Nr. 26
AUSSTELLUNGEN: 1962, Como, *Antonio Sant'Elia*, Kat. Nr. 168; 1982-1983, Mailand, *Boccioni a Milano*, Kat. Nr. 285; 1986, USA, Wanderausstellung, *Antonio Sant'Elia*, Kat. Nr. 39; 1989, Mailand, *Sant'Elia e l'ambiente futurista*, Kat. Nr. 26

211
Studien, 1914
schwarze Tusche und Bleistift auf Papier
27,2 x 20,6 cm
Sammlung Anna und Gianfranca Sant'Elia, Mailand
BIBLIOGRAPHIE: *Archivi del Futurismo*, Bd. II, 1962, S. 474, Nr. 161; Caramel/Longatti, 1962, S. 91; Negri, 1986, S. 109; Caramel/Longatti, 1987, S. 237, Nr. 209; Caramel/Longatti, 1988, S. 201, Nr. 209; Ballo, 1989, S. 130, Nr. 14
AUSSTELLUNGEN: 1962, Como, *Antonio Sant'Elia*, Kat. Nr. 170; 1982-1983, Mailand, *Boccioni a Milano*, Kat. Nr. 287; 1986, USA, Wanderausstellung, *Antonio Sant'Elia*, Kat. Nr. 76; 1989, Mailand, *Sant'Elia e l'ambiente futurista*, Kat. Nr. 48; 1990, Rom, *Antonio Sant'Elia – Carlo Erba. Tra Futurismo e Nuove Tendenze*, Kat. Nr. 14

212
Studie, 1914
schwarze Tusche und Bleistift auf Papier
28,2 x 20,1 cm
Sammlung Anna und Gianfranca Sant'Elia, Mailand
BIBLIOGRAPHIE: Caramel/Longatti, 1962, S. 91, Abb. 78; Bossaglia, 1972-1973, S. III, Abb. 15; Negri, 1986, S. 110;

Caramel/Longatti, 1987, S. 238, Nr. 210; Caramel/Longatti, 1988, S. 202, Nr. 210; Ballo, 1989, S. 132, Nr. 47
AUSSTELLUNGEN: 1962, Como, *Antonio Sant'Elia*, Kat. Nr. 169; 1972-1973, Mailand, *Mostra del Liberty Italiano*, Kat. Nr. 93; 1986, USA, Wanderausstellung, *Antonio Sant'Elia*, Kat. Nr. 77; 1989, Mailand, *Sant'Elia e l'ambiente futurista*, Kat. Nr. 47

213
Dekorationsstudie (1914?)
Bleistift auf Papier
25,5 x 20,3 cm
Musei Civici, Como
Diese und die folgenden Studien waren für die seitlichen Glasfüllungen des Caprotti-Grabmals bestimmt.
BIBLIOGRAPHIE: Caramel/Longatti, 1962, S. 92; Caramel/Longatti, 1987, S. 238, Nr. 211; Caramel/Longatti, 1988, S. 202, Nr. 211
AUSSTELLUNGEN: 1959, Rom, *Il Futurismo*, S. 88, Kat. Nr. 171; 1962, Como, *Antonio Sant'Elia*, Kat. Nr. 178

214 (nicht abgebildet)
Dekorationsstudie (1914?)
Bleistift auf Papier
24,8 x 16,9 cm
Musei Civici, Como
BIBLIOGRAPHIE: Caramel/Longatti, 1962, S. 92; Caramel/Longatti, 1987, S. 239, Nr. 212; Caramel/Longatti, 1988, S. 203, Nr. 212
AUSSTELLUNG: 1962, Como, *Antonio Sant'Elia*, Kat. Nr. 179

215 (nicht abgebildet)
Dekorationsstudie (1914?)
Bleistift auf Papier
20,5 x 16,6 cm
Sammlung Anna und Gianfranca Sant'Elia, Mailand
BIBLIOGRAPHIE: Caramel/Longatti, 1962, S. 92; Negri, 1986, S. 68; Caramel/Longatti, 1987, S. 239, Nr. 213; Caramel/Longatti, 1988, S. 203, Nr. 213; Ballo, 1989, S. 130, Nr. 24
AUSSTELLUNGEN: 1962, Como, *Antonio Sant'Elia*, Kat. Nr. 180; 1982-1983, Mailand, *Boccioni a Milano*, Kat. Nr. 282; 1986, USA, Wanderausstellung, *Antonio Sant'Elia*, Kat. Nr. 35; 1989, Mailand, *Sant'Elia e l'ambiente futurista*, Kat. Nr. 24

216 (nicht abgebildet)
Dekorationsstudie (1914?)
Bleistift auf Papier
25,2 x 19 cm
Sammlung Anna und Gianfranca Sant'Elia, Mailand
BIBLIOGRAPHIE: Caramel/Longatti, 1962, S.92; Negri, 1986, S. 74; Caramel/Longatti, 1987, S. 240, Nr. 214; Caramel/Longatti, 1988, S. 204, Nr. 214; Ballo, 1989, S. 130, Nr. 25
AUSSTELLUNGEN: 1959, Rom, *Il Futurismo*, S. 83, Kat. Nr. 110; 1962, Como, *Antonio Sant'Elia*, Kat. Nr. 181; 1982-1983, Mailand, *Boccioni a Milano*, Kat. Nr. 283; 1986, USA, Wanderausstellung, *Antonio Sant'Elia*, Kat. Nr. 41; 1989, Mailand, *Sant'Elia e l'ambiente futurista*, Kat. Nr. 25

213

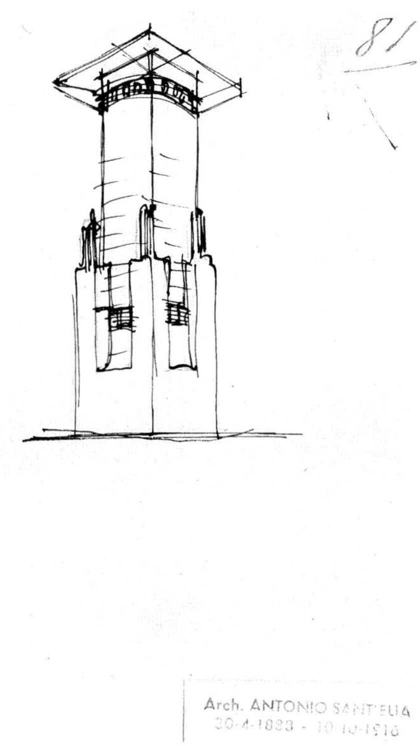

219

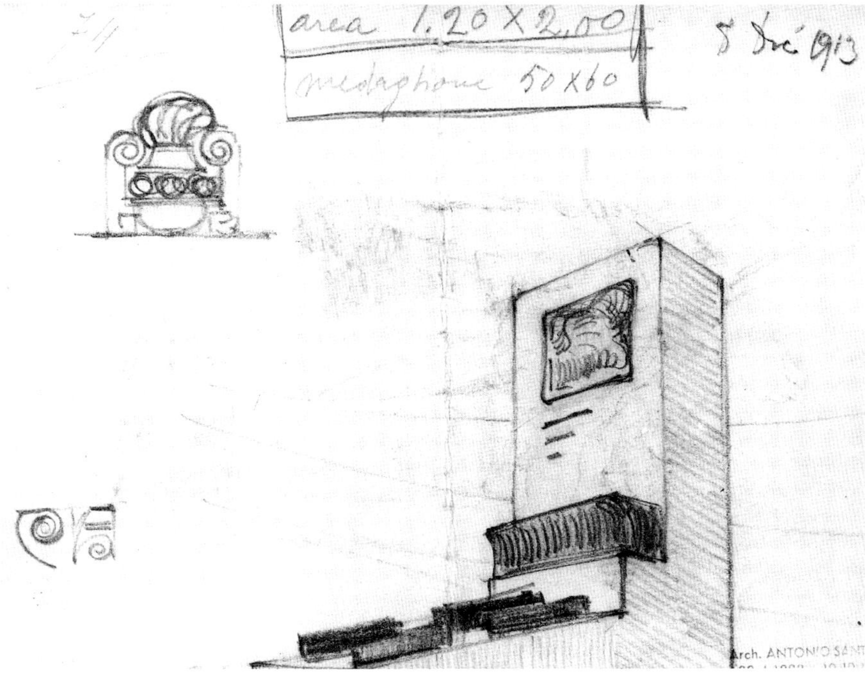

220 a

220 b

217 (nicht abgebildet)
Dekorationsstudie (1914?)
Bleistift auf Papier
25.6 x 21 cm
Sammlung Anna und Gianfranca Sant'Elia, Mailand
BIBLIOGRAPHIE: Caramel/Longatti, 1962, S. 92; Negri, 1986, S. 70; Caramel/Longatti, 1987, S. 240, Nr. 215; Caramel/Longatti, 1988, S. 204, Nr. 215; Ballo, 1989, S. 130, Nr. 23
AUSSTELLUNGEN: 1962, Como, *Antonio Sant'Elia*, Kat. Nr. 182; 1986, USA, Wanderausstellung, *Antonio Sant'Elia*, Kat. Nr. 37; 1989, Mailand, *Sant'Elia e l'ambiente futurista*, Kat. Nr. 23

218 (nicht abgebildet)
Dekorationsstudie (1914?)
Bleistift auf Papier
14.2 x 7.7 cm
Es handelt sich um den unteren abgeschnittenen Teil des Blattes Kat. 251.
Sammlung Anna und Gianfranca Sant'Elia, Mailand
BIBLIOGRAPHIE: Caramel/Longatti, 1962, S. 93; Caramel/Longatti, 1987, S. 241, Nr. 216; Caramel/Longatti, 1988, S. 205, Nr. 216
AUSSTELLUNG: 1962, Como, *Antonio Sant'Elia*, Kat. Nr. 183

219
Studie für eine Säule (1914?)
schwarze Tusche und Bleistift auf Papier
15.9 x 8.9 cm
Musei Civici, Como
vielleicht Teil einer Grabstele (Grabstätte Caprotti?)
BIBLIOGRAPHIE: *Archivi del Futurismo*, Bd. II, 1962, S. 475, Nr. 163; Caramel/Longatti, 1962, S. 90; Caramel/Longatti, 1987, S. 241, Nr. 217; Caramel/Longatti, 1988, S. 206, Nr. 217
AUSSTELLUNGEN: 1959, Rom, *Il Futurismo*, S. 90, Kat. Nr. 191; 1962, Como, *Antonio Sant'Elia*, Kat. Nr. 161

220
Studien *(Vorderseite)*
Bleistift auf Papier
15.5 x 20.5 cm
oben in der Mitte beschriftet »area 1.20 x 2.00. medaglione 50 x 60. 8 dic. 1913«; unten links die Inschrift »Ca . .«
Skizzen karikaturistischer Figuren *(Rückseite)*
Bleistift auf Papier
15.5 x 20.5 cm
oben links beschriftet »Disegno Ferrario – 88 x 60«
Sammlung Alberto Gianminola, Oltrona (Como)
Diese ersten Skizzen (siehe auch Kat. 221, 222) für Gerardo Caprottis Grabstätte entstanden kurz nach dessen Tod. Ihr Stil unterscheidet sich ganz wesentlich von dem des endgültigen und hier dokumentierten Projekts. Die Skizzen auf der Rückseite können nur schwerlich Sant'Elia zugeschrieben werden.
BIBLIOGRAPHIE: Caramel/Longatti, 1962, S. 92; Negri, 1986, S. 121; Caramel/Longatti, 1987, S. 242, Nr. 218; Caramel/Longatti, 1988, S. 206, Nr. 218
AUSSTELLUNG: 1962, Como, *Antonio Sant'Elia*, Kat. Nr. 176

221 (nicht abgebildet)
Studie *(Vorderseite)*
Bleistift auf Papier
16 x 11 cm
Blatt an der rechten oberen Ecke ungleichmäßig abgeschnitten
unveröffentlicht
Studie eines weiblichen Portraits *(Rückseite)*
Bleistift auf Papier
16 x 11 cm
Sammlung Marco Giamminola, Oltrona (Como)
Die mit zartem und malerischem Strich ausgeführte weibliche Portraitstudie läßt gewisse Zweifel an einer Urheberschaft Sant'Elias aufkommen.
BIBLIOGRAPHIE: Caramel/Longatti, 1987, S. 327, Nr. 365; Caramel/Longatti, 1988, S. 287, Nr. 365

222 (nicht abgebildet)
Studie *(Vorderseite)*
Bleistift auf Papier
16.2 x 16.5 cm
Studie (1913) *(Rückseite)*
Bleistift auf Papier
16.2 x 16.5 cm
auf der Inschriftstafel »Caprot ...«
Blatt an der linken Seite von oben bis fast nach unten ungleichmäßig abgeschnitten
Sammlung Anna und Gianfranca Sant'Elia, Mailand
BIBLIOGRAPHIE: Caramel/Longatti, 1962, S. 92; Caramel/Longatti, 1987, S. 242, Nr. 219; Caramel/Longatti, 1988, S. 206, Nr. 219
AUSSTELLUNG: 1962, Como, *Antonio Sant'Elia*, Kat. Nr. 177

223 (Abb. S. 17)
Neuer Sitz der Società dei Commessi in Como
Perspektivische Ansicht und Grundriß, 1914
schwarze, rote und blaue Tusche, Bleistift auf Transparentpapier
54.5 x 36.5 cm
unten links die Inschrift »Schizzo della nuova sede società Commessi di Como«; unten rechts beschriftet »N. B. Il piano terreno è adibito a sede della Società (vedi pianta 1/200). Il primo piano è adibito ad affitto. Arch. Ant. Sant'Elia – S. Raffaele 3 Milano« (Das Erdgeschoß ist für die Società vorgesehen [siehe Plan 1/200]. Das erste Obergeschoß ist zur Vermietung bestimmt.)
Musei Civici, Como
Der Entwurf dürfte für den neuen Sitz einer bedeutenden Vereinigung ausgeführt worden sein, nämlich der »Associazione fra gli impiegati nel Commercio e nell'Industria« der Provinz Como, die allgemein und fälschlich als »Società dei Commessi« bezeichnet wurde. Der Bau sollte sehr viel aufwendiger als das bestehende Gebäude werden, was man schon an der Größe und den verfeinerten Ornamenten sehen kann. Er wurde jedoch niemals realisiert.
BIBLIOGRAPHIE: Caramel/Longatti, 1962, S. 84, Abb. 68; ›La mostra del Sant'Elia a Villa Olmo ...‹, *Como*, Sommer 1967, S. 7; Cresti, 1969, S. 18; Birolli, 1970, S. 41, Abb. 17; Nicoletti, 1978, S. 371; Russel, 1979, S. 217, Nr. 8.33; Godoli, 1983, S. 15; Caramel, 1984, S. 44-45; Bairati/Riva, 1985, S. 15; Caramel/Longatti, 1987, S. 243, Nr. 220; Caramel/Longatti, 1988, S. 207, Nr. 220

224

225

226

229

227

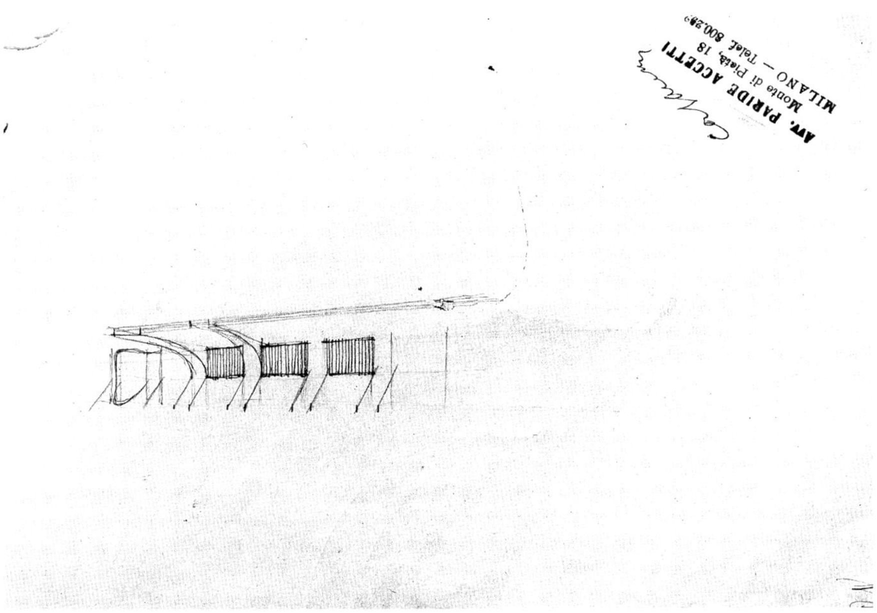

230

231

AUSSTELLUNGEN: 1962, Como, *Antonio Sant'Elia*, Kat. Nr. 128; 1970, Mailand, *Milano 70/70*, Kat. Nr. 160, Nr. 617; 1984, Como, *L'idea del lago*, Kat. S. 45; 1987, Como, *Como nel disegno*, Kat. S. 58

Gebäudestudien, 1914

224
Aufriß und Grundriß
Verbleib des Originals unbekannt
Diese und die folgenden Zeichnungen (Kat. 225-228) sind weitaus interessantere und modernere Varianten des Projekts für den Sitz der »Società dei Commessi« in Como.
BIBLIOGRAPHIE: *Archivi del Futurismo*, Bd. II, 1962, S. 471, Nr. 144; Caramel/Longatti, 1987, S. 244, Nr. 221; Caramel/Longatti, 1988, S. 208, Nr. 221

225
Verbleib des Originals unbekannt
BIBLIOGRAPHIE: *Archivi del Futurismo*, Bd. II, 1962, S. 470, Nr. 141; Caramel/Longatti, 1987, S. 244, Nr. 222; Caramel/Longatti, 1988, S. 208, Nr. 222

226
Verbleib des Originals unbekannt
BIBLIOGRAPHIE: *Archivi del Futurismo*, Bd. II, 1962, S. 471, Nr. 142; Caramel/Longatti, 1987, S. 245, Nr. 223; Caramel/Longatti, 1988, S. 209, Nr. 223

227
Verbleib des Originals unbekannt
BIBLIOGRAPHIE: *Archivi del Futurismo*, Bd. II, 1962, S. 472, Nr. 150; Caramel/Longatti, 1987, S. 245, Nr. 224; Caramel/Longatti, 1988, S. 209, Nr. 224

228 (nicht abgebildet)
(1913-1914?)
Verbleib des Originals unbekannt
BIBLIOGRAPHIE: *Archivi del Futurismo*, Bd. II, 1962, S. 471, Nr. 145; Caramel/Longatti, 1987, S. 246, Nr. 225; Caramel/Longatti, 1988, S. 210, Nr. 225

Seitenansicht eines Gebäudes (1914?)

229
Bleistift auf Papier
20,8 x 21,5 cm
Musei Civici, Como
BIBLIOGRAPHIE: Apollonio, 1958, S. 64-65; *Archivi del Futurismo*, Bd. II, 1962, S. 473, Nr. 155; Caramel/Longatti, 1962, S. 88; Caramel/Longatti, 1987, S. 246/210, Nr. 226; Caramel/Longatti, 1988, S. 210, Nr. 226
AUSSTELLUNGEN: 1959, Rom, *Il Futurismo*, S. 82, Kat. Nr. 97; 1962, Como, *Antonio Sant'Elia*, Nr. 151

230
Bleistift auf Papier
20,5 x 30 cm
oben rechts die Unterschrift »Carlaccetti«
Privatsammlung
BIBLIOGRAPHIE: *Archivi del Futurismo*, Bd. II, 1962, S. 477, Nr. 177; Caramel/Longatti, 1987, S. 247, Nr. 227; Caramel/Longatti, 1988, S. 211, Nr. 227

231 (Abb. S. 153)

Studie für ein großes Gebäude (1914?)

Verbleib des Originals unbekannt

Nicht ohne Ähnlichkeit mit den vorhergehenden Entwürfen wird hier die Großartigkeit der *Città Nuova* vorweggenommen, allerdings mit einer Monumentalität und Dekorationen am Turm, die noch secessionistisch beeinflußt sind.

BIBLIOGRAPHIE: *Archivi del Futurismo*, Bd. II, 1962, S. 471, Nr. 146; Caramel/Longatti, 1987, S. 247, Nr. 228; Caramel/Longatti, 1988, S. 211, Nr. 228

Grundriß für ein Hotel (1914?)

232

Erdgeschoß

Bleistift und dunkeloranger Farbstift auf Karton

26,5 x 31 cm

unten rechts »1/200«; auf dem Plan Angaben zur Nutzung der Räume

Sammlung Anna und Gianfranca Sant'Elia, Mailand

Es wurden weder Angaben bezüglich des Gebäudes gefunden, auf das sich die Pläne auf diesem und dem folgenden Blatt (Kat. 233) beziehen, noch über seinen Standort.

BIBLIOGRAPHIE: Caramel/Longatti, 1987, S. 248, Nr. 229; Caramel/Longatti, 1988, S. 212, Nr. 229

233

Erstes Obergeschoß

Bleistift und dunkeloranger Farbstift, grüne Aquarellfarbe auf Papier

26,4 x 30,3 cm

unten rechts »1/200«; auf dem Plan Angaben zur Nutzung der Räume; die Ränder sind teilweise beschädigt

Sammlung Anna und Gianfranca Sant'Elia, Mailand

BIBLIOGRAPHIE: Caramel/Longatti, 1987, S. 248, Nr. 230; Caramel/Longatti, 1988, S. 212, Nr. 230

Grundriß eines Gebäudes (1914?)

234

oben beschriftet »Schizzi dell'Architetto Antonio Sant'Elia di Como 1913-1915. Futurista«; stammt nicht von Sant'Elias Hand

Verbleib des Originals unbekannt

Stammt wie die beiden folgenden Skizzen (Kat. 235, 236) aus dem Mailänder Atelier Sant'Elias in der Via San Raffaele 3. Er hatte es von dem Maler Carlo Prada gemietet, in dessen Besitz sich auch diese Blätter befanden.

BIBLIOGRAPHIE: *Archivi del Futurismo*, Bd. II, 1962, S. 476, Nr. 171; Caramel/Longatti, 1987, S. 249, Nr. 231; Caramel/Longatti, 1988, S. 213, Nr. 231

235 (nicht abgebildet)

Verbleib des Originals unbekannt

BIBLIOGRAPHIE: *Archivi del Futurismo*, Bd. II, 1962, S. 477, Nr. 175; Caramel/Longatti, 1987, S. 249, Nr. 232; Caramel/Longatti, 1988, S. 213, Nr. 232

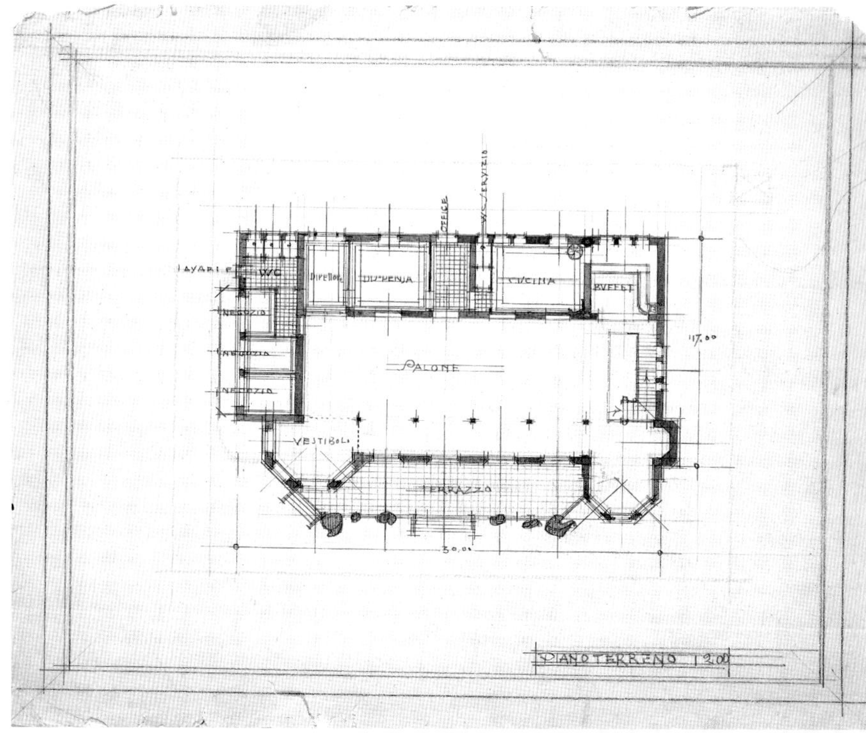

232

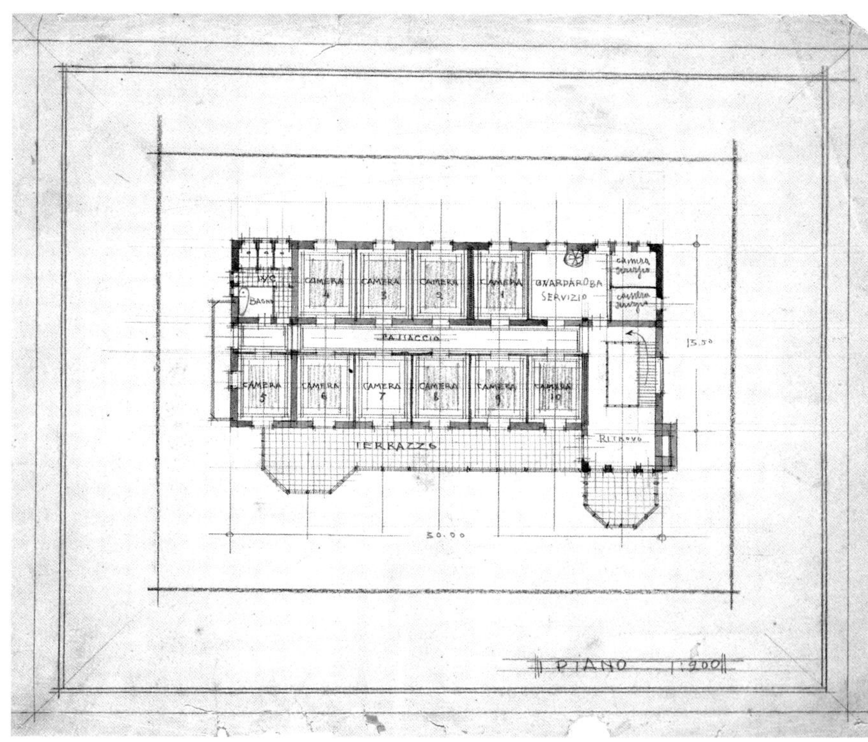

233

237

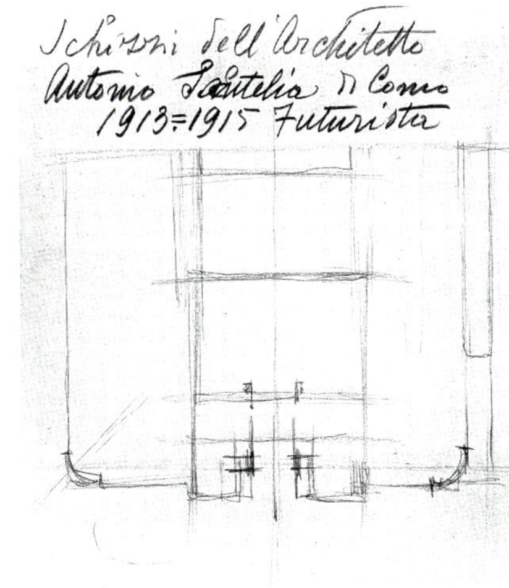

234

238

236 (nicht abgebildet)
Verbleib des Originals unbekannt
BIBLIOGRAPHIE: *Archivi del Futurismo*, Bd. II, 1962, S. 476, Nr. 170; Caramel/Longatti, 1988, S. 214, Nr. 233

Monumentalbauten, 1913

237
schwarze Tusche und Sepia, Bleistift und oranger Farbstift auf Papier
30 x 19.9 cm
signiert und datiert unten rechts »Sant'Elia 1913«
Sammlung Chiara Angelini Spini, Bergamo
Diese und die folgenden Studien entstanden zwischen Ende 1913 und Anfang 1914 und könnten Entwürfe für Monumentalbauten oder Kirchen sein. Ein Bezug zum Wettbewerb für die Kirche von Salsomaggiore, der im Februar 1914 ausgeschrieben wurde, ist bei einigen von ihnen nicht ausgeschlossen.
BIBLIOGRAPHIE: Caramel/Longatti, 1962, S. 93; Negri, 1986, S. 122; Caramel/Longatti, 1987, S. 250, Nr. 234; Caramel/Longatti, 1988, S. 214, Nr. 234
AUSSTELLUNG: 1962, Como, *Antonio Sant'Elia*, Kat. Nr. 186

238
1914
Bleistift, roter, blauer und oranger Farbstift auf Papier
30 x 20 cm
signiert und datiert oben rechts »Milano 20. 2. 1914 A. S.«
Musei Civici, Como
BIBLIOGRAPHIE: Angelini, 1917, S. 157; Tentori, 1955, S. 215; *Archivi del Futurismo*, Bd. II, 1962, S. 469, Nr. 134; Caramel/Longatti, 1962, S. 93, Abb. 106; Veronesi, 1962, S. 81; Negri, 1986, S. 122; Caramel/Longatti, 1987, S. 251, Nr. 235; Caramel/Longatti, 1988, S. 215, Nr. 235
AUSSTELLUNGEN: 1959, Rom, *Il Futurismo*, S. 79, Nr. 54; 1962, Como, *Antonio Sant'Elia*, Kat. Nr. 187; 1973, Paris, *Le Futurisme 1909–1916*, Kat. S. 135

239
1914
schwarze Tusche, Bleistift, blauer, roter, gelber, oranger und grüner Farbstift auf Papier
30 x 19,9 cm
signiert und datiert unten rechts »Como, 21. 2. 1914 A. Sant'Elia«
Sammlung Chiara Angelini Spini, Bergamo
BIBLIOGRAPHIE: Marchiori, 1960, S. 68; Caramel/Longatti, 1962, S. 93; Negri, 1986, S. 123; Caramel/Longatti, 1987, S. 251, Nr. 236; Caramel/Longatti, 1988, S. 215, Nr. 236
AUSSTELLUNGEN: 1959, Rom, *Il Futurismo*, S. 81, Nr. 84; 1962, Como, *Antonio Sant'Elia*, Kat. Nr. 188

240
Studie (1913-1914)
Bleistift auf Papier
27,4 x 21 cm
entwendet 1969 aus der ständigen Ausstellung in der Villa Olmo, Como
BIBLIOGRAPHIE: *Archivi del Futurismo*, Bd. II, 1962, S. 451, Nr. 44; Caramel/Longatti, 1962, S. 94; Caramel/Longatti, 1987, S. 252, Nr. 237; Caramel/Longatti, 1988, S. 216, Nr. 237
AUSSTELLUNG: 1962, Como, *Antonio Sant'Elia*, Kat. Nr. 190

241 (nicht abgebildet)
Studien (1913-1914)
Bleistift mit Flecken von schwarzer Tusche auf Papier
28,4 x 21 cm
Musei Civici, Como
BIBLIOGRAPHIE: *Archivi del Futurismo*, Bd. II, 1962, S. 461, Nr. 95; Caramel/Longatti, 1962, S. 94; Caramel/Longatti, 1987, S. 252, Nr. 238; Caramel/Longatti, 1988, S. 216, Nr. 238
AUSSTELLUNG: 1962, Como, *Antonio Sant'Elia*, Kat. Nr. 189

Villen (1914)

242
Bleistift, blauer und oranger Farbstift, grüne Aquarellfarbe auf Papier
26,3 x 12,8 cm
datiert unten rechts »Como 22. 2. 19 . . .«
Musei Civici, Como
Wie das folgende ein ungewöhnliches Projekt für eine kleine Villa, das an secessionistische Vorbilder, aber vielleicht auch etwas an den frühen Wright erinnert.
BIBLIOGRAPHIE: Banham, 1955, S. 299; Tentori, 1955, S. 209; *Archivi del Futurismo*, Bd. II, 1962, S. 472, Nr. 151; Maltese, 1960, Abb. 162; Caramel/Longatti, 1962, S. 78; Birolli, 1970, S. 70, Abb. 52; Miotto/Muret, 1976, S. 24; Banham, 1982, S. 37, Nr. 4; Godoli, 1983, S. 18; Caramel/Longatti, 1987, S. 253, Nr. 239; Caramel/Longatti, 1988, S. 217, Nr. 239
AUSSTELLUNGEN: 1959, Rom, *Il Futurismo*, S. 79, Nr. 48; 1962, Como, *Antonio Sant'Elia*, Kat. Nr. 72; 1970, Mailand, *Milano 70/70*, Kat. S. 160, Nr. 618; 1973, Paris, *Le Futurisme 1909-1916*, Kat. S. 132

239

240

242

243

243
(1914?)
entwendet 1958 auf der Weltausstellung in Brüssel
BIBLIOGRAPHIE: ›Sant'Elia oggi‹, *Casa Bella*, 1930, S. 10; Marinetti/Del Bello, 1933; Tentori, 1955, S. 209; Banham, 1956; Apollonio/Mariani, 1958, S. 62-63; *Archivi del Futurismo*, Bd. II, 1962, S. 474, Nr. 160; Carandente, 1960-1961, S. 387; Caramel/Longatti, 1962, S. 109; Zevi, 1973, Nr. 314.2; Miotto/Muret, 1976, S. 24; Caramel/Longatti, 1988, S. 218, Nr. 241
AUSSTELLUNGEN: 1930, Rom, *Mostra delle opere dell'architetto futurista Sant'Elia;* 1930, Mailand, *Mostra futurista dell'architetto Sant'Elia e di 22 pittori futuristi;* 1930, Como, *Mostra delle opere dell'architetto futurista Sant'Elia*, Kat. Abb. 5; 1958, Brüssel, *Weltausstellung*

244 (Abb. S. 158)
Studie für einen Kiosk mit männlicher Figur
(1914)
blaue, grüne und rote Tusche, gelbe, violette und blaue Aquarellfarbe, Bleistift auf Karton
31.5 x 43.8 cm
Musei Civici, Como
ausgeführt für den Architekten Giuseppe Boni
BIBLIOGRAPHIE: Caramel/Longatti, 1962, S. 101; Godoli, 1983, S. 15; Negri, 1986, S. 107; Caramel/Longatti, 1987, S. 254, Nr. 240; Caramel/Longatti, 1988, S. 218, Nr. 240
AUSSTELLUNGEN: 1962, Como, *Antonio Sant'Elia*, Kat. Nr. 235; 1986, USA, Wanderausstellung, *Antonio Sant'Elia*, Kat. Nr. 74

245 (Abb. S. 159)
Leuchtturm (1914)
Bleistift, roter, gelber und blauer Farbstift, grüne Aquarellfarbe auf Papier
29.8 x 16.2 cm
signiert und datiert unten rechts »A. S. Como 21. 2. 1914«
Musei Civici, Como
Diesen »Leuchtturm« (die Bezeichnung stammt von Escodamé) wählte Marinetti 1930 aus den Arbeiten Sant'Elias als Vorbild für das neu zu errichtende Denkmal für die Gefallenen in Como aus. Nach einer anfänglichen Mitarbeit Prampolinis, der das Projekt jedoch nicht weiterführte, wurde die Aufgabe 1933 schließlich Giuseppe Terragni übertragen. Er veränderte den äußeren Aspekt ganz wesentlich und entfernte die »Laterne«, also den (auf der Zeichnung blau getönten) oberen Teil aus Glas.
BIBLIOGRAPHIE: ›Sant'Elia oggi‹, *Casa Bella*, 1930, S. 11; *Archivi del Futurismo*, Bd. II, 1962, S. 457, Nr. 74; *La Provincia*, 18. Juni 1961, S. 4; Caramel/Longatti, 1962, S. 100, Abb. S. 117; Portoghesi, 1971, S. 29; Los, 1973-1974, S. 43, Nr. 18; Longatti, 1980, S. 110; *Architectural Design*, Nr. 1/2, 1981, Umschlag; Godoli, 1983, S. 71; Longatti, *Como*, 1983, S. 31; Longatti, *La Provincia*, 1985, S. 3; Cresti, 1986, S. 70; Negri, 1986, S. 123; Caramel, 1987, S. 59; Caramel/Longatti, 1987, S. 255, Nr. 242; Caramel/Longatti, 1988, S. 219, Nr. 242; *200 Jahre ...*, 1987, S. 177; Pisano, 1989, S. 1

244

AUSSTELLUNGEN: 1959, Rom, *Il Futurismo*, S. 79, Kat. Nr. 54; 1962, Como, *Antonio Sant'Elia*, Kat. Nr. 234; 1978, New York, *Avant-Garde Art*, Kat. Nr. 5; 1980, Mailand, *Nuove Tendenze*, Kat. S. 124; 1984, Como, *L'idea del lago*, Kat. S. 194; 1987, Como, *Como nel disegno;* 1987, Düsseldorf, *Die Axt hat geblüht;* 1990, Mailand, *Il mondo delle torri*, Kat. S. 111 (Abb.) und S. 250

246 (Abb. S. 160)
Monumentalgebäude (1914)
Bleistift, blauer und roter Farbstift, grüne und orange Aquarellfarbe auf Papier
26,7 x 13,5 cm
Musei Civici, Como
Die menschliche Figur im Vordergrund ähnelt jener vor dem Leuchtturm von Kat. 245.
BIBLIOGRAPHIE: *Archivi del Futurismo*, Bd. II, 1962, S. 465, Nr. 114; Caramel/Longatti, 1962, S. 78, Abb. 42; Veronesi, 1962, S. 79; Ragghianti, 1963, S. 10; Veronesi, 1966, Abb. 29; Portoghesi, 1971, S. 29; Gregotti, 1967 (Neuauflage 1975, S. 3); Los, 1973-1974, S. 48, Nr. 49; Miotto/Muret, 1976, S. 24; De Seta, 1981, S. 40 (Tafel) und Abb. 2; Caramel/Longatti, 1987, S. 256, Nr. 243; Caramel/Longatti, 1988, S. 220, Nr. 243; Gravagnuolo, *Il Mattino*, 29. Juli 1988, S. 19; AA. VV., *Memoria del futuro*, 1990, S. 112

247

245

246

248

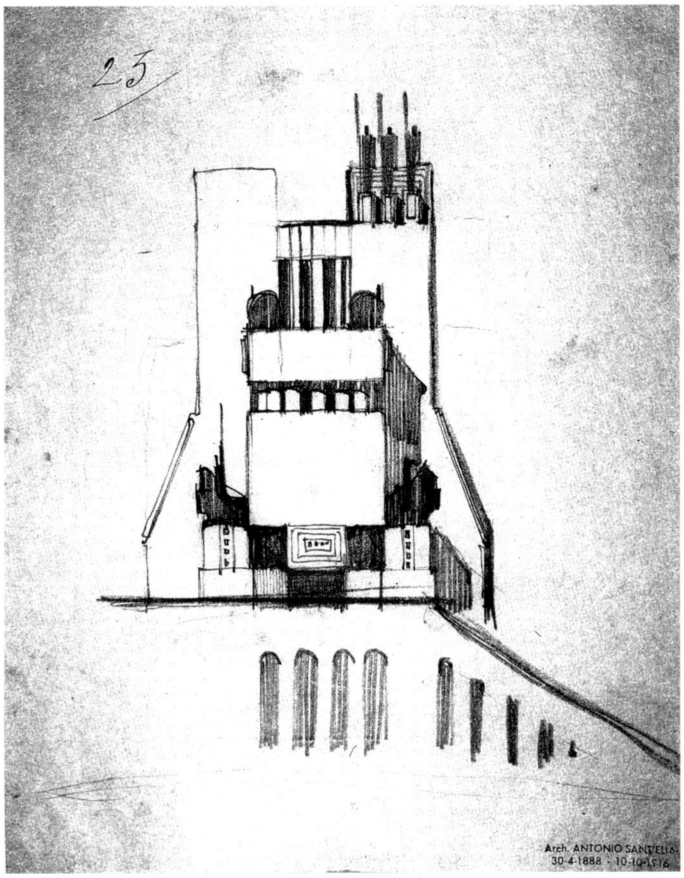

249

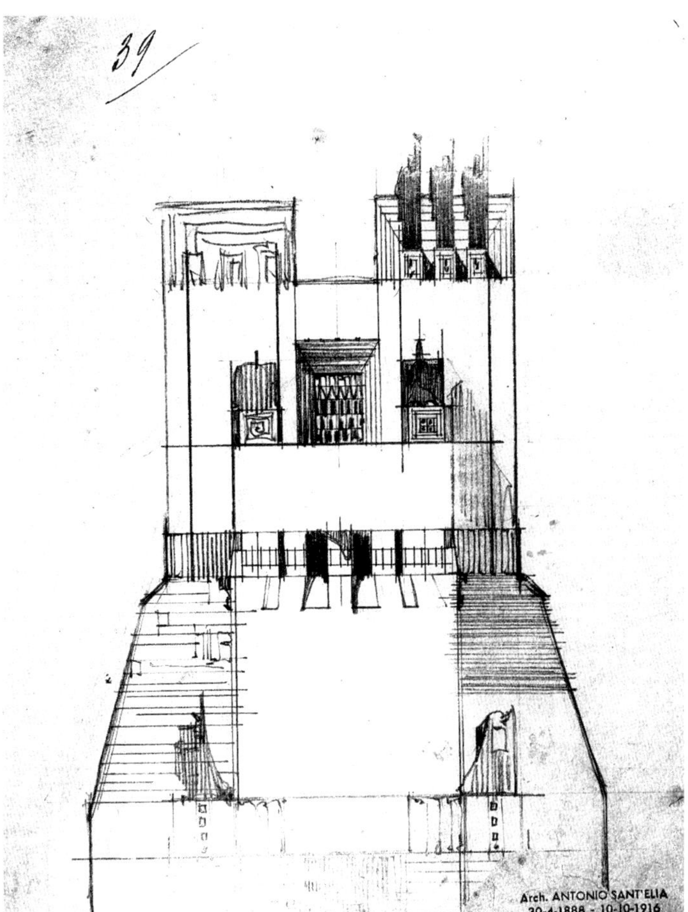

AUSSTELLUNGEN: 1962, Como, *Antonio Sant'Elia*, Kat. Nr. 71; 1973, Paris, *Le Futurisme 1909 - 1916*, Kat. S. 132; 1974, Düsseldorf, *Futurismus 1909 - 1919*, Kat. VII, Nr. 12

Frontalansichten von Monumentalbauten (1914)

247 (Abb. S. 158)
Bleistift und violetter Pastellstift auf Papier
14,7 x 6,3 cm
Museo Civico, Cremona
BIBLIOGRAPHIE: Caramel/Longatti, 1962, S. 76; Caramel/Longatti, 1987, S. 256, Nr. 244; Caramel/Longatti, 1988, S. 220, Nr. 244
AUSSTELLUNG: 1962, Como, *Antonio Sant'Elia*, Kat. Nr. 57

248
Bleistift, roter und oranger Farbstift auf Papier
27,5 x 21 cm
entwendet 1969 aus der ständigen Ausstellung in der Villa Olmo, Como
BIBLIOGRAPHIE: *Archivi del Futurismo*, Bd. II, 1962, S. 457, Nr. 64; Caramel/Longatti, 1962, S. 94; Caramel/Longatti, 1987, S. 257, Nr. 245; Caramel/Longatti, 1988, S. 221, Nr. 245
AUSSTELLUNGEN: 1959, Rom, *Il Futurismo*, S. 84, Kat. Nr. 112; 1962, Como, *Antonio Sant'Elia*, Kat. Nr. 191

249
Bleistift und blauer Farbstift auf Papier
25,3 x 18,4 cm
entwendet 1969 aus der ständigen Ausstellung in der Villa Olmo, Como
Dieses Blatt und Kat. 248 sind Varianten des Gebäudes von Kat. 247.
BIBLIOGRAPHIE: *Archivi del Futurismo*, Bd. II, 1962, S. 456, Nr. 67; Caramel/Longatti, 1962, S. 94; Caramel/Longatti, 1987, S. 257, Nr. 246; Caramel/Longatti, 1988, S. 221, Nr. 246
AUSSTELLUNG: 1962, Como, *Antonio Sant'Elia*, Kat. Nr. 192

Studien für Monumente mit Türmen (1914?)

250 (Abb. S. 162)
Bleistift auf Papier
11,4 x 10,2 cm
Das Blatt weist Unregelmäßigkeiten auf
Musei Civici, Como
BIBLIOGRAPHIE: Tentori, 1955, S. 209; *Archivi del Futurismo*, Bd. II, 1962, S. 460, Nr. 88; Caramel/Longatti, 1962, S. 107; Caramel/Longatti, 1987, S. 258, Nr. 247; Caramel/Longatti, 1988, S. 222, Nr. 247
AUSSTELLUNG: 1962, Como, *Antonio Sant'Elia*, Kat. Nr. 280

251
Bleistift auf Papier
14,6 x 14,2 cm
Sammlung Anna und Gianfranca Sant'Elia, Mailand
ursprünglich auf einem einzigen Blatt zusammen mit Kat. 218
BIBLIOGRAPHIE: *Archivi del Futurismo*, Bd. II, 1962, S. 447, Nr. 25; Negri, 1986, S. 61; Caramel/Longatti, 1987, S. 258, Nr. 248; Caramel/Longatti, 1988, S. 222, Nr. 248; Ballo, 1989, S. 130, Nr. 14
AUSSTELLUNGEN: 1982-1983, Mailand, *Boccioni a Milano*, Kat. Nr. 291; 1986, USA, Wanderausstellung, *Antonio Sant'Elia*, Kat. Nr. 28; 1989, Mailand, *Sant'Elia e l'ambiente futurista*, Kat. Nr. 14; 1990, Rom, *Antonio Sant'Elia – Carlo Erba. Tra Futurismo e Nuove Tendenze*, Kat. Nr. 12

252
Sepia und Bleistift auf Papier
26,6 x 20,5 cm
Musei Civici, Como
Sieht wie eine Variante des Leuchtturms von Kat. 245 aus.
BIBLIOGRAPHIE: Tentori, 1955, S. 211; Bernasconi, April 1957, S. 69; *Archivi del Futurismo*, Bd. II, 1962, S. 480, Nr. 188; Caramel/Longatti, 1962, S. 80; Godoli, 1983, S. 71; Caramel/Longatti, 1987, S. 259, Nr. 249; Caramel/Longatti, 1988, S. 223, Nr. 249
AUSSTELLUNG: 1962, Como, *Antonio Sant'Elia*, Kat. Nr. 69

253
Bleistift auf Papier
22 x 14,3 cm
Musei Civici, Como
BIBLIOGRAPHIE: Tentori, 1955, S. 212; *Archivi del Futurismo*, Bd. II, 1962, S. 470, Nr. 137; Caramel/Longatti, 1962, S. 76; Pampaloni, 1977, S. 72; Caramel/Longatti, 1987, S. 259, Nr. 250; Caramel/Longatti, 1988, S. 224, Nr. 250
AUSSTELLUNG: 1962, Como, *Antonio Sant'Elia*, Kat. Nr. 60

Studien für Monumentalbauten

254 (Abb. S. 164)
1914
schwarze Tusche, Bleistift und oranger Pastellstift auf Papier
21 x 28,1 cm
Musei Civici, Como
BIBLIOGRAPHIE: Mariani, 1959, S. 841; *Archivi del Futurismo*, Bd. II, 1962, S. 457, Nr. 71; Caramel/Longatti, 1962, S. 77; Longatti, 1984, S. 27; Caramel/Longatti, 1987, S. 155, Nr. 53; Caramel/Longatti, 1988, S. 119, Nr. 53
AUSSTELLUNG: 1962, Como, *Antonio Sant'Elia*, Kat. Nr. 67

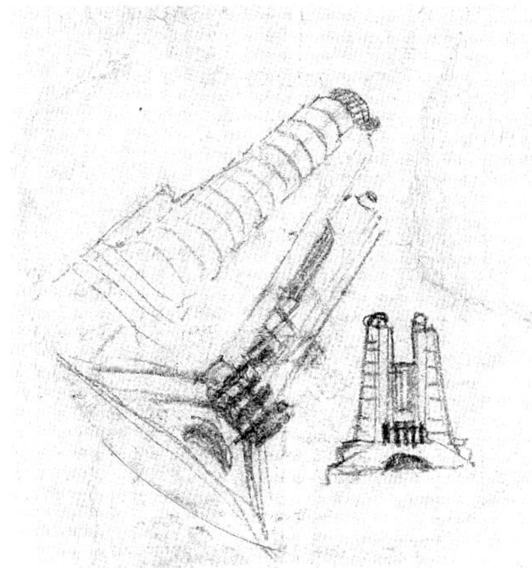
250

251

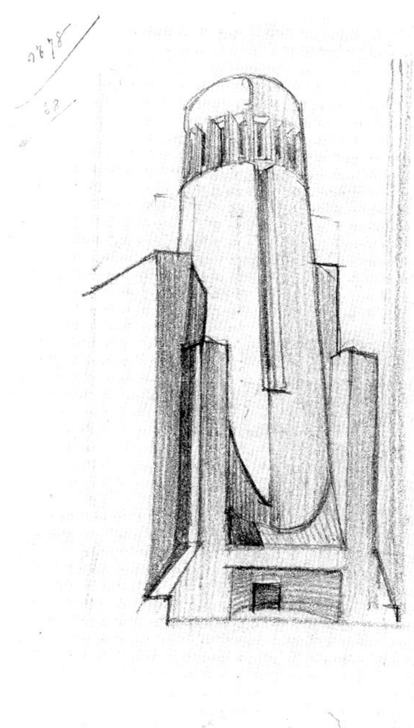
253

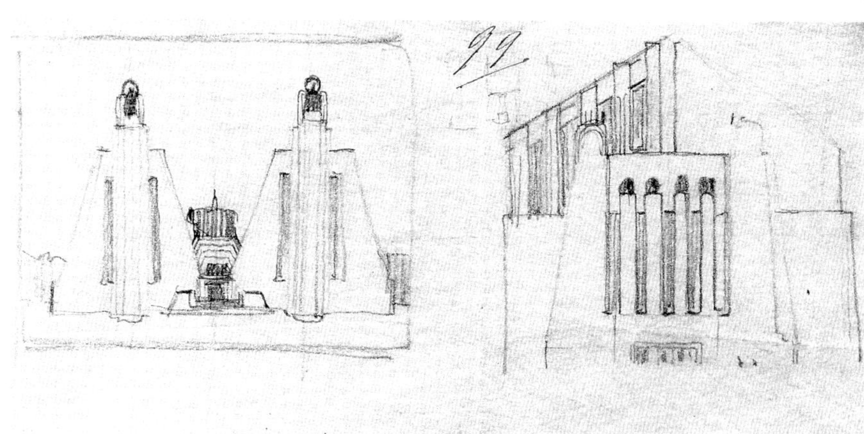

255

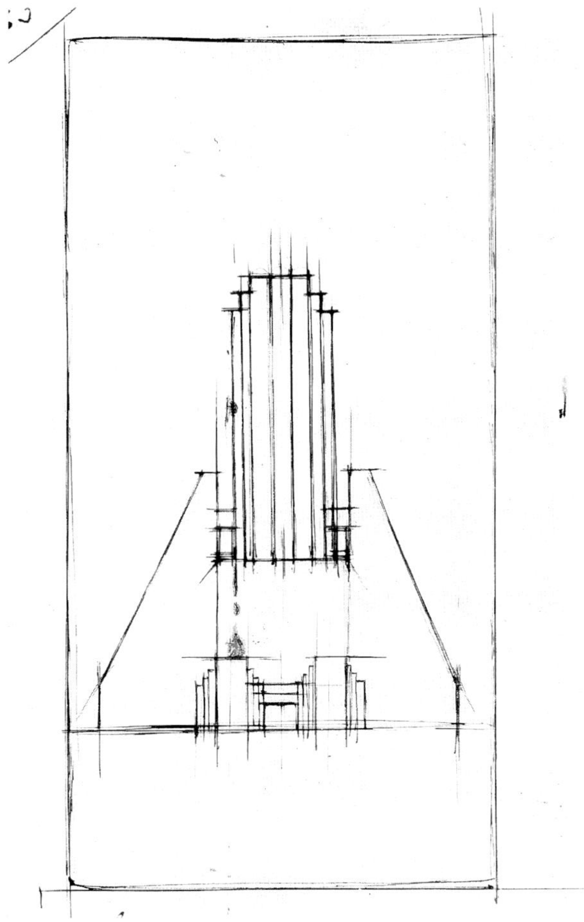

252

255
1914
Bleistift auf Papier
11,2 x 21,4 cm
Musei Civici, Como
BIBLIOGRAPHIE: *Archivi del Futurismo*, Bd. II, 1962, S. 453, Nr. 56; Caramel/Longatti, 1962, S. 77; Caramel/Longatti, 1987, S. 155, Nr. 54; Caramel/Longatti, S. 119, Nr. 54
AUSSTELLUNG: 1962, Como, *Antonio Sant'Elia*, Kat. Nr. 61

256 (Abb. S. 164)

Studie für eine Kirche

(1914?)
Sepia, Bleistift, roter, oranger und blauer Farbstift auf Papier
20,4 x 28 cm
Museo Civico, Cremona
Es könnte sich um die apsidiale Seite einer Kirche handeln, auch wenn die Statuen und Säulen auf den vorhergehenden Monumentalbauten (Kat. 248) erscheinen.
BIBLIOGRAPHIE: Caramel/Longatti, 1962, S. 78; Longatti, 1984, S. 27; Caramel/Longatti, 1987, S. 260, Nr. 251; Caramel/Longatti, 1988, S. 224, Nr. 251
AUSSTELLUNG: 1962, Como, *Antonio Sant'Elia*, Kat. Nr. 70

258

254

257
Kirche, 1914
schwarze Tusche, Bleistift und oranger Pastellstift auf Papier
14 x 18,5 cm
Sammlung Monti, Mailand
Erscheint mit der Bezeichnung »Kirche« (neben dem Bahnhof, Kat. 279, und dem »Wolkenkratzer«, Kat. 310) als Illustration zu G. U. Aratas Artikel in *Vita d'Arte* vom Mai 1914 über die erste Architekturausstellung, die von den lombardischen Architekten im März desselben Jahres in Mailand veranstaltet wurde. Ebenso wie die anderen bei dieser Gelegenheit ausgestellten Zeichnungen zeigt sie ein ostentatives Pathos, das offensichtlich eingesetzt war, um sich stärker von den ›Routinearbeiten‹ der anderen abzuheben und das anzudeuten, was bald darauf – auf der Ausstellung der ›Nuove Tendenze‹ – zum Ausbruch kommen sollte.
BIBLIOGRAPHIE: Arata, 1914, S. 71; Apollonio/Mariani, 1958, S. 146-147; Miotto/Muret, 1976, S. 28; Longatti, 1980, S. 65; Schmidt-Thomsen, 1981, S. 38; Caramel/Longatti, 1987, S. 260, Nr. 252; Caramel/Longatti, 1988, S. 224, Nr. 252; Ballo, 1989, S. 132, Nr. 51; Barletta, 1989; Dalla Valle, 1989, S. 10; Mazza, *Giornale di Brescia*, 9. Juni 1989
AUSSTELLUNGEN: 1944, *Mostra degli architetti lombardi;* 1982-1983, Milano, *Boccioni a Milano*, Kat. Nr. 284; 1989, Mailand, *Sant'Elia e l'ambiente futurista*, Kat. Nr. 51

256

257 

258 (Abb. S. 163)

Studien für Monumentalbauten (1914)
schwarze Tusche auf Papier
14,9 x 20,8 cm
Sammlung Aleardo Roncai, Casalmaggiore
Ein bezeichnendes Beispiel für das Miteinander verschiedener Nutzgebäude (Wohnhäuser und vielleicht auch Kirchen) in der stufenweisen Entwicklung der Planung der *Città Nuova*.
unveröffentlicht

259 (nicht abgebildet)

Monumentalgebäude, 1914
signiert und datiert unten rechts »1914. Sant'Elia«
entwendet 1958 auf der Weltausstellung in Brüssel
BIBLIOGRAPHIE: Banham, 1955, S. 299; Tentori, 1955, S. 211; *Il Futurismo*, Rom, 1959, Kat. Abb. 29; *Archivi del Futurismo*, Bd. II, 1962, S. 454, Nr. 60; Longatti, *Corriere della Provincia*, Como, 22. Mai 1961, S. 5; Caramel/Longatti, 1962, S. 109; Rye, 1972, S. 102; *Le Futurisme 1909-1916*, Paris, 1973, Kat. S. 135; Nicoletti, 1978, S. 356; Negri, 1986, S. 125; Caramel/Longatti, 1987, S. 270, Nr. 268; Caramel/Longatti, 1988, S. 233, Nr. 268
AUSSTELLUNG: 1958, Brüssel, *Weltausstellung*

Elektrizitätswerke (1914)

260 (Abb. S. 34)
schwarze, grüne und rote Tusche, Bleistift auf Papier
31 x 20,5 cm
unten rechts die Inschrift »La centrale elettrica. Como 25. 2. 1914«
Sammlung Paride Accetti, Mailand
Ebenso wie Kat. 263 und 264 wurde diese Zeichnung auf der Ausstellung ›Nuove Tendenze‹ gezeigt. Sie unterscheidet sich von der 1913 entstandenen Serie der Elektrizitätswerke nicht nur durch die verfeinerte Ausführung, sondern auch durch die effektvolle Zurschaustellung der Symbol-Idee, der vom Futurismus verherrlichten industriellen Zivilisation, in einem überaus städtisch geprägten Kontext.
BIBLIOGRAPHIE: ›Un precursore, Antonio Sant'Elia‹, *Rivista Illustrata del Popolo d'Italia*, 1930, S. 49; Tentori, 1955, S. 214; Accetti, 1957, Abb. a; *La Martinellas*, 1958, S. 531; Apollonio/Mariani, 1958, S. 110-111; Samonà, 1959, S. 63; Benevolo, 1960, S. 497; Carrieri, 1961, S. 143; Taylor, 1961, Nr. 96; Caramel/Longatti, 1962, S. 99, Abb. 91; Carrieri, 1963, S. 149; Belloni, 1964, S. 18; Calvesi, 1967, S. 225; Martin, 1968, S. 191; Graf, 1969, Abb. 120; Apollonio, 1970, Abb. 116; Calvesi, 1979, S. 73; Parmiani, 1970, S. 40, Nr. 16; Zevi, 1971, S. 212; De Seta, 1972, Abb. 9; Rye, 1972, S. 108; Caramel, 1972-1973, Abb. S. 59; Pehnt, 1973, S. 171; Zevi, 1973, Nr. 312-313; Los, 1973-1974, S. 46, Nr. 44; AA. VV., 1976, S. 81; Miotto/Muret, 1976, S. 26; Masini, 1977, S. 354; Tisdall/Bozzolla, 1977, S. 128; Martin, 1978, Nr. 191; *Art Journal*, Sommer 1979, Umschlag; Longatti, 1980, S. 68, 124; Banham, 1981, S. 36, Nr. 3; Fontana, 1981, S. 111, 137; Schmidt-Thomsen, 1981, S. 41; Godoli, 1983, S. 127; Crispolti, 1984, S. 25; Lista, 1985, S. 30; *Corriere della Sera*, 15. März 1986, S. 20; Gregotti, 1986, S. 20; *Lichtjahre*, Wien, 1986, S. 212 (nur veröffentlicht); Longatti, 1986; Negri, 1986, S. 92, 123; Caramel, *Art Dossier*, 1986, S. 57; Phillips, 1986, S. 138; Calvesi, 1987, S. 187; Caramel/Longatti, 1987, S. 271, Nr. 269; *Das Abenteuer...*, 1987, S. 228; Sciarra Borzì, 1987, S. 117, Tafel 72; Caramel/Longatti, 1988, S. 234, Nr. 269; Longatti, *Il Piccolo*, 1988; Ballo, 1989, S. 132-133, Nr. 55; Bottero, *Abitare*, Januar-Februar 1989; Gregotti, *Corriere della Sera*, 28. Mai 1989; Irace, *Il Sole 24 Ore*, 21. Mai 1989; De Benedetti, *Epoca*, 21. Mai 1989; Corradini, *Il Giornale di Bergamoi*, 27. August 1989; Corradini, *Brescia Oggi*, 27. August 1989; Pierantoni, *Harper's Bazaar*, 1989, S. 11; Palmiro Boschesi, *L'Adige*, 6. Juni 1989; Vinca Masini, 1989, S. 375, Nr. 1022
AUSSTELLUNGEN: 1914, Mailand, *Nuove Tendenze;* 1959, Rom, *Il Futurismo*, S. 91, Kat. Nr. 207; 1961, New York, *Futurism*, Kat. Nr. 96; 1962, Como, *Antonio Sant'Elia*, Kat. Nr. 226; 1970, Mailand, *Milano 70/70*, S. 161, Kat. Nr. 619; 1972-1973, England, Wanderausstellung, *Futurism 1909-1919*, Kat. S. 59; 1973-1974, Mailand, *Boccioni e il suo tempo*, Kat. Nr. 264; 1974, Düsseldorf, *Futurismus 1909-1919*, Kat. VII, Nr. 11; 1976, Florenz, *Quinta biennale internazionale della grafica d'arte*, S. 68, Kat. Nr. 6; 1978, New York, *Avant-Garde-Art*, Kat. S. 19; 1980, Mailand, *Nuove Tendenze*, Kat. S. 124; 1982-1983, Mailand, *Boccioni a Milano*, Kat. Nr. 295; 1986, Venedig, *Futurismo e Futurismi*, Kat. S. 222; 1986, USA, Wanderausstellung, *Antonio Sant'Elia*, Kat. Nr. 59; 1989, Mailand, *Sant'Elia e l'ambiente futurista*, Kat. Nr. 55; 1990, Rom, *Antonio Sant'Elia – Carlo Erba. Tra Futurismo e Nuove Tendenze*, Kat. Nr. 24; 1990, New York, *Architettura futurista*, Kat. Nr. IV

261
Studie
blaue Tusche und Bleistift auf Papier
28,4 x 20,1 cm
Musei Civici, Como
BIBLIOGRAPHIE: Tentori, 1955, S. 211; *Archivi del Futurismo*, Bd. II, 1962, S. 447, Nr. 26; Caramel/Longatti, 1962, S. 96; Caramel/Longatti, 1987, S. 271, Nr. 270; Caramel/Longatti, 1988, S. 234, Nr. 270
AUSSTELLUNG: 1962, Como, *Antonio Sant'Elia*, Kat. Nr. 204

262
Studie
Bleistift auf Papier
25,9 x 18,5 cm
entwendet 1969 aus der ständigen Ausstellung in der Villa Olmo, Como
BIBLIOGRAPHIE: *Archivi del Futurismo*, Bd. II, 1962, S. 456, Nr. 68; Caramel/Longatti, 1987, S. 272, Nr. 271; Caramel/Longatti, 1988, S. 235, Nr. 271
AUSSTELLUNGEN: 1959, Rom, *Il Futurismo*, S. 77, Kat. Nr. 32; 1962, Como, *Antonio Sant'Elia*, Kat. Nr. 203

263 (Abb. S. 9)
Sepia, grüne und rote Tusche, Bleistift auf Papier
30,5 x 20,5 cm
Sammlung Paride Accetti, Mailand
Teile von Industriegebäuden und von monumentalen perspektivischen Verkürzungen verschmelzen hier zu einer mächtigen demonstrativen Synthese, die in der Gesamtheit überzeugt, in den Details und der Ausstattung mit Gebrauchselementen jedoch ungelöst bleibt.
BIBLIOGRAPHIE: Tentori, 1955, S. 214; Accetti, 1957, Abb. 1; Accetti, *La Martinella*, 1958, Abb. S. 528; Apollonio/Mariani, 1958, S. 112-123; *Archivi del Futurismo*, Bd. II, 1962, S. 482, Nr. 193; Caramel/Longatti, 1962, S. 99, Abb. 92; Veronesi, 1962, S. 81; Calvesi, 1967, S. 227; Apollonio, 1970, Abb. 125; De Seta, 1972, Abb. 7; Miotto/Muret, 1976, S. 26; Nicoletti, 1978, S. 360; Sica, 1978, S. 89, Abb. 170; Longatti, 1980, S. 68, 124; Banham, 1981, S. 38, Nr. 10; Crispolti, 1984, S. 15; Longatti, 1986; Negri, 1986, S. 97; Calvesi, 1987, S. 183; Caramel/Longatti, 1987, S. 272; Caramel/Longatti, 1988, S. 235, Nr. 272; Virno, *Parsifal*, 1988, S. 56; Ballo, 1989, S. 133, Nr. 56; »Il futuro dell'architettura futurista«, *L'Architettura*, 1989, S. 405, Nr. 5; Thea, *Terzo Occhio*, Juni 1989; Vinca/Masini, 1989, S. 375, Nr. 1023; De Seta, 1990, Tafel IX
AUSSTELLUNGEN: 1914, Mailand, *Nuove Tendenze;* 1959, Rom, *Il Futurismo*, S. 91, Kat. Nr. 214; 1962, Como, *Antonio Sant'Elia*, Kat. Nr. 227; 1973-1974, Mailand, *Boccioni e il suo tempo*, Kat. Nr. 264b; 1974, Düsseldorf, *Futurismus 1909-1919*, Kat. Nr. 136; 1976, Florenz, *Quinta biennale internazionale della grafica d'arte*, S. 68, Kat. Nr. 7; 1980, Mailand, *Nuove Tendenze*, Kat. S. 124; 1982-1983, Mailand, *Boccioni a Milano*, Kat. Nr. 296; 1986, Venedig, *Futurismo e Futurismi*, Kat. S. 220; 1986, USA, Wanderausstellung, *Antonio Sant'Elia*, Kat. Nr. 64; 1989, Mailand, *Sant'Elia e l'ambiente futurista*, Kat. Nr. 56; 1990, Rom, *Antonio Sant'Elia – Carlo Erba. Tra Futurismo e Nuove Tendenze*, Kat. Nr. 23; 1990, New York, *Architettura futurista*, Kat. Nr. IX

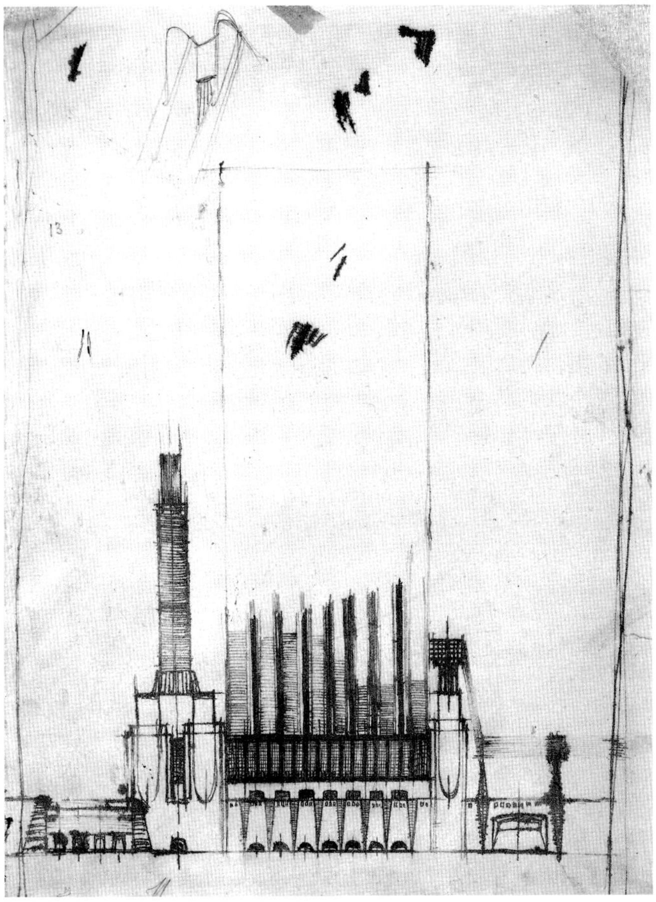

261

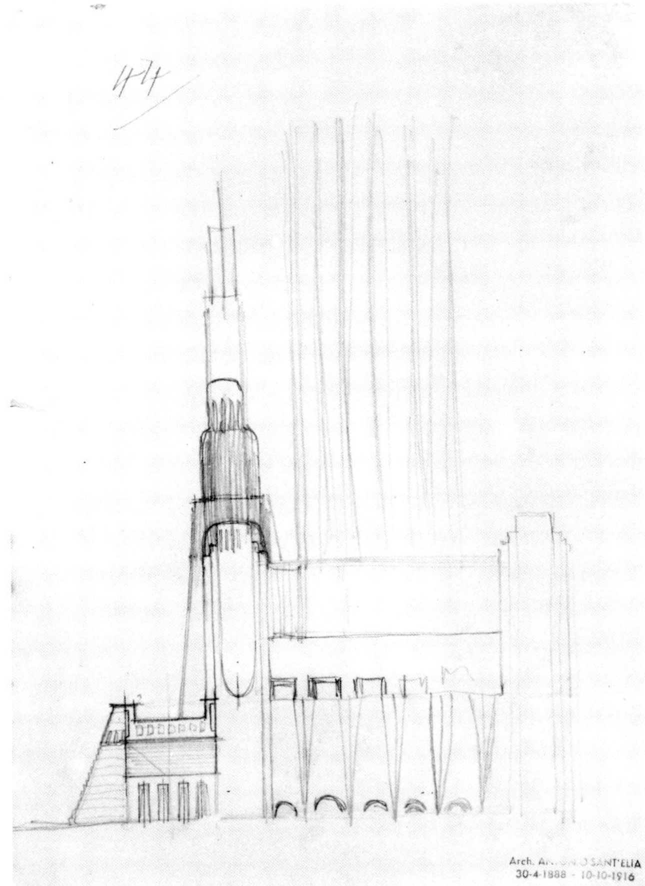

262

264 (Abb. S. 169)
blaue und rote Tusche auf Papier
30 x 20 cm
datiert und signiert unten rechts »Milano 15. 3. 1914 A. S.«
Sammlung Paride Accetti, Mailand
BIBLIOGRAPHIE: Tentori, 1955, S. 214; Accetti, 1957, S. 177-178; Accetti, *La Martinella*, 1958, S. 529; Apollonio/Mariani, 1958, S. 108-109; *Archivi del Futurismo*, Bd. II, 1962, S. 481, Nr. 192; Samonà, 1959, S. 64; Conrads/Spierlich, 1960, S. 103; Taylor, 1961, Nr. 97; Caramel/Longatti, 1962, S. 100, Abb. 94; Bienvolo, 1963, Tafel CXLIII; Calvesi, 1967, S. 228; De Seta, 1972, Abb. 8; Sharp, 1972, S. 39; Los, 1973-1974, S. 47, Nr. 48; Crispolti, 1980, S. 13; Longatti, 1980, S. 110; Fontana, 1981, Abb. 147; Schmidt-Thomsen, 1981, S. 40; Godoli, 1983, S. 127; Negri, 1986, S. 91; Caramel, *Art Dossier*, 1986, S. 57; Caramel/Longatti, 1987, S. 236; *Das Abenteuer*, 1987, S. 228, Nr. 273; Calvesi, 1987, S. 185; Caramel/Longatti, 1988, S. 200, Nr. 273; Ballo, 1989, S. 133, Nr. 57; ›Il futuro dell'architettura futurista‹, *L'Architettura*, 1989, S. 405, Nr. 6; Vinca/Masini, 1989, S. 375, Nr. 1024
AUSSTELLUNGEN: 1914, Mailand, *Nuove Tendenze*; 1959, Rom, *Il Futurismo*, S. 91, Kat. Nr. 209; 1961, New York, *Futurism*, Kat. Nr. 97; 1962, Como, *Antonio Sant'Elia*, Kat. Nr. 233; 1973-1974, Mailand, *Boccioni e il suo tempo*, Kat. Nr. 264 c; 1974, Düsseldorf, *Futurismus 1909-1919*, Kat. S. 124; 1980, Mailand, *Nuove Tendenze*, Kat. S. 124; 1982-1983, Mailand, *Boccioni e il suo tempo*, Kat. Nr. 294; Dezember 1983 – Februar 1984, Washington, *Dreams and Nightmares: Utopian Visions*

in Modern Art, Kat. S. 43; 1986, Venedig, *Futurismo e Futurismi*, Kat. S. 221; 1986, USA, Wanderausstellung, *Antonio Sant'Elia*, Kat. Nr. 58; 1989, Mailand, *Sant'Elia e l'ambiente futurista*, Kat. Nr. 57; 1990, New York, *Architettura futurista*, Kat. Nr. II

265
Bleistift und rote Tusche auf Papier
20,5 x 18,5 cm
signiert unten rechts »A. Sant'Elia«
Musei Civici, Como
BIBLIOGRAPHIE: Arata, 1914, S. 70; Tentori, 1955, S. 212; *Archivi del Futurismo*, Bd. II, 1962, S. 460, Nr. 87; Carandente, 1960-1961, S. 387; Caramel/Longatti, 1962, S. 100, Abb. 93; Ragghianti, 1963, S. 11; Zevi, 1973, Nr. 314.3; De Fusco, 1974, S. 73; Fontana, 1981, S. 111, Abb. 146; Caramel/Longatti, 1987, S. 275, Nr. 277; Caramel/Longatti, 1988, S. 238; Nr. 277; Vinca/Masini, 1989, S. 376, Nr. 1025
AUSSTELLUNGEN: 1959, Rom, *Il Futurismo*, S. 78, Kat. Nr. 34; 1960-1961, Paris, *Les sources du XXe siècle*, Kat. Nr. 1233; 1962, Como, *Antonio Sant'Elia*, Kat. Nr. 231

265

266
Studie
Bleistift auf Papier
13,6 x 13,6 cm
Musei Civici, Como
BIBLIOGRAPHIE: Tentori, 1955, S. 209; *Archivi del Futurismo*, Bd. II, 1962, S. 458, Nr. 80; Caramel/Longatti, 1962, S. 99; Caramel/Longatti, 1987, S. 274, Nr. 275; Caramel/Longatti, 1988, S. 237, Nr. 275
AUSSTELLUNG: 1962, Como, *Antonio Sant'Elia*, Kat. Nr. 230

267
Studie (?) (*Vorderseite;* Abb. S. 170)
Bleistift auf Papier
13,4 x 7,2 cm
Musei Civici, Como
Skizze *(Rückseite; nicht abgebildet)*
BIBLIOGRAPHIE: Caramel/Longatti, 1962, S. 99; Caramel/Longatti, 1987, S. 274; Caramel/Longatti, 1988, S. 237; Nr. 274
AUSSTELLUNG: 1962, Como, *Antonio Sant'Elia*, Kat. Nr. 229

266

268 (Abb. S. 170)
Studie (?) (1914)
Bleistift auf Transparentpapier
28,8 x 18,1 cm
Das Blatt ist an der rechten oberen Ecke eingerissen; der untere Rand weist Unregelmäßigkeiten auf.
Musei Civici, Como
Ebenso wie die beiden kleineren Blätter zum selben Thema (Kat. 266, 267), ist diese Zeichnung noch stark durch die secessionistische monumentale Formensprache geprägt. Es ist nicht auszuschließen, daß sie aus einer früheren Periode stammt und deshalb nicht den Gebäuden für Elektrizitätswerke zugeordnet werden kann.
BIBLIOGRAPHIE: Tentori, 1955, S. 209; *Archivi del Futurismo*, Bd. II, 1962, S. 459, Nr. 85; Caramel/Longatti, 1962, S. 99; Caramel/Longatti, 1987, S. 275, Nr. 276; Caramel/Longatti, 1988, S. 238, Nr. 276
AUSSTELLUNG: 1962, Como, *Antonio Sant'Elia*, Kat. Nr. 228

264

267

268

271

269

270

Brücken, 1914

269
Verbleib des Originals unbekannt: Reproduktion im Katalog der Ausstellung ›Nuove Tendenze‹, Mailand, 1914, und im *Manifest der futuristischen Architektur*, Mailand, 1914
Signiert und datiert unten links »Ant. Sant'Elia – 1914«; unten rechts beschriftet »La Città Nuova – particolare«
Gezeigt auf der Ausstellung ›Nuove Tendenze‹ und veröffentlicht im Flugblatt des *Futuristischen Manifests.*
BIBLIOGRAPHIE: Sant'Elia, *Lacerba*, August 1914, S. 231; Angelini, 1917, S. 159; Volmi, 1922, S. 109; Marchi, Mai 1923, S. 6; Sant'Elia, *Noi*, 1925, S. 4; *Onoranze ...*, Como, 1930; Tentori, 1955, S. 213; Scrivo, 1968, S. 104; Tallarico, 1970, S. 92; Crispolti, 1980, S. 64; Longatti, *Como*, Sommer 1983, S. 25; Crispolti, 1984, S. 97; Caramel/Longatti, 1987, S. 276, Nr. 278; Caramel/Longatti, 1988, S. 239, Nr. 278; Salaris, 1990, S. 10, Abb. 6
AUSSTELLUNG: 1914, Mailand *Prima esposizione d'arte del gruppo Nuove Tendenze*, Kat. S. XVIII

270
Bleistift auf Papier
27 x 22,4 cm
Musei Civici, Como
Vorstudie mit Varianten zu Kat. 269
BIBLIOGRAPHIE: Apollonio, 1958, S. 96-97; *Archivi del Futurismo*, Bd. II, 1962, S. 447, Nr. 24; Caramel/Longatti, 1962, S. 99, Abb. 89; Nicoletti, 1978, S. 356; Longatti, 1980, S. 109, 124; Longatti, 1984, S. 25; Longatti, 1986; Caramel/Longatti, 1987, S. 276, Nr. 279; Caramel/Longatti, 1988, S. 239, Nr. 279
AUSSTELLUNGEN: 1962, Como, *Antonio Sant'Elia*, Kat. Nr. 225; 1980, Mailand, *Nuove Tendenze*, Kat. S. 109; 1986, Como, *Sant'Elia – La Città Nuova*

271
Studie (1914)
Bleistift auf Papier
10,5 x 17 cm
Sammlung Banca Popolare di Lecco, Como
BIBLIOGRAPHIE: Longatti, 1984, S. 24; Negri, 1986, S. 42; Caramel/Longatti, 1987, S. 280, Nr. 286; Caramel/Longatti, 1988, S. 243, Nr. 286; Ballo 1989, S. 129, Nr. 9
AUSSTELLUNGEN: 1986, USA, Wanderausstellung, *Antonio Sant'Elia*, Kat. Nr. 9; 1989, Mailand, *Sant'Elia e l'ambiente futurista*, Kat. Nr. 9

272
Gebäude mit Brücke über ein Staubecken, 1914
schwarze, blaue und grüne Tusche, Bleistift und oranger Farbstift
28.8 x 20.3 cm
datiert und signiert unten rechts »Milano, 13 venerdì 3. 1914 S. A.«
Sammlung Sandro Angelini, Bergamo
Unter dem Titel »Elektrizitätswerk« (Staubecken) auf der Ausstellung ›Nuove Tendenze‹ gezeigt.
BIBLIOGRAPHIE: Angelini, 1917, S. 157; Marchiori, 1960, S. 68; Caramel/Longatti, 1962, S. 100; Longatti, 1980, S. 109; Negri, 1986, S. 124; Caramel/Longatti, 1987, S. 277, Nr. 280; Caramel/Longatti, 1988, S. 240, Nr. 280
AUSSTELLUNGEN: 1929-1930, Paris, *Peintres futuristes italiens*, Kat. Nr. 97; 1962, Como, *Antonio Sant'Elia*, Kat. Nr. 232; 1980, Mailand, *Nuove Tendenze*, Kat. S. 109

Studien für Brücken mit seitlicher Treppe (1914)

273
blaue Tusche und Bleistift auf Papier
27.6 x 20.9 cm
Musei Civici, Como
BIBLIOGRAPHIE: Tentori, 1955, S. 213; Apollonio/Mariani, 1958, S. 106-107; *Archivi del Futurismo*, Bd. II, 1962, S. 455, Nr. 63; Caramel/Longatti, 1962, S. 96, Abb. 80; Miotto/Muret, 1976, S. 26; Caramel/Longatti, 1987, S. 277, Nr. 281; Caramel/Longatti, 1988, S. 240, Nr. 281
AUSSTELLUNG: 1962, Como, *Antonio Sant'Elia*, Kat. Nr. 208

274 (Abb. S. 174)
Bleistift auf Papier
19 x 27.7 cm
entwendet 1969 aus der ständigen Ausstellung in der Villa Olmo, Como
BIBLIOGRAPHIE: *Archivi del Futurismo*, Bd. II, 1962, S. 445, Nr. 17; Caramel/Longatti, 1962, S. 95; Longatti, 1984, S. 69; Caramel/Longatti, 1987, S. 278, Nr. 282; Caramel/Longatti, 1988, S. 241, Nr. 282
AUSSTELLUNG: 1962, Como, *Antonio Sant'Elia*, Kat. Nr. 198

275 (Abb. S. 174)
Bleistift mit Flecken von blauer Tusche auf Papier
20.7 x 28 cm
entwendet 1969 aus der ständigen Ausstellung in der Villa Olmo, Como
BIBLIOGRAPHIE: Banham, 1955, S. 299; Tentori, 1955, S. 211; Apollonio/Mariani, 1958, S. 118-119; *Archivi del Futurismo*, Bd. II, 1962, S. 443, Nr. 7; Caramel/Longatti, 1962, S. 95; Caramel/Longatti, 1987, S. 278, Nr. 283; Caramel/Longatti, 1988, S. 241, Nr. 283
AUSSTELLUNG: 1962, Como, *Antonio Sant'Elia*, Kat. Nr. 199

272

273

276

274

275

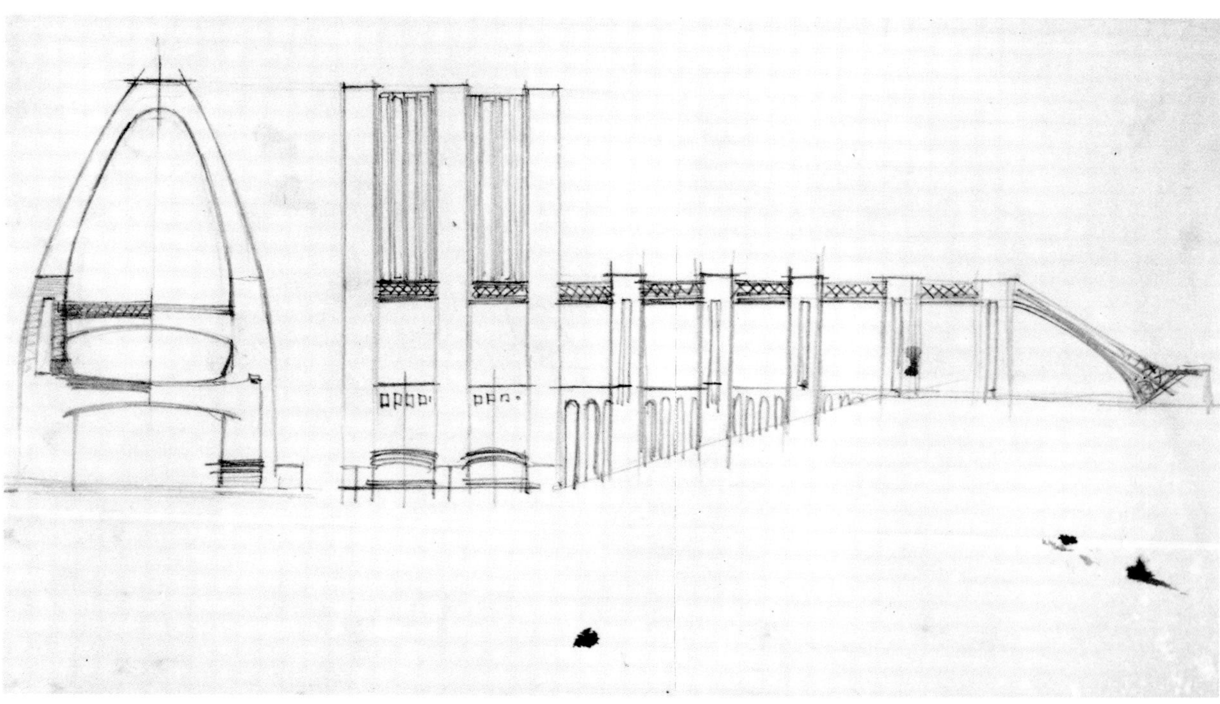

280

281

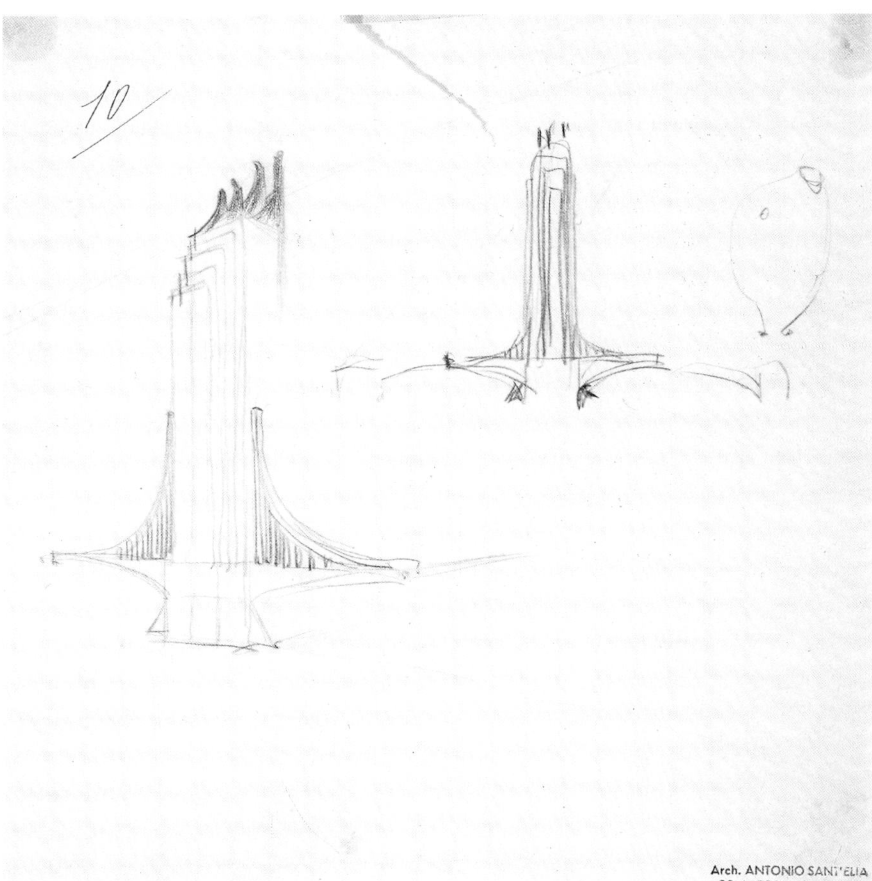

276 (Abb. S. 173)
Studien für eine Brücke (1914)
blaue Tusche und Bleistift auf Papier
27,8 x 20,2 cm
Musei Civici, Como
BIBLIOGRAPHIE: Tentori, 1955, S. 214; Apollonio/Mariani, 1958, S. 102-103; *Archivi del Futurismo*, Bd. II, 1962, S. 446, Nr. 20; Caramel/Longatti, 1962, S. 96; Caramel/Longatti, 1987, S. 279, Nr. 284; Caramel/Longatti, 1988, S. 242, Nr. 284
AUSSTELLUNG: 1962, Como, *Antonio Sant'Elia*, Kat. Nr. 207

277 (Abb. S. 176)
Skizzen für eine Brücke und ein Gebäude (1914)
Bleistift und oranger Farbstift auf Papier
27,9 x 21 cm
Sammlung Anna und Gianfranca Sant'Elia, Mailand
BIBLIOGRAPHIE: Caramel/Longatti, 1962, S. 103; Caramel/Longatti, 1987, S. 279, Nr. 285; Caramel/Longatti, 1988, S. 242, Nr. 285
AUSSTELLUNG: 1962, Como, *Antonio Sant'Elia*, Kat. Nr. 252

278 (Abb. S. 176)
Architektonische Studien (1914)
Bleistift und blauer Pastellstift auf Papier
21 x 27,8 cm
Sammlung Anna und Gianfranca Sant'Elia, Mailand
BIBLIOGRAPHIE: Caramel/Longatti, 1962, S. 95; Caramel/Longatti, 1987, S. 280, Nr. 287; Caramel/Longatti, 1988, S. 243, Nr. 287
AUSSTELLUNG: 1962, Como, *Antonio Sant'Elia*, Kat. Nr. 200

279 (Abb. S. 30)
Studie für den neuen Bahnhof von Mailand, 1914
Bleistift, dunkeloranger und blauer Farbstift auf Papier
15 x 18 cm
unten rechts die Beschriftung »Schizzo – Nuova Stazione di Milano«
Sammlung Monti, Mailand
Der »neue Bahnhof von Mailand« hat keine Ähnlichkeit mehr mit dem Entwurf von 1912 für das Büro Cantoni (Kat. 55). Die auf der Ausstellung der lombardischen Architekten gezeigte Studie ist von grandioser Monumentalität und besitzt Ansätze einer feierlichen Rhetorik, was sie von den differenzierteren Bahnhofsprojekten der *Città Nuova* unterscheidet.
BIBLIOGRAPHIE: Arata, 1914, S. 70; Nebbia, 1914, S. 116; *Vita d'Arte*, Mai 1914, S. 116; »Un precursore. Antonio Sant'Elia«, *Rivista Illustrata del Popolo d'Italia*, 1930, S. 52; Banham, 1955, S. 298; Tentori, 1955, S. 213; Apollonio/Mariani, 1958, S. 98-99; *Archivi del Futurismo*, Bd. II, 1962, S. 452, Nr. 53; Carandente, 1960-1961, S. 387; Caramel/Longatti, 1962, S. 97, Abb. 84; Meeks, 1966, S. 452, Abb. 261; Zevi, 1971, S. 212; Miotto/Muret, 1976, S. 26; Longatti, 1980, S. 62;

Fontana, 1981, S. 11, Abb. 125; Schmidt-Thomsen, 1981, S. 38; Godoli, 1983, S. 6; Caramel/Longatti, 1987, S. 281; Caramel/Longatti, 1988, S. 244, Nr. 288; Ballo, 1989, S. 131, Nr. 44; Passoni, *Il Gazzettino*, 3. Juni 1989; Antohi, *Arte In*, August 1989
AUSSTELLUNGEN: 1914, Mailand, *Mostra degli architetti lombardi;* 1960 - 1961, Paris, *Les sources du XXe siècle*, Kat. Nr. 1232; 1962, Como, *Antonio Sant'Elia*, Kat. Nr. 218; 1981 - 1982, Mailand, *La Stazione Centrale di Milano-Mostra del Cinquantenario;* 1982 - 1983, Mailand, *Boccioni a Milano*, Kat. Nr. 293; 1989, Mailand, *Sant'Elia e l'ambiente futurista*, Kat. Nr. 44

280 (Abb. S. 175)
Studien für einen Bahnhof und ein Elektrizitätswerk (1914)
schwarze Tusche auf Papier
14,9 x 20,8 cm
Sammlung Aleardo Roncai, Casalmaggiore
Skizzen mehrerer gemeinsam konzipierter Sujets: der Bahnhof ist eine Vorstudie zur vorhergehenden Zeichnung (Kat. 279); das Elektrizitätswerk ist wahrscheinlich dasselbe, das für die Ausstellung der lombardischen Architekten in einer Reinzeichnung dargestellt wurde (Kat. 265).
unveröffentlicht

281 (Abb. S. 175)
Architektonische Studien (1914)
Bleistift und oranger Farbstift auf Papier
22 x 20,5 cm
Sammlung Anna und Gianfranca Sant'Elia, Mailand
Vielleicht eine erste Idee für den neuen Bahnhof von Mailand (Kat. 279, 280, 283).
BIBLIOGRAPHIE: *Archivi del Futurismo*, Bd. II, 1962, S. 45, Nr. 42; Caramel/Longatti, 1962, S. 95; Caramel/Longatti, 1987, S. 282, Nr. 289; Caramel/Longatti, 1988, S. 245, Nr. 289
AUSSTELLUNGEN: 1962, Como, *Antonio Sant'Elia*, Kat. Nr. 201; 1990, Rom, *Antonio Sant'Elia – Carlo Erba. Tra Futurismo e Nuove Tendenze*, Kat. Nr. 16.

Studien für einen Bahnhof (1914)

282
Bleistift auf kariertem Papier
10,6 x 16,5 cm
Sammlung Giuseppe Giamminola, Albate (Como)
BIBLIOGRAPHIE: *Archivi del Futurismo*, Bd. II, , 1962, S. 452, Nr. 54; Caramel/Longatti, 1962, S. 98; Caramel/Longatti, 1987, S. 282, Nr. 290; Caramel/Longatti, 1988, S. 245, Nr. 290
AUSSTELLUNG: 1962, Como, *Antonio Sant'Elia*, Kat. Nr. 220

277

278

282

283

283
schwarze Tusche und Bleistift auf Papier
14.5 x 22.2 cm
dem Blatt fehlt die rechte obere Ecke
Musei Civici, Como
BIBLIOGRAPHIE: Tentori, 1955, S. 209; *Archivi del Futurismo*, Bd. II, 1962, S. 455, Nr. 62; Caramel/Longatti, 1962, S. 97, Abb. 85; Nicoletti, 1978, S. 356; Banham, 1981, S. 36, Nr. 2; Caramel/Longatti, 1987, S. 283, Nr. 291; Caramel/Longatti, 1988, S. 246, Nr. 291; Bottero, *Abitare*, Januar - Februar 1989
AUSSTELLUNGEN: 1962, Como, *Antonio Sant'Elia*, Kat. Nr. 219; 1981 - 1982, Mailand, *La Stazione Centrale di Milano-Mostra del Cinquantenario*

284 (nicht abgebildet)
Verbleib des Originals unbekannt
eine weitere Studie, die mit Kat. 276 in Verbindung gebracht werden kann
BIBLIOGRAPHIE: *Archivi del Futurismo*, Bd. II, 1962, S. 450, Nr. 40; Caramel/Longatti, 1987, S. 283, Nr. 292; Caramel/Longatti, 1988, S. 246, Nr. 292

285
schwarze Tusche auf Papier
13.7 x 20 cm
Musei Civici, Como
BIBLIOGRAPHIE: *Archivi del Futurismo*, Bd. II, 1962, S. 444, Nr. 8; Caramel/Longatti, 1962, S. 97, Abb. 81; Bossaglia, 1972 - 1973, S. III, Abb. 16; Pehnt, 1973, S. 170; Portoghesi, 1982, S. 231; Zevi, 1984, S. 176; Caramel/Longatti, 1987, S. 284, Nr. 293; Caramel/Longatti, 1988, S. 247, Nr. 293
AUSSTELLUNGEN: 1959, Rom, *Il Futurismo*, S. 90, Kat. Nr. 196; 1962, Como, *Antonio Sant'Elia*, Kat. Nr. 214; 1972 - 1973, Mailand, *Mostra del Liberty Italiano*, Kat. Nr. 94

285

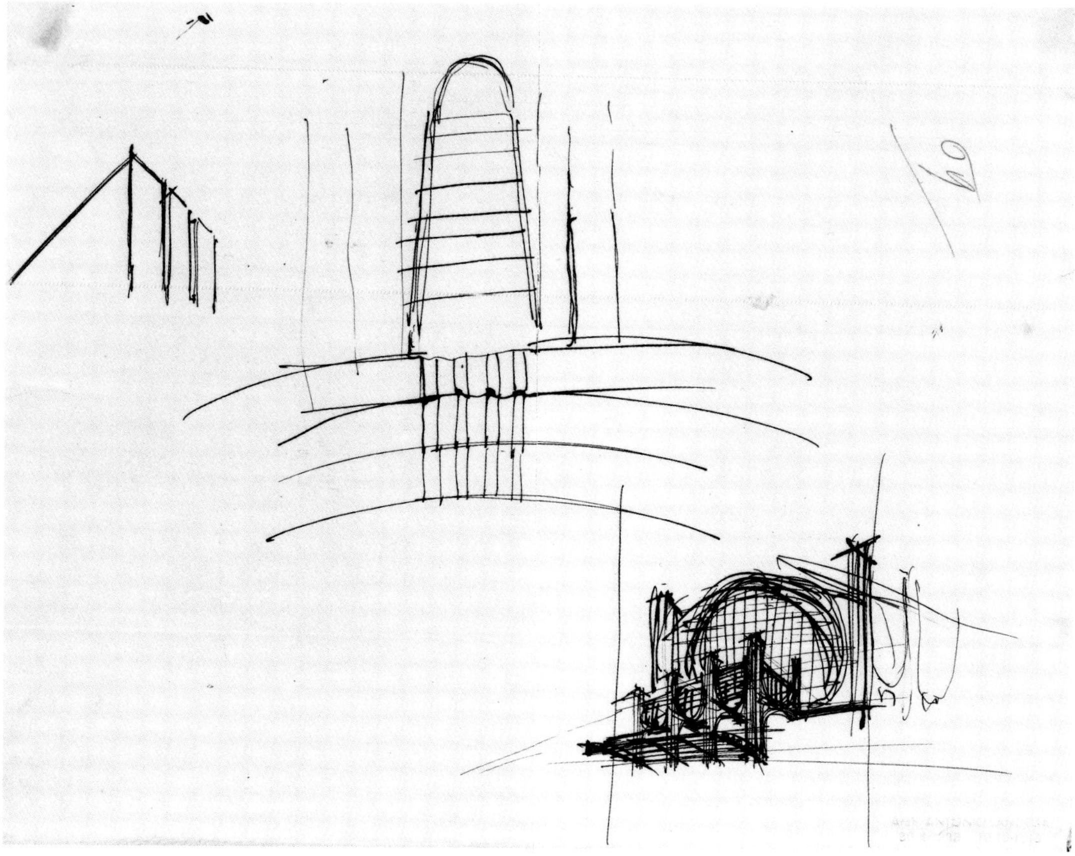

286

286
schwarze Tusche auf Papier
20,9 x 26,5 cm
Sammlung Anna und Gianfranca Sant'Elia, Mailand
BIBLIOGRAPHIE: *Archivi del Futurismo*, Bd. II, 1962, S. 479, Nr. 186; Caramel/Longatti, 1962, S. 98; Longatti, 1984, S. 29; Caramel/Longatti, 1987, S. 284, Nr. 294; Caramel/Longatti, 1988, S. 247, Nr. 294
AUSSTELLUNG: 1962, Como, *Antonio Sant'Elia*, Kat. Nr. 221

287
Architektonische Studien mit Skizze einer menschlichen Figur
Bleistift, oranger und blauer Farbstift auf Papier
16,8 x 19,5 cm
oben links ein Tuschefleck; datiert unten rechts »mar. 191 . . .«; dem Blatt fehlt die rechte untere Ecke
entwendet 1969 aus der ständigen Ausstellung in der Villa Olmo, Como
BIBLIOGRAPHIE: *Archivi del Futurismo*, Bd. II, 1962, S. 463, Nr. 105; Caramel/Longatti, 1962, S. 97; Longatti, 1982, S. 69; Caramel/Longatti, 1987, S. 285, Nr. 295; Caramel/Longatti, 1988, S. 248, Nr. 295
AUSSTELLUNG: 1962, Como, *Antonio Sant'Elia*, Kat. Nr. 217

287

288

288
Seitenansicht *(Vorderseite)*
Architektonische Skizze *(Rückseite; nicht abgebildet)*
Bleistift, Flecken von schwarzer und roter Tusche sowie von grüner Aquarellfarbe auf Papier
7,5 x 19,2 cm
Sammlung Anna und Gianfranca Sant'Elia, Mailand
BIBLIOGRAPHIE: Caramel/Longatti, 1962, S. 77; Negri, 1986, S. 102; Caramel/Longatti, 1987, S. 285, Nr. 296; Caramel/Longatti, 1988, S. 248, Nr. 296
AUSSTELLUNGEN: 1959, Rom, *Il Futurismo*, S. 83, Kat. Nr. 108; 1962, Como, *Antonio Sant'Elia*, Kat. Nr. 64; 1986, USA, Wanderausstellung, *Antonio Sant'Elia*, Kat. Nr. 69; 1989, Rom, *Sant'Elia – Carlo Erba. Tra Futurismo e Nuove Tendenze*, Kat. Nr. 17

289

289
Seitenansicht *(Vorderseite)*
Bleistift auf Papier
11,4 x 21,9 cm
Musei Civici, Como
Variante zur Zeichnung Kat. 285
BIBLIOGRAPHIE: *Archivi del Futurismo*, Bd. II, 1962, S. 468, Nr. 131; Caramel/Longatti, 1962, S. 77; Caramel/Longatti, 1987, S. 286, Nr. 297; Caramel/Longatti, 1988, S. 249, Nr. 297
AUSSTELLUNGEN: 1959, Rom, *Il Futurismo*, S. 85, Kat. Nr. 129; 1962, Como, *Antonio Sant'Elia*, Kat. Nr. 63

Architektonische Studien (Leuchttürme?) *(Rückseite)* (nicht abgebildet)
Bleistift auf Papier
Varianten zum (vielleicht als Leuchtturm konzipierten) Turm an der linken Seite des auf der Vorderseite abgebildeten Gebäudes
BIBLIOGRAPHIE: Caramel/Longatti, 1987, S. 286, Nr. 297; Caramel/Longatti, 1988, S. 249, Nr. 297

290

290
Architektonische Studien (1913)
Bleistift auf Papier
9,9 x 15,2 cm
die rechte obere Ecke ist eingerissen
Sammlung Anna und Gianfranca Sant'Elia, Mailand
Trotz der kleinen Abmessungen des Blattes überrascht hier die grandiose Konzeption des Entwurfes.
BIBLIOGRAPHIE: *Archivi del Futurismo*, Bd. II, 1962, S. 450, Nr. 43; Caramel/Longatti, 1962, S. 77; Negri, 1986, S. 44; Caramel/Longatti, 1987, S. 286, Nr. 298; Caramel/Longatti, 1988, S. 249, Nr. 298; Ballo, 1989, S. 130, Nr. 13
AUSSTELLUNGEN: 1959, Rom, *Il Futurismo*, S. 83, Kat. Nr. 105; 1962, Como, *Antonio Sant'Elia*, Kat. Nr. 65; 1986, USA, Wanderausstellung, *Antonio Sant'Elia*, Kat. Nr. 11; 1989, Mailand, *Sant'Elia e l'ambiente futurista*, Kat. Nr. 13

291 (Abb. S. 47)
Bahnhof und Flughafen (1914)
schwarze Tusche und Bleistift auf Papier
27,9 x 20,9 cm
unten links die nicht von Sant'Elia stammende Beschriftung »Stazione Aeroplani«
Musei Civici, Como
Vorstudie zu Kat. 292, die in den Details sorgfältiger als gewöhnlich ausgeführt wurde.
BIBLIOGRAPHIE: ›Come è morto Sant'Elia‹ *L'Ambrosiano*, 18. September 1930, S. 3; Tallarico, 1941, S. 71; Banham, 1955, S. 298; Tentori, 1955, S. 213; Apollonio/Mariani, 1958, S. 104-105; Gennuso, 1959, S. 17; Banham, 1960, S. 116; *Archivi del Futurismo*, Bd. II, 1962, S. 448, Nr. 30; Conrads/Spierlich, 1960, S. 104; Caramel/Longatti, 1962, S. 98, Abb. 86; ›Il novecento e l'architettura‹, *Edilizia Moderna*, Nr. 81, Dezember 1963, S. 101; *Enciclopedia Universale dell'Arte*, 1966, S. 594; Pevsner, 1968, S. 191, Nr. 193; Cresti, 1969, S. 20; Finch, *Design Quarterly*, 1969 (S. 4); Jencks-Baird, 1969, S. 258; Joedicke, 1969, S. 9, Nr. 12; Ache, 1970, S. 373; Banham, 1970, Nr. 38; Conrads, 1970, S. 31; Tallarico, 1970, S. 120; Portoghesi, 1971, S. 30; De Seta, 1972, S. 15, Tafel XI; Sharp, 1972, S. 77, *Gazette des Beaux Arts*, 1973, Beilage S. 15; Pehnt, 1973, S. 174, Nr. 429; Zevi, 1973, Nr. 314,4; Los, 1973-1974, S. 18; De Fusco, 1974, S. 181; Ragon, 1972, S. 19; Miotto/Muret, 1976, S. 26; Porphyros, *Architectural Design*, 1977, Nr. 5, S. 359, Abb. 20; Tallarico, 1977, S. 104, 117; Nicoletti, 1978, S. 357; Bottero, 1979, S. 161; Frampton, 1980 (Neuauflage 1986, S. 94, Nr. 86); Longatti, 1980, S. 18; *Architectural Design*, 1981, Nr. 1/2 (innere Umschlagseite); Pevsner, 1981, S. 190, Nr. 192; Bottero, 1982, S. 21; Estermann-Juchler, 1982, S. 293, Abb. 3; Portoghesi, 1982, S. 223; Godoli, 1983, S. 124; AA. VV., *Images ...*, 1984, S. 44; Caramel, 1984, S. 41; De Fusco, 1984, S. 35, Abb. 11; Sutcliffe, 1984, S. 200, Abb. 8,5; Resebero, 1985, S. 185; Caramel/Longatti, 1987, S. 287, Nr. 299; Caramel/Longatti, 1988, S. 250, Nr. 299; *200 Jahre ...*, 1987, S. 177; Tisdall/Bozzolla, 1988 (siehe 1977) S. 120, Nr. 108
AUSSTELLUNGEN: 1962, Como, *Antonio Sant'Elia*, Kat. Nr. 222; 1973, Paris, *Le Futurisme*, Kat. Nr. 134; 1977, Berlin, *Tendenzen der Zwanziger Jahre*, Kat. Nr. 124; 1984, Como, *L'idea del lago*, Kat. S. 41

Flughafen und Bahnhof (für Eisenbahnzüge) mit Seilbahnen und Aufzügen auf drei Straßenebenen, 1914

292
schwarze Tusche, Bleistift und blauer Farbstift auf Transparentpapier
50 x 39 cm
Musei Civici, Como
Erscheint mit dieser ausführlichen Bezeichnung, die sogar eine sprachliche Redundanz darstellt (»Eisenbahnzüge«), auf dem Flugblatt des *Manifestes der futuristischen Architektur*, das diesen Entwurf auch berühmt machte. Auf der Ausstellung ›Nuove Tendenze‹ wurde er jedoch nur als ein Entwurf unter vielen zur *Città Nuova* gezeigt und stand somit in engerer Verbindung zum städtebaulichen Panorama.
BIBLIOGRAPHIE: Sant'Elia, 11. Juli 1914, S. 4; Sant'Elia, *Lacerba*, August 1914, S. 231; Marchi, Mai 1923, S. 6; Sant'Elia, *Noi*, 1925, *S. 4*; Reggiori, 1929, *S. 328; Onoranze all'architetto futurista Antonio Sant'Elia*, 1930; ›Sant'Elia, oggi‹, *Casa Bella, 1930*, S. 10; ›Un precursore, Antonio Sant'Elia‹, *Rivista Illustrata del Popolo d'Italia*, 1930, S. 52; *La Città Nuova*, 15. März 1932, S. 1; *La Città Nuova*, 1. und 15. Juni 1932; Marinetti/Del Bello, 1933; Samek/Ludovici, *Le Vie d'Italia*, S. 1360; Benet, 1949, S. 58, Nr. 30; Tagliaventi, Dezember 1954, S. 285; Banham, 1955, S. 298; Dorazio, 1955; Tentori, 1955, S. 214; Jeri, 23. September 1956, S. 22; Apollonio/Mariani, 1958, S. 130-131; Banham, 1960, S. 116; *Archivi del Futurismo*, Bd. II, 1962, S. 448, Nr. 29; Sarfatti, 1959, S. 33; Borghi, 1960, S. 471; Caramel/Longatti, 1962, S. 98, Abb. 87; Veronesi, 1962, S. 80; Ragghianti, 1963, S. 17; Belloni, 1964, S. 19; Martin, 1968, S. 187; Scrivo, 1968, S. 104; Cresti, 1969, S. 20; Finch, *Design Quarterly* (S. 4); Graf, 1969, S. 121; Banham, 1970, Nr. 41; *Controspazio*, 1971, S. 8; Zevi 1973, Nr. 315,1; Los, 1973-1974, S. 41, Nr. 2; De Fusco, 1974, S. 211; Porzio, 1974, S. 5; AA. VV., 1976, S. 183-184; Banham, 1976, S. 19, Nr. 9; Mercandino, 1976, S. 134, Nr. 65; Miotto/Muret, 1976, S. 26; Martin, 1978, Nr. 187; Crispolti, 1980, S. 64; Longatti, 1980, S. 17; De Seta, 1981, Abb. 1,Tafel S. 40; Fontana, 1981, Abb. 126; Schmidt-Thomsen, 1981, S. 39; Curtis, 1982, S. 73, Nr. 5,14; Hughes, 1980, S. 171 (ital. Ausg. 1982, S. 171, Nr. 107); Longatti, *Como*, 1983, S. 25; AA. VV., 1984, S. 105; Crispolti, 1984, S. 97; Kruft, 1985, Abb. 188; Salaris, 1985, S. 54; Sica, 1985, S. 89, Abb. 171; De Baudemant/Coolus jr., 1986, S. 160; Sutton, 1986, S. 209, Nr. 10; Caramel/Longatti, 1987, S. 288, Nr. 300; Caramel/Longatti, 1988, S. 250, Nr. 300; De Benedetti/Pracchi, 1988, S. 239; Di Salvo, 1989, S. 149; Boschesi, *L'Adige*, 6. Juni 1989; Tentori, 1990, S. 75
AUSSTELLUNGEN: 1914, Mailand, *Prima esposizione d'arte del grupo Nuove Tendenze;* 1930, Mailand, *Mostra futurista dell'architetto Sant'Elia e di 22 pittori futuristi;* 1930, Como, *Mostra delle opere dell'architetto futurista comasco Sant'Elia*, Kat. Abb. 2; 1962, Como, *Antonio Sant'Elia*, Kat. Nr. 223; 1970, Mailand, *Milano 70/70*, Kat. Nr. 636; 1973, Paris, *Le Futurisme*, Kat. S. 134; 1977, Berlin, *Tendenzen der Zwanziger Jahre*, Kat. 2/48; 1980, Mailand, *Nuove Tendenze*, Kat. S. 124; 1984, Florenz, *Futurismo a Firenze 1910-1920*, Kat. S. 105; 1986, Venedig, *Futurismo e Futurismi*, Kat. S. 219

293 (Abb. S. 182)
schwarze Tusche und Bleistift auf Papier
50 x 39 cm
Musei Civici, Como
Entwurf für die Zeichnung auf Transparentpapier Kat. 292. Im Unterschied zu dieser Federzeichnung ist hier noch ein Flugzeug beim Landeanflug erkennbar.
BIBLIOGRAPHIE: *Inventario dei disegni originali di Antonio Sant'Elia di proprietà del Comune di Como*, 1962, Nr. 169; Longatti, 1980, S. 18; Caramel/Longatti, 1987, S. 289, Nr. 301; Caramel/Longatti, 1988, S. 251, Nr. 301; Gavinelli, *La Martinella*, 1988, S. 49
AUSSTELLUNG: 1980, Mailand, *Nuove Tendenze*, Kat. S. 124

292

294
Bahnhof und Flughafen, 1914
schwarze Tusche und verschiedene Aquarellfarben auf Papier
unten links von Sant'Elia beschriftet »Schizzo La Città Nuova – Stazione Aeroplani Treni«
unten rechts die Signatur »Antonio Sant'Elia«
Sammlung Larson, New York
Wurde unter diesem Titel auf der Ausstellung ›Nuove Tendenze‹ gezeigt.
BIBLIOGRAPHIE: Caramel/Longatti, 1987, S. 289, Nr. 302; Caramel/Longatti, 1988, S. 251, Nr. 302
AUSSTELLUNG: 1914, Mailand, *Prima esposizione d'arte del gruppo Nuove Tendenze*

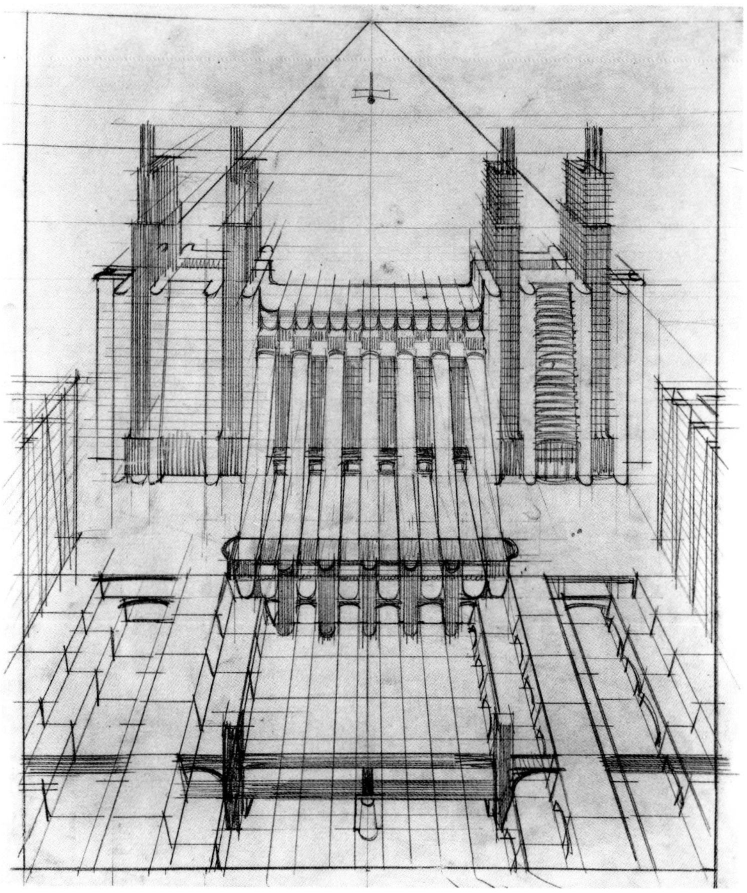
293

Terrassiertes Haus mit Außenaufzügen, 1914

295 (Abb. S. 33)
schwarze Tusche und Bleistift auf Papier
65,5 x 30,5 cm
Musei Civici, Como
Das typische Mietshaus der *Città Nuova*, das auf der Ausstellung ›Nuove Tendenze‹ als »La Casa Nuova« vorgestellt wurde: elf Stockwerke, darüber ein Aufbau und ein Dachgeschoß aus Glas ohne Funktionsbestimmung, die über den Außenaufzug und überdachte Passagen zugänglich sind.
›Vernünftige‹ Dimensionen und eine sorgfältigere Planung der Details als gewöhnlich (es handelt sich ja auch um eine Zeichnung, die ausgestellt werden sollte), entsprechen zwar nicht der ›Zukunftsemphase‹ des *Manifestes*, respektieren aber dennoch grundsätzlich dessen Auftrag.
BIBLIOGRAPHIE: Sant'Elia, 11. Juli 1914, S. 3; Sant'Elia, *Lacerba*, August 1914, S. 230; Behne, 1923, S. 49; Marchi, 1927, S. 409; Reggiori, 1929, S. 330; *L'Ambrosiano*, 18. September 1930; ›Sant'Elia, oggi‹, *Casa Bella*, 1930, S. 11; Marinetti, *Il Giornale della Domenica*, 7./8. Dezember 1930, S. 1; Melani, 1930, (Ausg. 1989, S. 860, Abb. 301); ›Un precursore, Antonio Sant'Elia‹, *Rivista Illustrata del Popolo d'Italia*, 1930, S. 50; Zanzi, 1930, S. 232; Lo Duca, 1931, S. 188; ›L'architettura di Sant'Elia ...‹, *Nord Milano*, 1932, S. 378; Fiorini, 1934, S. 23; Persico, 1934, S. 2-3; Milani/Fasolo, 1940, S. 70, Abb. 51; Sartoris, 1943, S. 195; Sartoris, 1944, S. 195; Sartoris, 1949, S. 321; Jeri, *La Provincia*, 4. Juni 1950, S. 3; Tagliaventi, 1954, S. 258; Tentori, 1955, S. 215; Apollonio/Mariani, 1958, S. 132-133; ›In mostra i disegni di Sant'Elia ...‹, *La Provincia*, 13. Juni 1959; Pevsner, 1961, S. 259, 358; *Archivi del Futurismo*, Bd. II, 1962, S. 444, Nr. 11; Maltese, 1960, Abb. 164; ›Una serie di opere inedite comparirà nella mostra di Antonio Sant'Elia‹, *Corriere della Provincia*, 24. September 1962, S. 5; ›Solennemente inaugurata nelle sale di Villa Olmo la mostra delle opere di Antonio Sant'Elia‹, *La Provincia*, 25. September 1962, S. 5; Caramel/Longatti, 1962, S. 102, Abb. 100; Ragghianti, 1963, S. 15; Pevsner, 1968, S. 190, Nr. 192; Tallarico, 1970, S. 92; *Controspazio*, 1971, S. 8; Zevi, 1971, S. 46; De Seta, 1972, S. 15, Tafel XIV; Rye, 1972, S. 105; De Fusco, 1974, S. 211; AA. VV., *Futurismo*, 1976, S. 183; Tallarico, 1977, S. 117; Jullian, 1978, S. 293, Nr. 5; Miglietta, 1978, S. 24; Sica, 1978, S. 89, Abb. 172; Crispolti, 1979, S. 20; Crispolti, 1980, S. 63; Longatti, 1980, S. 109; Estermann/Juchler, 1982, S. 293, Abb. 3; AA. VV., *Futurismo a Firenze ...*,

294

296

1984, S. 105; Caramel, 1984, S. 39; Crispolti, 1984, S. 96; Caramel/Longatti, 1987, S. 290, Nr. 303; Caramel/Longatti, 1988, S. 252, Nr. 303; *Domus*, 1988, S. 52; Doordaan, 1988, Nr. 1; Gavinelli, 1988, S. 52; Virno, *Parsifal*, 1988, S. 55; Di Salvo, 1989, S. 41; Tentori, 1990, S. 75
AUSSTELLUNGEN: 1914, Mailand, *Prima esposizione d'arte del gruppo Nuove Tendenze;* 1930, Mailand, *Mostra futurista dell'architetto Sant'Elia e di 22 pittori futuristi;* 1930, Rom, *Mostra delle opere dell'architetto futurista Antonio Sant'Elia;* 1930, Como, *Mostra delle opere dell'architetto futurista comasco Sant'Elia*, Kat. Abb. 9; 1959, Rom, *Il Futurismo*, S. 75, Kat. Nr. 4; 1960-1961, Paris, *Les sources du XXe siècle*, Kat. Nr. 1129; 1962, Como, *Antonio Sant'Elia*, Kat. Nr. 245; 1980, Mailand, *Nuove Tendenze*, Kat. S. 124; 1984, Florenz, *Futurismo a Firenze 1910-1920*, Kat. S. 105; 1984, Como, *L'idea del lago;* 1986, Venedig, *Futurismo e Futurismi*, Kat. S. 217; 1986, Como, *Sant-Elia – La Città Nuova*

296
1914
schwarze Tusche und Bleistift auf Papier
28.8 x 17.9 cm
Musei Civici, Como
BIBLIOGRAPHIE: Tentori, 1955, S. 214; *Archivi del Futurismo*, Bd. II, 1962, S. 443, Nr. 4; Carandente 1960-1961, S. 386; Caramel/Longatti, 1962, S. 102, Tafel 97; Jullian, 1978, S. 293, Nr. 7; Caramel/Longatti, 1987, S. 291, Nr. 304; Caramel/Longatti, 1988, S. 253, Nr. 304
AUSSTELLUNGEN: 1960-1961, Paris, *Les sources du XXe siècle*, Kat. Nr. 1231; 1962, Como, *Antonio Sant'Elia*, Kat. Nr. 244

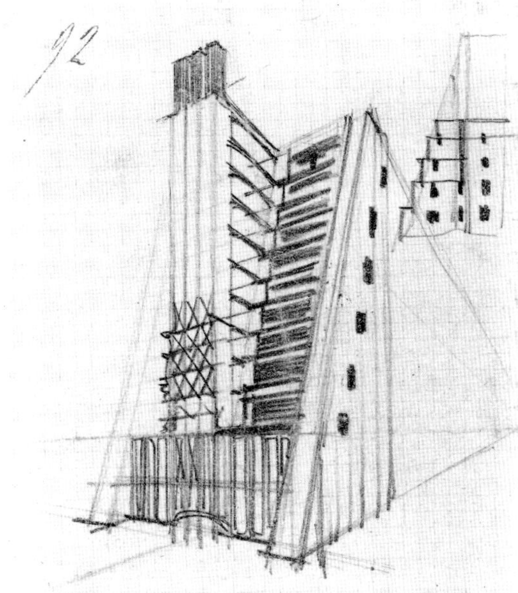

297

297
Studie, 1914
Bleistift auf kariertem Papier
15.8 x 13.2 cm
Musei Civici, Como
BIBLIOGRAPHIE: *Archivi del Futurismo*, Bd. II, 1962, S. 450, Nr. 39; Caramel/Longatti, 1962, S. 101, Abb. 86; Godoli, 1983, S. 125; Caramel/Longatti, 1987, S. 291, Nr. 305; Caramel/Longatti, 1988, S. 253, Nr. 305
AUSSTELLUNGEN: 1959, Rom, *Il Futurismo*, S. 76, Kat. Nr. 13; 1962, Como, *Antonio Sant'Elia*, Kat. Nr. 236

298 (Abb. S. 76)
Schnitte, 1914
schwarze Tusche auf Papier
28.5 x 28.8 cm
Musei Civici, Como
BIBLIOGRAPHIE: *Archivi del Futurismo*, Bd. II, 1962, S. 443, Nr. 5; Zevi, 1956, S. 476; Caramel/Longatti, 1962, S. 101; Jullian, 1978, S. 293, Nr. 4; Caramel/Longatti, 1987, S. 292, Nr. 306; Caramel/Longatti, 1988, S. 254, Nr. 306; Gavinelli, 1988, S. 54
AUSSTELLUNG: 1962, Como, *Antonio Sant'Elia*, Kat. Nr. 237

299 (nicht abgebildet)
Studie (1914)
Bleistift auf Papier
15,2 x 14 cm
Sammlung Anna und Gianfranca Sant'Elia, Mailand
BIBLIOGRAPHIE: Caramel/Longatti, 1962, S. 102; Nicoletti, 1978, S. 277; Negri, 1986, S. 99; Caramel/Longatti, 1987, S. 292, Nr. 307; Caramel/Longatti, 1988, S. 254, Nr. 307
AUSSTELLUNGEN: 1959, Rom, *Il Futurismo*, S. 90, Kat. Nr. 194; 1962, Como, *Antonio Sant'Elia*, Kat. Nr. 248; 1986, USA, Wanderausstellung, *Antonio Sant'Elia*, Kat. Nr. 66

300
Studien, 1914
schwarze und rote Tusche, Bleistift auf Papier
27,4 x 21 cm
Sammlung Anna und Gianfranca Sant'Elia, Mailand
BIBLIOGRAPHIE: Zevi, 1956, S. 477; *Archivi del Futurismo*, Bd. II, 1962, S. 447, Nr. 23; Caramel/Longatti, 1962, S. 102; Negri, 1986, S. 100; Caramel/Longatti, 1987, S. 293, Nr. 308; Caramel/Longatti, 1988, S. 255, Nr. 308; Ballo, 1989, S. 130, Nr. 18
AUSSTELLUNGEN: 1962, Como, *Antonio Sant'Elia*, Kat. Nr. 243, 1986, USA, Wanderausstellung, *Antonio Sant'Elia*, Kat. Nr. 67; 1989, Mailand, *Sant'Elia e l'ambiente futurista*, Kat. Nr. 63; 1990, Rom, *Antonio Sant'Elia – Carlo Erba. Tra Futurismo e Nuove Tendenze*, Kat. Nr. 18

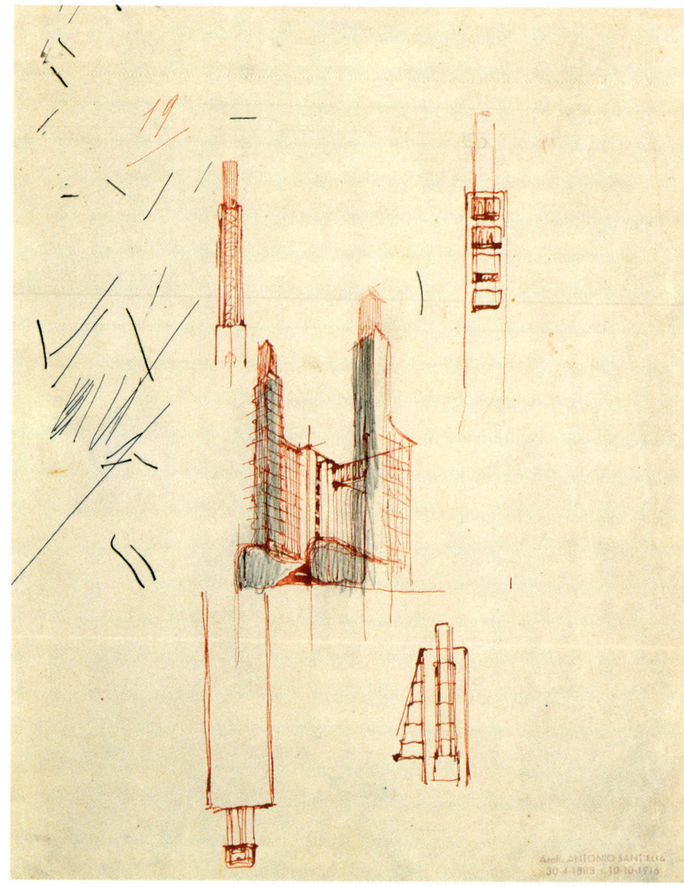
300

301
Studie, 1914
blaue und rote Tusche auf Papier
22 x 15,3 cm
Sammlung Paride Accetti, Mailand
BIBLIOGRAPHIE: Caramel/Longatti, 1962, S. 102; Crispolti, 1984, S. 141; Negri, 1986, S. 106; Caramel/Longatti, 1987, S. 293, Nr. 309; Caramel/Longatti, 1988, S. 255, Nr. 309; Ballo, 1989, S. 133, Nr. 58; De Seta, 1990, Nr. VIII
AUSSTELLUNGEN: 1959, Rom, *Il Futurismo*, S. 91, Kat. Nr. 208; 1962, Como, *Antonio Sant'Elia*, Kat. Nr. 242; 1986, USA, Wanderausstellung, *Antonio Sant'Elia*, Kat. Nr. 73; 1989, Mailand, *Sant'Elia e l'ambiente futurista*, Kat. Nr. 58; 1990, New York, *Architettura futurista*, Kat. Tafel Nr. VIII

302
Studie (1914)
schwarze Tusche und Bleistift auf Transparentpapier
27 x 13 cm
Musei Civici, Como
BIBLIOGRAPHIE: ›Un precursore, Sant'Elia‹, *Rivista Illustrata del Popolo d'Italia*, 1930, S. 51; Tentori, 1955, S. 215; Apollonio/Mariani, 1958, S. 138-139; *Archivi del Futurismo*, Bd. II, 1962, S. 442, Nr. 2; Longatti, *Corriere della Provincia*, 18. April 1960, S. 3; Carandente, 1960-1961, S. 101; Miotto/Muret, 1976, S. 27; Nicoletti, 1978, S. 356; Caramel/Longatti, 1987, S. 292, Nr. 310; Caramel/Longatti, 1988, S. 256, Nr. 310; Gavinelli, 1988, S. 52; Tentori, 1990, S. 75
AUSSTELLUNGEN: 1930, Como, *Mostra delle opere dell'architetto futurista comasco Sant'Elia*, Kat. Abb. 8; 1960-1961, Paris, *Les sources du XXe siècle*, Kat. Nr. 1228; 1962, Como, *Antonio Sant'Elia*, Kat. Nr. 241

301

302

304

303 (Abb. S. 52)
(1914)
schwarze Tusche, schwarz-blauer Farbstift auf Papier
38,5 x 24 cm
oben am Haus die waagrecht angebrachte Schrift »Reclam luminosa«
Die auf der Ausstellung ›Nuove Tendenze‹ gezeigte Zeichnung wurde von Sant'Elia zusammen mit der Vorstudie (Kat. 304) auf einen Karton montiert. Wahrscheinlich wollte er damit den Prozeß der Projektanalyse zeigen. Das massivste Gebäude der »Casa Nuova« ist mit den anderen durch eine Galerie mit großen Glasfeldern verbunden; es wurde als wesentlicher Bestandteil eines urbanen Systems konzipiert. Der am obersten Teil des Hauses für eine Leuchtreklame vorgesehene Raum ist ein weiterer Hinweis auf die großstädtische und internationale Intention. Ein kleiner Schönheitsfehler ist die orthographische Unkorrektheit (bei »reclam« wurde das »e« am Schluß weggelassen).
BIBLIOGRAPHIE: Reggiori, 1929, S. 327; ›Sant'Elia, oggi‹, *Casa Bella*, 1930, S. 10; ›Come è morto Sant'Elia‹, *L'Ambrosiano*, 18. September 1930, S. 3; Marinetti, *Il Giornale della Domenica*, 7./8. Dezember 1930, S. 1; ›Un precursore, Sant'Elia‹, *Rivista Illustrata del Popolo d'Italia*, 1930, S. 51; Zanzi, 1930, S. 231; Marinetti/Del Bello, 1933; Fiorini, 1934, S. 19; Marinetti, 1936, S. 779; Zevi, 1950, Tafel 12; Tentori, 1955, S. 215; Jeri, 23. September 1956, S. 22; Apollonio/Mariani, 1958, S. 134-135; *Archivi del Futurismo*, Bd. II, 1962, 443, Nr. 3; Russolo, 1958, S. 538; Jeri, 3./4. Juli 1958, S. 6; Gennuso, 1959, S. 17; Zevi 1961, Tafel 11; Caramel/Longatti, 1962, S. 103, Abb. 95; Martin, 1968, S. 204, Nr. 188; Finch, *Design Quarterly*, 1969 (S. 6); Argan, 1970, S. 381; Banham, 1970, Nr. 42; Pehnt, 1973, S. 174, Nr. 431; Zevi, 1973, Nr. 315,8; Porta, 1975, S. 49; Miotto/Muret, 1976, S. 27; Tafuri-Dal Co, 1976, Abb. 174; Martin, 1978, Nr. 188; Tafuri/Dal Co, 1979, S. 103, Nr. 177; Crispolti, 1980, S. 66; Longatti, 1980, S. 110; Banham, 1981, S. 36, Nr. 1; Curtis, 1982, S. 74, Nr. 5.15; Godoli, 1983, S. 125; Longatti, *Como*, 1983, S. 24; Stamp, *Architectural's Journal*, 1983, S. 40; Caramel/Longatti, 1987, S. 294-295, Nr. 311; *Das Abenteuer…*, 1987, S. 229; Caramel/Longatti, 1988, S. 256, Nr. 311; Prandstraller, *Summa*, 1988, S. 9; Pierantoni, *Harper's Bazar*, 1989, S. 13; Vinca Masini, 1989, S. 371, Nr. 1012
AUSSTELLUNGEN: 1914, Mailand, *Prima esposizione d'arte del gruppo Nuove Tendenze;* 1930, Mailand, *Mostra futurista dell'architetto Sant'Elia e di 22 pittori futuristi;* 1930, Rom, *Mostra delle opere dell'architetto futurista Sant'Elia;* 1930, Como, *Mostra delle opere dell'architetto futurista Sant'Elia*, Kat. Abb. 6; 1959, Rom, *Il Futurismo*, S. 75, Kat. Nr. 2; 1962, Como, *Antonio Sant'Elia*, Kat. Nr. 251; 1970, Mailand, *Milano 70/70*, Kat. Nr. 620, S. 161; 1980, Mailand, *Nuove Tendenze*, Kat. S. 124; 1986, Venedig, *Futurismo e Futurismi*, Kat. S. 218

304
Studie (1914)
Bleistift und oranger Pastellstift auf Papier
38,4 x 22,2 cm
Musei Civici, Como
BIBLIOGRAPHIE: Reggiori, 1929, S. 327; Tentori, 1955, S. 215; *Archivi del Futurismo*, Bd. II, 1962, S. 444, Nr. 10; Caramel/Longatti, 1962, S. 103; Nicoletti, 1978,

S. 357; Caramel/Longatti, 1987, S. 295, Nr. 312; Caramel/Longatti, 1988, S. 257, Nr. 312
AUSSTELLUNGEN: 1959, Rom, *Il Futurismo*, S. 75, Kat. Nr. 3; 1962, Como, *Antonio Sant'Elia*, Kat. Nr. 250

305
Studien (1914)
signiert am rechten Rand in der Mitte »A. S.« und datiert »Milano 30 maggio«; entwendet 1958 auf der Weltausstellung in Brüssel
Teilschnitte des Gebäudes von Kat. 303-304 und 306-308. Ebenso wie andere Skizzen mit ausdrücklicher Hervorhebung der Außenaufzüge zeigen diese Studien das Engagement des Architekten, sich – wenn auch summarisch – mit den baulichen Problemen auseinanderzusetzen, und sich nicht nur allein auf das Zeichnen der Fassaden zu beschränken.
BIBLIOGRAPHIE: Tentori, 1955, S. 215; Apollonio/Mariani, 1958, S. 136-137; *Archivi del Futurismo*, Bd. II, 1962, S. 445, Nr. 13; Caramel/Longatti, 1962, S. 109; Nicoletti, 1978, S. 356; Fontana, 1981, Abb. 127; Caramel/Longatti, 1987, S. 296, Nr. 313; Caramel/Longatti, 1988, S. 258, Nr. 313
AUSSTELLUNG: 1958, *Weltausstellung*, Brüssel

306
Studie und Detail eines Gebäudes (1914) *(oben)*
Studie für die Front desselben Gebäudes *(unten)*
Bleistift auf Papier
28,9 x 14 cm
Bei der kürzlich erfolgten Restaurierung wurden die beiden ursprünglich auf demselben Blatt ausgeführten Zeichnungen wieder vereint.
Musei Civici, Como
BIBLIOGRAPHIE: Tentori, 1955, S. 215; *Archivi del Futurismo*, Bd. II, 1962, S. 446, Nr. 21, S. 449, Nr. 37; Caramel/Longatti, 1962, S. 102; Nicoletti, 1978, S. 356; Longatti, 1984, S. 73; Caramel/Longatti, 1987, S. 296-297, Nr. 314, 316; Caramel/Longatti, 1988, S. 258-259, Nr. 314, 316
AUSSTELLUNGEN: 1959, Rom, *Il Futurismo*, S. 76, Kat. Nr. 16; 1962, Como, *Antonio Sant'Elia*, Kat. Nr. 246, 247

307
Studie *(Vorderseite)*
(1914)
schwarze Tusche und Bleistift auf Papier
12,9 x 11,8 cm
Architektonische Studie (*Rückseite;* nicht abgebildet) (1914)
Sammlung Anna und Gianfranca Sant'Elia, Mailand
BIBLIOGRAPHIE: *Archivi del Futurismo*, Bd. II, 1962, S. 480, Nr. 291; Caramel/Longatti, 1962, S. 102; Negri, 1986, S. 101; Caramel/Longatti, 1987, S. 295, Nr. 315; Caramel/Longatti, 1988, S. 259, Nr. 315; Ballo, 1989, S. 133, Nr. 60
AUSSTELLUNGEN: 1962, Como, *Antonio Sant'Elia*, Kat. Nr. 249; 1982-1983, Mailand, *Boccioni a Milano*, Kat. Nr. 299; 1986, USA, Wanderausstellung, *Antonio Sant'Elia*, Kat. Nr. 68; 1989, Mailand, *Sant'Elia e l'ambiente futurista*, Kat. Nr. 60

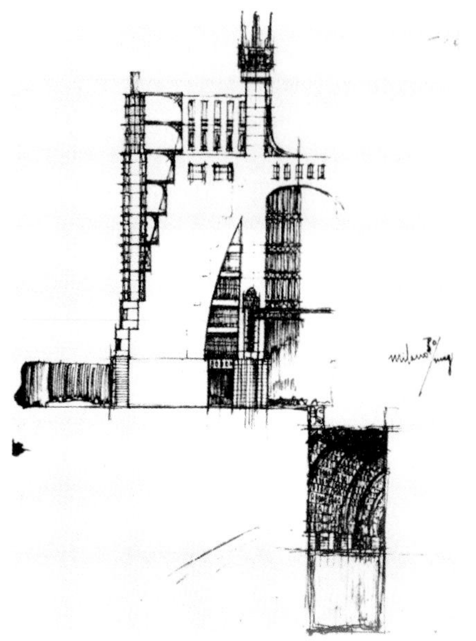
305

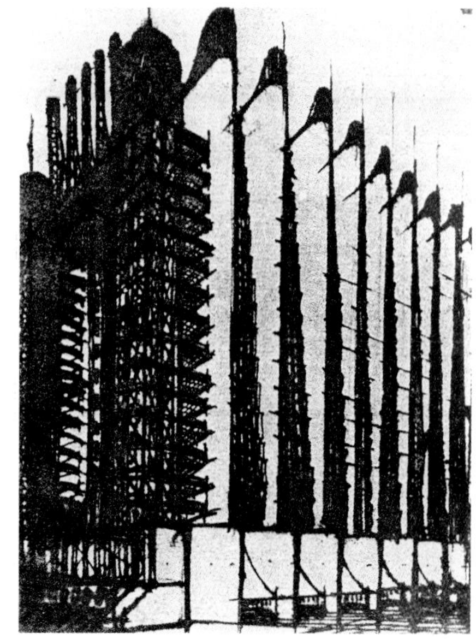
310

306

307

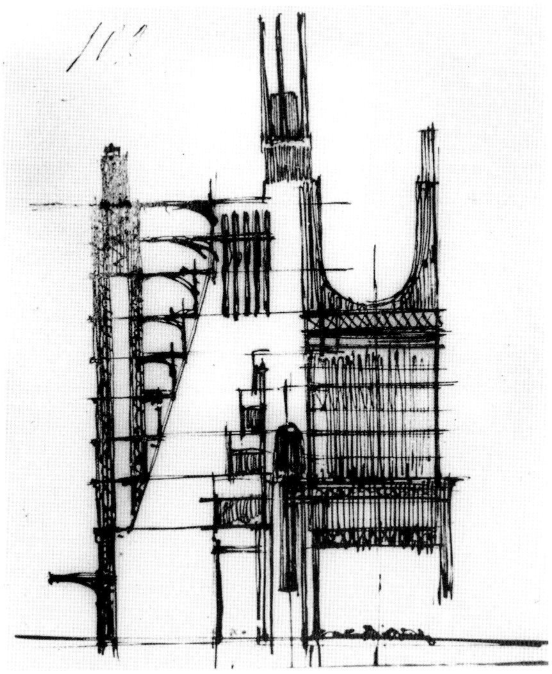

308

309

308
(1914)
schwarze Tusche auf Papier
15,5 x 14 cm
Sammlung Kenneth Walker, New York
BIBLIOGRAPHIE: *Archivi del Futurismo*, Bd. II, 1962, S. 480, Nr. 191; Caramel/Longatti, 1962, S. 101; Tallarico, 1977, S. 177; Estermann/Juchler, 1982, S. 293, Abb. 3; Caramel/Longatti, 1987, S. 296, Nr. 317; Caramel/Longatti, 1988, S. 260, Nr. 317; Ballo, 1989, S. 133, Nr. 59
AUSSTELLUNGEN: 1962, Como, *Antonio Sant'Elia*, Kat. Nr. 248; 1982-1983, Mailand, *Boccioni a Milano*, Kat. Nr. 303; 1989, Mailand, *Sant'Elia e l'ambiente futurista*, Kat. Nr. 59; 1990, Rom, *Antonio Sant'Elia – Carlo Erba. Tra Futurismo e Nuove Tendenze*, Kat. Nr. 19

309
Studie (1917?)
Bleistift auf Transparentpapier
12,7 x 11 cm
Privatsammlung
Aufgrund der Monumentalität, die diese Studie teilweise von den terrassierten Häusern unterscheidet, ist eine Datierung schwierig; sie könnte jedoch in den letzten Monaten des Jahres 1913 entstanden sein.
BIBLIOGRAPHIE: *Archivi del Futurismo*, Bd. II, 1962, S. 448, Nr. 31; Caramel/Longatti, 1962, S. 101; Godoli, 1983, S. 125; Negri, 1986, S. 49; Caramel/Longatti, 1987, S. 298, Nr. 318; Caramel/Longatti, 1988, S. 260, Nr. 318
AUSSTELLUNGEN: 1959, Rom, *Il Futurismo*, S. 86, Kat. Nr. 146; 1962, Como, *Antonio Sant'Elia*, Kat. Nr. 238; 1982-1983, Mailand, *Boccioni a Milano*, Kat. Nr. 281; 1986, USA, Wanderausstellung, *Antonio Sant'Elia*, Kat. Nr. 16

310
Großes Gebäude mit Außenaufzügen, 1914
Reproduktion aus *Vita d'Arte*, Mailand, Nr. 75, Mai 1914, S. 71
In seinem Artikel über die Ausstellung der lombardischen Architekten bezeichnet Arata dieses Gebäude als »Wolkenkratzer« (siehe Kat. 257). In der endlosen Multiplikation der vertikalen Streben und der kühnen Räumlichkeit werden die Bilder der *Città Nuova* bereits angekündigt.
BIBLIOGRAPHIE: Arata, 1914, S. 71; Tentori, 1955, S. 215; *Archivi del Futurismo*, 1958-1962, S. 444, Nr. 9; Schmidt-Thomsen, 1981, S. 38; Caramel/Longatti, 1987, S. 299, Nr. 319; Caramel/Longatti, 1988, S. 261, Nr. 319
AUSSTELLUNG: 1914, Mailand, *Mostra degli architetti lombardi*

Studien für die Città Nuova (1914)

311
Bleistift auf Papier
22,4 x 20 cm
entwendet 1969 aus der ständigen Ausstellung in der Villa Olmo, Como
BIBLIOGRAPHIE: Tentori, 1955, S. 213; Apollonio/Mariani, 1958, S. 94-95; *Archivi del Futurismo*, Bd. II, 1962, S. 453, Nr. 57; Carrieri, 1961, S. 144; Caramel/Longatti, 1962, S. 95; Carrieri, 1963, S. 150; Caramel/Longatti, 1987, S. 299, Nr. 320; Caramel/Longatti, 1988, S. 261, Nr. 320
AUSSTELLUNG: 1962, Como, *Antonio Sant'Elia*, Kat. Nr. 196

312
schwarze, grüne und rote Tusche auf Papier
30 x 17 cm
signiert und datiert unten rechts »Milano 1. 3. 1914 A. S.«
Sammlung Paride Accetti, Mailand
BIBLIOGRAPHIE: Tentori, 1955, S. 214; Accetti, 1957, Abb. c; Accetti, *La Martinella*, 1958, S. 352; Apollonio/Mariani, 1958, S. 114-115; Samonà, 1959, S. 60; Taylor, 1961, S. 107; Caramel/Longatti, 1962, S. 99; Abb. 88; Veronesi, 1962, S. 80; Ragghianti, 1963, S. 13; Masheck, 1971, S. 38; Zevi, 1979, S. 69, Nr. 48; Longatti, 1980, S. 124; Schmidt-Thomsen, 1981, S. 40; Godoli, 1983, S. 122; Crispolti, 1984, S. 10; Caramel, 1986, S. 33; Negri, 1986, S. 93; Magnago Lampugnani, *Domus*, 1986, S. 77; Caramel/Longatti, 1987, S. 300, Nr. 321; Caramel/Longatti, 1988, S. 262, Nr. 321; Ballo, 1989, S. 132, Nr. 54; ›Il futuro dell'architettura futurista‹, *L'Architettura*, 1989, S. 404, Nr. 2; De Benedetti, *Epoca*, 21 maggio 1989; Gravagnuolo, *Modo*, 1989, S. 31; Trimarco, *Il Mattino*, 18 luglio 1989; De Seta, 1990, Nr. III
AUSSTELLUNGEN: 1959, Rom, *Il Futurismo*, S. 91, Kat. Nr. 205; 1961, New York, *Futurism*, Kat. Nr. 94; 1962, Como, *Antonio Sant'Elia*, Kat. Nr. 224; 1973-1974, Mailand, *Boccioni e il suo tempo*, Kat. Nr. 265; 1976, Florenz, *Quinta biennale internazionale della grafica d'arte*, S. 68, Kat. Nr. 5; 1982-1983, Mailand, *Boccioni a Milano*, Kat. Nr. 297; 1983-1984, Washington, *Dreams and nightmares: utopian vision in modern art*, Kat. S. 43; 1986, Venedig, *Futurismo e Futurismi*, Kat. S. 213; 1986, USA, Wanderausstellung, *Antonio Sant'Elia*, Kat. Nr. 60; 1989, Mailand, *Sant'Elia e l'ambiente futurista*, Kat. Nr. 54; 1990, New York, *Architettura futurista*, Kat. Tafel III

313 (Abb. S. 190)
Bleistift auf Papier
28,7 x 20,1 cm
entwendet 1969 aus der ständigen Ausstellung in der Villa Olmo, Como
Es könnte sich um ein Elektrizitätswerk handeln; die folgende Skizze (Kat. 314) zeigt ein Detail von den Dachtürmen.
BIBLIOGRAPHIE: Tentori, 1955, S. 213; *Archivi del Futurismo*, Bd. II, 1962, S. 453, Nr. 55; Caramel/Longatti, 1962, S. 95; Caramel/Longatti, 1987, S. 301, Nr. 322; Caramel/Longatti, 1988, S. 262, Nr. 322
AUSSTELLUNGEN: 1959, Rom, *Il Futurismo*, S. 82, Kat. Nr. 98; 1962, Como, *Antonio Sant'Elia*, Kat. Nr. 195

311

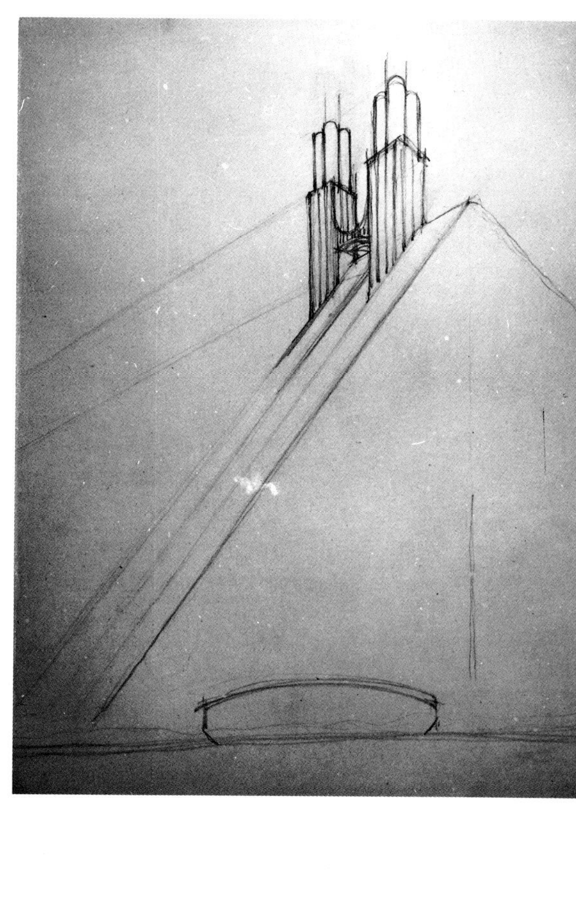

314

312

314 (Abb. S. 188)
Bleistift auf Papier
26,6 x 20 cm
entwendet 1969 aus der ständigen Ausstellung in der Villa Olmo, Como
BIBLIOGRAPHIE: *Archivi del Futurismo*, Bd. II, 1962, S. 446, Nr. 19; Caramel/Longatti, , 1962, S. 95; Caramel/Longatti, 1987, S. 301, Nr. 323; Caramel/Longatti, 1988, S. 263, Nr. 323
AUSSTELLUNG: 1962, Como, *Antonio Sant'Elia*, Kat. Nr. 197

Città Nuova: Nebenstraße für Fußgänger, mit Aufzügen in der Mitte, 1914

315 (Abb. S. 44)
schwarze Tusche und Bleistift auf Papier
42 x 23,5 cm
Sammlung Paride Accetti, Mailand
Wurde unter diesem Titel auf dem Flugblatt des *Futuristischen Manifests* veröffentlicht und auf der Ausstellung ›Nuove Tendenze‹ gezeigt. Die Zeichnung weist eine detailliertere Ausarbeitung der Gebäudeverbindungen in der *Città Nuova* auf.
BIBLIOGRAPHIE: Sant'Elia, 11. Juli 1914, S. 4; Sant'Elia, August 1914, S. 231; Tentori, 1955, S. 214; Apollonio/Mariani, 1958, S. 140-141; Russolo, 1958, S. 539; Samonà, 1959, S. 61; Conrads/Spierlich, 1960, S. 106; Caramel/Longatti, 1962, S. 103, Abb. 101; ›Il Grattacielo‹, *Edilizia Moderna*, Nr. 80, September 1963, S. 88; Benevolo, 1963, S. 250, Abb. 124; Ragghianti, 1963, S. 15; Calvesi, 1967, S. 362; Scrivo, 1968, S. 104; Portoghesi, 1971, S. 30; Caramel, 1972-1973, S. 61; T. und C. Benton/Sharp, 1975, Nr. 7; AA. VV., 1976, *Futurismo*, S. 154; Miotto/Muret, 1976, S. 27; Crispolti, 1979, S. 21; Crispolti 1980, S. 64, 67; Banham, 1981, S. 37, Nr. 4; Godoli, 1983, S. 125; Longatti, 1983, S. 25; Caramel, 1984, S. 39; Crispolti, 1984, S. 97; Longatti, 1984, S. 51; Caramel, 1986, S. 39; Longatti, 1986; Negri, 1986, S. 95; Caramel/Longatti, 1987, S. 302, Nr. 324; Caramel/Longatti, 1988, S. 263, Nr. 324; De Benedetti/Pracchi, 1988, S. 236; De Seta, 190, Nr. VII
AUSSTELLUNGEN: 1959, Rom, *Il Futurismo*, S. 91, Kat. Nr. 210; 1962, Como, *Antonio Sant'Elia*, Kat. Nr. 256; 1972-1973, England, Wanderausstellung, *Futurism 1909-1919*, Kat. VII, Nr. 7; 1976, Florenz, *Quinta biennale internazionale della grafica d'arte*, S. 68, Kat. Nr. 9; 1978, New York, *Avant-Garde Art*, Kat. Nr. 4; 1980, Mailand, *Nuove Tendenze*, Kat. S. 124; 1982-1983, Mailand, *Boccioni a Milano*, Kat. Nr. 301; 1984, Como, *L'idea del lago*, Kat. S. 39; 1986, USA, Wanderausstellung, *Antonio Sant'Elia*, Kat. Nr. 62; 1990, New York, *Architettura futurista*, Kat. Tafel VII

313

316

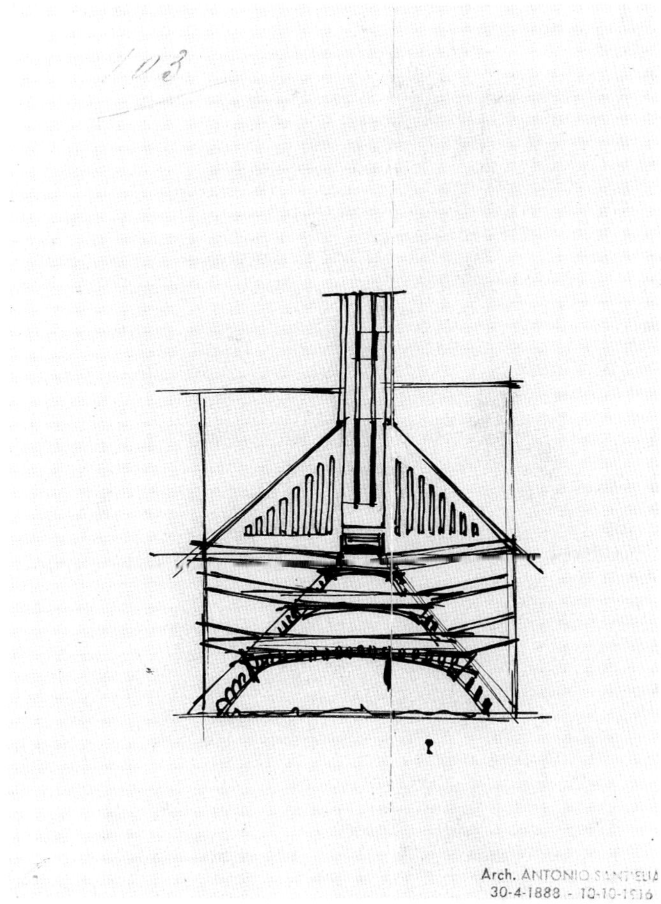

317a

317b

316
(1914)
Bleistift auf Papier
12,9 x 11,3 cm
Musei Civici, Como
Brücken und Überführungen, die sich über den »lärmenden Abgrund« des Verkehrs schwingen, wie es im *Manifest* heißt, Passagen, die den Fußgängern vorbehalten sind und eine Verbindung zwischen den Wohnungen der Megalopolis Sant'Elias' herstellen.
BIBLIOGRAPHIE: Banham, 1955, S. 298; Tentori, 1955, S. 213; *Archivi del Futurismo*, Bd. II, 1962, S. 447, Nr. 27; Carandente, 1960-1961, S. 386; Miotto/Muret, 1976, S. 27; Caramel/Longatti, 1987, S. 303, Nr. 325; Caramel/Longatti, 1988, S. 264, Nr. 325
AUSSTELLUNGEN: 1959, Rom, *Il Futurismo*, S. 76, Kat. Nr. 8; 1960-1961, Paris, *Les sources du XXe siècle*, Kat. Nr. 1230; 1962, Como, *Antonio Sant'Elia*, Kat. Nr. 254

317
Architektonische Studie *(Rückseite)*
(1914)
unveröffentlicht
Studie *(Vorderseite)*
(1914)
schwarze Tusche und Bleistift auf Papier
19,9 x 14 cm
Musei Civici, Como
BIBLIOGRAPHIE: *Archivi del Futurismo*, Bd. II, 1962, S. 449, Nr. 35; Caramel/Longatti, 1962, S. 103, Abb. 82; De Seta, 1972, S. 15, Tafel XII; Pehnt, 1973, S. 174, Nr. 428; Tallarico, 1977, S. 117; Estermann/Juchler, 1982, S. 293, Abb. 3; Portoghesi, 1982, S. 231; Caramel/Longatti, 1987, S. 303, Nr. 326; Caramel/Longatti, 1988, S. 264, Nr. 326
AUSSTELLUNGEN: 1959, Rom, *Il Futurismo*, S. 79, Kat. Nr. 58; 1962, Como, *Antonio Sant'Elia*, Kat. Nr. 253

Città Nuova: Terrassierte Häuser über mehreren Straßenebenen (1914)

318 (Abb. S. 192)
schwarze, grüne und rote Tusche, Bleistift auf Papier
27,5 x 11,5 cm
Sammlung Paride Accetti, Mailand
Die großen Häuser werden in der »lärmenden Werft« der *Città Nuova* zu den feierlichen Protagonisten einer auf der Bewegung basierenden urbanen Revolution: Straßen auf mehreren Ebenen, Fußgänger, die sich frei neben den Häusern bewegen, während unten der Fahrzeugverkehr, meist auf Schienen, abläuft.
BIBLIOGRAPHIE: Tentori, 1955, S. 241; Accetti, 1957, Abb. b; Apollonio/Mariani, 1958, S. 144-145; Taylor, 1961, Nr. 95; Caramel/Longatti, 1962, S. 104, Abb. 102; Caramel, 1972-1973, S. 60; Miotto/Muret, 1976, S. 27; Tisdall/Bozzolla, 1977, S. 127; Longatti, 1980, S. 124; Godoli, 1983, S. 122; AA. VV., *Images . . ., 1984, S. 268; L. M.*, Casa Vogue, 1986, S. 156; Mayer, *After Hours*, 24. Oktober 1986; Negri, 1986, S. 96; Caramel/Longatti, 1987, S. 394, Nr. 327; Caramel/Longatti, 1988, S. 265, Nr. 327; Longatti, *Giornale die Sicilia*, 6. Mai 1988; Pisano, *Ex Arte*, 1988; Prandstraller, *Summa*, 1988, S. 7; Virno, *Parsifal*, 1988, S. 58; *L'Architettura*,

1989, S. 405, Nr. 4; Besana, *Architectural Digest*, Juni 1989, S. 58; Antohi, *Arte In*, August 1989, S. 32; De Benedetti, *Epoca*, 21. Mai 1989; Del Pozzo, *Panorama*, 21. Mai 1989, S. 26; De Seta, 1990, Nr. I
AUSSTELLUNGEN: 1959, Rom, *Il Futurismo*, Kat. Abb. 31, S. 91, Kat. Nr. 206; 1961, New York, *Futurism*, Kat. Nr. 95; 1962, Como, *Antonio Sant'Elia*, Kat. Nr. 258; 1972-1973, Mailand, *Boccioni e il suo tempo*, Kat. Nr. 264a; 1972-1973, England, Wanderausstellung, *Futurism 1909-1919*, Kat. S. 60; 1974, Düsseldorf, *Futurismus 1909-1919*, Kat. VII, Nr. 9; 1976, Florenz, *Quinta biennale internazionale della grafica d'arte*, S. 61, Kat. Nr. 10; 1982-1983, Mailand, *Boccioni a Milano*, Kat. Nr. 302; 1984, Paris, *Images et imaginaires d'architecture*, Kat. S. 268; 1986, Venedig, *Futurismo e Futurismi*, Kat. S. 216; 1986, USA, Wanderausstellung, *Antonio Sant'Elia*, Kat. Nr. 63; 1990, New York, *Architettura futurista*, Kat. Tafel I

319
schwarze Tusche und Aquarellfarben auf Papier
45,3 x 35,3 cm
Privatsammlung, Rom
BIBLIOGRAPHIE: Lo Duca, 1931, S. 188; Alexandrian, 1973, S. 97; Ricci, *La Provincia*, 15. Juni 1986, S. 5; Caramel/Longatti, 1987, S. 305, Nr. 328; Caramel/Longatti, 1988, S. 266, Nr. 328; Gentile, *Storia Illustrata*, Februar 1989, S. 20; D'Elia, 1990, Tafel 18; Salaris, *Antonio Sant'Elia – Carlo Erba ...*, 1990, S. 10, Abb. 5
AUSSTELLUNGEN: 1914, Mailand, *Prima esposizione d'arte del gruppo Nuove Tendenze*, Tafel XVI; 1986, Venedig, *Futurismo e Futurismi*, Kat. S. 214

320 (Abb. S. 194)
Studie
schwarze und blaue Tusche, Bleistift auf Papier
28 x 17 cm
entwendet 1969 aus der ständigen Ausstellung in der Villa Olmo, Como
BIBLIOGRAPHIE: Lo Duca, 1931, S. 188; Marinetti, *Futurismo*, 28. Oktober 1932; Tagliaventi, 1954, S. 285; Fontana, 1955, S. 214; *Archivi del Futurismo*, Bd. II, 1962, S. 445, Nr. 16; Caramel/Longatti, 1962, S. 103; Longatti, 1984, S. 70; Caramel/Longatti, 1987, S. 305, Nr. 329; Caramel/Longatti, 1988, S. 266, Nr. 329
AUSSTELLUNGEN: 1930, Mailand, *Mostra futurista dell'architetto Sant'Elia e di 22 pittori futuristi*; 1930, Rom, *Mostra delle opere dell'architetto futurista Sant'Elia*; 1962, Como, *Antonio Sant'Elia*, Kat. Nr. 257; 1974, Düsseldorf, *Futurismus 1909-1919*, Kat. VII, Nr. 9

321 (Abb. S. 194)
Studie
schwarze Tusche und Bleistift auf Papier
27 x 21 cm
Musei Civici, Como
BIBLIOGRAPHIE: Reggiori, 1929, S. 326; Marinetti, *Il Giornale della Domenica*, 7./8. Dezember 1930, S. 1; ›Un precursore, Sant'Elia‹, *Rivista Illustrata del Popolo d'Italia*, 1930, S. 51; Tagliaventi, 1954, S. 258; Tentori, 1955, S. 215; Apollonio/Mariani, 1958, S. 128-129; *Archivi del Futurismo*, Bd. II, 1962, S. 444, Nr. 12; Borghi, 1960, S. 469; Caramel/Longatti, 1962, S. 104, Abb. 105; ›Il novecento e l'architettura‹, *Edilizia Moderna*, Nr. 81, Dezember 1963, S. 4; Ragghianti, 1963, S. 13;

318

319

322

324

Martin, 1968, S. 189; Porthogesi, 1971, S. 30; Rye, 1972, S. 106; Miotto/Muret, 1976, S. 26; Martin, 1978, Nr. 189; Nicoletti, 1978, S. 356; Longatti, 1980, S. 66; Banham, 1981, S. 38, Nr. 6; De Seta, 1981, S. 39; Godoli, 1983, S. 122; AA.VV., 1986, S. 417; Caramel/Longatti, 1987, S. 306, Nr. 330; Caramel/Longatti, 1988, S. 267, Nr. 330
AUSSTELLUNGEN: 1962, Como, *Antonio Sant'Elia*, Kat. Nr. 260; 1973, Paris, *Le Futurisme*, Kat. S. 135; 1980, Mailand, *Nuove Tendenze*, Kat. S. 124; 1986, Venedig, *Futurismo e Futurismi*, Kat. S. 626

322
Studie
Bleistift auf Transparentpapier
14.9 x 13.8 cm
Musei Civici, Como
BIBLIOGRAPHIE: *Archivi del Futurismo*, Bd. II, , 1962, S. 478, Nr. 182; Caramel/Longatti, 1962, S. 101; Longatti, 1981, S. 79; Caramel/Longatti, 1987, S. 306, Nr. 331; Caramel/Longatti, 1988, S. 267, Nr. 331
AUSSTELLUNG: 1962, Como, *Antonio Sant'Elia*, Kat. Nr. 240

323 (Abb. S. 194)
Studie
Bleistift auf Papier
16.5 x 24.5 cm
Sammlung Silvana Bernasconi Porlezza, Mailand
Eine Variante der vorhergehenden Zeichnung (Kat. 322) mit einer besseren Ausarbeitung der rechten Seite und des unteren Teils. Hier kommt die grundlegende Terrassenstruktur von Gebäuden und Straßen deutlich zum Ausdruck. Die graphische Schwäche des Blattes macht seine Zuschreibung an Sant'Elia zweifelhaft.
BIBLIOGRAPHIE: Cavadini, *La Provincia*, 15. November 1989

324
Studie
schwarze Tusche auf der Rückseite einer französischen Postkarte
14.2 x 9.3 cm
oben die nicht von Sant'Elia stammende Beschriftung »Sant'Elia Futurista«
unveröffentlicht
Sammlung Silvana Bernasconi Porlezza, Mailand
Die kleine Skizze zeigt hinsichtlich der Blockkomposition der terrassierten Straßen graphische Ähnlichkeiten mit Kat. 323; aufgrund der zylindrischen Form der Vorbauten entspricht sie auch anderen Skizzen der *Città Nuova*. Es handelt sich um die einzige Zeichnung, auf der Sant'Elia ausdrücklich als »Futurist« bezeichnet wird.

323

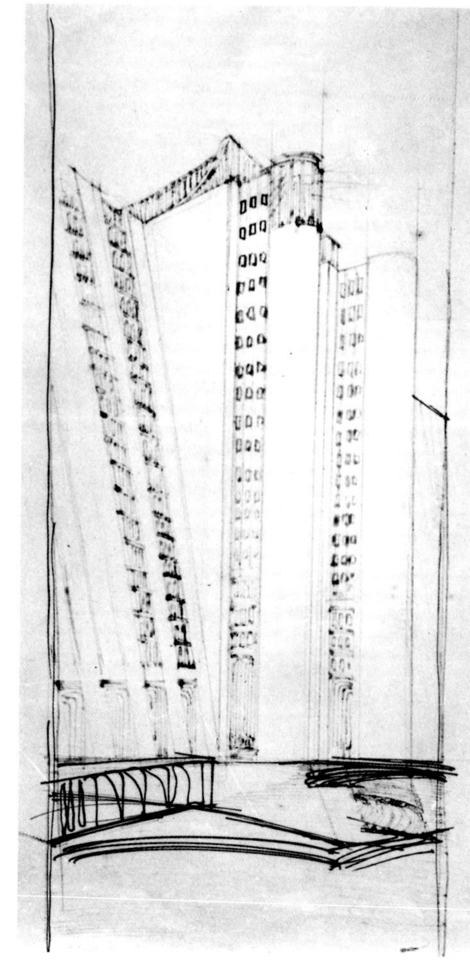

320

325
Studie
Bleistift auf Transparentpapier
21,5 x 13 cm
Musei Civici, Como
BIBLIOGRAPHIE: *Archivi del Futurismo*, Bd. II, 1962, S. 460, Nr. 89; Caramel/Longatti, 1962, S. 101; Caramel/Longatti, 1987, S. 307, Nr. 332; Caramel/Longatti, 1988, S. 268, Nr. 332
AUSSTELLUNGEN: 1959, Rom, *Il Futurismo*,, S. 84, Kat. Nr. 124; 1962, Como, *Antonio Sant'Elia*, Kat. Nr. 239

326
Studien
Bleistift mit Flecken von schwarzer Tusche auf Papier
28,7 x 21 cm
Sammlung Anna und Gianfranca Sant'Elia, Mailand
BIBLIOGRAPHIE: *Archivi del Futurismo*, Bd. II, 1962, S. 449, Nr. 33; Caramel/Longatti, 1962, S. 103; Longatti, 1984, S. 73; Negri, 1986, S. 62; Caramel/Longatti, 1987, S. 307, Nr. 333; Caramel/Longatti, 1988, S. 268, Nr. 333; Ballo, 1989, S. 131, Nr. 30
AUSSTELLUNGEN: 1959, Rom, *Il Futurismo*, S. 84, Kat. Nr. 119; 1962, Como, *Antonio Sant'Elia*, Kat. Nr. 255; 1986, USA, Wanderausstellung, *Antonio Sant'Elia*, Kat. Nr. 29; 1989, Mailand, *Sant'Elia e l'ambiente futurista*, Kat. Nr. 30; 1990, Rom, *Antonio Sant'Elia – Carlo Erba. Tra Futurismo e Nuove Tendenze*, Kat. Nr. 21

327 (Abb. S. 43)
Città Nuova: Terrassiertes Haus mit Aufzügen über vier Straßenebenen, 1914
schwarze Tusche und Bleistift auf Papier
56 x 55 cm
am unteren Rand in der Mitte der Stempalabdruck »Antonio Sant'Elia – Architetto – S. Raffaele N. 3 – Milano«
Sammlung Paride Accetti, Mailand
Diese und die folgende Abbildung (Kat. 328) sind die am sorgfältigsten gezeichneten und international bekanntesten Blätter, worauf auch die umfangreiche Bibliographie deutlich hinweist. Sie wurden auf der Ausstellung ›Nuove Tendenze‹ gezeigt und im *Manifest* mit dieser Bezeichnung veröffentlicht. Auch dienten sie lange Zeit über als Illustrationen der Erinnerungsschriften für Sant'Elia, die vom zweiten Futurismus herausgebracht wurden.

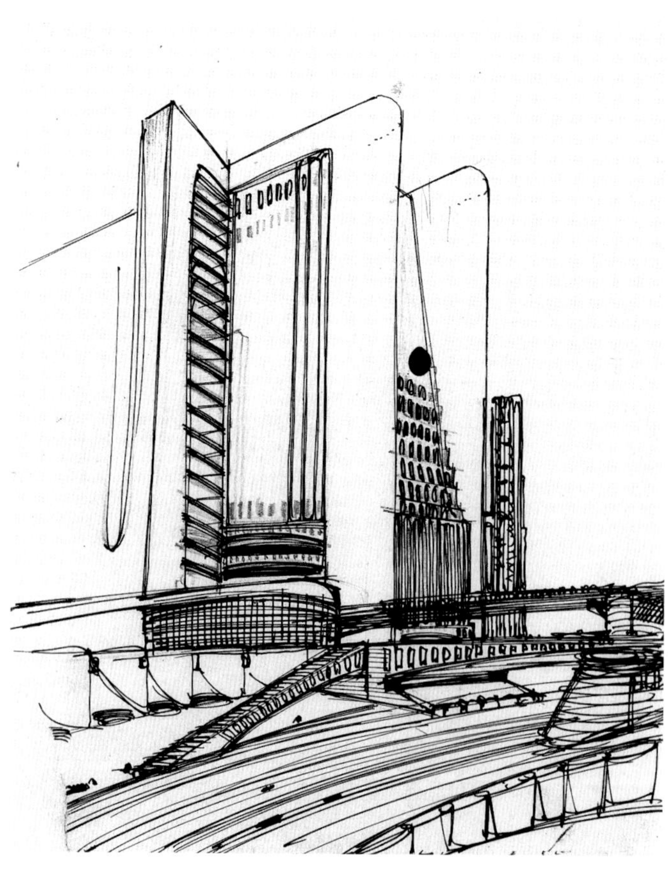

321

325

326

BIBLIOGRAPHIE: Sant'Elia, 11. Juli 1914, S. 4; Sant'Elia, *Lacerba*, August 1914, S. 231; Marchi, Mai 1923, S. 6; Sant'Elia, 1925, S. 4; Reggiori, 1929, S. 329; Marinetti, *Giornale della Domenica*, 7./8. Dezember 1930; *Onoranze*, 1930; ›Un precursore, Antonio Sant'Elia‹, *Rivista Illustrata del Popolo d'Italia*, 1930, S. 51; Sartoris, 1943, S. 194; Sartoris, 1944, S. 194; Benet, 1949; Pevsner, 1949 (siehe 1936) , S. 145; Sartoris, 1949, S. 320; Tagliaventi, 1954, S. 258; Tentori, 1955, S. 214; Apollonio/Mariani, 1958, S. 124 - 125; Joedicke, 1958, S. 65; Gennuso, 1959, S. 17; Samonà, 1959, S. 61; Sarfatti, 1959, S. 34; Joedicke, 1960, S. 65, Nr. 151; Radice, 23. September 1962, S. 4; ‹Solennemente inaugurata nelle sale di Villa Olmo ...‹, *Corriere della Provincia*, 25. September 1962, S. 5; *La Provincia*, 20. Dezember 1962, S. 4; Caramel/Longatti, 1962, S. 104, Abb. 104; Ragghianti, 1963, S. 14; Scrivo, 1968, S. 104; Caramel, 1972 - 1973, Abb. 48; Zevi, 1973, Nr. 314, 5; AA. VV., *Futurismo*, 1976, S. 184; Miotto/Muret, 1976, S. 27; Costanzo, 1978, S. 26, Abb. 5; Jullian, 1978, S. 293, Nr. 6; Crispolti, 1979, S. 21; Russell, 1979, S. 217, Nr. 8. 34; Crispolti, 1980, S. 64; Longatti, 1980, S. 67, 124; De Fusco, 1981, S. 210; Schmidt-Thomsen, 1981, S. 39; Godoli, 1983, S. 125; Longatti, *Como*, 1983, S. 25; Caramel, 1984, S. 40; Crispolti, 1984, S. 56, 66; Negri, 1986, S. 94; Watkin, 1986, S. 545, Nr. 712; Caramel/Longatti, 1987, S. 308, Nr. 334; *Das Abenteuer...*, 1987, S. 229; Caramel/Longatti, 1988, S. 269, Nr. 334; De Benedetti-Pracchi, 1988, S. 237; Longatti, *Giornale di Sicilia*, 6. Mai 1988; Doordaan, 1988, S. 12; Nr. 4; Ballo, 1989, S. 132, Nr. 53; De Seta, 1990, Nr. VI; Caramel, *Il Giornale*, 25. März 1991

AUSSTELLUNGEN: 1914, Florenz, *Esposizione di pittura futurista die Lacerba*, Kat. Nr. 15; 1929 - 1930, Paris, *Peintres futuristes italiens*, Kat. Nr. 98; 1930, Mailand, *Mostra futurista dell'architetto Sant'Elia e di 22 pittori futuristi;* 1930, Rom, *Mostra delle opere dell'architetto futurista Sant'Elia;* 1959, Rom, *Il Futurismo*, S. 91, Kat. Nr. 204; 1962, Como, *Antonio Sant'Elia*, Kat. Nr. 262; 1970, *Milano 70/70*, Kat. Nr. 635; 1972 - 1973, England, Wanderausstellung, *Futurism 1909 - 1919*, Kat. VII, Nr. 10; 1976, Florenz, *Quinta biennale internazionale della grafica d'arte*, S. 69, Kat. Nr. 11; 1978, New York, *Avant-Garde Art*, Kat. S. 17; 1980, Mailand, *Nuove Tendenze*, Kat. S. 124; 1982 - 1983, Mailand, *Boccioni a Milano*, Kat. Nr. 300; 1984, Como, *L'idea del lago*, Kat. S. 40; 1986, USA, Wanderausstellung, *Antonio Sant'Elia*, Kat. Nr. 61; 1989, Mailand, *Sant'Elia e l'ambiente futurista*, Kat. Nr. 53; 1990, Rom, *Antonio Sant'Elia – Carlo Erba. Tra Futurismo e Nuove Tendenze*, Kat. Nr. 20; 1990, New York, *Architettura futurista*, Kat. Tafel VI

Città Nuova: Wohnblock mit Außenaufzügen, Galerie, überdachter Passage, über drei Verkehrsebenen (Straßenbahn, Autostraße, Laufsteg), mit Leucht- und Funktürmen, 1914

328 (Abb. S. 35)
schwarze Tusche, schwarzblauer Farbstift auf Transparentpapier
52,5 x 51,5 cm
signiert unten rechts »Antonio Sant'Elia«; unten links die Aufschrift »La Città nuova, particolare«
Musei Civici, Como

Auch hier handelt es sich um den vom futuristischen Flugblatt aus dem Jahre 1914 übernommenen Titel.

BIBLIOGRAPHIE: Nebbia, 1914, S. 119; Sant'Elia, 11. Juli 1914, S. 3; Sant'Elia, *Lacerba*, August 1914, S. 230; Sgarbelloni, *Piccolo Giornale d'Italia*, 1914; Angelini, 1917, S. 158; Volmi, 1922, S. 105; Marchi, Mai 1923, S. 6; Marchi, 1927, S. 408; Sant'Elia, *La Città Futurista*, Februar 1928, S. 3; Reggiori, 1929, S. 329; Catrizzi, 1930; *L'Ambrosiano*, 18. September 1930, S. 3; Marinetti, *Il Giornale della Domenica*, 7./8. Dezember 1930, S. 1; *Onoranze* ..., Como, 1930; ›Un precursore, Antonio Sant'Elia‹, *Rivista Illustrata del Popolo d'Italia*, 1930, S. 50; Zanzi, 1930, S. 232; *La Città Nuova*, 15. März 1932, S. 1; *La Città Nuova*, 1. Juni 1932, S. 1; ›L'architettura di Sant'Elia ...‹, *Nord Milano*, 1932, S. 377; Marinetti, 28. Oktober 1932, S. 4; Sartoris, 1932, S. 307; Marinetti/Del Bello, 1933; *La Città Nuova*, 20. März 1934, S. 1; *Stile Futurista*, Dezember 1936, Abb. 59; Samek/Ludovici, *Le Vie d'Italia* 1938, S. 1360; Milani/Fasolo, 1940, S. 70, Abb. 52; Giedion, Ausgabe 1954, S. 319, Nr. 192; Zevi, 1950, Tafel 12; Tagliaventi, 1954, S. 236, 285; Banham, 1955, S. 297; Tentori, 1955, S. 214; Jeri, 23. September 1956, S. 22; Apollonio/Mariani, 1958, S. 126-127; Jeri, 3./4. Juli 1958, S. 6; *Enciclopedia universale dell'Arte*, 1958, Abb. 406; *Archivi del Futurismo*, Bd. II, 1962, S. 441, Nr. 1; Joedicke, 1958, S. 214; Joedicke, 1959, S. 214, Nr. 399; Sarfatti, 1959, S. 32; Borghi, 1960, S. 468; Taylor, 1961, S. 107; Zevi, 1961, Tafel 11; ›Solennemente inaugurata nelle sale della Villa Olmo ...‹, *Corriere della Provincia*, 25. September 1962, S. 5; Caramel/Longatti, 1962, S. 104, Abb. 103; ›Il Grattacielo‹, *Edilizia Moderna*, Nr. 80, September 1963, S. 40; Caramel, 1963, S. 69; Ragghianti, 1963, S. 14; Tedeschi, 1963, S. 28; Bellonzi, 1964, S. 19; Perogalli, 1964, S. 975, Nr. 4; ›La mostra del Sant'Elia ...‹, *Como*, 1967, S. 5; Veronesi, 1967, S. 281; Collins, 1968, Abb. 9, S. 313; Martin, 1968, S. 186; Cresti, 1969, S. 23; Crispolti, 1969, S. 21; Finch, *Design Quarterly*, 1969 (S. 4); Wolf, 1969, S. 72; Banham, 1970, Nr. 45; Portoghesi, 1971, S. 30; Rye, 1972, S. 101; Miglietta, 1973, o. S.; Zevi, 1973, Nr. 315, 10; Los, 1973-1974, S. 42, Nr. 10; De Fusco, 1974, S. 210; AA. VV., 1976, S. 82, 182; Mercandino, 1976, S. 134, Nr. 64; Miotto/Muret, 1976, S. 27; 1977, Berlin, *Tendenzen der Zwanziger Jahre*, Kat. 2/51; Martin, 1978, S. 186; Miglietta, 1978, S. 25; Nicoletti, 1978, S. 357; Mai, *Pantheon*, 1978, S. 68; Sica, 1978, S. 89, Abb. 173; Russell, 1979, S. 217, Nr. 8, 35; Crispolti, 1980, S. 63, 67; Frampton, 1980, S. 89, Nr. 68; Hughes, 1980, S. 171 (Ital. Ausgabe 1982, S. 171, Nr. 106); Longatti, 1980, S. 109; Schmidt-Thomsen, 1981, S. 39; Giedion, 1982, S. 321; Godoli, 1983, S. 123; Crispolti, 1984, S. 96, 139; AA. VV., *Futurismo a Firenze* ..., 1984, S. 104; Caramel, 1984, S. 46; De Fusco, 1984, S. 33, Abb. 10; Prak, 1984, S. 154; Davies, 1985, S. 67, Nr. 14; Kostof, 1985, S. 679, Abb. 26, 13; Kruft, 1985, Abb. 189; D'Aquino, 28. Februar 1986, S. 26; Fletcher, 1987, S. 1334, Abb. c; Longatti, 1987; Caramel/Longatti, 1987, S. 309, Nr. 335; Caramel/Longatti, 1988, S. 269, Nr. 335; Guiducci, *Avanti*, 30. April 1988, S. 16; Gavinelli, 1988, S. 53; Virno, *Parsifal*, 1988, S. 57; Vinca Masini, 1989, S. 370, Nr. 1011; Fezzi Price, *Il Giornale*, 11. Februar 1990, S. 3; Salaris, 1990, S. 11, Abb. 7 (Bibl.); (Somenzi, undatiert, S. 37)

AUSSTELLUNGEN: 1914, Mailand, *Prima esposizione d'arte del Gruppo Nuove Tendenze*, Kat. S. XVII; 1928, Turin, *Architettura futurista. Prima Mostra;* 1930, Mailand, *Mostra futurista dell'architetto Sant'Elia e di 22 pittori futuristi;* 1930, Rom, *Mostra delle opere dell'architetto futurista Sant'Elia;* 1930, Como, *Mostra delle opere del architetto futurista comasco Sant'Elia*, Kat. Abb. 1; 1950, Zürich, *Futurismo. Pittura metafisica;* 1959, Rom, *Il Futurismo*, Kat. Abb. 28, S. 75, Kat. Nr. 1; 1962, Como, *Antonio Sant'Elia*, Kat. Nr. 261; 1973, Paris, *Le Futurisme, 1909-1916*, Kat. S. 135; 1974, Düsseldorf, *Futurismus 1909-1919*, Kat. VII, Nr. 13; 1980, Mailand, *Nuove Tendenze*, Kat. S. 124; 1984, Florenz, *Futurismo a Firenze 1910-1920*, Kat. S. 104; 1984, Como, *L'idea del lago;* 1986, Venedig, *Futurismo e Futurismi*, Kat. S. 215

329
schwarze Tusche und Bleistift auf Papier
52,5 x 51,5 cm
wurde unter der Zeichnung Kat. 328 wiederaufgefunden; diente als Grundlage für die Federkopie
Musei Civici, Como

Unten rechts sind die undeutlichen Umrisse eines Flugzeugs zu erkennen, das nicht in die Zeichnung auf Transparentpapier übernommen wurde.

BIBLIOGRAPHIE: *Inventario dei disegni originali di Antonio Sant'Elia di proprietà del Comune di Como*, 1962, Nr. 168; Longatti, 1980, S. 109; Caramel/Longatti, 1987, S. 310, Nr. 336; Caramel/Longatti, 1988, S. 270, Nr. 336

AUSSTELLUNG: 1980, Mailand, *Nuove Tendenze*, Kat. Nr. 124

330
Umschlag des Buches *Ponti sull'oceano* von Luciano Folgore, 1914

Folgores *Ponti sull'oceano* wurde in den ›Edizioni Futuriste di Poesia‹ im Juni-Juli 1913 veröffentlicht. Der Umschlag mit der Schrift in Form eines Brückenbogens wurde von Sant'Elia entworfen. Die Farbgebung ist bläulich, denn es war die Absicht Marinettis, der den Architekten beauftragte, den Eindruck der »Weite des Meeres« zu erwecken (Brief Marinettis an Folgore vom 24. Juli 1914).

BIBLIOGRAPHIE: Caramel/Longatti, 1987, S. 310, Nr. 337; Caramel/Longatti, 1988, S. 270, Nr. 337; Fanelli/Godoli, 1988, S. 60, Nr. 39; Salaris, 1988, S. 38; Salaris, 1990, S. 13, Abb. 10 (Bibl.)

329

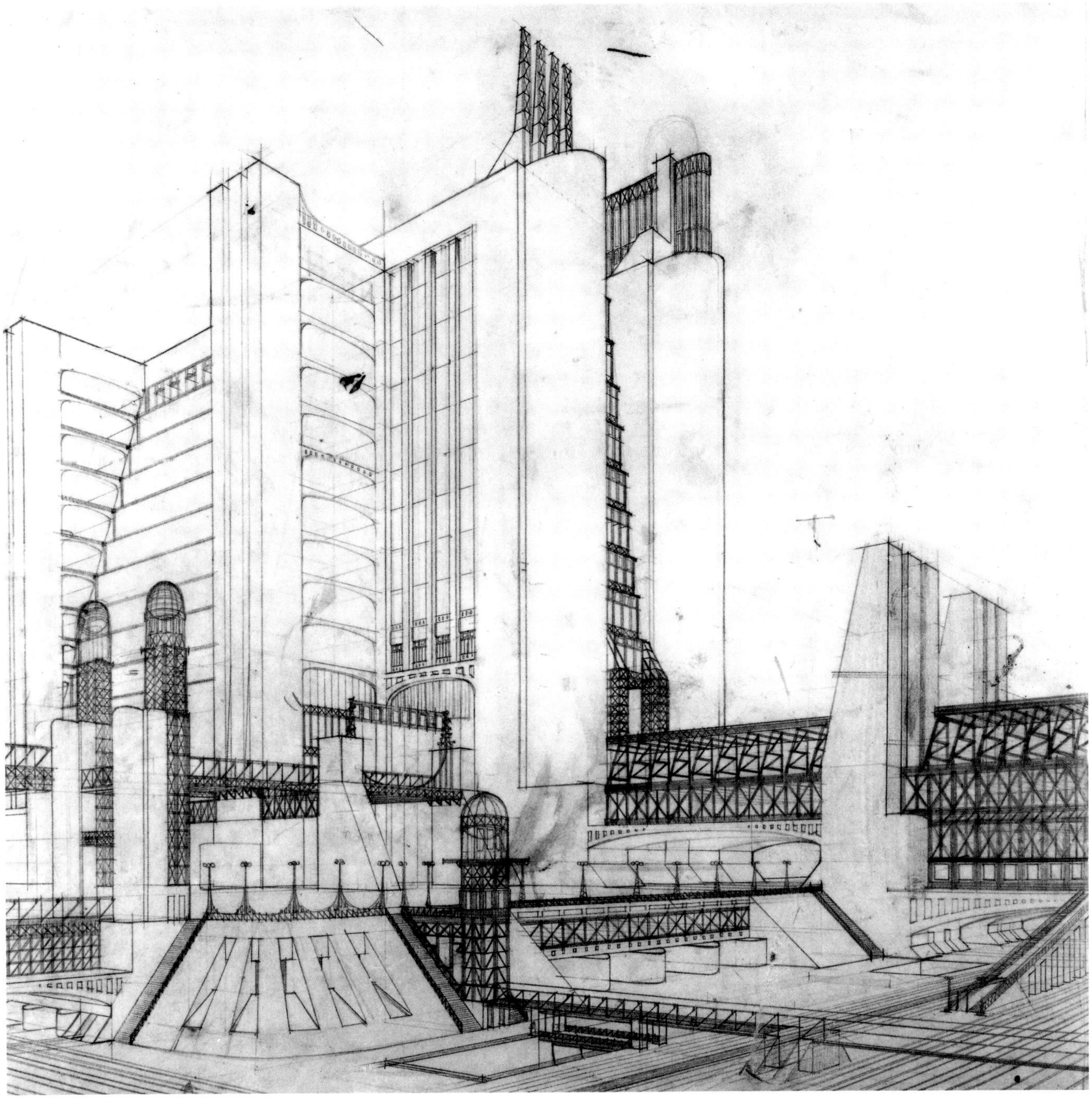

LUCIANO FOLGORE
FUTURISTA
PONTI
SULL' OCEANO
VERSI LIBERI E
PAROLE IN LIBERTÀ
EDIZIONI FUTURISTE
DI "POESIA"
MILANO - CORSO VENEZIA 61

330

Kirchen (1914?)

331
schwarze Tusche, Bleistift, Rötel und graue Aquarellfarbe auf Papier
28,4 x 22 cm
Musei Civici, Como
Durch den Architekten G. U. Arata als direkten Zeitzeugen und Hinweise in Zeitungen, etwa in *La Sera*, Mailand, vom 19. Oktober 1916, ist bekannt, daß Sant'Elia mit einem »originellen Projekt« an dem am 1. Februar 1914 ausgeschriebenen nationalen Wettbewerb für die Kirche in Salsomaggiore teilnahm. Aber da auf den von Sant'Elia hinterlassenen Blättern genaue Angaben fehlen, kann man nicht mit Sicherheit feststellen, welche Entwürfe für diesen Wettbewerb bestimmt waren. Diese und die folgenden (Kat. 332-334) Zeichnungen, die sich auf das Thema Kirche beziehen, werden deshalb nur hypothetisch mit diesem Wettbewerb in Verbindung gebracht. Erst im zweiten Durchgang, an dem Sant'Elia – wie aus dem Protokoll der Jury hervorgeht – nicht mehr teilnahm, wurde der Wettbewerb schließlich entschieden. Den ersten Preis und den Auftrag zur Ausführung erhielt Arata.
BIBLIOGRAPHIE: *Archivi del Futurismo*, Bd. II, 1962, S. 62, Nr. 99; Caramel/Longatti, 1962, S. 105, Abb. 107; Caramel, *Art Dossier*, 1986, S. 56; Caramel/Longatti, 1987, S. 261-262, Nr. 253; Caramel/Longatti, 1988, S. 225, Nr. 253
AUSSTELLUNGEN: 1959, Rom, *Il Futurismo*, S. 86, Kat. Nr. 142; 1962, Como, *Antonio Sant'Elia*, Kat. Nr. 263

331

332
Bleistift auf Papier
16 x 27 cm
Musei Civici, Como
BIBLIOGRAPHIE: *Archivi del Futurismo*, Bd. II, 1962, S. 451, Nr. 45; Caramel/Longatti, 1962, S. 105, Abb. 109; Ragghianti, 1963, S. 16; Costanzo, 1978, S. 35, Abb. 7; Caramel/Longatti, 1987, S. 263, Nr. 254; Caramel/Longatti, 1988, S. 226, Nr. 254
AUSSTELLUNG: 1962, Como, *Antonio Sant'Elia*, Kat. Nr. 264

333 (Abb. S. 200)
Bleistift auf Papier
14,7 x 12,3 cm
Musei Civici, Como
BIBLIOGRAPHIE: Caramel/Longatti, 1962, S. 105; Caramel/Longatti, 1987, S. 263, Nr. 255; Caramel/Longatti, 1988, S. 227, Nr. 255
AUSSTELLUNG: 1962, Como, *Antonio Sant'Elia*, Kat. Nr. 266

332

334

334 (Abb. S. 199)
Sepia, blaue, braune, gelbe und orange Aquarellfarben, Bleistift, blauer und gelber Farbstift auf Karton
32 x 23 cm
Musei Civici, Como
Das gut gezeichnete und sorgfältig kolorierte Blatt läßt an einen Wettbewerbsbeitrag denken (vielleicht für die Kirche von Salsomaggiore?), auch aufgrund der würdevollen Erhabenheit des Gebäudes. Die Ähnlichkeit läßt jedoch auch auf eine Verbindung zu den folgenden Kirchenentwürfen schließen, auch wenn es sich dabei um kleinere Dimensionen handelt.
BIBLIOGRAPHIE: *Archivi del Futurismo*, Bd. II, 1962, S. 464, Nr. 107; Caramel/Longatti, 1962, S. 105, Abb. 110; Ragghianti, 1963, S. 8; Calvesi, 1967, S. 184; Miotto/Muret, 1976, S. 27; Tisdall/Bozzolla, 1977, S. 131; Longatti, 1980, S. 66, 124; Calvesi, 1987, S. 188; Caramel/Longatti, 1987, S. 311, Nr. 338; Caramel/Longatti, 1988, S. 271, Nr. 338; Vinca Masini, 1989, S. 376, Nr. 1026
AUSSTELLUNGEN: 1959, Rom, *Il Futurismo*, S. 79, Kat. Nr. 55; 1962, Como, *Antonio Sant'Elia*, Kat. Nr. 268; 1980, Mailand, *Nuove Tendenze*, Kat. Nr. 124; 1986, Venedig, *Futurismo e Futurismi*, Kat. S. 223

333

Studien für Kirchen oder Kapellen, 1915

335
Sepia, Bleistift, blauer, oranger und violetter Farbstift
29 x 22 cm
datiert in der Mitte rechts »S. E. 1915«; oben rechts die Signatur »A.S.E.«
Musei Civici, Como
BIBLIOGRAPHIE: Tentori, 1955, S. 209; *Archivi del Futurismo*, Bd. II, 1962, S. 464, Nr. 109; Pehnt, 1973, S. 174; Longatti, 1984, S. 32; Negri, 1986, S. 126; Caramel/Longatti, 1987, S. 311, Nr. 339; Caramel/Longatti, 1988, S. 271, Nr. 339
AUSSTELLUNGEN: 1959, Rom, *Il Futurismo*, S. 86, Kat. Nr. 143; 1962, Como, *Antonio Sant'Elia*, Kat. Nr. 267

336 (nicht abgebildet)
(1915)
Bleistift auf Papier
25,5 x 22 cm
Musei Civici, Como
Ebenso wie bei den folgenden Skizzen handelt es sich hier um eine Vorstudie zu Kat. 335
BIBLIOGRAPHIE: Caramel/Longatti, 1962, S. 106, Abb. 112; Caramel/Longatti, 1987, S. 312, Nr. 340; Caramel/Longatti, 1988, S. 272, Nr. 340
AUSSTELLUNG: 1962, Como, *Antonio Sant'Elia*, Kat. Nr. 269

337 (nicht abgebildet)
(1915)
Bleistift auf Papier
28,2 x 23,5 cm
Sammlung Gian Carlo Giamminola, Cadorago (Como)
BIBLIOGRAPHIE: Negri, 1986, S. 113; Caramel/Longatti, 1987, S. 312, Nr. 341; Caramel/Longatti, 1988, S. 272, Nr. 341
AUSSTELLUNGEN: 1986, USA, Wanderausstellung, *Antonio Sant'Elia*, Kat. Nr. 80; 1989, Mailand, *Sant'Elia e l'ambiente futurista*, Kat. Nr. 66

335

338

339

340

338
(1915)
Tusche und Bleistift auf Papier
12 x 16 cm
Musei Civici, Como
BIBLIOGRAPHIE: *Archivi del Futurismo*, Bd. II, 1962, S. 451, Nr. 47; Carandente, 1960-1961, S. 386; Caramel/Longatti, 1962, S. 106; Caramel/Longatti, 1987, S. 313, Nr. 342; Caramel/Longatti, 1988, S. 273, Nr. 342
AUSSTELLUNGEN: 1959, Rom, *Il Futurismo*, S. 86, Kat. Nr. 145; 1960-1961, Paris, *Les sources du XXe siècle*, Kat. Nr. 1222; 1962, Como, *Antonio Sant'Elia*, Kat. Nr. 271

339
(1915)
schwarze Tusche auf Papier
24 x 12 cm
Musei Civici, Como
BIBLIOGRAPHIE: *Archivi del Futurismo*, Bd. II, 1962, S. 451, Nr. 48; Caramel/Longatti, 1962, S. 106, Abb. 113; Veronesi, 1962, S. 79; Ragghianti, 1963, S. 16; Cresti, 1969, S. 25; Graf, 1969, Abb. 119; Caramel/Longatti, 1987, S. 313, Nr. 343; Caramel/Longatti, 1988, S. 273, Nr. 343
AUSSTELLUNG: 1962, Como, *Antonio Sant'Elia*, Kat. Nr. 272

340
(1915)
schwarze Tusche auf Papier
16.4 x 12 cm
Musei Civici, Como
Studie für die Gebäudefront von Kat. 339
BIBLIOGRAPHIE: *Archivi del Futurismo*, Bd. II, 1962, S. 465, Nr. 113; Caramel/Longatti, 1962, S. 106; Fanelli, 1983, S. 680; Caramel/Longatti, 1987, S. 314, Nr. 344; Caramel/Longatti, 1988, S. 274, Nr. 344
AUSSTELLUNG: 1962, Como, *Antonio Sant'Elia*, Kat. Nr. 273

341 (Abb. S. 202)
(1915)
Bleistift auf Papier
11.9 x 16 cm
Sammlung Anna und Gianfranca Sant'Elia, Mailand
BIBLIOGRAPHIE: *Archivi del Futurismo*, Bd. II, 1962, S. 466, Nr. 121; Caramel/Longatti, 1962, S. 106; Fanelli, 1981, (Neuauflage 1983, S. 610, Nr. 680); Negri, 1986, S. 48; Caramel/Longatti, 1987, S. 314, Nr. 345; Caramel/Longatti, 1988, S. 274, Nr. 345
AUSSTELLUNGEN: 1959, Rom, *Il Futurismo*, S. 85, Kat. Nr. 137; 1962, Como, *Antonio Sant'Elia*, Kat. Nr. 274; 1986, USA, Wanderausstellung, *Antonio Sant'Elia*, Kat. Nr. 15; 1989, Mailand, *Sant'Elia e l'ambiente futurista*, Kat. Nr. 67

342
(1915)
Bleistift auf Papier
18,1 x 18 cm
Musei Civici, Como
Aufgrund der Dreiecksform ist eine Ähnlichkeit mit Kat. 338 und den folgenden Blättern gegeben; es könnte sich aber auch um den Entwurf für eine Kapelle handeln.
BIBLIOGRAPHIE: Caramel/Longatti, 1962, S. 107; Caramel/Longatti, 1987, S. 315, Nr. 346; Caramel/Longatti, 1988, S. 275, Nr. 346
AUSSTELLUNGEN: 1959, Rom, *Il Futurismo*, S. 85, Kat. Nr. 138; 1962, Como, *Antonio Sant'Elia*, Kat. Nr. 276

343 (nicht abgebildet)
(1915)
Feder auf Papier
Verbleib des Originals unbekannt
BIBLIOGRAPHIE: *Archivi del Futurismo*, Bd. II, 1962, S. 461, Nr. 94; Caramel/Longatti, 1987, S. 315, Nr. 347; Caramel/Longatti, 1988, S. 275, Nr. 347

344 (nicht abgebildet)
(1915?)
schwarze Tusche und Bleistift auf Papier
Verbleib des Originals unbekannt
vielleicht Teile des Gebäudes von Kat. 343
BIBLIOGRAPHIE: *Archivi del Futurismo*, Bd. II, 1962, S. 462, Nr. 101; Caramel/Longatti, 1987, S. 316, Nr. 348; Caramel/Longatti, 1988, S. 276, Nr. 348

345
(1915?)
Bleistift auf Papier
9,8 x 11,2 cm
Sammlung Anna und Gianfranca Sant'Elia, Mailand
BIBLIOGRAPHIE: Caramel-Longatti, 1962, S. 71; Caramel/Longatti, 1987, S. 316, Nr. 349; Caramel/Longatti, 1988, S. 276, Nr. 349
AUSSTELLUNG: 1959, Rom, *Il Futurismo*, S. 84, Kat. Nr. 114; 1962, Como, *Antonio Sant'Elia*, Kat. Nr. 32

346 (nicht abgebildet)
(1914-1915?)
Bleistift auf Papier
12,6 x 13 cm
Sammlung Anna und Gianfranca Sant'Elia, Mailand
Aufgrund der geringen Größe dieses und der folgenden Gebäude könnte es sich um eine Kapelle, eventuell in einem Friedhofskomplex, handeln.
BIBLIOGRAPHIE: Caramel/Longatti, 1962, S. 71; Caramel/Longatti, 1987, S. 264, Nr. 256; Caramel/Longatti, 1988, S. 227, Nr. 256
AUSSTELLUNG: 1962, Como, *Antonio Sant'Elia*, Kat. Nr. 30

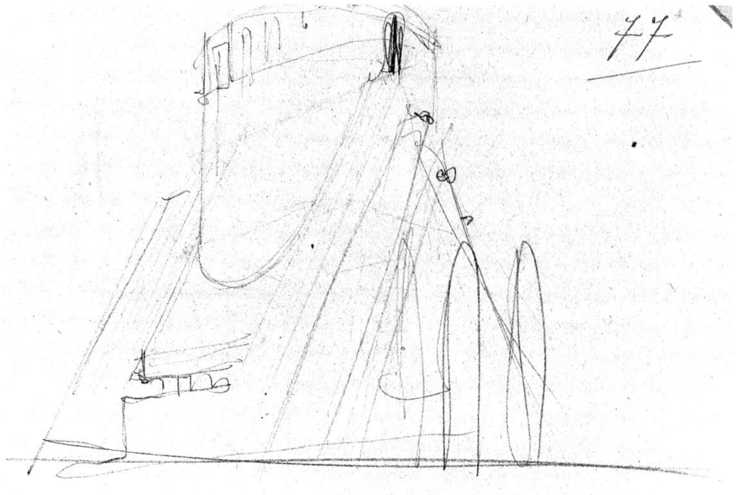

341

342

345

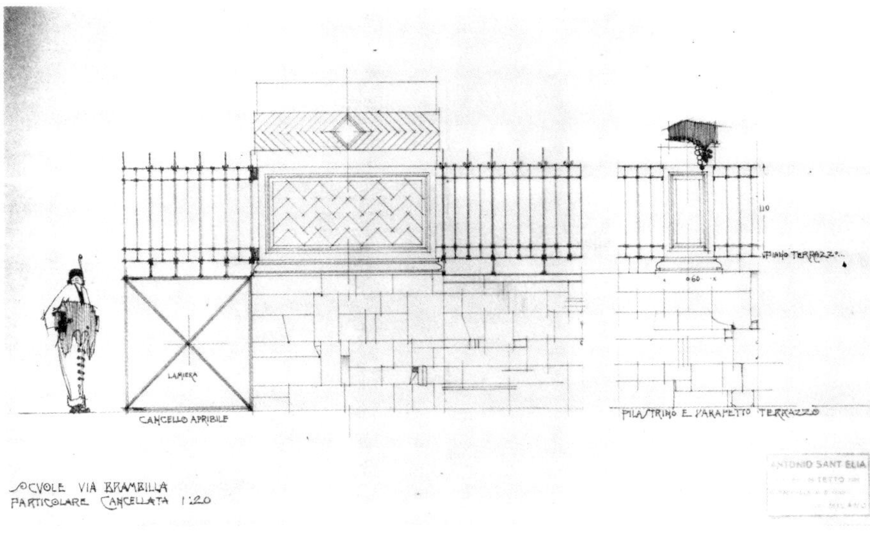

366 d

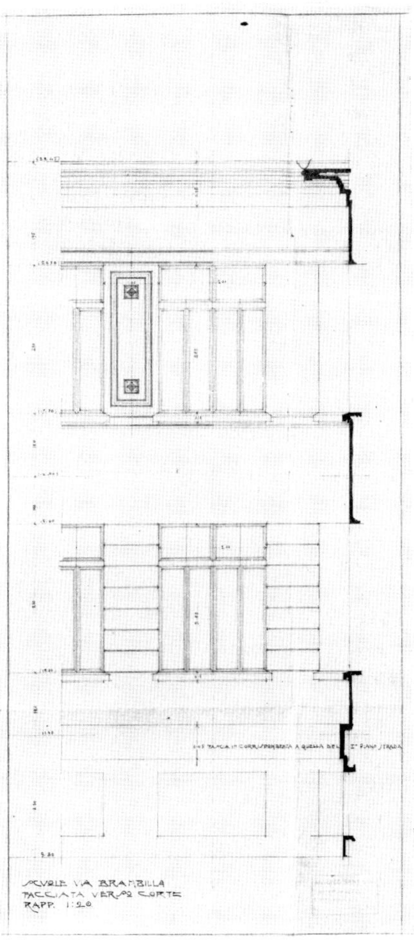

366 e

366 f

366

Entwürfe für die Außendekoration und Umzäunung des Schulgebäudes in der Via Brambilla in Como, 1914-1915

a) Ansicht zur Via Brambilla
Lichtpause
oben links die Aufschrift »Palazzo scholastico – Prospetto verso via Brambilla – 1:100«; auf der Fassade unter dem Dachgesims, die Inschrift »Scuole elementari – Maschile, femminile«; über dem Eingang »Anno MCMXV«
b) Detail einer Fassadendekoration
Lichtpause der ausgeführten Zeichnung; stammt vielleicht nicht von Sant'Elia
c) Aufriß der Umzäunung (nicht abgebildet)
31 x 110 cm
Lichtpause mit Stempel »Antonio Sant'Elia – Architetto – S. Raffaele N. 3 – Milano«; unten links die Aufschrift »Fab. scolastico in via Brambilla – Fronte cancellata – Rap. 1:100«
d) Detail der Umzäunung
Lichtpause der Zeichnung mit Stempel »Antonio Sant'Elia – Architetto – S. Raffaele N. 3 – Milano«
31,5 x 52 cm
auf dem Blatt technische Angaben zur Ausführung; unten links Skizze einer weiblichen Gestalt
e) Fassade zum Hof
Lichtpause der Zeichnung
85,7 x 36 cm
unten links die Aufschrift »Scuole via Brambilla. Facciata verso corte Rapp. 1:20«; unten rechts der Stempel »Antonio Sant'Elia – Architetto – S. Raffaele N. 3 – Milano«
f) aktuelle Photographie des Schulgebäudes in der Via Brambilla
Ein weiteres Werk im Auftrag der Stadtverwaltung von Como. Es berücksichtigt die Außendekoration und Teile der Verzierung eines Schulgebäudes, das schon 1910 vom technischen Büro nach strengen konventionellen Mustern geplant worden war.
BIBLIOGRAPHIE: *Archivi del Futurismo*, Bd. II, 1962, S. 474, Nr. 157; Caramel/Longatti, 1987, S. 321-323, Nr. 358; Caramel/Longatti, 1988, S. 281-283, Nr. 358
AUSSTELLUNG: 1962, Como, *Antonio Sant'Elia*, Kat. Nr. 275

367 (nicht abgebildet)
Putte mit Feston (1914)
Tusche und Bleistift auf Papier mit Flecken
Verbleib des Originals unbekannt
Studie für eines der Friese an der Gebäudefront
BIBLIOGRAPHIE: *Archivi del Futurismo*, Bd. II, 1962, S. 474, Nr. 1577; Caramel/Longatti, 1987, S. 321-323, Nr. 358; Caramel/Longatti, 1988, S. 281-283, Nr. 358
AUSSTELLUNG: 1962, Como, *Antonio Sant'Elia*, Kat. Nr. 275

368
Fassadendekoration eines Gebäudes in der Via Cesare Cantù, Como, 1915
a) Originaldurchführungsentwurf
(nicht abgebildet)
schwarze Tusche und Bleistift auf Papier
41 x 44,5 cm
Sammlung Riccardo Belluschi, Como
b) Photographie vom aktuellen Zustand der Fassade
Für die Fassade eines privaten Wohnhauses entworfene Sgraffitodekorationen, die von der Firma Belluschi unter eigenhändiger Mitwirkung Sant'Elias ausgeführt wurden.
BIBLIOGRAPHIE: Caramel/Longatti, 1987, S. 324, Nr. 359; Caramel/Longatti, 1988; S. 284, Nr. 359

369
Originalentwurf mit Varianten
schwarze Tusche und Bleistift auf Papier
41 x 44,5 cm
Sammlung Riccardo Belluschi, Como
BIBLIOGRAPHIE: Caramel/Longatti, 1987, S. 324, Nr. 359; Caramel/Longatti, 1988, S. 284, Nr. 359

368

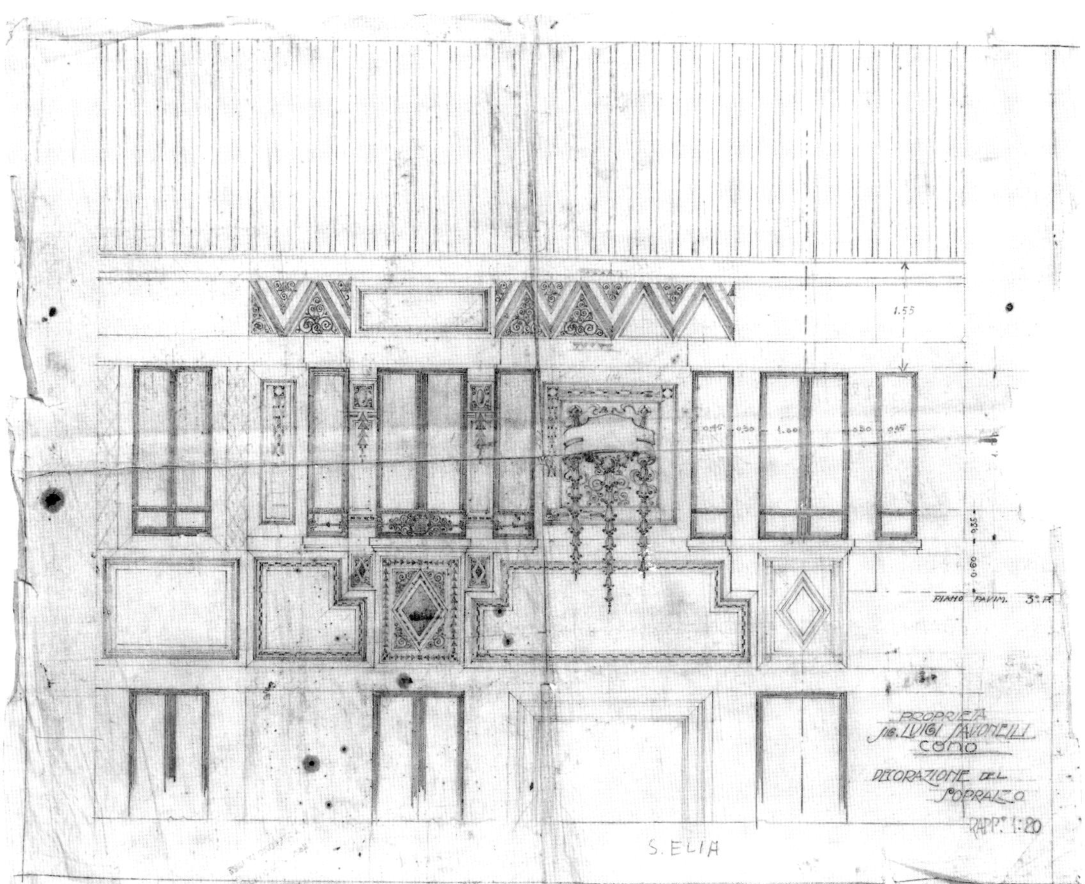

369

370 (Abb. S. 53)
Detail des Entwurfs für den Friedhof der Brigade ›Arezzo‹, 1916
Illustration aus einer zeitgenössischen Zeitung
Der Steinaltar beherrschte den Soldatenfriedhof der Brigade ›Arezzo‹ in Monfalcone, den Sant'Elia – den Umständen entsprechend – in strenger Schlichtheit entwarf.
BIBLIOGRAPHIE: *La Famiglia Artistica*, 1916, S. 2; Caramel/Longatti, 1962, S. 108, Abb. 115; Porzio, 1974, S. 5; Miotto/Muret, 1976, S. 28; Caramel/Longatti, 1987, S. 325, Nr. 360; Caramel/Longatti, 1988, S. 285, Nr. 360; Vinca/Masini, 1989, S. 374, Nr. 1019
AUSSTELLUNG: 1962, Como, *Antonio Sant'Elia*, Kat. Nr. 282

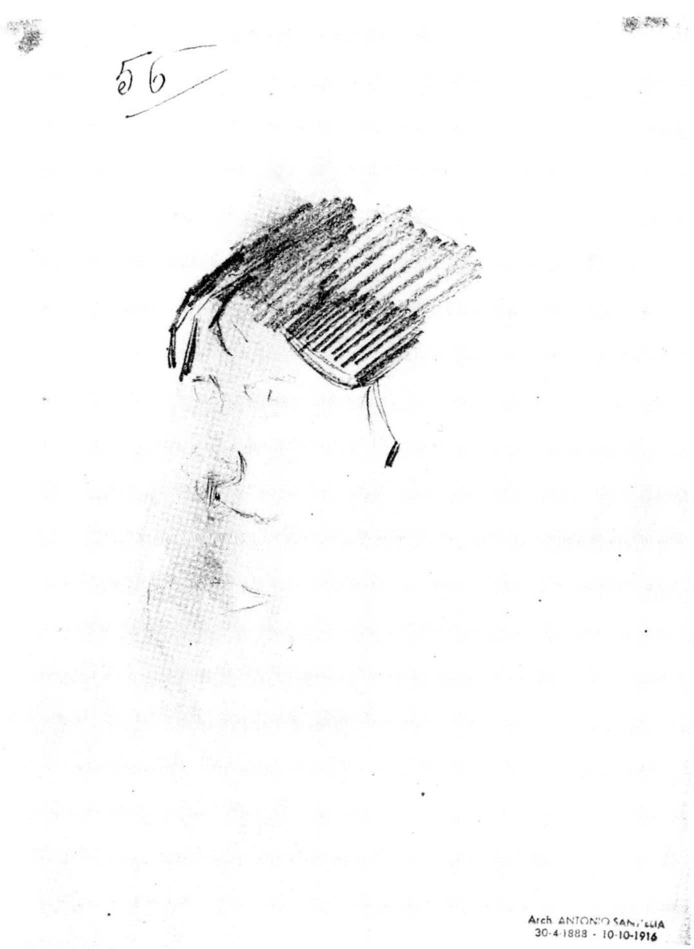

371

371
Skizze eines Gesichts
(nicht datierbar)
Bleistift auf Papier
27,4 x 20 cm
Sammlung Anna und Gianfranca Sant'Elia, Mailand
Bei diesem und den folgenden Blättern (Kat. 372 und 373) handelt es sich um kaum angedeutete Skizzen, die sich unter den losen Blättern befanden und keine Hinweise auf die Entstehungszeit geben.
BIBLIOGRAPHIE: Caramel/Longatti, 1962, S. 108; Caramel/Longatti, 1987, S. 326, Nr. 362; Caramel/Longatti, 1988, S. 286, Nr. 362
AUSSTELLUNG: 1962, Como, *Antonio Sant'Elia*, Kat. Nr. 285

372

372
Skizze eines Gesichts
(nicht datierbar)
Bleistift auf Papier
27,4 x 20 cm
Sammlung Anna und Gianfranca Sant'Elia, Mailand
BIBLIOGRAPHIE: Caramel/Longatti, 1987, S. 326, Nr. 363; Caramel/Longatti, 1988, S. 286, Nr. 363

373 (nicht abgebildet)
Skizze eines Hundekopfes
(nicht datierbar)
Bleistift auf Papier
20,7 x 19,4 cm
Sammlung Anna und Gianfranca Sant'Elia, Mailand
BIBLIOGRAPHIE: Caramel/Longatti, 1962, S. 108; Caramel/Longatti, 1987, S. 327, Nr. 364; Caramel/Longatti, 1988, S. 287, Nr. 364
AUSSTELLUNG: 1962, Como, *Antonio Sant'Elia*, Kat. Nr. 186

Biographie

Alberto Longatti

1888

Antonio Sant'Elia wird am 30. April in Como geboren. Seine Eltern, Luigi Sant'Elia (Como 1845-1914), von Beruf Friseur, und Cristina Panzillo (Capua 1848-Como 1922), haben bereits die beiden Kinder Guido und Giuseppina.

1903

Nach dem Besuch der technischen Bauschule in Cantù studiert Sant'Elia an der Scuola d'arti e mestieri ›G. Castellini‹ in Como den Fachbereich Öffentliche, hydraulische und verkehrstechnische Bauvorhaben. Er betreibt viel Sport und zeichnet sich besonders in der Leichtathletik aus.

1906

Im August erwirbt er an der Castellini-Schule das Abschlußdiplom als Baumeister. Er erhält 160 von 200 Punkten (in Konstruktion: 30/50 schriftlich, 40/50 mündlich; in Topographie 43/50 und in Zeichnen 47/50).

1907

Sant'Elia geht nach Mailand und findet eine Arbeitsstelle als Baumeister bei den Abschlußarbeiten am Villoresi-Kanal, dann als Bauzeichner im technischen Büro der Stadtverwaltung von Mailand.

1908

Er schickt Studien für eine Villa an die Zeitschrift ›La Casa‹, die sie im folgenden Jahr veröffentlicht.

1909

Er schreibt sich an der Accademia di Brera ein. Nach Ablegen einer Prüfung wird er zum ersten Kurs zugelassen. Der Student besucht die Künstlertreffpunkte der Stadt, darunter die Cafés Cova, Savini und Campari, und schließt Freundschaften mit zahlreichen fortschrittlich denkenden Malern, Bildhauern und Schriftstellern, unter anderem Carrà, Funi, Dudreville, Boccioni, Romolo Romani, Giovanni Possamai, Anselmo Bucci, Aroldo Bonzagni, Mario Chiattone, Mario Buggelli und Gerolamo Fontana.

1910

Sant'Elia schließt den ersten Kurs an der Accademia di Brera ab. Er erhält die Bewertungen 9,50 in Architektur, 6 in Dekoration und 5 in Perspektive und wird zum zweiten Kurs zugelassen, den er jedoch nur eine kurze Zeit besucht. Die Zeitschrift ›L'Artista Moderno‹ veröffentlicht zwei seiner *Architektonischen Projekte*. Im Sommer reist er zusammen mit Gero Fontana zur Biennale von Venedig.

1911

Beim Wettbewerb der Kooperative Milanino erhält der junge Architekt ein Ehrendiplom für sein *Villino moderno* (moderne kleine Villa) und nimmt dann zusammen mit seinem Studienkollegen von der Accademia di Brera, Italo Paternoster, am Internationalen Wettbewerb für den Neuen Friedhof von Monza teil. Mit Freunden reist Sant'Elia nach Rom, um die Weltausstellung zu besuchen.

1912

Das Projekt Sant'Elia-Paternoster, das am Wettbewerb von Monza unter dem Motto »Crisantemo« teilnimmt, wird von der Jury (unter dem Vorsitz von Gaetano Moretti) negativ beurteilt. Man bemängelt den »fehlenden Bezug zwischen Aufrissen, Schnitten und Grundrissen«, erkennt den Zeichnungen jedoch eine »spezielle Handschrift von sympathischer Originalität« zu. Sant'Elia führt dann eine Reihe von Zeichnungen für das Architekturbüro Arrigo Cantoni aus. Es handelt sich um Entwürfe für den zweiten Durchgang des Wettbewerbs für den Neuen Mailänder Hauptbahnhof. Die Arbeiten, die Cantoni schließlich einreicht, stammen jedoch aus seiner Zusammenarbeit mit dem Architekten Violi; Sant'Elias Entwürfe läßt Cantoni unberücksichtigt. Im selben Jahr plant und realisiert Sant'Elia im Auftrag des Industriellen Romeo Longatti aus Como eine kleine ländliche Villa in ›Le Colme‹ bei Brunate (Como). Im Oktober legt er, zusammen mit Paternoster, die Diplomprüfung als ›Lehrer für Architekturzeichnung‹ an der Accademia di Belle Arti in Bologna ab. Er erreicht 242 von 280 möglichen Punkten. Die höchste Bewertung 70/70 erhält er für den Ex-tempore-Entwurf der *Fassade mit Portal des Querschiffs der großen Zentralkirche einer Hauptstadt*.

1913

Ein Atelier, das ihm der Maler Carlo Prada in der Via San Raffaele 3 vermietet hat, dient ihm gleichzeitig als Architekturbüro und Wohnung. Arrigo Cantoni bittet ihn erneut um seine Mitarbeit, diesmal am Wettbewerb für den neuen Sitz der Sparkasse von Verona an der Piazza delle Erbe. Sant'Elia ist jedoch auch für andere Mailänder Architekten tätig, unter anderem für Giuseppe Boni.

1914

Im Februar nimmt Sant'Elia am nationalen Wettbewerb für die neue Pfarrkirche in Salsomaggiore (Parma) teil, kommt aber nicht unter die sechs Bewerber, die von der Jury für einen zweiten Durchgang ausgewählt werden.

Im März zeigt er auf der vom Verband der lombardischen Architekten organisierten Ausstellung einige Skizzen, die von Giulio Ulisse Arata in einem Artikel in ›Vita d'Arte‹ begeistert gelobt werden. (»Der genialste unter den jungen Architekten, der ungestümste, aber auch der logischste und phantastischste, der einzige, der es versteht, die Architektur über die gewohnten Grenzen hinaus zu sehen, ist Antonio Sant'Elia.«)

Im April trifft die Jury des Wettbewerbs von Verona eine für das Projekt Cantoni-Sant'Elia günstige Entscheidung. Das unter dem Motto »Costruire« gemeldete Projekt kommt auch in den zweiten Wettbewerbsdurchgang und erzielt schließlich den dritten Preis.

Vom 20. Mai bis zum 10. Juni werden die Zeichnungen der *Città Nuova* in den Räumen der ›Famiglia artistica‹ in Mailand gezeigt. Auf dieser Ausstellung der Gruppe ›Nuove Tendenze‹, die im Februar desselben Jahres unter der Mitwirkung Aratas, des Journalisten Decio Buffoni, des Kritikers und Malers Gustavo Macchi und Ugo Nebbias gegründet worden ist, sind auch Arbeiten von Leonardo Dudreville, Mario Chiattone, Carlo Erba, Achille Funi, Giovanni Possamai, Adriana Bisi Fabbri, Marcello Nizzoli und Alma Fidora zu sehen. Sant'Elia zeigt die *Città Nuova* (sechs Blätter), *Flughafen und Bahnhof, La Casa Nuova, Elektrizitätswerke* (drei Blätter) und *Architekturskizzen* (fünf Blätter). Im dazugehörigen Ausstellungskatalog mit dem Vorwort Nebbias erscheint auch ein kurzer programmatischer Text Sant'Elias, der im Juli, mit einigen Zusätzen und Veränderungen, als *Manifest der futuristischen Architektur* in Form eines (in der Druckerei Taveggia in Mailand hergestellten) Flugblattes Verbreitung findet und am 1. August auch in der Zeitschrift ›Lacerba‹ erscheint.

Anfang Juli kandidiert er für die sozialistische Partei bei den Stadtratswahlen von Como und wird Abgeordneter. Es folgen einige berufliche Aufträge in seiner Heimatstadt. In Monza entwirft und realisiert er das Grabmal Caprotti.

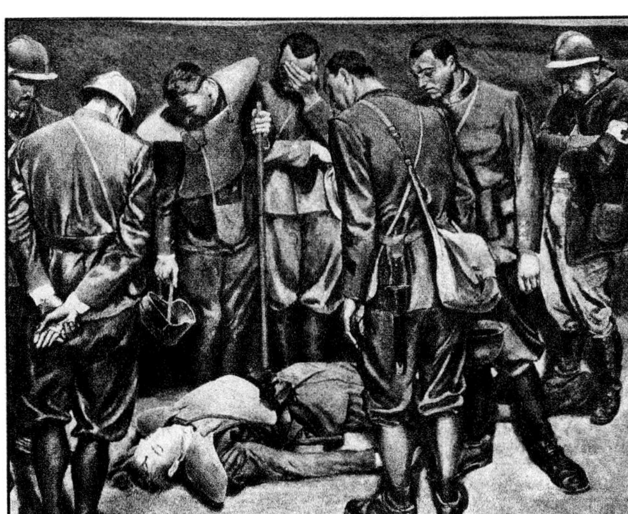

Mario Bazzi.
Der tödlich getroffene Sant'Elia, umgeben von seinen Kameraden im Schützengraben

1915

Italien tritt in den Ersten Weltkrieg ein, und Sant'Elia meldet sich im Juni als Freiwilliger zu einem lombardischen Radfahrer-Bataillon, das von Hauptmann Carlo Monticelli befehligt wird. Er folgt damit dem Beispiel zahlreicher Vertreter des Futurismus (Marinetti und Russolo gehören dem Bataillon bereits seit 1914 an). Die fünfhundert Freiwilligen werden zur Ausbildung nach Gallarate verlegt, und Sant'Elia kommt zusammen mit Boccioni, Bucci, Buggelli, Erba, Funi, Sironi, Piatti und Marinetti zur achten Abteilung der dritten Kompanie. Am 14. Juli baut er zusammen mit Erba, Funi, Boccioni, Piatti, Russolo und Sironi in Gallarate die Theaterdekoration für eine Benefizvorstellung zugunsten der Familien einberufener Soldaten. Im August und September wird das Bataillon nach Peschiera verlegt; im Oktober erhält es seine Feuertaufe in Malcesine, auf den Hügeln des Altissimo, als es zusammen mit Gebirgsjägern an der Eroberung des von den Österreichern besetzten Dosso Casina teilnimmt. Diese Episode wird von Marinetti im futuristischen Manifest ›L'orgoglio italiano‹ (im Dezember) gerühmt; neben Marinetti unterzeichnen auch Boccioni, Russolo, Sironi, Piatti und Sant'Elia. Im November wird das Bataillon aufgelöst.

1916

Nach einem Heimaturlaub wird der Architekt im Mai wieder zu den Waffen gerufen; er bekleidet nun den Rang eines Leutnants der Infanterie und wird der Fünften Armee, dem 225. Regiment der ›Arezzo‹-Brigade zugeteilt. Auf dem Monte Zebio auf der Hochebene von Asiago erleidet Sant'Elia eine Kopfverletzung und wird am 6. Juli mit einer Silbermedaille für besondere Tapferkeit ausgezeichnet. Als Kommandant einer Pioniereinheit verbringt er kurze Zeit an einem Artilleriebeobachtungsstand auf dem Monte Baldo, dann erreicht er sein Regiment in Monfalcone. Dort beauftragt ihn sein Kommandant, General Napoleone Fochetti, mit der Anlage eines Soldatenfriedhofs für die Brigade. Die Arbeiten beginnen sofort unter der Leitung eines anderen Soldaten, des Baumeisters Nino Dabbusi.

Am 10. Oktober, um 17 Uhr, beginnt die achte Schlacht am Isonzo. Sant'Elia verläßt den Schützengraben und befindet sich an der Spitze seiner Abteilung am Abhang der Hermada, als ihn ein Schuß aus einem Maschinengewehr tödlich am Kopf trifft. Zum Gedenken wird ihm eine zweite Silbermedaille verliehen. Man bestattet ihn zunächst auf dem von ihm selbst entworfenen Friedhof.

Am 23. Oktober 1921 werden die sterblichen Überreste Sant'Elias auf den großen Friedhof von Como überführt.

Die futuristische Architektur

Manifest

Seit dem 18. Jahrhundert gibt es keine Architektur mehr. Was als moderne Architektur bezeichnet wird, ist ein Gemisch aus den verschiedensten Stilelementen, mit dem das Skelett der modernen Bauten maskiert wird. Die Schönheit von Zement und Stahl wird entweiht durch karnevalistische Dekorationen, die weder durch konstruktive Notwendigkeiten noch durch den Geschmack zu rechtfertigen sind und die entweder aus dem alten Ägypten, aus Indien und Byzanz oder aber aus der erstaunlichen Blüte des Schwachsinns und der Unfähigkeit stammen, die als Neo-Klassizismus bezeichnet wird.

In Italien heißt man diese Erzeugnisse architektonischer Kuppelei willkommen, und eiferndes Nichtskönnen aus dem Ausland gilt als geniale Erfindung und als das Neueste auf dem Gebiet der Architektur. Die jungen italienischen Architekten (jene, die unter dem geheimen Zwang von Kunstschriften zur Selbständigkeit gelangen) stellen ihre Talente in den neuen Vierteln unserer Städte zur Schau, wo ein heiterer Mischmasch aus Spitzbogensäulchen, schwülstigem Blattwerk, gotischen Bögen, ägyptischen Pfeilern, Rokokoschnörkeln, Quattrocento-Putten, aufgeblasenen Karyatiden ernsthaft als Stil zu gelten versucht und anmaßend nach Größe strebt. Das Auftauchen und Verschwinden von Formen, die ständig wachsende Zahl der Maschinen, die auf Grund der raschen Verkehrsmittel täglich zunehmenden Bedürfnisse, die Anhäufung von Menschen, hygienische und hundert andere Probleme des modernen Lebens bringen diese angeblichen Erneuerer der Architektur keineswegs in Verwirrung. Ungehindert fahren sie – unter Anwendung der Regeln des Vitruvius, des Vignola, des Sansovino und unterstützt von Schriften über deutsche Architektur – fort, unseren Städten, die das unmittelbare und getreue Abbild unserer selbst sein sollten, den Stempel von Jahrhunderten der Dummheit aufzudrücken.

So ist diese Kunst des Ausdrucks und der Synthese in ihren Händen zu einer leeren stilistischen Übung geworden, zu einer schlechten Mischung von Rezepten, mit deren Hilfe moderne Gebäude in die steinernen Routinetorheiten der guten alten Zeit vermummt werden. Als ob wir, Akkumulatoren und Generatoren der Bewegung, mit unseren mechanischen Hilfsmitteln und mit dem Lärm und der Schnelligkeit unseres Lebens in Straßen wohnen könnten, wie sie die Menschen vor vier, fünf oder sechs Jahrhunderten für ihre damaligen Verhältnisse gebaut haben! Dies ist die größte Torheit der modernen Architektur, an deren Wiederholung sich die Akademien, in denen sich die Intelligenz unter Hausarrest befindet, mitschuldig machen, indem sie die Studenten zwingen, selbstschänderisch klassische Modelle zu kopieren, anstatt ihren Geist für die Suche nach den letzten Grenzen und für die Lösung des neuen und dringenden Problems des futuristischen Hauses und der futuristischen Stadt zu ertüchtigen – des Hauses und der Stadt, die uns materiell und geistig ganz gehören, in denen unser

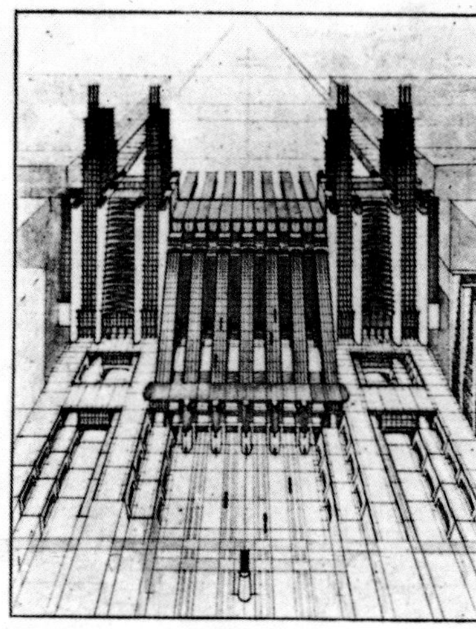

LA CITTÀ FUTURISTA. — Stazione d'aeroplani e treni ferroviari, con funicolari e ascensori, su 3 piani stradali.

LA CITTÀ FUTURISTA. — Via secondaria per pedoni, con ascensori nel mezzo.

LA CITTÀ FUTURISTA. — Casa a gradinata con ascensori dai 4 piani stradali.

LA CITTÀ FUTURISTA. — Ponte a 3 piani comunicanti per mezzo d'ascensori.

Antonio Sant'Elia.
architetto.

DIREZIONE DEL MOVIMENTO FUTURISTA: Corso Venezia, 61 - MILANO

L'ARCHITETTURA FUTURISTA

Manifesto

Dopo il 700 non è più esistita nessuna architettura. Un balordo miscuglio dei più varî elementi di stile, sato a mascherare lo scheletro della casa moderna, è chiamato architettura moderna. La bellezza nuova del emento e del ferro vien profanata con la sovrapposizione di carnevalesche incrostazioni decorative, che non sono giustificate nè dalle necessità costruttive, nè dal nostro gusto, e traggono origine dalle antichità egiziana, ndiana o bizantina, e da quello sbalorditivo fiorire di idiozie e di impotenza che prese il nome di *neo-classicismo.*

In Italia si accolgono codeste ruffianerie architettoniche, e si gabella la rapace incapacità straniera per eniale invenzione, per architettura nuovissima. I giovani architetti italiani (quelli che attingono originalità alla clandestina compulsazione di pubblicazioni d'arte) sfoggiano i loro talenti nei quartieri nuovi delle nostre ittà, ove una gioconda insalata di colonnine ogivali, di foglione seicentesche, di archiacuti gotici, di pilastri giziani, di volute rococò, di putti quattrocenteschi, di cariatidi rigonfie, tien luogo, seriamente, di stile, ed rieggia con presunzione al monumentale. Il caleidoscopico apparire e riapparire di forme, il moltiplicarsi delle nacchine, l'accrescersi quotidiano dei bisogni imposti dalla rapidità delle comunicazioni, dall'agglomeramento egli uomini, dall'igiene e da cento altri fenomeni della vita moderna, non danno alcuna perplessità a codesti edicenti rinnovatori dell'architettura. Essi perseverano cocciuti con le regole di Vitruvio, del Vignola e del ansovino e con qualche pubblicazioncella di architettura tedesca alla mano, a ristampare l'immagine dell'imecillità secolare sulle nostre città, che dovrebbero essere l'immediata e fedele proiezione di noi stessi.

Così quest'arte espressiva e sintetica è diventata nelle loro mani una vacua esercitazione stilistica, un imuginamento di formule malamente accozzate a camuffare da edificio moderno il solito bussolotto passatista i mattone e di pietra. Come se noi, accumulatori e generatori di movimento, coi nostri prolungamenti meccaici, col rumore e colla velocità della nostra vita, potessimo vivere nelle stesse case, nelle stesse strade cotruite pei loro bisogni dagli uomini di quattro, cinque, sei, secoli fa.

Questa è la suprema imbecillità dell'architettura moderna che si ripete per la complicità mercantile delle ccademie, domicilii coatti dell'intelligenza, ove si costringono i giovani all'onanistica ricopiatura di modelli lassici, invece di spalancare la loro mente alla ricerca dei limiti e alla soluzione del nuovo e imperioso prolema: **la casa e la città futuriste.** La casa e la città spiritualmente e materialmente nostre, nelle uali il nostro tumulto possa svolgersi senza parere un grottesco anacronismo.

Il problema dell'architettura futurista non è un problema di rimaneggiamento lineare. Non si tratta di rovare nuove sagome, nuove marginature di finestre e di porte, di sostituire colonne, pilastri, mensole con ariatidi, mosconi, rane; non si tratta di lasciare la facciata a mattone nudo, o di intonacarla, o di rivestirla di ietra, nè di determinare differenze formali tra l'edificio nuovo e quello vecchio; ma di creare di sana pianta a casa futurista, di costruirla con ogni risorsa della scienza e della tecnica, appagando signorilmente ogni esienza del nostro costume e del nostro spirito, calpestando quanto è grottesco, pesante e antitetico con noi radizione, stile, estetica, proporzione) determinando nuove forme, nuove linee, una nuova armonia di profili di volumi, un'architettura che abbia la sua ragione d'essere solo nelle condizioni speciali della vita moerna, e la sua rispondenza come valore estetico nella nostra sensibilità. Quest'architettura non può essere oggetta a nessuna legge di continuità storica. Deve essere nuova come è nuovo il nostro stato d'animo.

L'arte di costruire ha potuto evolversi nel tempo e passare da uno stile all'altro mantenendo inalterati caratteri generali dell'architettura, perchè nella storia sono frequenti i mutamenti di moda e quelli determiati dall'avvicendarsi dei convincimenti religiosi e degli ordinamenti politici; ma sono rarissime quelle cause di rofondo mutamento nelle condizioni dell'ambiente che scardinano e rinnovano, come la scoperta di leggi naurali, il perfezionamento dei mezzi meccanici, l'uso razionale e scientifico del materiale.

drängendes Leben sich entwickeln kann, ohne als grotesker Anachronismus gelten zu müssen.

Bei dem Problem der futuristischen Architektur handelt es sich nicht um lineare Umgestaltung. Es handelt sich nicht darum, neue Formen, neue Formate für Fenster und Türen zu bestimmen oder einen Ersatz für Säulen, Pfeiler, Konsolen, Karyatiden und Fassadengetier zu finden. Es handelt sich nicht darum, ob eine Fassade kahl belassen, ob sie übertüncht oder mit Steinen verkleidet wird, oder darum, formale Unterschiede zwischen dem neuen und dem alten Gebäude festzustellen. Es handelt sich darum, das futuristische Haus nach einem gesunden Plan zu errichten und dabei alle Quellen der Wissenschaft und der Technik zu nutzen und alle Forderungen unserer Sitte und unseres Geistes genauestens zu erfüllen, alles Groteske, Plumpe und uns Fremde abzulehnen (Tradition, Stil, Ästhetik, Proportion), neue Formen, neue Linien, eine neue Harmonie der Profile und des Volumens, kurz, eine Architektur zu bestimmen mit einem neuen, ganz und gar auf den besonderen Bedingungen des modernen Lebens beruhenden Verhältnis für die Existenz und den ästhetischen Wert, der von uns empfunden wird. Eine solche Architektur kann keinem Gesetz historischer Kontinuität unterworfen sein. Sie muß so neu sein wie unsere Geisteshaltung.

Die Baukunst konnte sich im Lauf der Zeit entwickeln und von einem Stil zum anderen übergehen – und doch dabei den allgemeinen Charakter der Architektur unverändert bewahren, da es in der Geschichte wohl häufig einen durch Mode, religiöse Überzeugungen und Aufeinanderfolge politischer Regime hervorgerufenen Wechsel gegeben hat, während Veränderungen infolge grundlegender Wandlung der Lebensbedingungen, durch die die alten entweder aufgehoben oder überholt wurden – wie dies zum Beispiel durch die Entdeckung der Naturgesetze, die Vervollkommnung der mechanischen Methoden, die rationale und ökonomische Verwendung des Materials geschah –, äußerst selten waren.

Im modernen Leben kommt der Prozeß der konsequenten stilistischen Entwicklung zum Stillstand. Die Architektur löst sich von der Tradition und beginnt notgedrungen von vorn.

Die Berechnung der Materialfestigkeit, die Verwendung von Eisenbeton und Eisen machen eine »Architektur« im klassischen und herkömmlichen Sinn unmöglich. Die neuen Baumaterialien und unsere wissenschaftlichen Begriffe sind mit der Disziplin der historischen Stile nicht in Einklang zu bringen: dies ist der Hauptgrund für den grotesken Anblick »modischer« Gebäude, bei denen leichte, schlanke Träger und spröder Eisenbeton die schwere Wölbung des Bogens und die Wucht des Marmors nachbilden sollen.

Der schroffe Gegensatz zwischen der modernen und der antiken Welt rührt daher, daß es heute Dinge gibt, die es damals nicht gab. In unserem Leben sind Elemente aufgetaucht, von denen sich die Alten nichts träumen ließen: es gibt materielle Möglichkeiten und Geistesrichtungen mit tausendfachen Auswirkungen: an erster Stelle ein neues Schönheitsideal, dunkel noch und erst im Keimen, das aber schon anfängt, selbst die Massen zu faszinieren. Wir haben in der Tat den Sinn für das Monumentale, das Wuchtige und Statische verloren und unser Empfinden durch den Geschmack am Leichten und Praktischen, am Vergänglichen und Raschen bereichert. Wir fühlen, daß wir nicht länger die Menschen der Kathedralen, der Paläste und der Gerichtshallen sind, sondern die Menschen der großen Hotels, der Bahnhöfe, der ungeheuren Straßen, der riesigen Häfen, der Markthallen, der erleuchteten Bogengänge, des Wiederaufbaus und der Sanierung.

Wir müssen die futuristische Stadt erfinden und erbauen – sie muß einer großen, lärmenden Werft gleichen und in allen ihren Teilen flink, beweglich, dynamisch sein; das futuristische Haus muß wie eine riesige Maschine sein. Der Aufzug soll sich nicht mehr wie ein Bandwurm im Schacht des Treppenhauses verbergen; die überflüssig gewordenen Treppen müssen verschwinden, und die Aufzüge sollen sich wie Schlangen aus Eisen und Glas emporwinden. Das Haus aus Beton, aus Glas und Eisen, ohne Malerei und ohne Verzierung, reich allein durch die Schönheit seiner Linien und Formen, außerordentlich »häßlich« durch seine mechanische Einfachheit, in seiner Höhe und Breite nach den Vorschriften des städtischen Gesetzes bemessen, soll sich über dem Geheul eines lärmenden Abgrunds erheben: über der Straße, die sich nicht mehr wie eine Fußmatte vor der Portiersloge ausbreitet, sondern sich um einige Stockwerke unter die Erdoberfläche senkt; diese Stockwerke nehmen den städtischen Verkehr auf und sind miteinander durch Metallstege und durch Rolltreppen mit hoher Geschwindigkeit verbunden. Das Dekorative muß verschwinden. Das Problem der futuristischen Architektur wird nicht an Hand von Photos aus China, Persien und Japan gelöst oder indem wir uns an die Regeln des Vitruvius halten und damit lächerlich machen – es wird gelöst vielmehr durch geniale Einfälle und mit Hilfe wissenschaftlicher und technischer Erfahrung. Überall muß eine Revolution stattfinden. Man muß die Dach- und Kellergeschosse ausnutzen und die Bedeutung der Fassade verringern, man muß die Fragen des guten Geschmacks aus der Ebene des Förmchens, des Kapitellchens, des Säulengängchens auf die breitere der Massengruppierung, des großzügigen Grundrisses bringen. Es ist Zeit, die traurige »Gedächtnisarchitektur« abzuschaffen. Wir wollen Monumente, Bürgersteige, Säulengänge, breite Treppen entfernen, Straßen und Plätze in die Tiefe verlegen, das Niveau der Stadt erhöhen.

Ich bekämpfe und verabscheue

1. die gesamte moderne österreichische, ungarische deutsche und amerikanische Architektur;
2. die gesamte klassisch feierliche, hieratische, theatralische, dekorative, monumentale, anmutige, gefällige Architektur;
3. die Einbalsamierung, Rekonstruktion und Reproduktion von Monumenten und alten Palästen;
4. senkrechte und waagrechte Linien, kubische und Pyramiden-Formen, die statisch, schwer, bedrückend und unserem modernen Empfinden absolut fremd sind.

Und ich erkläre

1. daß die futuristische Architektur die Architektur der Berechnung, der verwegenen Kühnheit und der Einfachheit ist, daß sie die Architektur des Eisenbetons, des Eisens, des Glases, des Kartons, der Textilfaser ist – kurz: die höchste Elastizität und Leichtigkeit ermöglicht;

Nella vita moderna il processo di conseguente svolgimento stilistico nell'architettura si arresta. **L'architettura si stacca dalla tradizione. Si ricomincia da capo per forza.**

Il calcolo sulla resistenza dei materiali, l'uso del cemento armato e del ferro escludono l'« architettura » intesa nel senso classico e tradizionale. I materiali moderni da costruzione e le nostre nozioni scientifiche, non si prestano assolutamente alla disciplina degli stili storici, e sono la causa principale dell'aspetto grottesco delle costruzioni « alla moda » nelle quali si vorrebbe ottenere dalla leggerezza, dalla snellezza superba della *poutrelle* e dalla fragilità del cemento armato, la curva pesante dell'arco e l'aspetto massiccio del marmo.

La formidabile antitesi tra il mondo moderno e quello antico è determinata da tutto quello che prima non c'era. Nella nostra vita sono entrati elementi di cui gli antichi non hanno neppure sospettata la possibilità; si sono determinate contingenze materiali e si sono rilevati atteggiamenti dello spirito che si ripercuotono in mille effetti; primo fra tutti la formazione di un nuovo ideale di bellezza ancora oscuro ed embrionale, ma di cui già sente il fascino anche la folla. Abbiamo perduto il senso del monumentale, del pesante, dello statico, ed abbiamo arricchita la nostra sensibilità del **gusto del leggero, del pratico, dell'effimero e del veloce.** Sentiamo di non essere più gli uomini delle cattedrali, dei palazzi, degli arengari; ma dei grandi alberghi, delle stazioni ferroviarie, delle strade immense, dei porti colossali, dei mercati coperti, delle gallerie luminose, dei rettifili, degli sventramenti salutari.

Noi dobbiamo inventare e rifabbricare la città futurista simile ad un immenso cantiere tumultuante, agile, mobile, dinamico in ogni sua parte, e la casa futurista simile ad una macchina gigantesca. Gli ascensori non debbono rincantucciarsi come vermi solitari nei vani delle scale; ma le scale, divenute inutili, devono essere abolite e gli ascensori devono inerpicarsi, come serpenti di ferro e di vetro, lungo le facciate. La casa di cemento, di vetro, di ferro, senza pittura e senza scultura, ricca soltanto della bellezza congenita alle sue linee e ai suoi rilievi, straordinariamente *brutta* nella sua meccanica semplicità, alta e larga quanto più è necessario, e non quanto è prescritto dalla legge municipale, deve sorgere sull'orlo di un abisso tumultuante: la strada, la quale non si stenderà più come un soppedaneo al livello delle portinerie, ma si sprofonderà nella terra per parecchi piani, che accoglieranno il traffico metropolitano e saranno congiunti, per i transiti necessari, da passerelle metalliche e da velocissimi *tapis roulants.*

Bisogna abolire il decorativo. Bisogna risolvere il problema dell'architettura futurista non più rubacchiando da fotografie della Cina, della Persia e del Giappone, non più imbecillendo sulle regole di Vitruvio, ma a colpi di genio, e armati di una esperienza scientifica e tecnica. Tutto deve essere rivoluzionato. Bisogna sfruttare i tetti, utilizzare i sotterranei, diminuire l'importanza delle facciate, trapiantare i problemi del buon gusto dal campo della sagometta, del capitelluccio, del portoncino, in quello più ampio dei **grandi aggruppamenti di masse,** della **vasta disposizione delle piante.** Finiamola coll'architettura monumentale funebre commemorativa. Buttiamo all'aria monumenti, marciapiedi, porticati, gradinate, sprofondiamo le strade e le piazze, inalziamo il livello delle città.

IO COMBATTO E DISPREZZO:

1. — Tutta la pseudo-architettura d'avanguardia, austriaca, ungherese, tedesca e americana;

2. — Tutta l'architettura classica, solenne, ieratica, scenografica, decorativa, monumentale, leggiadra, piacevole;

3. — L'imbalsamazione, la ricostruzione, la riproduzione dei monumenti e palazzi antichi;

4. — Le linee perpendicolari e orizzontali, le forme cubiche e piramidali che sono statiche, gravi, opprimenti ed assolutamente fuori dalla nostra nuovissima sensibilità;

5. — L'uso di materiali massicci, voluminosi, duraturi, antiquati, costosi.

E PROCLAMO:

1. — Che l'architettura futurista è l'architettura del calcolo, dell'audacia temeraria e della semplicità; l'architettura del cemento armato, del ferro, del vetro, del cartone, della fibra tessile e di tutti quei surrogati al legno, alla pietra e al mattone che permettono di ottenere il massimo della elasticità e della leggerezza;

2. — Che l'architettura futurista non è per questo un'arida combinazione di praticità e di utilità, ma rimane arte, cioè sintesi, espressione;

3. — Che le linee oblique e quelle ellittiche sono dinamiche, per la loro stessa natura hanno una potenza emotiva mille volte superiore a quella delle perpendicolari e delle orizzontali, e che non vi può essere un'architettura dinamicamente integr [illegible]rice all'infuori di esse;

4. — Che la decorazione, come qualche cosa di sovrapposto all'architettura, è un assurdo, e che **soltanto dall'uso e dalla disposizione originale del materiale greggio o nudo o violentemente colorato, dipende il valore decorativo dell'architettura futurista.**

5. — Che, come gli antichi trassero l'ispirazione dell'arte dagli elementi della natura, noi — materialmente e spiritualmente artificiali — dobbiamo trovare quell'ispirazione negli elementi del nuovissimo mondo meccanico che abbiamo creato, di cui l'architettura deve essere la più bella espressione, la sintesi più completa, l'integrazione artistica più efficace;

6. — L'architettura come arte di disporre le forme degli edifici secondo criteri prestabiliti è finita;

7. — Per architettura si deve intendere lo sforzo di armonizzare con libertà e con grande audacia, l'ambiente con l'uomo, cioè rendere il mondo delle cose una proiezione diretta del mondo dello spirito;

8. — Da un'architettura così concepita non può nascere nessuna abitudine plastica e lineare, perchè i caratteri fondamentali dell'architettura futurista saranno la caducità e la transitorietà. **Le case dureranno meno di noi. Ogni generazione dovrà fabbricarsi la sua città.** Questo costante rinnovamento dell'ambiente architettonico contribuirà alla vittoria del **Futurismo,** che già si afferma con le **Parole in libertà, il Dinamismo plastico, la Musica senza quadratura e l'Arte dei rumori,** e pel quale lottiamo senza tregua contro la vigliaccheria passatista.

Antonio Sant'Elia.
architetto

MILANO, 11 Luglio 1914.

DIREZIONE DEL MOVIMENTO FUTURISTA: Corso Venezia, 61 - MILANO

LA CITTÀ FUTURISTA. — Casamento con ascensori esterni, **galleria, passaggio coperto, su 3 piani stradali (linea tramviaria, strada per automobili, passerella metallica) fari e telegrafia senza fili.**

LA CITTÀ FUTURISTA. — Casa a gradinata, con ascensori esterni.

2. daß die Architektur somit keine schale Kombination von Zweckmäßigkeit und Nützlichkeit ist, sondern daß sie eine Kunst – das heißt Synthese und Ausdruck – bleibt;
3. daß schräge und elliptische Linien naturgemäß dynamisch sind, daß ihre emotionale Wirkung tausendmal größer ist als die vertikaler und horizontaler Linien und daß keine dynamische Architektur ohne sie existieren kann;
4. daß die Dekoration – als etwas, was zusätzlich an der Architektur angebracht oder darübergelegt wird – etwas Absurdes ist und daß allein von der ursprünglichen Anordnung des Rohmaterials, unverfläscht oder lebhaft gefärbt, der dekorative Wert der futuristischen Architektur abhängt;
5. daß – so wie die Alten die Inspiration für ihre Kunst aus den Elementen der Natur nehmen – wir, die wir materiell und geistig »künstlich« sind, die unsere aus den Elementen der modernen mechanischen Welt nehmen müssen, die wir geschaffen haben und deren schönster Ausdruck, deren vollkommenste Synthese, deren wirkungsvollste Vereinheitlichung die Architektur sein muß;
6. daß die Architektur aufgehört hat, eine Kunst der Formbestimmung eines Gebäudes nach festgelegten Gesetzen zu sein;
7. daß unter Architektur die Fähigkeit zu verstehen ist, Umwelt und Menschen frei und kühn in Übereinstimmung zu bringen – das heißt, die Welt der Dinge zu einem genauen Abbild der geistigen Welt zu machen;
8. daß aus einer solchen Architektur weder plastische noch lineare Gewohnheiten entstehen können, da es zu den fundamentalen Merkmalen der futuristischen Architektur gehört, daß sie »verbraucht« wird und vergänglich ist. Das Leben des Hauses wird nicht so lange währen, wie das unsere, jede Generation wird sich ihre Stadt bauen müssen. Diese ständige Erneuerung der baulichen Umwelt wird zum Sieg des Futurismus beitragen, der sich schon in der »freien Rede«, dem »plastischen Dynamismus«, der »Musik ohne Taktstriche«, der »Kunst der Geräusche« anzeigt und der uns hilft, ohne Pause die feigen Lobredner der guten alten Zeit zu bekämpfen.

Mailand, 11. Juli 1914 — Antonio Sant'Elia
Architekt

(Übersetzung aus U. Conrads, *Programme und Manifeste zur Architektur des 20. Jahrhunderts*, Berlin 1964, S. 30–34)

Bibliographie

1909

›Studio per villa. Disegni inviatici dal signor Antonio Sant'Elia‹, in *La Casa*, Januar

1910

L'Artista Moderno, IX, Nr. 17, 10. September, S. 268-269

1911

Le case popolari e le città giardino, Mailand, III, Heft 2, S. 55-56

1912

Relazione della Commissione giudicatrice del concorso per un progetto architettonico per un nuovo Cimitero, Monza, 19. Oktober
Quaglia, F., ›Per il nuovo cimitero di Monza‹, in *La Lombardia*, 17. Oktober
›L'architetto moderno‹, Sammlung von Zeichnungen veröffentlicht in *L'Artista Moderno*

1913

›Antonio Sant'Elia‹, in *L'Artista Moderno*, 25. Juni, S. 201-202
L'esposizione di pittura futurista di ›Lacerba‹, Florenz, November 1913 – Januar 1914
Soffici, A., ›La pittura futurista‹, in *Lacerba*, Florenz, 15. September

1914

Corriere della Sera, 11. August
Diritti della Scuola, 15. August
›Il concorso per il Palazzo della Cassa di Risparmio di Verona‹, in *L'Architettura Italiana*, IX, Nr. 8, 1. Mai, S. 100
›Il dovere, cioè il diritto di capire‹, in *Avanti!*, 16. Mai
›I risultati delle elezioni amministrative del 5 luglio 1914‹, in *La Provincia di Como*, 6. Juli
›La mostra delle Nuove Tendenze‹, in *La Lombardia*, 14. Juni
›L'Architettura Futurista. Spigolature dall'ultimo manifesto dei futuristi‹, in *Difesa*, (30. November?)
›La relazione del concorso per il progetto del nuovo palazzo della Cassa di Risparmio in Piazza Erbe‹, in *Arena*, 20. August
›L'esito del concorso del palazzo della Cassa di Risparmio nella monumentale piazza delle Erbe di Verona‹, in *Verona fedele*, 17. April
›Nuove Tendenze‹, in *Eroica*, April-Mai
Prima esposizione d'arte del gruppo Nuove Tendenze, Famiglia Artistica, Mailand, 20. Mai - 10. Juni, S. 13-19
›Se avessero vinto i socialisti‹, in *L'Ordine*, 12. August
›Un giovane architetto comasco‹, in *La Provincia di Como*, Como, 7. Mai
Arata, G. U., ›La prima Mostra di architettura promossa dall'associazione degli Architetti Lombardi‹, in *Vita d'Arte*, März, S. 66-72
Arata, G. U., ›L'architettura futurista‹, in *Pagine d'arte*, 30. August, S. 1-3
D. B., ›L'Esposizione del gruppo Nuove Tendenze‹, in *La Perseveranza*, 21. Mai
Buffoni, D., ›Un risveglio degli architetti‹, in *La Perseveranza*, 14. Februar
Carfagna, C., ›Nuove tendenze d'arte alla Famiglia Artistica milanese‹, in *Luce del pensiero*, 30. Juni
C. d. S., ›Esposizione dei progetti della nuova sede della Casa di Risparmio‹, in *L'Adige*, 20. März
Grassini Sarfatti, M., ›I pittori delle 'Nuove Tendenze' alla Famiglia Artistica di Milano‹, in *Avanti!*, 17. Juni
Lovato, A., ›Ancora le questione di Piazza Erbe di Verona‹, in *Il Messagero*, 27. Dezember
Ludovici, C., ›La mostra delle Nuove Tendenze‹, in *Corriere del Ticino*, 26. Mai
Mastrigli, F., ›Nuove attività futuristiche. L'architettura della città moderna‹, in *Vita*, 3. Dezember
Nebbia, U., ›La prima mostra delle 'Nuove Tendenze' a Milano‹, in *Vita d'Arte*, Mai
Prampolini, E., ›Il gruppo 'Nuove Tendenze' plagiario del futurismo‹, in *L'Artista Moderno*, XIII, S. 217-218
Priuli Bon, L., ›Il secondo Concorso per i progetti della nuova sede della Cassa di Risparmio‹, in *Verona fedele*, 23. Dezember
Quaglia, F., ›Antonio Sant'Elia e La Città Nuova‹, in *L'Artista Moderno*, XIII, 25. Juni, S. 201-202
Rutelli Russo, G., ›I futuristi crescono! L'architettura della città futurista‹, in *L'Ora*, 8. Dezember
Salvi, N., ›Le nuove tendenze alla Famiglia Artistica‹, in *La Sera*, 20. Mai
Sant'Elia, A., ›L'architettura futurista. Manifesto‹, in *Lacerba*, Florenz, 1. August, S. 228-231
Sgarbelloni, P., ›Come ricostruiremo l'Europa distrutta‹, in *Piccolo Giornale d'Italia*, (1. Dezember)
Tocci, V., ›Cronache milanesi‹, in *Rassegna contemporanea*, 10. Juni
Valeri, D., ›Nuove tendenze‹, in *Miricae*, 20. Juni

1915

Angelini, L., ›La piazza delle Erbe di Verona e la sua sistemazione‹, in *Emporium*, XLI, Nr. 243, März, S. 192-198
Arata, G. U., ›L'esito del concorso per la sistemazione della Piazza Erbe di Verona‹, in *Pagine d'Arte*, 15. Januar, S. 9-10
Marinetti, Boccioni, Russolo, Sant'Elia, Sironi, Piatti, ›L'orgoglio italiano. Manifesto‹, in *Movimento futurista*, 26. Oktober
Priuli Bon, L., ›Il verdetto della Commissione per un Palazzo in Piazza delle Erbe‹, in *Verona fedele*, 2. Januar

1916

›Architetto futurista morto in battaglia‹, in *Progresso Italo Americano*, New York, Oktober
Esposizione dell'autoritratto, Famiglia Artistica, Mailand
›Fra i nostri Valorosi: Antonio Sant'Elia‹, in *La Sera*, 19. Oktober
›I caduti per la Patria‹, in *Il Secolo*, 26. Oktober
›Il futurista Sant'Elia decorato‹, in *L'Italia futurista*, 10. August
Il Lavoratore comasco, 4. November
›I morti per la Patria – L'architetto Antonio Sant'Elia‹, in *Corriere della Sera*, 19. Oktober
›L'architetto futurista Sant'Elia caduto sul campo dell'onore‹, in *Il Secolo*, 19. Oktober
›L'architetto futurista Sant'Elia caduto sul campo dell'onore‹, in *Giornale Italiano*, 15. November
›L'arch. Sant'Elia è sepolto nel cimitero da lui ideato!‹, in *La Provincia di Como*, 27. Oktober
›Ufficiatura di suffragio‹, in *L'Ordine*, 13. November
Angelini, L., ›Concorsi d'architettura in Italia‹, in *Emporium*, Juni, S. 47-48
Arata, G. U., ›I morti per la patria. A. Sant'Elia‹, in *Pagine d'Arte*, November
Contronei, A., Giovesi, A., *La morte gloriosa del futurista Sant'Elia*, Broschüre, 14. Oktober
Giovesi, A.; ›Zona di guerra 14/4/1916. Le ultime parole di Antonio Sant'Elia‹, in *L'Impresa*, 15. April
Giovesi, A., ›La morte gloriosa del futurista Antonio Sant'Elia‹, in *L'Italia futurista*, Florenz, 1. November
Sarfatti, M., ›Sant'Elia e le sue opere‹, in *Gli Avvenimenti*, 29. Oktober
Sarfatti, M., ›Ad Antonio Sant'Elia‹, in *Il Mondo*, Nr. 44, 28. Oktober

1917

›La Famiglia Artistica in memoria di Antonio Sant'Elia‹, in *La Provincia di Como*, 26. April
›La tomba di Antonio Sant'Elia‹, in *La Provincia di Como*, 1. April
›Le ricompense al valori ai nostri combattenti‹, in *La Provincia di Como*, 31. Mai
Angelini, L., ›L'architetto Antonio Sant'Elia‹, in *Emporium*, Februar, S. 155-159
Numero (M. Ramperti), ›Poeti che vanno, poeti que restano. Alla memoria di Antonio Sant'Elia‹, in *Avanti!*, 14. Januar

1918

›I nostri morti della guerra‹, in *La Provincia di Como*, 13. November
La Provincia di Como, 17. Februar

1919

Arata, G. U., ›Giovane architettura e giovani architetti: Mario Chiattone‹, in *Emporium*, Juni, S. 299-307
Sarfatti, M., ›Antonio Sant'Elia‹, in *La Fiaccola Accesa*, S. 236-252
van T'Hoff, R., ›Aanteekeningen bij Bijlage XX‹, in *De Stijl*, Oktober

1920

›La mostra commemorativa dei soci morti in guerra‹, La Famiglia Artistica, September – November
Oud, J.-J. P., ›Architectonische Beschouwing Bijlage III‹, in *De Stijl*, Januar
Ramperti, M., ›In ricordo di Antonio Sant'Elia‹, in *Avanti!*, 13. November

1921

›I funerali di Antonio Sant'Elia‹, in *La Provincia di Como*, 25. Oktober
›I gloriosi morti che tornano‹, in *La Provincia di Como*, 20. Oktober
Vaccari, C., ›Antonio Sant'Elia‹, in *Il Gagliardetto*, 23. Oktober
Quagliotti, C., ›La città futurista di Sant'Elia‹, in *Il Gagliardetto*, 30. Oktober
Russolo, L., ›Antonio Sant'Elia‹, in *Il Gagliardetto*, 23. Oktober
Sarfatti, M., ›Ad Antonio Sant'Elia‹, in *Il Gagliardetto*, 23. Oktober
van Doesburg, T., ›De Taak der Nieuwe Architectuur‹, in *Bouwkundig Weekblad*, Nr. 2, Juli

1922

Volmi, A., ›Prima esposizione futurista a Torino‹, in *L'Artista Moderno*, S. 107-108, und ›Riassunto del Manifesto dell'Architettura Futurista di Sant'Elia‹, S. 108-109

1923

›L'architettura futurista. Manifesto‹, in *Il Futurismo*, Rom, 1. Oktober
›L'ultime parole di A. Sant'Elia‹, in *L'Impero*, 17. April
›Un eroe comasco: Antonio Sant'Elia‹, in *La Provincia di Como*, 19. April
Behne, A., *Der moderne Zweckbau*, Berlin
Giovesi, A., ›Le ultime parole di Sant'Elia‹, in *L'Impero*, 17. April
Marchi, V., ›Antonio Sant'Elia architetto futurista‹, in *L'Impero*, 5. April, S. 4
Marchi, V., ›Sant'Elia architetto futurista‹, in *Noi. Rivista d'arte futurista*, I, II, Mai, S. 3
J. P., ›Boekbesprekingen. Actuele kronieken‹, in *Het Overzicht*, Nr. 15, März – April, S. 55
Sant'Elia, A., ›L'architettura futurista‹, in *Noi. Rivista d'arte futurista*, Mai, S. 4-6
Sarfatti, M., ›Nell'annuale della fondazione di Roma la costruttrice‹, in *Popolo d'Italia*, 20. April

1924

›La serata di Marinetti al Fascio Artistico‹, in *La Provincia di Como*, 15. März
Mostra di guerra degli Artisti combattenti e mutilati, Monza, Villa Reale
Marchi, V., *Architettura futurista*, Foligno

1925

Sant'Elia, A., ›L'architettura futurista‹, in *Noi. Rivista d'arte futurista*, Nr. 10, 11, 12, S. 2-4
Sarfatti, M., *Segni Colori Luci*, Bologna

1926

›Dieci vite di poeti e di soldati‹, in *La Fiera Letteraria*, 7. November
Piacentini, M., ›Sant'Elia‹, in *Rassegna di Architettura*

1927

Hilberseimer, L., *Internationale neue Baukunst*, Stuttgart
Marchi, V., ›Antonio Sant'Elia‹, in *La Stirpe*, Juli, S. 407-410
Marinetti, F. T., ›Movimento futurista. Bilancio a un anno di distanza‹, in *La Fiera Letteraria*, 10. April, S. 3
Marinetti, F. T., ›Volt rivive con Sant'Elia nella strada futurista di Parigi‹, in *L'Impero*, 30. Juli
Sartoris, A., ›Projets de l'Architecte Antonio Sant'Elia. Architecture futuriste italienne‹, in *Das Werk*, Nr. 6, S. 184-185
van Doesburg, T., in *Het Bouwbedrijf*, IV, Nr. 9, 29. April, S. 217-220
van Doesburg, T., in *Het Bouwbedrijf*, IV, Nr. 15, 22. Juni, S. 352

1928

Architettura futurista, 1928. Prima mostra, April – Oktober, Turin
Bernardi, M., ›Architettura futurista‹, in *La Stampa*, 15. Oktober, S. 3
Catrizzi, L., ›La gloria di Sant'Elia‹, in *La città futurista*, Februar, S. 6
Colombo, L. (Fillia), ›Architettura futurista. Prima mostra‹, in *Il Nazionale*, 20. Oktober
Colombo, L. (Fillia), ›Architettura futurista‹, in *Architettura futurista, 1928. Prima mostra*, Turin
Jeri, A., *I razzi e le stelle*, Mailand, 30. Oktober
Marchi, V., ›Architettura razionale‹, in *L'Impero*, 27. April
Marinetti, F. T., ›Sant'Elia e i razionalisti‹, in *La Fiera Letteraria*, 3. Juni
Minnucci, G.; Libera, A., ›La I Esposizione d'Architettura razionale a Roma‹, in *Problemi d'arte attuale*, II, Nr. 8, 30. April, S. 117-120
Paladini, V., ›L'architettura moderna in Italia‹, in *L'Interplanetario*, 15. Februar
Paladini, V., ›Moderní Italská Architektura‹, in *Stavba*, VII, S. 1-7
Paolucci, E., ›L'Architecture rationelle italienne‹, in *7 Arts*, 6. Mai
Sant'Elia, A., ›L'architettura futurista – Manifesto dell'11 luglio 1914 Antonio Sant'Elia‹, in *La città futurista*, Februar, S. 3
Sartoris, A., ›Développement du mouvement rationaliste italien‹, in *Das Werk*, Nr. 9, S. 290-292
Sartoris, A., ›Architettura futurista italiana‹, in *Il Nazionale*, 20. Oktober
Sartoris, A., ›Architettura futurista italiana‹, in *Il Mezzogiorno*, 8./9. November
Sartoris, A., ›Architettura futurista italiana‹, in *Patria*, 26. November
Sartoris, A., ›Chiarimenti architettonici‹, in *Le Arti Classiche*, 1. Dezember

1929

Peintres futuristes, italiens, Ausstellungskatalog, Paris
Colombo, L. (Fillia), ›Futurismo e Fascismo‹, in *La città futurista*, April
Decker, R., *Terrassen-Typ*, Stuttgart
Giedion, S., *Befreites Wohnen*, Zürich
Hitchcock, H. R., Jr., *Modern Architecture, Romanticism and Reintegrations*, New York
Marinetti, F. T., ›Sant'Elia e la nuova architettura‹, in *La Provincia di Como*, 1. Februar
Marinetti, F. T., ›Primato italiano‹, in *La città futurista*, Juni
Marinetti, F. T., ›Marinetti e il Futurismo‹, in *I Prefascisti*, Rom/Mailand
Orazi, V., ›Stile futurista e stile fascista‹, in *La città futurista*, April
Reggiori, F., ›In memoria di Antonio Sant'Elia‹, in *Architettura e Arti decorative*, S. 325-331
Sartoris, A., ›Introduzione all'urbanismo‹, in *La città futurista*, April

Sartoris, A., ›Arquitectura internacional‹, in *Amauta*, Juni
Scheiwiller, G., *Art Italienne Moderne*, Paris
Tozzi, M., *Avant-propos au catalogue de l'exposition d'art moderne italienne*, Ausstellungskatalog, Paris
van Doesburg, T., in *Het Bouwbedrijf*, VI, Nr. 9, 29. April
van Doesburg, T., in *Het Bouwbedrijf*, VI, Nr. 10, 10. Mai
van Doesburg, T., in *Het Bouwbedrijf*, VI, Nr. 13, 21. Juni
van Doesburg, T., in *Het Bouwbedrijf*, VI, Nr. 15, 19. Juli
van Doesburg, T., in *Het Bouwbedrijf*, VI, Nr. 17, 16. August

1930

›Come è morto Sant'Elia‹, in *L'Ambrosiano*, 18. September, S. 3
›Comitato onoranze a Sant'Elia‹, in *La Provincia – Il Gagliardetto*, 4. Oktober
›Conferenza di Marinetti su Sant'Elia‹, in *Gazzetta del Popolo*
›Con i discorsi di S. E. Marinetti e Mario Carli Como conchiude il ciclo delle onoranze al futurista Sant'Elia‹, in *Oggi e Domani*, 13. Oktober, S. 5
›Echi, riflessi, chiose‹, in *Casa Bella*, Nr. 36, S. 37
›Il genio dell'architetto Sant'Elia glorificato dall'accademico Marinetti al Broletto‹, in *La Provincia – Il Gagliardetto*, 16. September
›L'architetto Sant'Elia celebrato da Marinetti a Como‹, in *L'Ambrosiano*, 20. November
›La mostra di Sant'Elia alla capitale. Una lettera di Marinetti‹, in *L'Ambrosiano*, 9. Dezember
›La nuova architettura. Una lettera di S. E. Marinetti‹, in *L'Ambrosiano*, 20. November
›Marinetti commemorerà al Sociale l'arch. Sant'Elia‹, in *La Provincia – Il Gagliardetto*, 2. Oktober
Mostra delle opere dell'architetto futurista Sant'Elia, Ausstellungskatalog, Rom
Mostra futurista arch. Sant'Elia e 22 pittori futuristi, Ausstellungskatalog, Mailand
›Mostra futurista di Sant'Elia e di 22 pittori futuristi‹, in *Oggi e Domani*, 6. November
›Notiziario‹, in *L'Almanacco degli Artisti*, VIII, S. 292-293
Onoranze all'architetto futurista Antonio Sant'Elia, Broschüre, Texte von Fillia, Marinetti, und *Manifesto di Sant'Elia*, September
›Onoranze ad Antonio Sant'Elia‹, in *Oggi e Domani*, 22. September
›Per un architetto morto in guerra: Antonio Sant'Elia‹, in *Corriere della Sera*, 5. Juli, S. 3
›Sant'Elia oggi‹, in *Casa Bella*, Juni, S. 9-11
›Sant'Elia a Roma‹, in *Oggi e Domani*, Rom, 4. Dezember
›Si preparano onoranze solenni per onorare l'Architetto Sant'Elia‹, in *La Provincia – Il Gagliardetto*, 13. Mai
›Una mostra dell'arch. Sant'Elia e di 22 pittori futuristi‹, in *Corriere della Sera*, 17. Oktober
››Una nobile iniziativa dei volontari per onorare l'Arch. Sant'Elia‹, in *La Volontà d'Italia*, 29. Juni
›Un precursore, Antonio Sant'Elia‹, in *Rivista Illustrata del Popolo d'Italia*, November
Accetti, C. E., ›S. E. Marinetti commemorerà oggi al Broletto l'architetto futurista Sant'Elia‹, in *La Provincia – Il Gagliardetto*, 14. September
Argan, G. C., ›Il pensiero critico di Antonio Sant'Elia‹, in *L'Arte*, September, S. 491-498
Bardi, P. M., ›Primi passi italiani dell'architettura razionale: l'azione di Sant'Elia‹, in *L'Ambrosiano*, 14. November
Bellonzi, F., *A. Sant'Elia*, Pisa, o. J. (1930)
Boesmi, C. M., ›Commemorazione veloce di Sant'Elia‹, in *Regina Fascista*, 21. September, S. 5
Bonardi, D., ›Sant'Elia e i pittori futuristi‹, in *La Sera*, 17. Oktober, S. 3
Buzzi, P., ›L'arte della città futura‹, in *Giornale di Genova*, 17. September, und in *La Provincia – Il Gagliardetto*, 18. September
Carli, M., ›Architettura, Ojetti, Piacentini e Futurismo‹, in *Oggi e Domani*, 29. September
Carrà, C., ›L'Esposizione futurista alla Galleria Pesaro‹, in *L'Ambrosiano*, 22. Oktober
Castrizzi, L., ›La gloria di Sant'Elia‹, in *La Provincia – Il Gagliardetto*, 13. Mai
Colombo, L. (Fillia), ›Glorificare Sant'Elia‹, in *La Provincia – Il Gagliardetto*, 13. Mai
Colombo, L. (Fillia), ›Antonio di Sant'Elia‹, in *Il Popolo d'Italia*, 4. Oktober
Colombo, L. (Fillia), ›Un temperamento futurista‹, in *Oggi e Domani*, 6. Oktober
Colombo, L. (Fillia), ›Razionalità e senilità‹, in *Oggi e Domani*, 13. Oktober, S. 5
Constantini, V., ›Sant'Elia‹, in *L'Italia Letteraria*, 12. Oktober
Constantini, V., ›Sant'Elia‹, in *La Provincia – Il Gagliardetto*, 14. Oktober
Dottori, G., ›Gli architetti e l'arte decorativa di oggi‹, in *Oggi e Domani*, 29. September
Dottori, G., ›La mostra di Sant'Elia al Circolo Artistico di Roma‹, in *Oggi e Domani*, 11. Dezember
Escodamé, ›A. Sant'Elia‹, in *Oggi e Domani*, Nr. 26, 13. Oktober
Escodamé, ›Sant'Elia e 22 pittori futuristi‹, in *Oggi e Domani*, 6. November
Garrone, L. A., ›Per le onoranze al creatore della nuova architettura Antonio Sant'Elia‹, in *La Provincia – Il Gagliardetto*, 3. Juni
Kiesler, F., *Contemporary Art Applied to the Stone and its Display*, New York
Jeri, A., ›Celebrazioni di Sant'Elia‹, in *Giovedì*, 30. Oktober
Lo Duca, E., ›Sant'Elia, architetto‹, in *Regime Fascista*, 12. August
Leo, ›Sant'Elia‹, in *Le Arti Plastiche*, 16. Oktober
Marchi, V., ›Manifesto dell'architettura futurista, dinamica, stato d'animo, drammatica‹, in *Roma futurista*, 29. (?) Februar
Marchesini, C., ›I pionieri dell'arte nuova. Sant'Elia architetto futurista‹, in *Corierre Padano*, 10. Oktober
Marinetti, F. T., ›Sant'Elia e la nuova architettura‹, in *La Provincia – Il Gagliardetto*, 1. Februar
Marinetti, F. T., ›La gloria di Sant'Elia‹, in *La Provincia – Il Gagliardetto*, 13. Mai
Marinetti, F. T., *Mostra futurista dell'architetto Sant'Elia e di 22 pittori futuristi*, Ausstellungskatalog, Mailand
Marinetti, F. T., ›Onoranze nazionali a Sant'Elia. Lettera a Ugo Ojetti‹, in *Gazzetta del Popolo*, 8. September
Marinetti, F. T., ›Le onoranze all'architetto Antonio Sant'Elia‹, in *Il Giornale dell'Arte*, 21. September
Marinetti, F. T., ›L'Italia onora a Sant'Elia l'architetto del futuro‹, in *Oggi e Domani*, 29. September
Marinetti, F. T., ›Sant'Elia e la nuova architettura‹, in *Oggi e Domani*, 29. September
Marinetti, F. T., ›Nuova Architettura‹, in *L'Ambrosiano*, 20. November
Marinetti, F. T., ›La rivoluzione di un architetto italiano: Sant'Elia‹, in *Il Giornale della Domenica*, 7./8. Dezember, S. 1
Marinetti, F. T., ›Mostra di Sant'Elia alla capitale‹, in *L'Ambrosiano*, 9. Dezember
Melani, A., *Architettura italiana antica e moderna*, Mailand
Orazi, V., ›Mostra di Sant'Elia‹, in *L'Impero d'Italia*, 20. Dezember
Ramperti, M., ›L'Architetto Sant'Elia‹, in *La Stampa*, 30. August
Ramperti, M., L'architetto Sant'Elia, in *La Provincia – Il Gagliardetto*, 31. August
Reinboth, G., ›Die Stadt der Zukunft‹, in *Weltkunst*, 9. November
Sant'Elia, A., ›Il manifesto di Antonio Sant'Elia sulla nuova Architettura‹, in *La Provincia – Il Gagliardetto*, 13. Mai
Sartoris, A., ›L'architecture nouvelle en Italie‹, in *Le Monde*, 18. Januar
Sartoris, A., ›L'Architecture d'Antonio Sant'Elia‹, in *Le Journal Général de Travaux publics et Bâtiments au Maroc*, 6./7. Februar
Sartoris, A., ›La casa liberata‹, in *Casa Bella*, Februar
Sartoris, A., ›Architettura futurista italiana‹, in *Arte futurista*, 22. März
Sartoris, A., ›Architettura futurista italiana‹, in *Oggi e Domani*, 28. April
Sartoris, A., ›Antonio Sant'Elia‹, in *Tér és Forma*, April
Sartoris, A., ›Sistema dell'urbanismo‹, in *Casa Bella*, April
Sartoris, A., *Die Entwicklung der modernen Kunst in Italien*, Ausstellungskatalog, Bern
Sartoris, A., ›Elementarismo‹, in *Belvedere*, Mai – Juni

Sartoris, A., ›Problemi di cultura, un precursore della Città Nuova‹, in *Squilla Italica*, 25. Juli
Sartoris, A., ›Développement de l'architecture nouvelle en Italie‹, in *Bulletin de L'Association des Techniciens de Genève*, November
Sartoris, A., *Antonio Sant'Elia* (Einführung von C. Ciucci), Mailand
Soffici, A., ›Razionalità e Bellezza‹, in *Gazzetta del Popolo*, 27. September
Spano, M. G., ›Antonio Sant'Elia ponte di luce nell'infinito‹, in *Oggi e Domani*, 6. Oktober
Zanzi, E., ›L'architetto del futuro (Sant'Elia)‹, in *Gazzetta del Popolo*, 6. Juni
Zanzi, E., ›Antonio Sant'Elia‹, in *La Provincia – Il Gagliardetto*, 11. Juni
Zanzi, E., ›Antonio Sant'Elia‹, in *La Volontà d'Italia*, 3. August
Zanzi, E., ›L'architettura dell'avvenire è nata a Como‹, in *Nord Milano*, II, Nr. 10, Oktober, S. 230-233

1931

Mostra Futurista pittura, scultura, aeropittura, arti decorative, architettura, Gruppo futurista toscano, Ausstellungskatalog, Florenz
›Un giovane architetto comasco: Antonio Sant'Elia‹, in *La Provincia – Il Gagliardetto*, 7. Mai
›Sant'Elia architetto‹, in *Il Legionario*, 7. Februar, S. 6-7
Bardi, P. M., ›Rapporto sull'architettura‹, Rom
Colombo, L. (Fillia), ›Uno studio critico su Sant'Elia‹, in *L'Imperio d'Italia*, 14. Januar
Colombo, L. (Fillia), *La nuova architettura*, Turin
Lo Duca, E., ›Sant'Elia, architetto novatore‹, in *L'Almanacco degli Artisti*, S. 187-189
Marchi, V., ›Antonio Sant'Elia‹, in *Italia Nuova, Architettura Nuova*, Turin
Marinetti, F. T., ›Il genio di Sant'Elia‹, in Fillia, *La nuova architettura …*, Turin
Marinetti, F. T.; Prampolini, E.; Escodamé, E., *Sant'Elia e l'architettura futurista mondiale*, Mailand
Metalli, R., ›Vogliono Sant'Elia a Berlino‹, in *La Provincia – Il Gagliardetto*, 26. Februar
Nezi, A., ›Dal Futurismo italiano al Razionalismo internazionale: Antonio Sant'Elia in luce‹, in *Emporium*, April, S. 224-231
Orazi, V., ›Mostra di Sant'Elia‹, in *L'Impero d'Italia*, 5. Januar
Reggiori, F., ›In memoria di Sant'Elia‹, in *Architettura e Arti Decorative*, X, VIII, S. 325-331
Sartoris, A., ›Architetti italiani: Antonio Sant'Elia‹, in *Poligono*, Februar
Sartoris, A., ›Panorama della nuova architettura in Italia‹, in *Almanacco degli Artisti*, S. 147-158
Sartoris, A., ›Antonio Sant'Elia‹, in *Cahiers d'Arts*, VI, 1, S. 59
Terragni, A., ›Il Monumento ai Caduti‹, in *Como*, S. 11
Zanzi, E., ›Un libro sull'architetto Sant'Elia‹, in *La Provincia – Il Gagliardetto*, 26. April

1932

›La casa del Fascio in via dell'Impero. Per l'adozione di un progetto di Sant'Elia‹, in *Gazzetta del Popolo* 19. November
›La casa del Fascio dell'Urbe e un progetto di Sant'Elia‹, in *La Provincia – Il Gagliardetto*, 20. November
›La conferenza di Marinetti su 'La nuova Architettura'‹, in *La Stampa*, 15. Dezember
›L'architettura di Sant'Elia sulla Via dell'Impero a Roma e nel monumento ai Caduti di Como‹, in *Nord Milano*, S. 377-378
›Notiziario futurista torinese. La conferenza di S. E. Marinetti sull'architettura di Sant'Elia‹, in *Futurismo*, 23. Oktober, S. 5
›Un monumento di Sant'Elia per i Caduti di Como‹, in *Futurismo*, 2. Oktober
Colombo, L. (Fillia), *Il Futurismo*, Mailand
Dottori, G., ›Triennale di Milano, Palladio e Sant'Elia‹, in *L'Impero*, 13. März
Jeri, A., ›Come morì Sant'Elia‹, in *La Provincia – Il Gagliardetto*, 1. April
Levi Montalcini, ›Architettura arte di stato‹, in *Futurismo*, 11. Dezember, S. 6
Marinetti, F. T., ›Il genio di Sant'Elia‹, in *La Città Nuova*, 21. April
Marinetti, F. T., ›Il trionfo di Sant'Elia‹, in *Futurismo*, 28. Oktober
Marinetti, F. T., ›Evviva il genio futurista di Benito Mussolini‹, in *Futurismo*, 28. Oktober, S. 1
Marinetti, F. T.; Thayaht, E., ›Il progetto della stazione di Firenze. Una lettera da Marinetti‹, in *Il Regime Fascista*, 24. Juli
Querel, V., ›Sant'Elia‹, in *Il Popolo del Friuli*, 14. Januar
Sartoris, A., ›Nuova architettura‹, in *La Città Nuova*, I, Nr. 7, 15. Juni, S. 5
Sartoris, A., *Antonio Sant'Elia, in Gli elementi dell'architettura funzionale*, Mailand
Somenzi, M., ›Attenti ai 'Dottori in prudenza'‹, in *Futurismo*, 13. November, S. 1

1933

›Como esalta in un palpito d'affetto e di orgoglio i prodi Caduti per la grandezza della Patria‹, in *L'Ordine*, 5./6. November
›Como nel XV annuale della Vittoria, inaugura il Monumento ai suoi Caduti‹, in *La Provincia – Il Gagliardetto*, 5. November
›Conferenza di S. E. Marinetti su Sant'Elia‹, in *Sant'Elia*, 3. Dezember, S. 1
›La mostra futurista in omaggio a Umberto Boccioni‹, in *Corriere della Sera*, 2. Juni, S. 6
›Sant'Elia il plagiario‹, in *Futurismo*, 7. Mai, S. 4
A. M., ›Il movimento italiano Sant'Elia‹, in *Sant'Elia*, 10. Oktober, S. 1
Bardi, P. M., *Belvedere dell'architettura italiana*, Mailand
Casetti, E., ›Precursionismo e precursori‹, in *Futurismo*, 12. November, S. 5
Del Bello, M., ›Antonio Sant'Elia, l'uomo, l'artista, l'eroe‹, in *Sant'Elia*, 10. Oktober, S. 6
Dottori, G., ›Sant'Elia e la nuova architettura‹, in *Sant'Elia*, I, Nr. 1, 10. Oktober, S. 1
La Padula, B., ›Notiziario di architettura‹, in *Futurismo*, 1. Januar, S. 6
Marinetti, F. T., ›La vittoria di Sant'Elia‹, in *Futurismo*, 26. Februar, S. 1
Marinetti, F. T., ›L'architettura di Sant'Elia‹, in *Giornale di Genova*, 15. Juli
Marinetti, F. T., ›L'architetto Angelo Mazzoni‹, in *Sant'Elia*, 3. September, S. 4
Marinetti, F. T., ›L'architettura alla Triennale‹, in *Sant'Elia*, 22. Oktober
Marinetti, F. T.; Del Bello, N., *Antonio Sant'Elia Architetto futurista creatore della Nuova Architettura*, Rom
Mazzoni, A., ›L'architettura italiana si chiama Sant'Elia‹, in *Futurismo*, 14. Mai, S. 6
Mazzoni, A., ›Commento al Manifesto di Sant'Elia‹, in *Sant'Elia*, 5. November, S. 1
Pensabene, G., ›Sant'Elia, Le Corbusier e la nuova architettura‹, in *Futurismo*, 23. April, S. 4
Poggiati, C., ›Il regime per il rinnovamento delle città. Como rifiorisce tra i segni dell'antica bellezza‹, in *Corriere della Sera*, 3. Mai
Prampolini, E., ›Antonio Sant'Elia‹, in *Catalogo ufficiale della V Triennale*, Mailand, S. 270
Sant'Elia, A., ›Il Manifesto di Sant'Elia‹, in *Sant'Elia*, 10. Oktober, S. 6
Sartoris, A., ›Antonio Sant'Elia‹, in *Futurismo*, 5. Februar, S. 6
Trimarco, A., ›Sant'Elia, costruttore di metropoli‹ (Gedicht), in *Alta Velocità*, Salerno, 1933
Viani, L., ›Ricordo di Sant'Elia‹, in *Corriere della Sera*, 24. Juni
Viani, L., ›Ricordo di Sant'Elia‹, in *La Provincia – Il Gagliardetto*, 25. Juni

1934

›Nel nome del Duce daremo all'Italia la nuovissima arte fascista‹, in *Nuovo Futurismo*, 28. Oktober, S. 1
Fiorini, G., ›L'influenza mondiale di Antonio Sant'Elia‹, in *Stile Futurista*, I, Nr. 4, Oktober, S. 18-23
Marinetti, F. T., ohne Titel, in *Sant'Elia*, Juli, S. 12
Marinetti, F. T., ›Per Sant'Elia‹, in *Sant'Elia*, Juli, S. 12
Marinetti, F. T., ›La plastica murale futurista‹, in *Gazzetta del Popolo*, 1. Dezember
Persico, E., ›L'esempio di Sant'Elia‹, in *Casa Bella*, Nr. 82, Oktober, S. 2-3
Sant'Elia, A., ›Io combatto e disprezzo: e proclamo‹, in *Casa Bella*, Oktober, S. 3
Sant'Elia, G., ›Scrive G. Sant'Elia‹, in *Il nuovo Futurismo*, Juli, S. 1
Sarfatti, M., *I vivi e l'ombra*, Mailand
Sartoris, A., ›Antonio Sant'Elia‹, in *La Città Nuova*, 20. Februar

Ziani, O., ›Santeliana‹, in *Sant'Elia*, Nr. 2, 15. Januar
Ziani, O., ›Rivendicazione‹, in *Sant'Elia*, 15. Februar
Ziani, O., ›Antonio Sant'Elia e gli altri‹, in *Sant'Elia*, 1. April, S. 1
Ziani, O., ›Dopo Antonio Sant'Elia‹, in *Sant'Elia*, 1. Juni, S. 1
Ziani, O., ›Proiezione santeliana nel futuro‹, in *Sant'Elia*, Juli, S. 1

1935

›Futurismo‹, in *Grande Dizionario Enciclopedico*, hg. von G. Trucco, Turin
›L'architettura moderna e i nuovi materiali‹, in *Stile Futurista*, Nr. 6-7, S. 12
Argan, G. C., ›Il pensiero critico di Sant'Elia‹, in AA.VV., *Dopo Sant'Elia*, Mailand, S. 45-50
Colombo, L. (Fillia), ›Il futurismo e l'estetica della macchina‹, in *Stile Futurista*, 8./9. Mai
Giovesi, A., ›La gloriosa morte di Antonio Sant'Elia‹, in *Adunata Nazionale Volontari Ciclisti Automobilisti*, 25./26. Mai
Jeri, A., ›Pattuglia di combattimenti‹, mit Zeichnungen von M. G. Bazzi, in *La Lettura*, Mai
Lorio, I., ›Architettura dell'Italia fascista‹, in *Stile Futurista*, Nr. 6-7, S. 7-8
Marinetti, F. T., ›Architettura d'interni‹, in *Stile Futurista*, II, Nr. 13-14, S. 23
Mosso, N., ›Dal Neoclassicismo all'Architettura Moderna. La funzione della Pittura e Scultura nell'Architettura‹, in *Illustrazione Biellese*, V, Nr. 3, S. 18-22
Mosso, N., ›L'architettura italiana‹, in *Stile Futurista*, II, Nr. 10, Juni, S. 9-10
Orazi, V., ›Architettura e arredamento‹, in *Stile futurista*, II, Nr. 13-14, November, S. 22-23
Pacchioni, G., ›Dopo Sant'Elia‹, in *Casa Bella*, Juni, S. 2-3
Pagano, G., ›Struttura e architettura‹, in AA.VV., *Dopo Sant'Elia*, Mailand, S. 97-119
Sant'Elia, A., ›L'architettura futurista‹, in *Stile futurista*, II, Dezember, S. 26-28
Sant'Elia, A., ›Manifesto dell'architettura futurista‹, in AA.VV., *Dopo Sant'Elia*, Mailand, S. 7-15
Sartoris, A., ›El Arquitecto Sant'Elia‹, in *La Prensa*, Buenos Aires, 20. November
Sartoris, A., ›Antonio Sant'Elia‹, in *Il Mattino d'Italia*, Buenos Aires, 21. November
Sartoris, A., ›El precursor de la arquitectura racionalista‹, in *Crisol*, Buenos Aires, 21. November
Sartoris, A., ›Sant'Elia‹, in *El Dìa*, Buenos Aires, 21. November
Sartoris, A., ›Las ideas estéticas de Sant'Elia‹, in *Bandera Argentina*, Buenos Aires, 22. November
Terragni, G., ›Precisazione‹, in *La Provincia – Il Gagliardetto*, 2. August
Torlaschi, N., ›Ricordo di Sant'Elia‹, in *La Provincia – Il Gagliardetto*, 10. Oktober
Venturi, L., ›Per l'architettura nuova‹, in AA.VV., *Dopo Sant'Elia*, Mailand

1936

Marinetti, F. T., ›Sant'Elia‹, in *Enciclopedia Italiana*, Rom, XXX, S. 779
Pevsner, N., *Pioneers of the Modern Movement*, London (ital. Ausgabe: *I pionieri dell'architettura moderna*, Bologna, 1960)

1937

Marinetti, F. T., ›Sembra strano, ma occorre ancora oggi ribadire le origini assolutamente italiane dell'arte moderna, aggiungendo nuove prove‹, in *Radiocorriere*, 13. Februar
Marinetti, F. T., ›L'architettura e le arti decorative negli stili dei vari tempi‹, in AA.VV., *Rapporti dell'architettura con le arti figurative. Convegno di arti*, 25.-31. Oktober 1936, Reale Accademia d'Italia, S. 41-48
Marchi, V., ›Disegni di Antonio Sant'Elia‹, in *L'Impero*, November
Somenzi, M., ›Polemiche sul Futurismo. L'architettura futurista‹, in *Artecrazia*, 24. Juni

1938

Accetti, C. E., ›Antonio Sant'Elia architetto eroe‹, in *La Provincia – Il Gagliardetto*, 16. Dezember
Marchi, V., ›Fondamenti di una nuova architettura‹, in *L'Impero*
Samek-Ludovici, S., ›La fabbrica della città ideale‹, in *Le vie d'Italia*, XLIV, Nr. 11, 11. November, S. 1351-1360
Samek-Ludovici, S., ›Cinquantenario di Sant'Elia‹, in *Convivum*, November – Dezember, S. 633-636
Vaccari, C., ›Dalla caserma del Gentilino alle trincee del Carso. L'architetto Sant'Elia tempra d'eroe‹, in *La Provincia – Il Gagliardetto*, 7. Oktober

1939

Brizio, A. M., *Ottocento-Novecento*, Turin
Bucci, A., ›Un sentiero nella nebbia‹, in *Corriere della Sera*, 25. November
Moretti, A., *Futurismo*, Rom
Sartoris, A., ›L'architettura di Sant'Elia influenza e sviluppi‹, in *Meridiano di Roma*, 17. Dezember, S. 5

1940

Milani, G. B.; Fasolo, V., *Le forme architettoniche*, Bd. III, *Dall'Ottocento ai nostri giorni*, Mailand
Richards, J. M., *An introduction to Modern Architecture*, Harmondsworth, Middlesex

1941

›Opere di Sant'Elia alla Sindacale d'Arte di Como‹, in *La Lega*, 9. September
Bonardi, D., ›La mostra del Sindacato Belle Arti di Como al palazzo del Broletto‹, in *La Provincia – Il Gagliardetto*, 7. September
Bonardi, D., ›Opere di Sant'Elia alla Sindacale d'Arte di Como‹, in *La Sera*, 9. September
Bucci, A., ›Scapigliatura futurista‹, in *La Lettura*, November
Giedion, S., *Space, Time and Architecture*, Cambridge (Mass.)
Hermet, A., *La Ventura delle Riviste (1903-1940)*, Florenz
Pica, A., *Architettura moderna in Italia*, Mailand
Tallarico, *Le »cento anime« di F. T. Marinetti*, Rom
Volpati, A., ›Como. La VII Sindacale di B. A.‹, in *Emporium*, XLVII, Nr. 10, Bd. XCIV, Nr. 562, Oktober, S. 192

1942

Arata, G. U., *Costruzioni e progetti*, Mailand
Bay, G., ›Il libro di Sartoris‹, in *Origini*, VI, Nr. 5, April, S. 8-9
Nebbia, U., ›Trent'anni dopo‹, in *L'Esame Artistico e Lettarario*, Nr. 4-6, Juli – Dezember
Terragni, G., ›L'architettura Sant'Elia invano rosicchiata da Ugo Ojetti‹, in *Origini*, VI, Nr. 5, April, S. 1-2

1943

Acquaviva, ›*Antonio Sant'Elia. Risorgimento delle città demolite d'Italia*‹, futuristisches Lied, 9. November
Carrà, C., *La mia vita*, Mailand, S. 100-101
Carrà, C., ›Come Sant'Elia diventò futurista‹, in *La Provincia*, 15. August
Pevsner, N., *An Outline of European Architecture*, Harmondsworth, Middlesex
Sartoris, A., ›Sant'Elia e l'architettura futurista‹, in *Anticipazioni*, Nr. 1, Serie 'Arti'
Sartoris, A., ›Antonio Sant'Elia‹, in *Introduzione all'architettura moderna*, Mailand
Sartoris, A., *Sant'Elia e l'architettura futurista (influenze e sviluppi)*, Rom

1944

Jeri, A., ›Come è caduto Sant'Elia‹, in *La Stampa*, 10. Oktober

1945

Zevi, B., *Verso un'architettura organica*, Turin

1947

Bargellini, P.; Freyrie, E., *Nascita e vita dell'architettura moderna*, Florenz
Richards, J. M., *An introduction to Modern Architecture*, Baltimore, Maryland, S. 73
Vitale, S., *Attualità dell'architettura*, Bari

1948

Meyer, P., *Europäische Kunstgeschichte II*, Zürich
Sartoris, A., ›Antonio Sant'Elia‹ in, *Encyclopédie de l'architecture nouvelle*, Mailand

1949

Prima mostra commemorativa di Giuseppe Terragni, Ausstellungskatalog, Como
Benet, R., *El futurismo comparado con el movimiento dada*, Barcelona, S. 52-58
Nicco Fasola, G., *Ragionamenti sulla architettura*, Città di Castello

1950

Futurismo. Pittura Metafisica, Ausstellungskatalog, Kunsthaus, Zürich
Jeri, A., ›Ricordo di Sant'Elia‹, in *La Provincia*, 4. Juni
Giani, G., *Il futurismo (1909-1916)*, Venedig
Sartoris, A., ›Las Fuentes de la nueva arquitectura‹, in *Cuadernos de Arquitectura*, Barcelona, 11-12
Valenzano, E. ›Antonio Sant'Elia, dignità del costruttore‹, in *Historicum*, März
Zevi, B., *Storia dell'architettura moderna*, Turin

1951

Argan, G. C., *Walter Gropius e la Bauhaus*, Turin
Fontana, G., ›Sant'Elia maestro comacino‹, in *La Provincia*, 19. August, S. 3
Lar., ›Antonio Sant'Elia‹, in *Il Nazionale*, 2. Dezember

1952

›Il concittadino dai capelli rossi‹, in *La Provincia*, 15. Juni

1953

Gatti, A., *Evoluzione dell'architettura moderna*, Rom, S. 28
Gröhmann, W., *Kunst und Architektur zwischen den beiden Kriegen*, Berlin
Veronesi, G., *Difficoltà politiche dell'architettura in Italia 1920-1940*, Mailand

1954

Argan, G. C., ›Il pensiero di Antonio Sant'Elia e l'architettura futurista‹, in *Ingegneri, architetti, costruttori*, IX, 10-12
Dorfles, G., *L'architettura moderna*, Mailand, S. 34-36
Tagliaventi, I., ›Sant'Elia e l'architettura futurista‹, in *Ingegneri, architetti, costruttori, (Documenti di architettura e industria edilizia)*, Oktober, S. 233-237; November, S. 255-261; Dezember S. 284-287

1955

Selearte, November, S. 46
Banham, R., ›Futurism‹, in *The Architectural Review*, Nr. 3, März
Banham, R., ›Sant'Elia‹, in *The Architectural Review*, Mai, S. 295-301
Banham, R., ›Il problema di Sant'Elia‹, in *L'Architettura. Cronache e Storia*, November – Dezember, S. 477
Dorazio, P., *La fantasia dell'arte nella vita moderna*, Rom
Fontana, G., ›Sant'Elia‹, in *Como*, 3
Marasco, A., ›Colloquio postumo con A. Sant'Elia‹, in *Carroccio*, 5. Juni
Mariani, L., ›Disegni inediti di Sant'Elia‹, in *L'Architettura. Cronache e Storia*, I, Nr. 2, Januar – Februar, S. 704-707
Mariani, L., ›Disegni inediti di Sant'Elia‹, in *L'Architettura. Cronache e Storia*, Juli – August, S. 209-215
Sartoris, A., ›Antonio Sant'Elia‹, in *Encyclopédie de l'architecture nouvelle*, Mailand
Tentori, F., ›Eredità dell'Ottocento. Le origini liberty di Antonio Sant'Elia‹, in *L'Architettura. Cronache e Storia.*, Juli – August, S. 206-208
Zevi, B., ›La Milano del duemila dell'architetto futurista‹, in *L'Espresso*, I, Nr. 10, 4. Dezember

1956

›Il messaggio di Antonio Sant'Elia e il Manifesto dell'Architettura futurista‹, in *L'Architettura. Cronache e Storia*, II, 1956, S. 516-517
›Nel 40. della morte di Antonio Sant'Elia‹, in *La Provincia*, 11. Oktober, S. 3
Accetti, C. E., ›È poco serio stampare che Sant'Elia non era futurista‹, in *La Provincia*, 3. Oktober, S. 3
Accetti, C. E., ›Sant'Elia fu o no futurista?‹, in *La Provincia*, 19. Oktober, S. 3
Accetti, C. E., ›La polemica su Antonio Sant'Elia‹, in *La Provinica*, 3. November, S. 3
Banham, R., ›Footnotes to Sant'Elia‹, in *The Architectural Review*, Bd. 119, Juni, S. 343-344
Bernasconi, G., ›Il messaggio di Antonio Sant'Elia del 20 maggio 1914‹, in *Rivista Tecnica della Svizzera Italiana*, Juli, S. 145-152
Bernasconi, G., ›Sant'Elia fu o no futurista?‹, in *La Provincia*, 19. Oktober
Borgese, L., ›Il Manifesto di Sant'Elia‹, in *L'Espresso*, 11. November
Buggelli, M., ›Il Manifesto di Sant'Elia‹, in *L'Espresso*, 11. November
Buggelli, M., ›La polemica su Sant'Elia e il Manifesto futurista‹, in *La Provincia*, 28. November, S. 3
Buggelli, M., ›La polemica su Sant'Elia e il Manifesto futurista‹, in *L'Architettura. Cronache e Storia*, S. 549
Carpi de' Resmini, A., ›Sant'Elia non era futurista‹, in *L'Architettura. Cronache e Storia*, II, Nr. 14, Dezember, S. 549

Lavagnino, E., *L'arte moderna. Dai neoclassici ai contemporanei*, Turin
Jeri, A., ›Quarant'anni fa Antonio Sant'Elia aveva già inventato l'architettura d'oggi‹, in *Candido*, 23. September, S. 22-23
Mariani, L., ›Altri disegni inediti di Sant'Elia‹, in *L'Architettura. Cronache e Storia*, Januar – Februar, S. 704-708
Nebbia, U., ›I futuristi e il manifesto di Sant'Elia‹, in *L'Espresso*, II, Nr. 50, 9. Dezember
Torres, D., ›Secessione, Liberty e architetti italiani dell'epoca‹, in *Rivista d'ingegneria*, Dezember, S. 1448-1464
Zevi, B., ›Sant'Elia non era futurista‹, in *L'Espresso*, 2. September
Zevi, B., ›Lettere al direttore. Il Manifesto di Sant'Elia‹, in *L'Espresso*, 11. September
Zevi, B., ›Poetica di Sant'Elia e ideologia futurista. Il messaggio di Antonio Sant'Elia e il Manifesto dell'Architettura futurista‹, in *L'Architettura. Cronache e Storia*, Nr. 13, November, S. 476-477 und 516
Zevi, B., ›I disegni smentiscono il manifesto futurista‹, in *L'Espresso*, II, Nr. 44, 28. Oktober

1957

›La figura e l'opera di Sant'Elia evocate in un vivace dibattito‹, in *La Provincia*, 22. Januar
›Sant'Elia futurista‹, in *Corriere della Provincia*, 12. August, S. 2
Accetti, C. E., ›Ancora su Sant'Elia‹, in *La Provincia*, 7. April
Accetti, C. E., ›Omaggio a Sant'Elia architetto futurista nel 40. anniversario dell'eroica morte sul Carso‹, in *L'Arte*, Juli – Dezember, S. 177-188
Banham, R., ›Poetica di Sant'Elia e ideologia futurista‹, in *L'Architettura. Cronache e Storia*, II, Nr. 15, Januar, S. 626
Banham, R., ›Futurism and Modern Architecture‹, in *Journal of the Royal Institute of British Architects*, LXIV, Februar, S. 129-138
Bernasconi, G., ›La seconda polemica su Sant'Elia‹, in *Rivista Tecnica della Svizzera Italiana*, April, S. 69-71
Bernasconi, G., ›Riprende la polemica santeliana‹, in *Rivista Tecnica della Svizzera Italiana*, November, S. 283-291
Buzzi, P., ›Volata sul futurismo‹, in *La Martinella*, Bd. XI, Heft I, Januar
Calvesi, M., ›Sant'Elia, Marinetti e Boccioni‹, in *L'Architettura. Cronache e Storia*, II, Nr. 17, März, S. 770
Ct., F., ›Il vivace dibattito su Antonio Sant'Elia‹, in *L'Ordine*, 22. Januar, S. 2
Dudreville, L., ›Ai margini di una polemica – Sant'Elia futurista‹, in *Corriere della Provincia*, 12. August
Martinola, G., ›Spade incrociate intorno a Sant'Elia‹, in *Rivista Tecnica della Svizzera Italiana*, Februar, S. 21-22
Tagliaventi, I., ›Contributo alla storiografia santeliana‹, in *Ingegneri, Architetti, Costruttori*, Januar, S. 9-14

Tagliaventi, I., ›La polemica per Sant'Elia‹, in *Ingegneri, Architetti, Costruttori*, XII, Nr. 8, August, S. 286
Tallarico, L., ›Sant'Elia e il futurismo‹, in *Il Popolo italiano*, 9. Januar, S. 3
Veronesi, G., ›L'architetto Sant'Elia non era futurista‹, in *La Nazione*, 5. Februar
Zevi, B., ›Ancora su Sant'Elia‹, in *L'Espresso*, 21. April

1958

Enciclopedia Universale dell'Arte, Bd. I, Florenz
Accetti, C. E., ›Coda a una polemica‹, in *La Martinella*, XII, 10, S. 526-530
Apollonio, U.; Mariani, L., *Antonio Sant'Elia*, Mailand
Drudi Gambillo, M.; Fiori, T., *Archivi del Futurismo*, Bd. I, Rom
Guicciardi, E., ›Riconoscenza e gloria per Antonio Sant'Elia architetto futurista ed eroe‹, in *La Martinella*, XII, 10
Guicciardi, E., ›Ricordiamo Antonio Sant'Elia‹, in *La Provincia*, 14. Dezember
Hitchcock, H. R., *Architecture: Nineteenth and Twentieth Century*, Harmondsworth, Middlesex
Jeri, A., ›Nacque nel 14 l'architettura del futuro‹, in *Corriere Lombardo*, 3./4. Juli, S. 6
Joedicke, J., *Geschichte der modernen Architektur*, Stuttgart, S. 65, 214
Mariani, L., ›Osservazione e conclusioni intorno al Manifesto dell'Architettura Futurista‹, in *La Martinella, XII, 10*
Russolo, L., ›Ricordo di Sant'Elia‹, in *La Martinella*, XII, 10

1959

›Non sono tornati dall'Expo i disegni di Antonio Sant'Elia‹, in *La Provincia*, 10. Juni, S. 4
›In mostra i disegni di Sant'Elia in una 'galleria' a Palazzo Cernezzi‹, in *La Provincia*, 13. Juni, S. 4
Il Futurismo, Ausstellungskatalog, hg. von N. Castelfranco und M. Drudi Gambillo, Rom
›Antonio Sant'Elia è oggi considerato il primo vero architetto dell'arte moderna‹, in *Corriere della Provincia*, 9. November, S. 3
›Cinque disegni di Antonio Sant'Elia sono irrimediabilmente perduti?‹, in *La Provincia*, 16. Dezember, S. 4
Apollonio, U., ›Sant'Elia‹, in *Das Werk*, Zürich, XLVI, 10, S. 223-224
Banham, R., ›Futurist Manifesto‹, in *The Architectural Review*, August, S. 77-80
Calvesi, M., ›Il Futurista Sant'Elia‹, in *La Casa*, 6
Falqui, E., *Bibliografia e iconografia del Futurismo*, Florenz
Fontana, G., ›Il monumento per Sant'Elia: una torre lanterna‹, in *La Provincia*, 20. Mai
Gentilini, G., ›Antonio Sant'Elia: primo vero architetto dell'arte moderna‹, in *Bollettino dell'Unione Storia ed Arte*, September – Oktober, S. 3
Gennuso, R., ›I precursori‹, in *Italia Domani*, II, Nr. 36, 6. September, S. 17
Joedicke, J., *A history of Modern Architecture*, Frederick A. Praeger, New York, S. 65, 210
G. M., ›Antonio Sant'Elia‹, in *Le Arti*, Januar
Mariani, L., ›Antonio Sant'Elia urbanista‹, in *L'Architettura. Cronache e Storia*, Januar, S. 631
Mariani, L., ›Conclusioni su Sant'Elia‹, in *L'Architettura. Cronache e Storia*, April, S. 841-842
Morabito, F., ›L'architetto e la sua funzione nella comunità: Antonio Sant'Elia‹, in *Ricerca*, 30. Juni
Samonà, G., ›Sant'Elia nella cultura d'anteguerra‹, in *La Biennale*, Nr. 36-37, Juli – Dezember, S. 60-64
Sarfatti, M., ›Antonio Sant'Elia architetto comasco‹, in *Como*, Herbst, S. 32-34
Valente, D., ›Sant'Elia (mito e realtà)‹, in *Arte Viva*, 8-9, S. 45-48

1960

›Una mostra di Antonio Sant'Elia verrebbe prossimamente organizzata a Como?‹, in *Corriere della Provincia*, 25. April
Ballo, G., *Preistoria del Futurismo*, Mailand
Banham, R., ›Sant'Elia and the Futurist Architecture‹, in *Theory and Design in the First Machine Age*, London, S. 99-137
Banham, R., ›Futurism for Keeps‹, in *Arts*, Dezember, S. 35
Benevolo, L., *Storia dell'architettura moderna*, Bari, II, S. 495-498, 504
Borghi, M., ›Antonio Sant'Elia‹, in *Rivista delle province*, Oktober, S. 465-472
Calvesi, M., ›Il futurista Sant'Elia, una analisi del manifesto‹, in *La Casa*, Nr. VI, S. 120-134
Carandente, G., ›Antonio Sant'Elia‹, in *Les sources du XXe siècle – Les Arts en Europe de 1884 à 1914*, Ausstellungskatalog, Paris, 1960-1961
Conrads, U.; Spierlich, G., *Phantastische Architektur*, Teufer, (Ausgabe in den USA: *The Architecture of Fantasy, Utopian Building and Planning in Modern Times*, New York, 1962)
Longatti, A., ›Onoriamo finalmente la memoria di Sant'Elia‹, in *Corriere della Provincia*, 18. April, S. 3
Maltese, C., *Storia dell'arte in Italia, 1785-1943*, Turin
Marchiori, G., *Arte e artisti d'avanguardia in Italia*, Mailand, S. 64-74
Marinetti, F. T., ›Ricostruire l'Italia con architetture futuriste Sant'Elia: divertimento rappresentabile in molte sintesi‹, in *Teatro di F. T. Marinetti*, hg. von G. Calendoli, Rom
Pevsner, N., ›L'architecture et les arts appliqués‹, in *Les sources du XXe siècle – Les Arts en Europe de 1884 à 1914*, Ausstellungskatalog, Paris

1961

›Quando il Museo dedicherà una sala a Sant'Elia? e Terragni?‹, in *Corriere della Provincia*, 20. Februar, S. 4
›Troverà sede a Villa Olmo la permanente dei disegni di Sant'Elia, Terragni e Cattaneo‹, in *Corriere della Provincia*, 15. Mai, S. 5
›Sarà inclusa nel secondo lotto di lavoro a Villa Olmo la sistemazione della Mostra dei disegni di Sant'Elia, Terragni e Cattaneo‹, in *Corriere della Provincia*, 22. Mai, S. 5
›Per la mostra di Antonio Sant'Elia consegnate al Museo Civico opere in 'deposito temporaneo', in *L'Ordine*, 30. Juli, S. 4
Carrieri, R., *Il futurismo*, Mailand
Clough, R., *Futurism. The Story of a Modern Art Movement*, New York
Jeri, A., ›Nacque a Milano l'architettura d'oggi‹, in *L'Informatore moderno*, 30. Mai
Meeks, C. L. V., ›Real Liberty of Italy: the 'stile floreale'‹, in *The Art Bulletin*, Juni
Mellini, G. L.; Tognetti, O., ›1886-1961. Griglia per una storia della cultura architettonica a Verona 1914 – Concorso internazionale per la sede della Cassa di Risparmio di Verona‹, in *Architetti Veronesi*, Oktober, S. 4-6, 10-12
Pevsner, N., ›L'architecture et les arts appliqués‹, in J. Cassou; E. Langui; N. Pevsner, *Les Sources du Vingtième Siècle*, Paris, S. 229-260
Scalia, G., *La cultura italiana del '900 attraverso le riviste: Lacerba, La Voce (1914-1916)*, Turin
Taylor, J. C., *Futurism*, Ausstellungskatalog, New York
Trillo Clough, R., *Futurism. The Story of a Modern Art Movement. A new Appraisal*, New York

1962

›Antonio Sant'Elia‹, in *La Provincia*, 25. September, S. 5
›Architekturens funktion‹, in *Paletten* (Stockholm), Nr. 1, S. 3-31
›Architectures fantastiques‹, in *L'Architecture d'aujourd'hui*, Juni – Juli
›Reperti altri disegni per la mostra di Sant'Elia‹, in *Corriere della Provincia*, 25. Juni
›Ricostruito il breve cammino dell'architetto nella mostra dei disegni di Sant'Elia‹, in *L'Ordine*, 23. September
›Solennemente inaugurata nelle sale di Villa Olmo la mostra delle opere di Antonio Sant'Elia. Una serie di opere inedite comparirà nella mostra di Antonio Sant'Elia‹, in *Corriere della Provincia*, 2. April, S. 5

Banham, R., *Guide to Modern Architecture*, Cambridge (II. Auflage, *Age of Masters*, 1975)
Bergman, P., *'Modernolatria' et 'Simultaneità'*, Uppsala
Caramel, L.; Longatti, A., *Antonio Sant'Elia*, Katalog der ständigen Ausstellung, Como
Caramel, L., ›Antonio Sant'Elia a Como‹, in *Arte Lombardia*, zweites Halbjahr, S. 165-167
Champigneulle, B.; Ache, J., *L'architecture du XXe siècle*, Paris
Drudi Gambillo, M.; Fiori, T., *Archivi del Futurismo*, Bd. II, Rom (anastatischer Nachdruck, Rom/Mailand, 1986)
Longatti, A., ›Otto pregevoli opere per la mostra di Sant'Elia‹, in *La Provincia*, 31. März, S. 5
Mascherpa, G., ›Sognò in trincea le metropoli del futuro‹, in *Gente*, 12. Oktober
Mezzanotte, P., ›L'edilizia milanese‹, in *Storia di Milano*, Mailand, Bd. XV
Radice, M., ›L'importanza internazionale della mostra di Sant'Elia‹, in *La Provincia*, 23. September, S. 4
Radice, M., ‹Campo libero agli studiosi‹, in *La Provincia*, 25. September, S. 5
F. T. (Tentori), ›Inaugurata a Como la mostra permanente di A. Sant'Elia‹, in *Casabella Comunità*, Oktober, S. 50-54
Veronesi, G., ›Tutto Sant'Elia a Como‹, in *Comunità*, Nr. 103, Oktober, S. 78-81
Veronesi, G., ›Disegni di Mario Chiattone, 1914-1917‹, in *Comunità*, März – April

1963

›Il Grattacielo‹, in *Edilizia Moderna*, mit Teilen des *Manifests der futuristischen Architektur*, S. 40, Nr. 80, September
›Il Novecento e l'architettura‹, in *Edilizia Moderna*, Nr. 81, Dezember
Visionary Architecture, an Exhibition Prepared by the Museum of Modern Art, New York, at the Philamlife Bldg., Manila, Philippine Islands, 25. Juni – 10. Juli
Benevolo, L., ›Origini e sviluppi dell'urbanistica moderna‹, in Pica, A.; Pifferi, E., *Cento anni di edilizia 1862-1962*, Rom, S. 250-251
Caramel, L., ›Un illustre alunno della 'Castellini': Antonio Sant'Elia‹, in *Ottantesimo anniversario della Scuola d'Arti e Mestieri 'G. Castellini', Como 1883-1963*, S. 65-70
Fontana, G., ›Sant'Elia e il liberty‹, in *Como*
Pevsner, N., *Europäische Architektur*, München
Ragghianti, C. L., ›Sant'Elia, il Bibbiena del Duemila‹, in *Critica d'arte*, März – April, S. 1-22
Tedeschi, G., ›Antonio Sant'Elia precursore dell'architettura moderna‹, in *Scena Illustrata*, April, S. 28

1964

Belloni, L. M., ›Antonio Sant'Elia‹, in *Amicizia*, Januar, S. 18-20
›C. L. Ragghianti demitizza Sant'Elia‹, in *L'Architettura. Cronache e Storia*, IX, Februar, S. 725
Conrads, U., *Programme und Manifeste zur Architektur des 20. Jahrhunderts*, Frankfurt/M. – Berlin (ital. Ausgabe: *Manifesti e programmi per l'architettura del XX secolo*, Florenz, 1970, S. 29-32; Ausgabe in den USA: *Programs and Manifestos on 20th Century Architecture*, Cambridge/Mass., 1970, S. 11, 34-38)
De Fusco, R., *L'idea di architettura*, Mailand
Perogalli, C., *Storia dell'architettura*, Mailand, Bd. II

1965

›Inaugurata la sede permanente della mostra di Antonio Sant'Elia‹, in *La Provincia*, 19. September, S. 5
Argan, G. C., *Progetto e destino*, Mailand
Longatti, A., ›Schizzi di Sant'Elia alla mostra di Mario Chiattone‹, in *La Provincia*, 20. Januar, S. 4

1966

›La figura e l'opera di Sant'Elia nella conferenza del prof. Argan‹, in *La Provincia*, 27. November, S. 4
Enciclopedia Universale dell'Arte, Bd. XIV, Florenz, S. 594
Baumgart, C., *Geschichte des Futurismus*, Hamburg
Calvesi, M., ›Il futurista Sant'Elia‹, in *Le due avanguardie*, Mailand
A Dicitionary of Architecture, London (ital. Übersetzung: *Dizionario di architettura*, Turin, 1981)
Meeks, C. L. V., *Italian Architecture 1750-1914*, New Haven/London
Pevsner, N.; Fleming, J.; Honour, H., *The Penguin Dictionary of Architecture*, London, S. 198 (erw. dt. Ausgabe: *Lexikon der Weltarchitektur*, München 1971, 2., erw. Neuauflage 1987, S. 551; *Dizionario di architettura*, Turin 1981, S. 580)
Pierre, J., *Le Futurisme et le Dadaisme*, Lausanne (ital. Ausgabe: Mailand 1967)
Scurati Manzoni, P., *Il Razionalismo. L'architettura dall'illuminismo alla reazione neoespressionista (XVIII-XIX-XX secolo)*, Mailand
Sharp, D., *Modern Architecture and Expressionism*, London
Veronesi, G., *Stile 1925. Ascesa e caduta delle 'Arts Déco'*, Florenz

1967

›La figura e l'opera di Sant'Elia evocate in un vivace dibatitto‹, in *La Provincia*, 22. Januar, S. 2
›La mostra del Sant'Elia a Villa Olmo è ora una ben consolidata 'permanente'‹, in *Como*, Nr. 2, Sommer 1967, S. 5-8
Calvesi, M., ›Dinamismo e simultaneità nella poetica futurista‹, in AA.VV., *L'Arte Moderna*, Mailand, Bd. V (2. Aufl. 1975)
De Fusco, R., ›Avanguardia e sperimentalismo nella storia dell'architettura moderna‹, in AA.VV., *L'Arte Moderna*, Mailand, Bd. XI
Gregotti, V., ›L'Art Nouveau‹, in AA.VV., *L'Arte Moderna*, Mailand, Bd. XI (2. Aufl. 1975)
Porta, M., ›Le nuove tecnologie: ragioni e suggestioni fra tecnica e architettura‹, in AA.VV., *L'Arte Moderna*, Mailand, Bd. XI
Schmidt-Thomsen, J. P., ›La città futurista, über die Architektur von Antonio Sant'Elia‹, in *Das Werk*, April
Schmidt-Thomsen, J. P., *Floreale und Futuristische Architektur. Das Werk von Antonio Sant'Elia*, (Phil. Diss.) Berlin
Sharp, D., *Sources of Modern Architecture, a Bibliography*, New York
Veronesi, G., ›Sant'Elia‹, in *Knaurs Lexikon der modernen Architektur*, hg. von W. Pehnt, München-Zürich (ital. Ausgabe: *Enciclopedia dell'Architettura Moderna*, hg. von G. Varaldo und G. P. Zuccotti, Mailand, 1967)

1968

›Sant'Elia‹, in *Dizionario Enciclopedico di Architettura e Urbanistica*, red. Bearbeitung von Paolo Portoghesi, Rom, Bd. V, S. 408-409
Bossaglia, R., *Il Liberty in Italia*, Mailand
Fanelli, G., *Architettura moderna in Italia 1900-1940*, Florenz
Marinetti, F. T., *Teoria e invenzione futurista*, Mailand
Martin, M. W., *Futurist Art and Theory 1909-1915*, Oxford
Pevsner, N., *The Sources of Modern Architecture and Design*, London, S. 191-192
Scrivo, L., *Sintesi del Futurismo – storia e documenti*, Rom
Tafuri, M., *Teoria e storia dell'architettura*, Bari
Tallarico, L., *L'uomo dimezzato*, Rom

1969

›Sant'Elia: New City Projects‹, in *Design Quarterly*, Bd. 74-75, S. 4-6
AA.VV., *Marinetti e il Futurismo*, Mailand
›Gli studi di Sant'Elia in mostra a Washington‹, in *La Provincia*, 15. August
›F. T. Marinetti e il futurismo‹, Ausstellungskatalog, hg. von G. F. Grechi, Mailand
Cresti, C., ›Sulle origini del gap architettonico‹, in *Necropoli*, I, Nr. 1, S. 13-26
Crispolti, E., *Il mito della macchina e altri temi del futurismo*, Trapani
Giedion, S., *Space, Time and Architecture*, Cambridge (Mass.)
Graf, O. A., *Die vergessene Wagnerschule*, Wien
Hofmann, W.; Kultermann, U., *Baukunst unserer Zeit*, Essen (Bd. 4 von *Baukunst der Welt*, hg. von B. Cichy)

Jencks, C.; Baird, G., *Meaning in Architecture*, London

Joedicke, J., *Moderne Architektur. Strömungen und Tendenzen*, Stuttgart/Bern. (*Architecture since 1945*, London, 1969)

Poli, D., *Proposta per un catalogo critico dei disegni di Antonio Sant'Elia*, Phil. Diss., Universität Pavia, 1969 - 1970

Sestoft, J., ›Architektonische utopier för og nu (Utopies architecturales d'hier et d'aujourd'hui)‹, in *Arkit(ektur) og Billedkunst*, S. 5 - 14

Veronesi, G., *Profili. Disegni, architetti, strutture, esposizioni*, Florenz

Wolf, P., ›The Structures of motion in the city‹, in *Art in America*, Januar – Februar, S. 66 - 75

1970

Ache, J. B., *Eléments d'une histoire de l'art de bâtir*, Paris

Apollonio, U., *Futurismo*, Mailand

Argan, G. C., *L'arte moderna 1770 - 1970*, Florenz

Badaloni, P. G., ›Il Futurismo. Antonio Sant'Elia e la nuova dimensione urbana‹, in *Moebius*, Nr. 2, III, S. 60 - 77

Birolli, Z., ›Pittura e scultura. 1900 - 1915‹, in *Milano 70/70*, Ausstellungskatalog, Mailand, S. 29 - 45

Calvesi, M., *Il Futurismo*, Mailand

Mottola-Molfino, A.; Porri, G., *Milano 70/70*, Ausstellungskatalog, Mailand

Oudin, B., *Dictionnaire des architects. De l'antquité à nos jours*, Paris

Parmiani, V., ›Architettura‹, in *Milano 70/70*, Ausstellungskatalog, S. 57 - 77

Tallarico, L., *Verifica del futurismo*, Rom

Verdone, M., *Che cosa è il Futurismo*, Rom

1971

Alquati, E., ›Marinetti Boccioni Sant'Elia‹, in *Futurismo Oggi*, III, Nr. 15, März, S. 110; Nr. 17 - 18, Mai – Juni, S. 125; Nr. 20, September, S. 149

Bardi, P. M., *Viaggio nell'architettura*, Mailand

Boccioni, U., *Gli scritti editi e inediti*, hg. von Z. Birolli, Mailand

Cresti, C., *Appunti storici e critici sull'architettura italiana*, Florenz

Crispolti, E., ›L'idea dell'architettura e dello spazio urbano nel futurismo‹, in *Controspazio*, III, Nr. 4 - 5, April – Mai, S. 56 - 59

Dottori, G., ›Antonio Sant'Elia‹, in *Futurismo Oggi*, III, Nr. 13, Januar, S. 97

Marinetti, F. T., *Selected Writings*, New York

Masheck, J., ›Panama canal and some other works of work‹, in *Artforum*, Mai 1971, S. 38 - 41

Portoghesi, P., ›Il linguaggio di Sant'Elia‹, in *Controspazio*, April – Mai, S. 27 - 30

Sant'Elia, A., ›Manifesto dell'architettura futurista e Architettura: messagio‹, in *Controspazio*, April – Mai, S. 17 - 18 und 18 - 20

Zevi, B., ›Storicizzato, diviene wagneriano e urbanista‹, in *Cronache d'architettura*, Bari, Bd. II

Zevi, B., ›Sant'Elia non era futurista‹, in *Cronache d'architettura*, Bari, Bd. II

Zevi, B., ›I disegni smentiscono il manifesto futurista‹, in *Cronache d'architettura*, Bari, Bd. II

1972

Birolli, Z., *Umberto Boccioni. Altri inediti e apparati critici*, Mailand

Bossaglia, R., ›Antonio Sant'Elia‹, in *Mostra del Liberty Italiano*, Ausstellungskatalog, Mailand

Caramel, L., ›Futurist Architecture‹, in *Futurismo 1909 - 1919. Exhibition of Italian Futurism*, Ausstellungskatalog, Newcastle/Edinburgh

Cresti, C., ›Intorno a due disegni quasi sconosciuti di Antonio Sant'Elia‹, in *Necropoli*, Nr. 15 - 16, S. 45 - 50

De Seta, C., *La cultura architettonica in Italia tra le due guerre*, Bari

Giolli, R., *L'architettura razionale*, hg. von C. De Seta, Bari

Ragon, M., *Histoire mondiale de l'architecture et de l'urbanisme moderne*, Bd. II - III (ital. Ausgabe: *Storia dell'architettura e dell'urbanistica moderna*, Rom, 1974, Bd. II

Rye, J., *Futurism*, London, S. 100 - 108

Sharp, D., *A Visual History of Twentieth-Century Architecture*, New York, S. 39, 77

1973

Gazette des Beaux-Arts, S. 6, 82, Beilage, S. 15, Dezember

Giornale della mostra del Liberty Italiano, Ausstellung Palazzo della Permanente, Mailand

›I 46 anni di Domus a Parigi, 1928 - 1973‹, in *Domus* (525), 8. August

Le Futurisme, 1909 - 1916, Ausstellungskatalog, Paris

AA. VV., *Boccioni e il suo tempo*, Ausstellungskatalog, Mailand

Alexandrian, S., ›Le futurisme, révolution sans lendemain‹, in *Connaissance des Arts*, Nr. 260, Oktober, S. 90 - 97

Apollonio, U., *Futurist Manifesto*, New York

Bairati, E.; Bossaglia, R.; Rosci, M., *L'Italia Liberty*, Mailand

Cachin-Hore, F., ›Apollinaire voleva chiamare futurista tutta l'arte moderna‹, in *Bolaffi Arte*, Oktober, S. 49 - 59

Calvesi, M., ›Inediti di Boccioni‹, in *Corriere della Sera*, 14. Januar, S. 12

Cennamo, M., *Materiali per l'analisi dell' architettura moderna. La Prima Esposizione Italiana di Architettura Razionale*, Neapel

Cervellati, A., *Bologna futurista*, Bologna, S. 10

Crispolti, E., ›the Idea of Architecture and Urban Space in Futurism‹, in *Studio International*, CLXXXVI, Nr. 960, November, S. 171 - 174

De Maria, L., *Per conoscere Marinetti e il Futurismo*, Mailand, S. LX, LXI, 148 - 152

De Michelis, C. G., *Il futurismo italiano in Russia, 1909 - 1929*, S. 233

Jencks, C., *Moderne Movement in Architecture*, London

Lista, G., *Le Futuriste. Manifestes Documents Proclamations*, Lausanne, S. 233 - 235

Marcotti, A., ›L'avanguardia italiana secondo Van Doesburg‹, in *Casabella*, XXXVII, Nr. 380 - 381, August – September, S. 74 - 85

Nazarro, G. B., *Introduzione al futurismo*, Neapel

Pehnt, W., *Expressionist Architecture*, London/New York

Richards, J. M.; Pevsner, N., *The Antirationalists*, Toronto

Zevi, B., *Il linguaggio moderno dell'architettura*, Turin

Zevi, B., *Spazi dell'architettura moderna*, Turin, Nr. 312 - 315

1973 - 1974

Los, S., *La città macchina. Progetti di Sant'Elia e Tchernikov*, Ausstellungskatalog, Vicenza

1974

Futurismus 1909 - 1919, Ausstellungskatalog, Düsseldorf

De Fusco, R., *Storia dell'architettura contemporanea*, Bari

De Seta, C., ›Sui manifesti dell'architettura futurista: Boccioni e Sant'Elia‹, in *Op. Cit.*, Nr. 3 (erneut veröffentlicht in C. De Seta, *Architetti italiani del Novecento*, Bari 1982, S. 3 - 14)

Guenzi, C., ›Futurismo. Valori e crisi di una avanguardia‹, in *Casabella*, April, S. 6 - 7

Poli, D., ›I disegni di Sant'Elia‹, in *Il conoscitore di stampe*, Mailand

Porzio, D., ›Les premiers futuristes reviennent à Paris‹, in *XXe Siècle*, Nr. 42, S. 3 - 13

Zevi, B., ›La profezia di U. Boccioni‹, in *L'Architettura. Cronache e Storia*, XIX, Nr. 222, S. 704 - 705

1975

Benton, T. & C.; Sharp, D., *Form and Function. A Source Book for the History of Architecture and Design 1880 - 1939*, London

Miglietta, *Futurismo*, Cosenza

Samonà, G., *L'unità architettonica urbanistica*, Mailand

Zevi, B., *Storia dell'architettura moderna*, Turin, 1975 (siehe auch 1950)

1976

AA.VV., *Futurismo*, Ausstellungskatalog, Rom
AA.VV., *Il Futurismo*, Mailand
AA.VV., *Silvio Gambini. Opere: 1903/1915*, Ausstellungskatalog, Busto Arsizio
Banham, R., *Megastructure. Urban Futures of the Recent Past*, London
Bernasconi, G., ›Vent'anni di polemica su Sant'Elia‹, in *Rivista Tecnica della Svizzera Italiana*, LXVI, Nr. 10
Caramel, L., ›Antonio Sant'Elia‹, in *Quinta biennale internazionale della grafica d'arte*, Florenz
Miotto Muret, L., ›Actualité de Antonio Sant'Elia (1888-1916)‹, in *Architecture*, Nr. 398, September, S. 23-28
Mercandino, C. und A., *Storia del territorio e delle città d'Italia. Dal 1800 ai giorni nostri*, Mailand
Pozzetto, M., *Otto Wagner. Architettura moderna*, Turin
Tafuri, M.; Dal Co, F., *Architettura contemporanea*, Mailand

1977

›Ribadito: Sant'Elia non era futurista‹, in *L'Architettura. Cronache e Storia*, XXII, Nr. 257, März, S. 612
Tendenzen der Zwanziger Jahre, Ausstellungskatalog, Berlin
AA. VV., *Contributo a una bibliografia del futurismo lettario italiano*, Rom
AA. VV., *F. T. Marinetti futurista*, Neapel
Lista, G., *Marinetti et le Futurisme*, Lausanne
Marinetti, F. T., *Collaudi futuristi*, hg. von G. Viazzi, Neapel
Masini, L. V., *Art Nouveau*, Florenz
Paglia, L., *Inito alla lettura di Filippo Tommaso Marinetti*, Mailand
Pampaloni, G.; Verdone, M., *I futuristi italiani*, Florenz
Porphyros, D., ›Pandora's Box: an Essay on Metropolitan Portraits‹, in *Architectural Design*, Bd. XLVII, Nr. 5, S. 357-362
Tallarico, L., *Per una ideologia del Futurismo*, Rom
Tisdall, C., Bozzolla, A., *Futurism*, London

1978

Caramel, L., *Avant Garde Art. Como 1910-1940*, Ausstellungskatalog, New York
Carrà, C., *Tutti gli scritti*, Mailand
Costanzo, M. und Ma., ›Boccioni e Sant'Elia‹, in *Rassegna dell'Istituto di Architettura e Urbanistica*, XIV, Nr. 40-41, S. 7-36
Crispolti, E., ›Zang Tumb Tuum. I futuristi vanno alla guerra‹, in *Bolaffi Arte*, Mai, S. 7-11
Crispolti, E., ›Pittura, scultura, architettura e ambientazioni futuriste a Roma‹, in AA.VV., *Il Futurismo e Roma*, Rom, S. 63 (S. 47-67)
Fanelli, G., *Architettura e edilizia urbanistica. Olanda 1917-1940*, Florenz
Jullian, R., ›Sauvage et Sant'Elia: le problème des maisons à gradins‹, in *Bulletin de la Société d'Histoire de l'Art français*, Bd. I, S. 291-298
Mai, E., ›Museen und Galerien. Deutschland. Akademie der Künste. Von der futuristischen zur funktionellen Stadt – Planen und Bauen in Europa 1913-1933‹, in *Pantheon*, 36, Nr. 1, Januar, S. 68
Marinetti, F. T.; Palazzeschi, A., *Carteggio*, Mailand, S. XXXIV
Martin, M. W., *Futurist Art und Theory, 1909-1915*, New York
Miglietta, F., *Il potere dell'arte*, Lecce
Nicoletti, M., *L'architettura liberty in Italia*, Bari
Nonticone, A., ›Movimento futurista e crisi dello stato liberale in Italia‹, in AA.VV., *Il Futurismo a Roma*, Roma, S. 12
Samonà, G.; in Losero, P. (Hg.), *L'unità architettura-urbanistica. Scritti e progetti 1929-1977*, Mailand
Sica, P., ›Storia dell'urbanistica‹, III, *Il Novecento*, Bari

1979

AA. VV., *La fortuna del Futurismo in Francia*, Rom
Benevolo, L., *Storia dell'architettura moderna*, Bari
Bottero, B., ›Architettura‹, in Negri, A.; Bottero, B., ›Arti Visive. L'architettura‹, in *La cultura del '900*
Collins, G. R., ›Visionary Drawings of Architecture and Planning: 20th Century through the 1960s‹, in *Art Journal*, 38, Nr. 4, Sommer 1979, S. 244-256
Crispolti, E., *Utopia e crisi dell'architettura. Momenti delle intenzioni architettoniche in Italia. Immaginazione megastrutturale dal Futurismo a oggi*, Venedig
Pinottini, M., *L'estetica del futurismo, revisioni storiografiche*, Rom
Pozzetto, M., *La scuola di Wagner 1894-1912. Idee – Premi –Concorsi*, Triest
Godoli, E., in Russell, F., *Art Nouveau Architecture*, London
Tafuri, M.; Dal Co, F., *Architettura Contemporanea*, Mailand, 2 Bände
Taylor, C. J., *Futurism: politics, painting and performance*, Ann Arbor, Michigan
Zevi, B., ›The Italian Rationalists‹, in *The Rationalists*, New York
Zevi, B., ›Sant'Elia e l'ideologia futurista‹, in *Editoriali di architettura*, Turin

1980

AA. VV., *Nuove Tendenze. Milano e l'altro Futurismo*, Ausstellungskatalog
Crispolti, E., *Ricostruzione futurista dell'Universo*, Ausstellungskatalog, Turin
De Seta, C., *Origini ed eclisse del movimento moderno*, Bari
Frampton, K., *Modern Architecture: a critical History*, London (ital. Ausgabe: *Storia dell'architettura moderna*, Bologna, 2. Aufl. 1986)
Hughes, R., *The Shock of the New*, London (ital. Ausgabe: *Lo shock dell'arte moderna. Cento anni di storia dell'avanguardia*, Mailand 1982)
Longatti, A., ›Il caso di Sant'Elia‹, in AA.VV., *Nuove Tendenze. Milano e l'altro futurismo*, Mailand, Januar – März
Scriboni, G., *Tra nazionalismo e futurismo. Testimonianze inedite di Volt*, Venedig

1981

Acquaviva, G., Farfa, *Architettura di libertà*, hg. von G. Fabris, *Manifesti futuristi savonesi*, Savona
Banham, R., ›Antonio Sant'Elia‹, in *Architectural Design*, London, Nr. 1-2, S. 35-39
Banham, R., ›Sant'Elia‹, in *Design by Choice*, London, S. 23-28
Camporesi, F., ›L'idea di architettura nella poetica di Umberto Boccioni‹, in *Atti e memorie dell'Accademia Clementina di Bologna*, Bologna, XIV, S. 81-109
Carpi, U., *Bolscevico immaginista*, Neapel
Colquhoun, A., ›Essays‹, in *Architectural Criticism: Modern Architecture and Historical Change*, Cambridge (Mass.)
De Seta, C., *L'architettura del Novecento*, Turin
Fanelli, G., *Il disegno Liberty*, Bari
Fontana, V., *Il nuovo paesaggio dell'Italia giolittiana*, Bari
Pevsner, N., *The Sources of Modern Architecture and Design*, London
Presotto, D., *Lettere di Fillia a Tullio d'Albisola (1929-1935)*, Savona
Scarantino, A., *'L'Impero'. Un quotidiano 'reazionario-futurista' degli anni venti*, Rom
Schiavo, A., *Futurismo e Fascismo*, Rom
Schmidt-Thomsen, J. P., ›Sant'Elia architetto, Sant'Elia futurista, or the Achilles Heel of the Futurism‹, in *Daidalos*, 2, S. 36-44
Valeriani, E., *Il Liberty Italiano e ticinese*, Ausstellungskatalog, Lugano und Campione d'Italia, Rom

1982

Bairati, E.; Riva, D., *Giuseppe Sommaruga. Un protagonista del liberty italiano*, Ausstellungskatalog, Mailand, S. 24
Banham, R., ›Antonio Sant'Elia‹, in *Architectural Design*, Nr. 1-2, S. 35-39
Boccioni a Milano, Ausstellungskatalog, hg. von G. Ballo, Mailand
Camporesi, F., ›L'architettura e il dinamismo. Studio sulla poetica di Boccioni‹, Kap. 2, ›Una poetica fondata sull'architettura‹, in *Atti e memorie della Accademia Clementina di Bologna*, Nr. 15, S. 33-62
Curtis, W. J. R., *Modern Architecture since 1900*, Oxford

De Seta, C., *Architetti italiani del Novecento*, Bari
Estermann-Juchler, M., *Faschistische Staatsbaukunst. Zur ideologischen Funktion der öffentlichen Architektur im faschistischen Italien*, Köln/Wien
Giedion, S., *Space, Time and Architecture*, Cambridge (Mass.), Neuauflage
Ginzburg, M., *Style and Epoch*, Cambridge (Mass.)
Placzek, A. H., *Macmillan Encyclopedia of Architects*, London, Bd. III, S. 657-659
Portoghesi, P., ›Antonio Sant'Elia‹, in *L'angelo della storia. Teorie e linguaggi dell'architettura*, Bari, Kap. IX, S. 221-230
Resebero, B., *Modern Architecture and Design. An Alternative History*, Cambridge, (Mass.)
Toni, A. C., *Futuristi nelle Marche*, Rom

1983

Anzani, G.; Caramel, L., *Pittura moderna in Lombardia*, Mailand
Buzzi, P., ›Futurismo – scritti, carteggi, testimonianze‹, hg. von M. Morini und G. Pignatari, *Quaderni di Palazzo Sormani*, Mailand, Bd. II, S. 142-146
Calvesi, M.; Coen, E., *Boccioni, l'opera completa*, Mailand
De Seta, C., *La cultura architettonica italiana fra le due guerre*, Bari
Godoli, E., *Guide all'architettura moderna: Il Futurismo*, Bari
Longatti, A., ›Futurismo, fascismo, nazionalismo nel crocevia provinciale lariano‹, in *Como*, Sommer, S. 18-26
Longatti, A., ›Futurismo e Razionalismo a Como: Terragni e il Monumento ai Caduti‹, in *Como*, XXVIII, Herbst, S. 30-41
Magnano Lampugnani, V., *Hatje Lexikon der Architektur des 20. Jahrhunderts*, Stuttgart
Pehnt, W., *Der Anfang der Bescheidenheit. Kritische Aufsätze zur Architektur des 20. Jahrhunderts*, München
Roche-Pézard, F., *L'avventura futurista 1909-1916*, Rom
Stamp, G., ›Clouded Vision‹, in *The Architectural Journal*, Bd. 177, Nr. 9, 2. März, S. 40-42
Tajana, C., ›Architettura di impianti e infrastrutture a Como‹, in *Como*, Herbst, S. 67-70

1984

AA. VV., *Futurismo a Firenze*, Ausstellungskatalog, Florenz
AA. VV., *Images et imaginaires d'architecture – Dessin, peinture, photographie, arts graphiques, théâtre, cinéma en Europe aux XIXe et XXe siècles*, Ausstellungskatalog, Paris
Caramel, L., ›Città reale/città nuova‹, in *L'idea del lago – un paesaggio ridefinito: 1861/1914*, Ausstellungskatalog, Como
Crispolti, E., *Attraverso l'architettura futurista*, Ausstellungskatalog, Modena
De Fusco, R., *Il progetto d'architettura*, Bari
Faggiolo dell'Arco, M., *Futurismo*, Ausstellungskatalog, Rom
Lista, G., *Giacomo Balla Futurista*, Lausanne
Lista, G., ›La représentation futuriste de l'architecture‹, in *Images et imaginaires d'architecture*, Ausstellungskatalog, Paris, 8. März – 29. Mai, S. 42-44
Lista, G., *Le livre futuriste. De la libération du mot au poème tactile*, Modena
Longatti, A., *Disegni di Sant'Elia*, Como
Manghetti, G., *Futurismo a Firenze, 1910-1920*, Verona
Prak, N. L., *Architects: the Noted and Ignored*, Chichester – New York
Sutcliffe, A., *Metropolis 1890-1940*, London
Zevi, B., *Storia dell'architettura moderna*, Turin

1985

›Disegni di Antonio Sant'Elia all'Università di New York‹, in *La Provincia*, 12. September, S. 6
Bairati, E.; Riva, D., *Il liberty en Italia*, Bari
Davies, J., ›Sant'Elia and the Poetry of Futurism‹, in Timms, E.; Kelley D., *Unreal City – Urban Experience in Modern European Literature and Art*, Manchester
Frampton, K., *Modern Architecture, a Critical History*, London
Gabetti, R., ›Architettura-ambiente: progetto del secondo Futurismo‹, Einführung zu *La nuova architettura e i suoi ambienti*, Turin
Kostof, S., *A History of Architecture, Settings and Rituals*, Oxford
Kruft, H. W., *Geschichte der Architekturtheorie. Von der Antike bis zur Gegenwart*, München (ital. Ausgabe: Bari 1987)
Lista, G., *Le Futurisme*, Paris
Longatti, A., ›L'ombra di Sant'Elia‹, in *La Provincia*, 8. November
Lo Russo, U., ›Chiattone 'bifronte' fra Milano e Lugano‹, in *La Provincia*, 8. November
Resebero, B., *Modern Architecture and Design. An alternative History*, Cambridge (Mass.)
Pagano, A., *Aspetti e tendenze dell'architettura contemporanea*
Salaris, C., *Aero ... futurismo e mito del volo*, Rom
Salaris, C., *Storia del futurismo*, Rom
Trillo Clough, R., *Futurism 1961-1985. A re-evolution*, West Palm Beach, Florida, undatiert (1985)
Yarwood, D., *Encyclopedia of Architecture*, London
Zago, V. L., *Antonio Sant'Elia fra prefiguazione della Città nuova e realtà della Città nei primi 15 anni del secolo*, Doktorarbeit, Venedig

1986

›Art Gallery Hosting Symposium on the Italian Futurist Sant'Elia‹, in *Weekly Bulletin*, 29. Oktober
Futurismo e Futurismi, Ausstellungskatalog, Venedig
›Sant'Elia a New York‹, in *La Provincia*, 18. Februar
›Yale Gallery Features a Futurist‹, in *Ridgefield Press*, 18. September
AA. VV., ›Dizionario del Futurismo‹, in *Futurismo e Futurismi*, Ausstellungskatalog, Venedig
Ashton, D.; Ballo, G., *Antonio Sant'Elia*, Ausstellungskatalog, Mailand
Caramel, L., ›Sant'Elia e l'Architettura futurista‹, in *Art Dossier*, Nr. 2, Mai
Caramel, L., ›Sant'Elia e l'utopia‹, in *Il Giornale*, 8. Juni
Caramel, L., ›La rivisitazione del Futurismo‹, in *Terzo Occhio*, September, S. 32-36
Cresti, C., *Architettura e fascismo*, Florenz
Crispolti, E., *Storia e critica del futurismo*, Bari
Crispolti, E., ›Sant'Elia, Antonio‹, in *Futurismo e Futurismi*, Ausstellungskatalog, Venedig
De Baudemant, E.; Coolus Jr., R., ›Rétroviseur‹, in *City Magazine International*, November, S. 160
Gerosa, P. G., *Mario Chiattone. Un itinerario architettonico fra Milano e Lugano*, Mailand
Goldberger, P., ›Architecture: Antonio Sant'Elia‹, in *The New York Times*, 20. Februar
Gregotti, V., ›Che bassi quei grattacieli‹, in *Corriere della Sera*, 15. März, S. 20
Longatti, A., ›La metropoli di carta oggi sembra più vera. Antonio Sant'Elia ricordato a settant'anni dalla morte‹, in *La Provincia*, 10. Oktober, S. 3
Longatti, A., *Sant'Elia – La Città nuova, un'utopia urbana nell'Italia del 1914*, Ausstellungskatalog, Como
L. M., ›Sant'Elia a New York‹, in *Casa Vogue*, Februar, S. 156
Magnago Lampugnani, V., ›Dal Futurismo all'architettura tecnologica‹, in *Domus*, Nr. 676, Oktober, S. 76-83
Meyer, R., ›Of steel and serpents: Sant'Elia's Città Nuova‹, in *After Hours*, 24. Oktober
Negri, G. (Hg. des Werkverzeichnisses), *Antonio Sant'Elia*, Ausstellungskatalog, Mailand
Phillips, P. C., ›Antonio Sant'Elia‹, in *Artforum*, Nr. 24, Mai, S. 138
Ricci, F., ›Affascinante utopia‹, in *La Provincia*, 15. Juni, S. 5
Salaris, C., *Il Futurismo e la pubblicità*, Mailand
Somenzi, M., *Polemiche sul futurismo*, Rom, undatiert
Sutton, D., ›'Zang Tumb Tumb'. The Explosion of Futurism‹, in *Apollo*, Nr. 124, September, S. 203-210
Tiso, E., ›Antonio Sant'Elia‹, in *Art News*, 85, Nr. 4, S. 164
Verdone, M., *Il movimento futurista*, Rom
Watkin, D., *A History of Western Architecture*, New York
Wissinger, J., ›Sant'Elia: How the Future Was‹, in *Progressive Architecture*, Nr. 67, April, S. 34

1987

Das Abenteuer der Ideen. Architektur und Philosophie seit der Industriellen Revolution, hg. von V. Magnago Lampugnani, Berlin
›Le mostre d'arte. Urbino. Antonio Sant'Elia‹, in *Tuttolibri. La Stampa*, 18. April
Bellini, V., ›Quali i tempi, l'indole e i bisogni del paese reclamano‹, in *Il Cittadino*, 19. März
Calvesi, M., *Futurismus. Reihe Kunstgeschichte*, Köln
Caramel, L., *Como nel disegno*, Ausstellungskatalog, Como, Mai
Caramel, L.; Longatti, A., *Antonio Sant'Elia. L'opera completa*, Mailand
Coen, E., ›Les futuristes et le moderne‹, in *Cahiers du Musée National d'Art Moderne*, Nr. 19-20, Juni, S. 68-70
Colquhoun, A., *Modernity and the Classical Tradition: Architectural Essays 1980-1987*, Cambridge (Mass.), S. 79
De Seta, C., *Architetti italiani del novecento*, Bari, S. 8-13, 19-20, 31-32 u. passim
Fletcher, B., *A History of Architecture* (19. Ausgabe)
Hartmann, K.; Bollerey, F. (Hg.), *200 Jahre Architektur/Bilder und Dokumente/ Zur Neueren Architekturgeschichte*, Delft
Sciarra Borzì, A. M., *Le avanguardie futuriste e l'architettura*, Palermo

1988

›Antonio Sant'Elia. L'opera completa‹, in *Casa Bella*, März, S. 39
›Como commemora il centenario di Sant'Elia‹, in *Giornale del Popolo*, 29. April
›Como commemora l'architetto Sant'Elia‹, in *Avvenire*, 15. April
Centenario della nascita di Antonio Sant'Elia‹, in *A. & C. Arte & Cornice*, Juni
Domus, Nr. 698, Oktober, S. 21
›I cent'anni di Sant'Elia: futurista o secessionista?‹, in *Il Giornale dell'Arte*, September, S. 52
›Portoghesi parla di Sant'Elia nel 50. della nascita‹, in *La Provincia*, 14. April
›Venerdì in biblioteca si commemora Antonio Sant'Elia‹, in *Gazzetta di Como*, 14. April
Argan, G. C., *Antonio Sant'Elia – Conferenza tenuta nella Sala Consiliare di Palazzo Cernezzi nel 1966 per il cinquantenaio della morte*, Como
Belloli, C., ›Sigfried Giedion e l'individuazione dell'architettura nuova‹, in *Cenobio*, Oktober – Dezember, S. 291-315
Bossaglia, R., ›Architettura fra eclettismo e liberty sul Lario e in provincia di Como‹, in *Arte letteratura società. La provincia di Como dal 1861 al 1914. Il cinquantenio postunitario in provincia di Como 1861-1914*, hg. von L. Caramel, Mailand, S. 198-207
Caramel, L., ›Un architetto profeta e non solo un utopista. Sant'Elia commemorato stasera a Como da Paolo Portoghesi‹, in *La Provincia*, 15. April, S. 3
Caramel, L.; Longatti, A., *Antonio Sant'Elia*, New York
Colasanti, L., ›Un architetto, sognatore di mondi irreali‹, in *Il Tempo*, 30. April, S. 3
Cresti, C., ›Espressione di un istinto creativo‹, in *La Nazione*, 30. April
Crispolti, E., ›La politica culturale del fascismo, le avanguardie e il problema del futurismo‹, in *Futurismo, cultura e politica*, hg. von R. De Felice, Turin
Dalla Valle, T., ›Quei grattacieli del Futurismo‹, in *La Nazione*, 30. April
Dalla Valle, T., ›Il progetto infinito della Città Futura‹, in *Il Resto del Carlino*, 30. April
De Benedetti, M.; Pracchi, A., *Antologia dell'architettura moderna. Testi, manifesti, utopie*, Mailand, S. 233-239
D'Elia, A., *L'universo futurista. Una mappa: dal quadro alla cravatta*, Bari
De Kerchove, F., ›Antonio Sant'Elia et la ville futuriste. Utopie et réalités‹, 2 Bände (Phil. Diss.), in *Annales d'Histoire de l'Art et d'Archéologie de l'Université Libre de Bruxelles*, S. 162
D'Erme, M., ›Ha innovato il linguaggio dell'architettura‹, in *L'Osservatore Romano*, 30. April, S. 3
Dimichino, R., ›Sant'Elia: la casa come una macchina‹, in *Il Moderno*, Juli – August
Doordaan, D. P., *Building Modern Italy. Italian Architecture 1914-1936*, New York
Fanelli, C., Godoli, E., *Il Futurismo e la grafica*, Mailand
Gavinelli, C., ›La Città Nuova di Sant'Elia come architettura costruibile‹, in *La Martinella di Milano*, Nr. 10, Oktober, S. 48-55
Gravagnuolo, B., ›La Città Nuova del Futurismo‹, in *Il Mattino*, 29. Juli, S. 19
Guiducci, R., ›La città nuova come macchina‹, in *Avanti!*, 30. April, S. 3
Lista, G., *Les Futuristes*, Paris
Longatti, A., ›Sant'Elia, un comasco dalle profonde radici‹, in *La Provincia*, 30. April, S. 3
Longatti, A., ›Un Milano da reinventare nel segno futurista‹, in *Giornale di Brescia*, 5. Mai
Longatti, A., ›Quel giovane papà della Città Nuova‹, in *Giornale di Sicilia*, 6. Mai, S. 19
Longatti, A., ›Un Milano da reinventare nel segno del futurismo‹, in *Libertà*, 7. Mai
Longatti, A., ›Rifabbricare la città‹, in *Il Piccolo*, 6. Juli
B. M., ›A Como ricordato l'architetto Sant'Elia‹, in *Corriere della Sera*, 13. April
U. M., ›L'attuale utopia dell'architetto che voleva buttare tutto all'aria‹, in *La Provincia*, 17. April
Moretti, M. R., ›Sant'Elia, il 'profeta'‹, in *Corriere della Provincia*, 18. April
Pisano, M., ›Sant'Elia. Stralci e frammenti‹, in *Ex Arte*, 1, Juli – August
Prandstraller, G. P., ›Quale futuro per le 'libere profesioni'?‹, in *Summa*, Juli, S. 5-10
E. R., ›Una mostra e un convegno su Sant'Elia‹, in *Corriere del Ticino*, 30. April
Roncoroni, E., ›La 'Città moderna' di Sant'Elia‹, in *Corriere del Ticino*, 20. April
Salaris, C., *Bibliografia del futurismo*, Biblioteca del Vascello (nur Reproduktion von ›Ponti sull'oceano‹)
Silla Zamboni, L., ›Un esame di Antonio Sant'Elia 1912‹, in *Figure del '900. Accademia di Bologna*, Bologna, S. 229-232
Tallarico, L., ›Ad ogni epoca la sua città‹, in *Secolo d'Italia*, 20. April, S. 6
Tedeschi, G., ›Antonio Sant'Elia‹, in *Vita del Sud*, 3. Dezember
Virno, M., ›Le 'macchine architettoniche' di Antonio Sant'Elia‹, in *Parsifal*, Mai – August, S. 55-58

1989

›Il futuro dell'architettura futurista‹, in *L'Architettura – Cronache e Storia*, Juni, S. 404-406
Antoni, R., ›Sant'Elia e il futurismo‹, in *Arte In*, August, S. 32-33
Ballo, G., *Sant'Elia e l'ambiente futurista*, Ausstellungskatalog, Mailand
M. B., ›L'architettura nel dibattito sul Novecento: metafisica, futurismo e modernità nell'Italia fascista‹, in *Abitare*, Januar – Februar, S. 160-164
Barletta, R., ›Sant'Elia e la città del Superuomo‹, in *Corriere della Sera*, 28. Mai, S. 9
Bellomo, D., ›Marinetti e il futurismo, quell'intensa fiammata‹, in *L'Arena*, 2. März
Bertoncini, M., ›La 'Città Nuova' di Antonio Sant'Elia‹, in *Il Borghese*, 18. Juni, S. 427-428
Besana, R., ›Antonio Sant'Elia, il sogno incompiuto‹, in *AD – Architectural Digest*, Juni, S. 55-58
Borsi, F.; Godoli, E., *Paris Art Nouveau – Architecture e decoration*, Paris, S. 181
Caramel, L., ›La città del sole‹, in *Il Giornale*, 11. Juni
Cavadini, L., ›Continua la gran moda di futurismo e futuristi‹, in *La Provincia*, 15. November
Colusso, M., ›Sant'Elia e l'ambiente futurista‹, in *La Gazzetta delle Arti*, Nr. 6-7, Juni – Juli
Corradini, M., ›La città che sale‹, in *Il Giornale di Bergamo*, 27. August
Corradini, M., ›La città che sale‹, in *Brescia Oggi*, 27. August
Dal Co, F., ›Architettura e città in Italia nella prima metà del '900‹, und Crispolti E., ›La ricerca plastica futurista fra le due guerre‹, in *Arte Italiana. Presenze 1900-1945*, Ausstellungskatalog, Mailand, S. 85-94 und 201-208
Dalla Valle, T., ›Urbanista alla Marinetti‹, in *Il Resto del Carlino*, 29. Mai, S. 10
De Benedetti, M., ›Milano rende omaggio alle utopie urbane di Antonio Sant'Elia‹, in *Epoca*, 40, Nr. 2015, 21. Mai, S. 138-139
Del Pozzo, S., ›Sant'Elia profeta‹, in *Panorama*, 21. Mai, S. 26
Di Salvo, M. (Hg.), *Architetti, pittori e scultori del 'Gruppo di Como'*, Dokumentation von A. Sartoris, Como

Gentile, E., ›Gli artisti al potere‹, in *Storia Illustrata*, Nr. 375, Februar, S. 14-21
Gravagnuolo, B., ›Il futuro cent'anni dopo‹, in *Modo*, Januar – Februar, S. 31
Irace, F., ›Città Nuova il trionfo di un sogno‹, in *Il Sole – 24 Ore*, 21. Mai, S. 28
Jennamo, L., ›Dal futuro al passato. Sant'Elia e l'ambiente futurista‹, in *Spettacoli a Milano*, Juni
Longoni, P.; Bonetta, M., ›Antonio Sant'Elia‹, in *Progetto della Città nuova – Un interpretazione esecutiva*, Como
Lorenzi, F., ›L'architettura di carta di Sant'Elia‹, in *Giornale di Brescia*, 13. September, S. 3
Mv. M., ›Bellezza e armonia per la città ideale‹, in *Famiglia Cristiana*, 5. Juli, S. 138
Mariani, R., *Razionalismo e architettura moderna*, Mailand
Mazza, A., ›Una città nuova sull'abisso dell'emozione‹, in *Giornale di Brescia*, 9. Juni
Mazza, T., ›Sant'Elia 'racconta' il mondo futurista‹, in *Brescia Oggi*, 7. September
Murgia, A. ›L'architetto che inventò il futuro‹, in *Il Giorno*, 9. Juni
Palmiro Boschesi, B., ›La città nuova di Sant'Elia‹, in *L'Adige*, 6. Juni
Passoni, F., ›Le forme del futuro‹, in *Il Gazzettino*, 3. Juni, S. 3
Pierantoni, R., ›Scena per angolo‹, in *Harper's Gran Bazaar*, Februar – März
Pisano, M., ›Tempi lunghi di Sant'Elia‹, in *Ex Arte*, II, Nr. 5-6, Juli – August, S. 1
Robert, E.; Cornetta, K., ›L'architettura di carta di Sant'Elia – Tra futurismo e razionalismo‹, in *Corriere del Ticino*, 3. Mai
Servello, G., ›Quell'artista che seppe indovinare il futuro della metropoli moderna‹, in *Giornale di Sicilia*, 5. Juli
Tatsos, M., ›La città 'giovane'. Dal disegno originale al progetto esecutivo‹, in *La Provincia*, 13. Januar, S. 3
Thea, P., ›Sant'Elia e l'ambiente futurista‹, in *Terzo Occhio*, Juni
Triamarco, A., ›Città-macchina‹, in *Il Mattino*, 18. Juli, S. 18
Vinca Masini, L., *Arte Contemporanea. La linea dell'unicità*, Florenz, Bd. I
Vincenzo, G., ›Le profezie di Sant'Elia‹, in *L'Illustrazione Italiana*, Mai, S. 98
Wilkes, J. A., *Encyclopedia of Architecture, Design, Engineering & Construction*, New York, Bd. IV, S. 343-344

1990

AA.VV., *Memoria del futuro. Arte italiano desde las primeras vanguardias a la posguerra*, Ausstellungskatalog, Mailand
La Repubblica, Rom, 23. Mai
D'Elia, A., *Le città visibili: Immagini e progetti 1890-1940*, Potenza
De Seta, C., *Architettura Futurista*, Ausstellungskatalog, Mailand/New York
Fezzi Price, A., ›Un futuro ancora davanti a noi‹, in *Il Giornale*, 11. Februar, S. 3
Salaris, C., *Antonio Sant'Elia – Carlo Erba. Tra Futurismo e Nuove Tendenze*, Rom, 15. Mai – 15. Juni
Salaris, C., *Marinetti editore*, Bologna
Tentori, F., *P. M. Bardi*, Mailand

1991

Antonio Sant'Elia, l'architettura disegnata, Ausstellungskatalog, Venedig (dt. Ausg. München 1992)
Caramel, L., ›Nel segno di Sant'Elia‹, in *Il Giornale*, 25. März, S. V
Caramel, L., ›Antonio Sant'Elia. La città di carta‹, in *Art e Dossier*, Oktober
Carli, C. F., ›Sopratutto architetto‹, in *Il Giornale*, 29. September
Carli, C. F., ›Campanili futuristi‹, in *Il Sabato*, 26. Oktober
Cavadini, L.; Anzani, G., ›Sant'Elia senza più ombre‹, in *La Provincia*, 7. September
Cristalli, P., ›Architetture riscoperte. Quello era futuro‹, in *Il Resto del Carlino*, 20. Oktober
da Costa Meyer, E., *The Retreat into the Future: the Work of Antonio Sant'Elia* (im Druck)
D'Elia, A., ›In Città nuova i grattacieli sono castelli‹, in *La Gazzetta del Mezzogiorno*, 17. Oktober
De Seta, C., ›Sant'Elia, la Città nuova per il futuro‹, in *Corriere della Sera*, 26. September
De Vito, S., ›L'utopia futurista in città‹, in *La Voce Repubblicana*, 6./7. November
Ellero, R., ›La città di Sant'Elia brivido inquietante del deserto moderno‹, in *Messaggero Veneto*, 22. September
Frangi, F., ›Le profezie di Sant'Elia‹, in *Il Sole – 24 Ore*, 15. September
Grisi, F., ›Quando l'architettura diventa manifesto‹, in *Il Borghese*, 10. November
Luce, M., ›Sant'Elia, utopia incompresa. Quella metropoli sulla carta‹, in *La Nuova Venezia*, 18. September
Meneguzzo, M., ›Sant'Elia: la città è nel disegno‹, in *L'Avvenire*, 8. September
Micacchi, D., ›La 'città nuova' nei disegni tecnologici di Sant'Elia‹, in *L'Unità*, 29. Oktober
Muratore, G., ›Il sognatore futurista‹, in *Il Messaggero*, 20. September
Pagliari, F., ›Antonio Sant'Elia, l'architettura 'disegnata'‹, in *Libertà*, 4. November
Quesada, M., ›Le visioni di Sant'Elia‹, in *La Repubblica*, 22. August
Rho, E., ›L'architettura disegnata. L'opera di Antonio Sant'Elia presentata a Venezia‹, in *Il Punto*, Como, November – Dezember
Tallarico, L., ›Profezia e genio di Sant'Elia‹, in *Il Secolo d'Italia*, 30. August
Waterman, D., ›Futurist architecture‹, in *Art News*: Bd. 90, Januar, S. 160

1992

Magnago Lampugnani, V. (Hg.), *Antonio Sant'Elia, Gezeichnete Architektur*, München

Ausstellungen

1914

Mailand, Palazzo della Permanente, *Mostra dell'Associazione degli Architetti Lombardi*, März

Mailand, Famiglia Artistica Milanese, *Prima esposizione d'arte del gruppo Nuove Tendenze*, Mai - Juni (16 Zeichnungen)

1916

Mailand, Famiglia Artistica Milanese, *Esposizione dell'autoritratto . . .*

1920

Mailand, Famiglia Artistica Milanese, *Mostra dei soci morti in guerra*, September - November

1922

Rom, Casa d'Arte Bragaglia, *Mostra dei pittori futuristi morti in guerra*

1923

Rom, Casa d'Arte Bragaglia, *Antonio Sant'Elia*, Ausstellung Nr. 95, April

1924

Monza, Villa Reale, *Mostra degli artisti combattenti*

1928

Turin, Parco del Valentino, *Prima mostra di architettura futurista*, April - Oktober (5 Zeichnungen)

1929 - 1930

Paris, Galerie 23, *Peintres futuristes italiens*, 27. Dezember 1929 - 9. Januar 1930

1930

Bern, *Ausstellung der modernen Künstler des neuen Italien*, Kunsthalle, 1. März - 4. Mai

Como, Salone del Broletto, *Mostra delle opere dell'architetto futurista comasco Sant'Elia*, 14. September - 3. Oktober (95 Zeichnungen)

Mailand, Galleria Pesaro, *Mostra dell'architetto Sant'Elia e di 22 pittori futuristi*, Oktober (90 Zeichnungen)

Paris, Galerie Bonaparte (von Mario Tozzi organisierte Gruppenausstellung)

Rom, Circolo Artistico, *Mostra delle opere dell'architetto futurista comasco Sant'Elia*, 6 - 17. Dezember (95 Zeichnungen)

1931

Florenz, Galleria d'Arte Firenze, *Mostra Futurista pittura scultura aeropittura*, Februar (58 Zeichnungen)

Rom, I Quadriennale (24 Zeichnungen)

1933

Mailand, V Triennale

1941

Como, Salone del Broletto, *Mostra collettiva promossa dal Sindicato Belle Arti*, September

1944

Como, Galleria, Borromini, *Mostra di architetti comacini contemporanei*, Februar

1950

Zürich, Kunsthaus, *Futurismo. Pittura Metafisica*, November - Dezember (10 Zeichnungen)

1958

Brüssel, Weltausstellung, italienischer Pavillon

1959

Rom, Ente Premi, Palazzo Barberini, *Il Futurismo* (214 Zeichnungen)

1960 - 1961

Paris, Musée National d'Art Moderne, *Les sources du XX siècle – les Arts en Europe de 1884 à 1914*, November - Januar

1961

New York, Museum of Modern Art, *Futurism*, organisiert von J. Taylor

1962

Como, Villa Olmo, *Antonio Sant'Elia*, September (ständige Ausstellung)

1963

Philamlife Bldg., Manila, Philippinen, *Visionary architecture*, organisiert vom Museum of Modern Art, New York, 25. Juni - 10. Juli

1970

Mailand, Museo Poldi Pezzoli, *Milano 70/70*, 21. Mai - 30. Juni

1972 - 1973

Mailand, Palazzo della Permanente, *Mostra del liberty italiano*, Dezember 1972 - Februar 1973

Newcastle University, Hutton Gallery, 4. November - 8. Dezember 1972; Edinburgh, Royal Scottish Academy, 16. Dezember 1972 - 14. Januar 1973; London, Royal Academy of Arts, 27. Januar - 4. März 1973, *Futurism 1909 - 1919*

1973

Paris, Musée National d'Art Moderne, *Le Futurisme 1909 - 1916*, organisiert von J. Leymarie, September - November

1973 - 1974

Mailand, Palazzo Reale, *Boccioni e il suo tempo*, Dezember 1973 - Februar 1974

1974

Düsseldorf, Städtische Kunsthalle, *Futurismus 1909 - 1919*

1976

Florenz, Palazzo Strozzi, *Quinta biennale internazionale della grafica d'arte/2* (11 Zeichnungen)

1978

New York, Hotel Pierre, *Avant-Garde Art Como 1910 - 1940*, Mai

1980

Mailand, Padiglione d'Arte Contemporanea, *Nuove Tendenze. Milano, l'altro futurismo*, Januar - März

1981

Lugano – Campione d'Italia, *Il Liberty Italiano e Ticinese*, August - November

1981 - 1982

Mailand, Stazione Centrale, Ausstellungspavillon, *La Stazione Centrale di Milano – Mostra del Cinquantenario*, 11. Dezember 1981 - 20. März 1982

1982 - 1983

Mailand, Palazzo Reale, *Boccioni a Milano*, Dezember 1982 - März 1983
Washington, *Dreams and Nightmares: Utopian Visions in Modern Art*, Dezember 1983 - Februar 1984

1984

Como, Villa Olmo, *L'idea del lago – un paesaggio ridefinito: 1861 - 1914*, Mai - Juni
Paris, Centre Georges Pompidou, *Images et imaginaires d'architecture. Dessin, peinture, photographie, arts graphiques, théâtre, cinéma en Europe aux XIX et XX siècles*, März - Mai

1986

Como, Collegio delle Imprese Edili ed affini della provincia di Como, *Sant'Elia – La Città Nuova, un'utopia urbana nell'Italia del 1914*, Mai - Juni
Como, Salone San Francesco, *Matita su carta*, *September*
USA, *Wanderausstellung*, Antonio Sant'Elia
Venedig, Palazzo Grassi, *Futurismo e Futurismi*, Mai - Oktober
Wien, Künstlerhaus, *Lichtjahre. 100 Jahre Strom in Österreich*, Juni - August

1987

Como, Salone San Francesco und andere Ausstellungsorte, *Como nel disegno*, Mai - Juni
Düsseldorf, Kunsthalle, *Die Axt hat geblüht*, Oktober - November
Monza, Galleria Civica, Monza città di servizi: dal Rinascimento ad oggi, März

1989

Mailand, Accademia di Brera – Sala Napoleonica, *Sant'Elia e l'ambiente futurista*, 18. Mai - 9. Juli (dann: London, Accademia Italiana delle Arti e delle Arti Applicate, *Futurist and the Architecture of Sant'Elia*, 10. Januar - 24. Februar 1990)

1990

Rom, Il Campo galleria d'arte, *Antonio Sant'Elia – Carlo Erba. Tra Futurismo e Nuove Tendenze*, 15. Mai - 15. Juni
Mailand, Palazzo Reale, *Il mondo delle torri. Da Babilonia a Manhattan*, Juni - September
New York, Philippe Daverio Gallery, *Architettura futurista*, Mai

1991

Mailand, Fonte d'Abisso Arte, *Futurismo tra architettura e design*, 31. Januar - 23. März
Venedig, Museo d'Arte Moderna di Ca'Pesaro, *Antonio Sant'Elia, l'architettura disegnata*, 7. September - 17. November

1992

Frankfurt/Main, Deutsches Architektur-Museum, *Antonio Sant'Elia, Gezeichnete Architektur 1906 - 1916*, 7. Februar - 15. Mai

Leihgeber

Paride Accetti, *Mailand*
Sandro Angelini, *Bergamo*
Chiara Angelini Spini, *Bergamo*
Architektur Museum, Technische Universität, *München*
Archives d'Architecture Moderne, *Brüssel*
Archives d'Architecture du XXe siècle de l'Institut Français d'Architecture, *Paris*
Archivio Storico Civico, *Varese*
Archivio Donzelli Marmi, *Monza*
Banca Popolare di Lecco, *Como*
Riccardo Belluschi, *Como*
Silvana Bernasconi Porlezza, *Mailand*
Francesco Buttiglione, *Mailand*
Civici Musei e Gallerie di Storia e Arte, *Udine*
Ecole Nationale des Beaux-Arts, *Lyon*
Gabinetto Disegni e Stampe, Dipartimento Storia delle Arti, Università degli Studi, *Pisa*
Galleria Nazionale d'Arte Moderna, *Rom*
Elena Gambini, *Busto Arsizio (Varese)*
Alberto Giamminola, *Oltrona San Mamette (Como)*
Carla Giamminola, *Cadorago (Como)*
Giuseppe Giamminola, *Albate (Como)*
Marco Giamminola, *Oltrona San Mamette (Como)*
Vittoria Giamminola, *Oltrona San Mamette (Como)*
Nicola Montaretto Marullo, *Piacenza*
Gianemilio Monti, *Mailand*
Musée des Arts Décoratifs de Paris, *Paris*
Musée des Beaux-Arts, *Lyon*
Museen der Stadt Wien, *Wien*
Musei Civici, *Como*
Museo Civico, *Cremona*
Nederlands Architectuur Instituut, Archief de Klerk, *Amsterdam*
Giovanni Pellini, *Mailand*
Plansammlung der Universitätsbibliothek der Technischen Universität, *Berlin*
Marisa Romualdi, *Como*
Aleardo Roncai, *Casalmaggiore (Cremona)*
Santa Barbara Museum of Art, *Santa Barbara, California*
Gianna Sant'Elia Giamminola, *Oltrona San Mamette (Como)*
Anna Sant'Elia Pozzi, *Como*
Patrizia Sirigatti, *Mailand*
Swedish Museum of Architecture, *Stockholm*
Giulia Torres, *Venedig*
Ufficio Tecnico Comune di Sarnico, *Sarnico (Bergamo)*
Kenneth Walker, *New York*
Wenzel Hablik-Stiftung, *Itzehoe*

Darüber hinaus sei allen Leihgebern gedankt, die ungenannt bleiben wollten.

Photonachweis

Akademie der Bildenden Künste, Kupferstichkabinett, *Wien*
Architektur Museum, Technische Universität, *München*
Archives d'Architecture Moderne, *Brüssel*
Archives d'Architecture du XXe Siècle de l'Institut Français d'Architecture, *Paris*
Archivio Ferrovie dello Stato, *Rom*
Atelier 18, M. Kerkhof, *Amsterdam*
Aldo Ballo, *Mailand*
Biblioteca Trivulziana, *Mailand*
Croce Studio fotografico, *Piacenza*
Foto Silvano, *Sarnico (Bergamo)*
Gabinetto Disegni e Stampe, Dipartimento Storia delle Arti, Università degli Studi, *Pisa*
Christian Gallais, *Lyon*
E. Malinverno, *Varese*
Musée des Arts Décoratifs, Laurent-Sully Jaulmes, *Paris*
Museen der Stadt Wien, *Wien*
Swedish Museum of Architecture, *Stockholm*
Plansammlung der Universitätsbibliothek der Technischen Universität, *Berlin*
Repro-foto Nor. Jungeblut, *Berlin*
Santa Barbara Museum of Art, *Santa Barbara, California*
Giuseppe Schiavinotto, *Rom*
Studio Basset, *Lyon*
Studio Fazioli, *Cremona*
Studio Logos, *Como*
Studio Nodo, *Como*
Riccardo Toffoletti, *Udine*
Francesco Turio Böhm, *Venedig*
Paolo Vandrasch, *Mailand*
Vivi Papi Fotografia, *Varese*
Wenzel-Hablik-Stiftung, *Itzehoe*

Register

Kursive Zahlen verweisen auf Seiten mit Abbildungen